KANSAS SCHOOL OF RELIGION
University of Kansas
1300 Oread Avenue
LAWRENCE, KANSAS 66044

„Das Gespräch mit Bultmann muß weitergeführt werden. Daß er die Reichweite seiner Auslegung von Mensch und Geschichte, von Griechentum und Christentum uns jetzt in seinen Aufsätzen mit solcher Kraft und Strenge vor Augen gestellt hat, das ist für den Fortgang des Gesprächs mit ihm wichtig; das werden ihm vor allem diejenigen zu danken haben, die ihm kritisch gegenüberstehen. Für sie bietet das neue Buch Bultmanns eine ernste Veranlassung, die eigene Position gründlich zu überprüfen und an seiner jetzt viel deutlicher als bisher überblickbaren Gesamttheologie zu berichtigen."

Professor D. Wendland
in Sonntagsblatt. 5/1952

D1520227

„Die in ‚Glauben und Verstehen‘ zusammengefaßten Abhandlungen zeigen Bultmanns Stärke als Philosoph und christlicher Theologe. Die Aufsätze sind hinsichtlich der Thematik von großer Mannigfaltigkeit. Trotzdem geht es in allen um das gleiche Thema, nämlich um die Klärung dessen, was es heißt, als menschliches Wesen zu existieren, das fortwährend in der Entscheidung lebt und durch seine Entscheidungen sich selbst setzt. Das ist die ursprüngliche ‚geschichtliche Existenz‘."

Martin J. Heinecken in Lutherische Rundschau
1958/November

GLAUBEN UND VERSTEHEN

Gesammelte Aufsätze

von

RUDOLF BULTMANN

ZWEITER BAND

Vierte, unveränderte Auflage

1 9 6 5

J. C B. MOHR (PAUL SIEBECK) TÜBINGEN

1. Bible--Theology
2. theology--Addresses, essays, lectures

ANTON FRIDRICHSEN

dem treuen Freund in guten und bösen Tagen

Inhalt

Die Krisis des Glaubens*

1931

Wenn von „Krisis des *Glaubens*" die Rede ist, so bedeutet das etwas anderes, als wenn man von der Krisis der *Moral* redet, etwa von der Krisis der Zuverlässigkeit und Treue, der Staatsgesinnung, des Respekts vor den Gesetzen, ja, es bedeutet auch etwas anderes als Krisis der *Religion*. Denn in all diesen Fällen handelt es sich um eine Krisis menschlicher Haltung, menschlichen Charakters und zwar um das Problem einer bestimmten Epoche oder Generation, um ein soziologisches Phänomen. Mag Glaube mit Moral und Religion zusammenhängen, mag er immer auch zugleich eine menschliche Haltung sein, so unterscheidet er sich doch dadurch von ihnen, daß er immer ein bestimmter Glaube ist, Glaube an ein Gegenüber, an ein Jenseits des Menschen. Glaube ist keine Religiosität, keine Stimmung der Seele in Andacht, Dankbarkeit, Verehrung und Ehrfurcht vor der Welt und dem Leben als Ganzem, sondern er versteht Welt und Leben von einer jenseits ihrer liegenden Realität aus, von einer jenseits ihrer liegenden Macht aus, die ihr Ursprung und ihr Herr ist, von Gott aus. Eine Krisis des Glaubens tritt dann ein, wenn diese überweltliche Realität zweifelhaft geworden ist.

Es ist ebenso wie im persönlichen Verhältnis zwischen Mensch und Mensch, auf das wir ja auch das Wort „Glauben" anwenden: der Freund, der Liebende glaubt an den Andern. Glaube bedeutet hier nicht eine liebende Haltung; denn diese kann bestehen, auch wenn der Glaube schwankt oder fällt. Er bedeutet nicht eine Charaktereigenschaft, denn diese kann auch vor und nach der Liebe da sein. Sondern Glaube ist der Glaube an den bestimmten Anderen, der eben

---

* Bultmann, v. Soden, Frick, Krisis des Glaubens, Krisis der Kirche, Krisis der Religion. Drei Marburger Vorträge 1931, S. 5—21.

in der glaubenden Liebe als dieser Bestimmte gesehen wird. Solcher
Glaube gerät dann in eine Krisis, wenn sich herausstellt, daß der
Andere nicht der ist, als der er im Glauben an ihn gesehen wurde.

Von der Krisis des Glaubens auf dem Gebiete der „Religion" reden
heißt also nicht von der Krisis der Religion und Religiosität überhaupt reden, etwa über ihre Erschütterung durch weltgeschichtliche
oder geistesgeschichtliche Ereignisse oder über ihr Erwachen unter
deren Eindruck; es heißt nicht über religiöse Gleichgültigkeit reden, –
sondern über die Krisis eines bestimmten Glaubens. Für uns hat es
nur Sinn, über die Krisis unseres, des christlichen Glaubens, zu reden.

I.

Was ist also christlicher Glaube, um dessen Krisis es sich handelt?
Was ist jene überweltliche Realität, an die der christliche Glaube
glaubt? *Was ist Gott im Sinne des Christentums?*

Gott ist im Sinne des Christentums *nichts anderes, als was er für
jeden Glauben ist,* in dem der Gedanke Gottes überhaupt ernsthaft
gedacht ist. Was ist also mit dem Gedanken „Gott" gesagt?

Jedes menschliche Dasein weiß oder kann wissen um seine *Begrenztheit;* denn es wird – bewußt oder unbewußt – von dieser seiner
Begrenztheit umgetrieben, so lange es ist. So wenig es sich selbst geschaffen hat, so wenig hat es sich selbst in der Verfügung. Nie ist es
fertig; stets wird es umgetrieben von der *Sorge,* die es immer an seine
Grenze, seine Unfertigkeit erinnert.

> „Würde mich kein Ohr vernehmen,
> müßt es doch im Herzen dröhnen;
> in verwandelter Gestalt
> üb' ich grimmige Gewalt.
> Auf den Pfaden, auf der Welle,
> ewig ängstlicher Geselle;
> stets gefunden, nie gesucht,
> so geschmeichelt, wie verflucht...
> Wen ich einmal mir besitze,
> dem ist alle Welt nichts nütze...
> Glück und Unglück wird zur Grille,
> er verhungert in der Fülle;
> sei es Wonne, sei es Plage,
> schiebt er's zu dem andern Tage,
> ist der Zukunft nur gewärtig,
> und so wird er niemals fertig."

Es ist zunächst *die alltägliche Sorge für das Morgen*. Der Mensch wird in Anspruch genommen vom Besorgen, Beschaffen, Bereitstellen der Lebensmittel. Und er weiß doch im Grunde, daß er mit den Lebensmitteln das Leben nicht sichern kann. Jeder versteht die Geschichte vom reichen Kornbauern, der seine Scheunen mit der reichen Ernte füllen und dann zu seiner Seele sagen wollte: „Liebe Seele, du hast viele Güter, bereit für viele Jahre. Ruhe nun aus, iß und trink und sei guter Dinge!" Gott aber sprach zu ihm: „Du Narr! Heute Nacht nimmt man deine Seele von dir, und wem wird gehören, was du bereitet hast?" – Jeder versteht, daß der Bauer ein Narr war. Und eben jene dunkle Macht, die dem Menschen seine Grenze setzt, die über ihn verfügt, auch wenn er über sich zu verfügen meint, ist Gott, der über des Menschen Zukunft verfügt.

Oder das Leben, so wenig es sich von dieser Sorge um das Alltägliche, um das Morgen völlig frei machen kann, erkennt sie doch nicht als das an, was ihm seinen Sinn gibt, sondern erhebt sich darüber hinaus. Es wird umgetrieben von der *Sehnsucht nach dem Wahren und Schönen* oder auch nur von jener *unbestimmten Sehnsucht*, die in der „tiefsten Mitternacht" erwacht, und in der es deutlich wird:

> „alle Lust will Ewigkeit,
> will tiefe, tiefe Ewigkeit".

Und dem menschlichen Dasein ist doch auch auf all seinen Höhepunkten diese Ewigkeit der Lust oder diese Lust der Ewigkeit nicht beschieden. Ja, kennt es überhaupt Stunden, in denen es zum Augenblicke sprechen könnte: „verweile doch, du bist so schön"? Und wenn: der Augenblick verweilt eben nicht. Der Mensch ist des Zeitlichen und Ewigen nicht mächtig. Die Macht, die des Zeitlichen und Ewigen mächtig ist, ist Gott.

Oder das Leben ist umgetrieben vom *Verlangen nach Liebe*, vom Gefühl der Wahrheit jenes Wortes, das in Karl Spittelers „Olympischem Frühling" Apoll zu Hera spricht, die von der Angst vor dem Tode gehetzt wird, die dem Tode entfliehen möchte:

> „In Anankes harter Welt
> gedeiht in Berg und Tal kein andrer Trost, der hält,
> als zweier Augen Zwiegestirn, von Freundschaft traut,
> und einer dankbewegten Lippe Liebeslaut."

Manches Leben ist arm, manches reich an Freundschaft und Liebe. Aber auch das reiche Leben weiß von einer letzten Einsamkeit, in die es gedrängt ist.

„Kann je ein Mensch des andern auf der Erde
ganz, wie er möchte, sein?
In langer Nacht bedacht' ich mir's und mußte sagen: nein!"

Die Macht, die den Menschen in die letzte Einsamkeit stößt, ist Gott.

Oder das Leben ist bewegt vom *Drang zur Erkenntnis*, und es wird zu dem Geständnis geführt: „ich sehe, daß wir nichts wissen können". Oder ist es *der Drang zum Wirken, zum Werk?* Das ist eben der Weg, auf dem Faust schließlich zu dem Augenblicke kommen möchte, zu dem er sprechen könnte: „Verweile doch, du bist so schön!" Aber hinter Mangel, Schuld und Sorge, denen der Eingang zu ihm oder doch die Herrschaft über ihn verwehrt ist, kommt „der Bruder, der Tod". Und als der blinde Faust sich am Geklirr der Spaten ergötzt, da sind es nicht die Spaten, die an seinem Werke schaffen und es zur Vollendung führen, sondern die Spaten, die sein Grab graben; und das *Vorgefühl* des hohen Glückes ist der höchste und letzte Augenblick. Die Macht, die dem Wissen und Wirken ein Ziel steckt, ist Gott.

Oder endlich: das Dasein ist beherrscht vom *Gedanken der Pflicht*, vom Wissen um das „Du kannst, denn du sollst!" Es weiß aber gut, daß das Leben unter dem „Du sollst!" ein Kampf ist, in dem es darum geht, sich selbst zu überwinden. Es kennt den Ruf *des Gewissens*, der aufruft zur Pflicht, der zurückruft aus Leichtsinn und Verlorenheit an den Alltag, der ein „schuldig" spricht über vertane Zeit und verlorene Gelegenheit, über unreine Gedanken und gemeine Handlungen. Die Stimme des „Du sollst!", die den Menschen seiner Willkür entzieht, der Ruf des Gewissens, der dem Menschen seine eigene Kleinheit, Halbheit und Erbärmlichkeit zeigt, ist Gott.

Gott ist es, der den Menschen begrenzt, der seine Sorge zu einem komischen Spiel macht, der seine Sehnsucht scheitern läßt, der ihn in die Einsamkeit wirft, der seinem Wissen und Wirken ein Ende setzt, der ihn zur Pflicht ruft, und der den Schuldigen der Pein übergibt. Und doch ist es zugleich Gott, der den Menschen ins Leben zwingt und in die Sorge treibt, der ihm die Sehnsucht ins Herz gibt und das Verlangen nach Liebe, der ihm Gedanken und Kraft zum Werk gibt, und der ihn in den ewigen Kampf zwischen Willkür und Pflicht stellt. Gott ist die rätselhafte Macht jenseits der Zeit, und des Zeitlichen mächtig, jenseits des Daseins, und im Dasein wirkend.

II.

Aber damit ist der christliche Gottesgedanke nicht ausreichend beschrieben, ja der Gottesgedanke überhaupt noch nicht. *Denn warum nennen wir diese dunkle Macht „Gott"?* Warum dem Rätsel, dem Unheimlichen, das uns umtreibt und begrenzt, einen anderen Namen geben als eben den: das Rätsel, das Schicksal? Täuscht der Name „Gott" nicht darüber weg, daß wir im Dunkel stehen? dem Schicksal ausgeliefert sind? – Oder wenn es schon ein Name sein muß, warum nicht ebensogut der Name des Teufels? Treibt jene Macht nicht ein grausames Spiel mit uns, zerstörend und vernichtend? Ist nicht Unerfülltheit der Charakter jedes Lebens? Ist nicht der Tod, das Nichts, das Ende?

> „Da ist's vorbei! Was ist daran zu lesen?
> Es ist so gut, als wär' es nie gewesen,
> und treibt sich doch im Kreis, als wenn es wäre.
> Ich liebte mir dafür das Ewig-Leere —"

so spricht der Teufel, Mephistopheles. Und ist das die Wahrheit? Oder ist etwa dies die teuflische Versuchung, um jenes Rätsels, um jener Begrenztheit willen, so mitzusprechen? Und gilt es nicht, dem Rätsel, dem Dunkel gegenüber mit einem „Dennoch!" am Sinn des Lebens festzuhalten?

Wie dem auch sei; jedenfalls ist dies „Dennoch" der Sinn des Gottesglaubens. Es ist der Mut, jenes dunkle Rätsel, jene souveräne Macht als Gott zu bezeichnen, als meinen Gott. Es ist der Mut, zu behaupten, daß im Wissen um diese Macht jedes Dasein seinen Sinn gewinnt, daß mir im Wissen um diese Macht auch meine Zugehörigkeit zu ihr aufgeht und die Grenze innerlich aufgehoben ist, die mein Dasein umfängt. Dann nämlich, wenn ich meinen Anspruch aufgebe. mich durchzusetzen; dann, wenn ich mich dieser Macht, als der Macht, die mich ins Leben rief, unterwerfe, wenn ich Ja zu ihr sagen kann. Gottesglaube ist der Mut, der jenes „Dennoch" spricht: „Dennoch bleibe ich stets an dir, denn du hältst mich bei meiner rechten Hand".

Für diesen Glauben verliert die umtreibende Sorge ihre Angst, da in ihm der Mensch eine eigentümliche Distanz von ihr bei all seinen Sorgen gewinnt. Da sind „die Weinenden, als weinten sie nicht, und die sich freuen, als freuten sie sich nicht", – ohne daß sie doch aufhören zu weinen und sich zu freuen. Da ist jedes Haben ein Haben, als hätte man nicht. Für diesen Glauben verliert die Sehnsucht ihre Qual;

denn gerade in der Sehnsucht macht sich der Mensch von der Illusion frei, daß ihm das Hiesige und Gegenwärtige je Erfüllung bringen könnte, und die Sehnsucht versteht sich als Sehnsucht über die Zeit hinaus zur Ewigkeit. Für diesen Glauben zückt aus den Finsternissen der Einsamkeit der Freudenschein auf:

> „Sollt ich mit Gott nicht können sein,
> so wie ich möchte, Mein und Dein?
> Was hielte mich, daß ich's nicht heute werde?"

Für diesen Glauben kommt es nicht auf das Zuendebringen des Wissens und des Werkes an, sondern er dankt, daß er Kraft zum Forschen und zum Wirken hat, und für ihn ist das „Du sollst!" und der Ruf des Gewissens der Ruf, der, indem er begrenzt und richtet, ihn zu sich selbst bringt. Und für diesen Glauben gilt angesichts des Todes nicht jenes: „Da ist's vorbei!" „Es ist so gut, als wär es nie gewesen!"

Ist Gottesglaube der Glaube, der dieses „Dennoch" spricht, so ist *echter Gottesglaube* wohl zu unterscheiden von dem, was man eine *Weltanschauung* zu nennen pflegt. Das Wissen um jene Macht, die das Dasein schafft und begrenzt, ist nicht ein theoretisches Wissen, sondern jenes in kritischen Augenblicken des Daseins selbst aufbrechende Wissen. Es wird nie besessen als ein bleibender Besitz, als eine ruhende Einsicht, sondern es hat sich stets durchzusetzen gegen alle Verführungen, die immer je aus dem Dasein auftauchen und dem Menschen die Illusion geben, als verfüge er doch über sich und habe sein Leben in der Hand, – sei es eben auch kraft jener Einsicht. Der Gottesglaube wird stets übertäubt durch die gefangen nehmende tägliche Sorge, durch Wünsche und Pläne, durch die Süchte, die in die Lust und von Lust zu Lust treiben, durch das Miteinandersein, das immer in Gefahr ist, seinen echten Charakter als des Miteinander von freien und einsamen Personen zu verlieren und zu einem uns mitnehmenden, über unsere Einsamkeit betrügenden Geräusch der Stimmen zu werden, in dem wir uns zerstreuen und verlieren und selber mitmachen. Das Wirken und das Werk nimmt den Menschen stets gefangen; er wird zum „Fachmann", zum Sklaven der Arbeit, deren Pausen nicht Sammlung, sondern Zerstreuung sind. Das Pflichtbewußtsein gibt eine falsche Sicherheit und einen Hochmut, in dem sich der Mensch über seine Nichtigkeit betrügt.

Echter Gottesglaube wächst je aus dem Innewerden der *Fraglichkeit* des Daseins, die nicht in einem Lehrsatz gelernt und behalten wird, sondern die je im *Augenblick* des Lebens zum Bewußtsein kommt. Echter Gottesglaube ist kein Satz, den man zur Hand hat, um über den Augenblick hinwegzukommen, sondern er ist gerade im Augenblick zu ergreifen und zu bewähren, darin, daß je im Augenblick die eigentümliche Distanz zu den Dingen festgehalten und jene Beugung, jenes Ja vollzogen wird: „nicht wie ich will, sondern wie du willst".

Echter Gottesglaube ist also *nicht eine allgemeine Wahrheit*, die ich einsehe, über die ich verfüge, die ich anwende; sondern er ist nur als stets neu ergriffener, neu erwachsender, was er ist. Gott ist nicht eine Weltgesetzlichkeit, eine Vorsehung oder ein allgemeiner Weltsinn, so daß ich, wenn ich diese Gesetzlichkeit, diesen Sinn erkannt habe, von da aus die einzelnen Phänomene des Geschehens und meines Lebens deuten und verstehen kann, oder, wenn ich das noch nicht vermag, wenigstens aus allgemeinen Gründen von ihrem Sinn überzeugt sein kann. Eine „*Weltanschauung*" ist eine Theorie über Welt und Leben, über die Einheit der Welt, über ihre Entstehung, ihren Zweck oder Wert – oder auch Unwert –, über den Sinn – oder auch Unsinn – des Lebens. Eine sogenannte theistische oder christliche Weltanschauung macht Gott zu einem Prinzip des Weltverständnisses, zu einer Idee. Für den *Glauben* ist Gott die unverständliche, rätselhafte Macht, die mein konkretes Leben durchwaltet und begrenzt, und die ich nur je als solche erfahre. In einer „*Weltanschauung*" geht es darum, auf Grund eines allgemeinen Verständnisses von Welt und Mensch mein Leben und meine Schicksale je als einen Fall des Allgemeinen zu begreifen. Mit einer „*Weltanschauung*" entfliehe ich gerade der Wirklichkeit meiner Existenz, die eben nur je im Augenblick, in seiner Frage, in seiner Entscheidung wirklich ist. Die Sehnsucht nach einer Weltanschauung ist begreiflich als die Flucht vor dem Rätsel und der Entscheidungsfrage des Augenblicks, als die Flucht des Menschen vor sich selbst und als das Bestreben, sich durch allgemeine Gedanken zu sichern, während doch Ungesichertheit das Wesen der menschlichen Existenz charakterisiert. Die „Weltanschauung" will den Menschen von der Entscheidung entlasten gerade dann, wenn aus dem Augenblick das Bewußtsein seiner Unsicherheit aufbricht, etwa im Falle eines sittlichen Konflikts durch eine ethische Theorie oder angesichts des Todes durch eine psychologische oder kosmologische Theorie. Eine „Weltanschauung" steht also in schärfstem Gegensatz zum Gottesglauben. Jenes Ja-Sagen, jenes „Dennoch", bedeutet nicht die Überwindung der Rätsel durch eine betrachtende Einsicht, sondern wird

nur geboren aus dem Augenblick, d. h. aus der Hingabe an den Anspruch des Augenblicks, aus der Preisgabe des Ich. So beschreibt es
Luther: „Das ist der höchste Artikel des Glaubens, davon wir sprechen:
Ich glaube an Gott, Vater, Allmächtigen, Schöpfer Himmels und der
Erden. Und welcher das rechtschaffen glaubt, dem ist schon geholfen
und ist wieder zurechtgebracht und dahin gekommen, da Adam von
gefallen ist. Aber wenig sind ihrer, die so weit kommen, daß sie völ-
liglich glauben, daß er der Gott sei,der alle Dinge schafft und macht.
Denn ein solcher Mensch muß allen Dingen gestorben sein, dem Guten und Bösen, dem Tod und Leben, der Höll und dem Himmel und
im Herzen bekennen, daß er aus eigenen Kräften nichts vermag.“
Ein solcher Glaube kann nie eine wohl erwogene und begründete, nie
eine besessene und angewandte Weltanschauung sein, sondern er ist
stets im Kampf mit dem Eigenwillen des Menschen neu zu erringen.

So wenig der Gottesglaube eine Weltanschauung ist, die alles in
der Welt von einem Prinzip her begreift, so wenig ist der Glaube
eine *Mystik*, die sich über die Welt erhebt und Gott in der Zeitlosig-
keit finden will. Gott ist die dunkle, rätselhafte Macht, die uns *in* der
Welt, *in* der Zeit begegnet. Seine *Jenseitigkeit* ist die Jenseitigkeit
dessen, der des Zeitlichen und des Ewigen mächtig ist, die Jenseitigkeit der *Macht*, die unser Leben schafft und begrenzt, nicht die Jenseitigkeit einer Substanz oder einer Leere, mit der sich die Seele vereint, in die sie versinkt, wenn sie sich in Andacht, Abstraktion und
Ekstase über die Welt hinausschwingt. Der Glaube weiß, daß die
Menschenseele nicht ein besonderes Etwas im Menschen ist, das sich
aus der Verflochtenheit weltlichen Geschehens herauslösen und flüchten kann, um sich der Ewigkeit in die Arme zu werfen. Er weiß, daß
bei all solchen Versuchen der Mensch, der sich entfliehen will, nur
sich selbst in die Arme läuft, daß er in allen mystischen Wonnen und
Entzückungen nichts anderes ist als eben der Mensch. Er weiß, daß
das, was der Mensch *getan* hat und *tut*, seine Entscheidungen, ihn in
seinem Sein konstituieren, daß Zeitlichkeit sein *Wesen* ist, daß der
Zeitlichkeit entfliehen wollen, nichts anderes bedeutet, als der eigenen Wirklichkeit entfliehen wollen und also: Gott entfliehen wollen,
der nirgends anders begegnet als in dieser zeitlichen Wirklichkeit.
Die Mystik möchte jene Distanz, jenes „Haben, als hätte man nicht“,
dadurch gewinnen, daß sie das Haben, daß sie die Welt und die Zeit
durchstreicht, ignoriert. Der Gottesglaube redet nicht vom Seelen-
funken und Seelengrunde, sondern vom *ganzen* Menschen, der in der

Welt und in der Zeit steht, in der Gemeinschaft und in der Verantwortung, der je im Ruf des *Augenblicks* den Ruf Gottes hören soll
und je im *Entschluß*, in der *Tat* seinen Gehorsam unter Gott durchführen soll. In solchem *Gehorsam* soll er seine Freiheit von der Welt
gewinnen, von der Bindung an die Welt in Angst und Leichtsinn, in
Selbsttäuschung und Eitelkeit, – aber nicht wie der Mystiker, indem
er dem konkreten Denken, Entschließen und Handeln entflieht. Gerade in der Konkretheit des Lebens die Distanz wahren, die dem
Entschluß und der Tat ihren vollen Ernst gibt, weil in ihr der Mensch
als ein Freier denkt und handelt, – gerade das heißt Glauben.

III.

So ist christlicher Gottesglaube charakterisiert; aber so ist Gottesglaube überhaupt charakterisiert. Was ist spezifisch christlicher Gottesglaube? Diese Frage steht noch aus. Sie findet aber ihre Antwort,
indem wir einfach die andere sachliche Frage ins Auge fassen, die
sich aus der Charakteristik des Glaubens dringend erhebt. Inwiefern
ist solcher Glaube *Gottes*-Glaube? Ist er nicht einfach *Glaube an den
Menschen*? Verdecken wir uns nicht auch hier durch das Wort „Gott"
eine fatale Selbsttäuschung? Ist jenes „Dennoch" nicht einfach das
Dennoch des Trotzes, des Mutes der Verzweiflung? In der Tat; der
Glaube, wie er geschildert wurde, braucht nichts anderes zu sein als
Glaube an den Menschen, d. h. im Grund nicht der Glaube an ein
Gegenüber, sondern eine menschliche Haltung, eine Haltung der
Seele, die, Verzweiflung und Resignation, Stumpfsinn und Leicht-
sinn überwindend, die Wirklichkeit, in der sie steht, ins Auge faßt,
die ehrfürchtig und dankbar, stolz und demütig zugleich, „Ja" zu ihr
sagt, die sich nicht zerbrechen läßt, sondern gefaßt und mutig ihren
Weg gehen will. Es ist die Haltung des Stoikers oder die des Faust:

> „Nach drüben ist die Aussicht uns verrannt;
> Tor, wer dorthin die Augen blinzelnd richtet,
> sich über Wolken seinesgleichen dichtet!
> Er stehe fest und sehe hier sich um;
> dem Tüchtigen ist diese Welt nicht stumm.
> Was braucht er in die Ewigkeit zu schweifen!
> Was er erkennt, läßt sich ergreifen.
> Er wandle so den Erdentag entlang;
> wenn Geister spuken, geh er seinen Gang:
> Im Weiterschreiten find er Qual und Glück,
> er, unbefriedigt jeden Augenblick."

Goethes Ehrlichkeit wollte den Namen „Gott" vermeiden für die Wirklichkeit, der der Mensch sich beugt, indem er sich in sie eingespannt weiß:

> „Gefühl ist alles;
> Name Schall und Rauch,
> umnebelnd Himmelsglut."

Dieser Glaube hat Gott nicht als ein wirkliches Gegenüber; Gott ist für ihn kein Du, und kein Gebet ist ihm möglich, wäre es auch nur das:

> „Herr schicke, was du willt,
> ein Liebes oder Leides.
> Ich bin vergnügt, daß beides
> aus deinen Händen quillt."

Freilich redet solcher Glaube wohl von Gott; ja er redet wohl auch *zu* Gott. Aber Gott ist für ihn das Unbestimmte, das Schicksal, jedenfalls nicht der Gott des christlichen Glaubens. Aber jener Glaube, indem er von Gott und zu Gott redet, weiß doch, was Gott ist, und möchte zu ihm reden. *Darf* er es?

Der christliche Glaube hat darin seine Eigentümlichkeit, daß er von einem *Ereignis* redet, das ihm dazu das Recht gibt; daß er ein *Wort* hört, das die Anerkennung Gottes als eines Gegenüber sogar von ihm fordert. Für das Christentum ist Gottesglaube nicht Glaube und Gottvertrauen im allgemeinen, sondern der Glaube an ein bestimmtes, ihm verkündigtes Wort. Das Ereignis ist *Jesus Christus,* in dem, wie es im Neuen Testament heißt, Gott gesprochen hat, den das Neue Testament selbst „das Wort" nennt. Das heißt: in dem, was mit und durch Christus geschehen ist, hat sich Gott dem Menschen entscheidend offenbar gemacht; und in diesem Geschehen ist eine Verkündigung begründet und legitimiert, die dem Menschen als *Gottes Wort* begegnet, die ihn nicht einen neuen Gottesbegriff lehrt, sondern die ihm das Recht gibt, an den Gott, an den er glauben möchte, zu glauben.

Eben dazu bedarf es des Wortes. „Wenn Gottes Wort und Zeichen nicht da ist oder nicht erkennet wird, so hilft's nichts, wenn Gott gleich selbst da wäre." „Denn was außer der Christenheit ist … ob sie gleich nur an einen wahrhaftigen Gott glauben und anbeten, so wissen sie doch nicht, was er gegen yhn gesinnet ist, können sich auch keiner Liebe noch Gutes zu yhm versehen, darumb sie in ewigem Zorn und Verdamnis bleiben" (Luther).

Dies ist also das Eigentümliche des christlichen Glaubens und sein Ärgernis! Und man darf ihn nicht dadurch unanstößig und harmlos machen, daß man nur den Gehalt seines Gottesbegriffes entwickelt und das Ärgernis preisgibt. Es ist eben die Behauptung, daß sich der Gottesglaube gerade nicht als allgemeine menschliche Haltung erheben kann und erheben darf, sondern nur als Antwort auf Gottes Wort, und daß gerade dieses *eine*, dieses im Neuen Testament vorliegende, dieses im Christus-Ereignis begründete Wort das Wort Gottes ist. Dieses Wort, das von der kirchlichen Verkündigung weitergegeben wird, und das je dem Hörer zusichert, daß Gott *ist*, daß Gott *sein* Gott ist.

Das zu verstehen, bedarf es jedoch noch einer weiteren Besinnung auf die Weise, *wie* dieses Wort dem Menschen sagt, daß er an Gott glauben darf. Es sagt es so, daß es ihm *die Vergebung seiner Sünde* zuspricht. Es sagt damit, daß jene Beugung unter die uns ins Leben rufende und begrenzende Macht, daß jenes Ja-Sagen nur dann echt und radikal ist, nur dann *das* ist, was es sein will, wenn es zugleich das Bekenntnis der Sünde und die Bitte um Gnade ist. Dabei ist unter Sünde nicht die Unmoral verstanden, sondern der Anspruch des Menschen, selbst sein zu wollen, selbst über sich verfügen, selbst sein Leben in die Hand nehmen zu wollen, die Superbia, das Sein-wollen wie Gott. Die Durchführung dieses Anspruches hat ja den Menschen gegen seine Grenze getrieben, ihm seine Grenze zum Bewußtsein gebracht. Aber wenn er nun, der Grenze inne werdend, sich beugt, ist dann nicht – wie wir sagten – die Grenze innerlich überwunden? Hat der Mensch dann nicht Gott?

Ja; wenn diese Beugung eine echte und radikale ist. Aber daß solche Beugung nicht ohne das *Bekenntnis der Sünde* und nicht ohne die *Vergebung* möglich sei, das behauptet der christliche Glaube. Unter Bekenntnis der Sünde ist also noch mehr verstanden als das Bekenntnis der Begrenztheit und die Unterwerfung unter sie, mehr als das Bekenntnis, daß der Anspruch ein falscher war. Dieses nämlich, daß ich durch den Eigenwillen, der mein Leben soweit trieb, schuldig geworden bin; daß ich das, was dahinten liegt, nicht damit abtun kann, daß ich, der Grenze inne werdend, sie bejahe; daß vielmehr eben das Bejahen der Grenze das Bekenntnis der Schuld vor der mich begrenzenden Macht sein muß, wenn es ernst ist, und daß Schuld nur durch ein Wort der Vergebung getilgt wird.

Indessen sagt die christliche Verkündigung noch deutlicher, *was*

Sünde ist, und inwiefern ich durch meine Superbia schuldig geworden bin. Jenes Durchführenwollen des eigenen Anspruchs, jenes Rennen gegen die Grenze ist nämlich deshalb die den Menschen qualifizierende Schuld, weil dieser Mensch dadurch *an seinem Mitmenschen* schuldig wurde. Der Nächste, der Du, mit dem er verbunden ist, er ist ihm als die eigentliche Grenze seines Ich gegeben. Jenes Selbstsein wollen, jene Superbia, ist Lieblosigkeit. Und die christliche Auffassung von der Sünde ist dadurch charakterisiert, daß sie als das Gebot, das über dem Leben steht, als den Anspruch Gottes, der je im Augenblick laut wird, *das Gebot der Liebe* versteht. Jene Hingabe an den Anspruch des Augenblicks soll nicht allein die abstrakte und negative Erkenntnis der menschlichen Begrenztheit sein, sondern die positive Erkenntnis des Anspruchs des Du als meiner Grenze und seine Erfüllung, die Liebe; nicht allein die negative Erkenntnis, daß ich nicht über mich verfüge, sondern zugleich die positive Erkenntnis, daß ich für den andern da bin.

Eben deshalb qualifiziert den Menschen seine Vergangenheit, in der ihn jener Eigenwille umtrieb, weil er den Anspruch des Du nicht hörte und in ein Leben der Lieblosigkeit, des Hasses verstrickt war. Deshalb ist er schuldig und unrein, weil soviel Härte und Undank, soviel Lüge und Gemeinheit, soviel leichtsinniges Verderben der Freude anderer und selbstsüchtiges Vorbeigehen am andern, soviel Verschlossenheit für den andern und Pochen auf das eigene Recht hinter ihm liegt, – ja, eben *nicht hinter* ihm liegt, sondern unvergeben an ihm klebt und ihn unrein macht.

Was das bedeutet, mag etwa einem Menschen zum Bewußtsein kommen, der um die Liebe eines andern wirbt. Er weiß sehr gut: was dahinten liegt, liegt eben nicht dahinten, sondern ich *bin* der, der so war und so handelte, und nicht ich, sondern nur die Güte und Reinheit des andern kann mich davon frei machen.

Daß meine Schuld, daß – vor Gott gesehen – meine Sünde vergeben ist, sagt das Wort der christlichen Verkündigung, und nur dem, der diese Vergebung annimmt, sich unter das Urteil beugend und die Forderung der Liebe auf sich nehmend, spricht sie das Recht zu, von Gott, zu Gott zu reden.

IV.

Ist also das der Sinn des christlichen Gottesglaubens: der Glaube an Gott als die rätselhafte Macht, die mich ins Leben ruft und begrenzt, an den Gott, der in dem durch Christus in der Welt begründeten Wort mich richtet als Sünder und mir die Sünde vergibt, an den Gott, der mich an das Du weist und mir gebietet, den Anspruch des Augenblicks zu hören in der Liebe, – wie steht es dann mit der *Krisis des Glaubens?* Müssen wir noch ausführlich von ihr reden, und ist sie nicht schon dadurch deutlich geworden, daß wir den Glauben charakterisierten?

Ist der christliche Gottesglaube, wie der Gottesglaube überhaupt, die stille und ehrfürchtige Beugung unter die Macht, die mich ins Leben ruft und begrenzt, ist der Glaube der Wille, diese Beugung je im Augenblick durchzuführen in der Anerkenntnis des Augenblicks, – dann ist *die Krisis des Glaubens eine konstante.* Denn jener Wille muß ja stets *im Kampf mit dem Eigenwillen,* der die Grenze nicht anerkennen will, durchgeführt werden. Der Anspruch muß je neu gehört werden. Der Gottesglaube ist ja nie ein Besitz, sondern stets Entschluß. Von einer Krisis des Glaubens kann man also nicht reden wie von der Krisis einer wissenschaftlichen Theorie, die etwa die Forschung eine Generation lang geleitet hat, deren Fundamente geprüft werden müssen, so daß die Krisis zu neuen Fundamenten, zu neuen Theorien führt. Man kann von einer Krisis des Glaubens nicht reden wie von der Krisis des Weltbildes oder der Krisis des Staatsgedankens, auch nicht wie von der Krisis von Institutionen oder Organisationen, sei es die Kirche oder die Verfassung, die Wirtschaft oder das Recht. Solche Krisen sind soziologische Phänomene und sind das Problem je einer Generation oder Epoche, und ihr Sinn ist immer, neue Fundamente für Generationen oder Epochen zu legen. Sie erwachsen, weil ein Besitz unsicher ward, und weil ein neuer Besitz geschaffen werden soll. Der Glaube ist nie Sache einer Generation oder Epoche, sondern je *meine* Sache, nie ein Besitz, sondern immer ein Entschluß, und seine Krise ist der konstante Kampf des Eigenwillens gegen den Anspruch des Augenblicks.

Wird im *christlichen* Gottesglauben der Anspruch des Augenblicks als der Anspruch des Du, als die Forderung der *Liebe* verstanden, so ist deutlich, daß seine Krisis der konstante *Kampf des Hasses gegen die Liebe* ist, und daß diese Krisis in jeder Begegnung mit dem Du

akut wird, dem sich unser Ohr verschließen will in Leichtsinn oder
Selbstsucht, in der Vertretung des eigenen Rechts, der eigenen Interessen, in Verachtung oder offenem Haß. Deshalb redet das Christentum von der *Erbsünde*. Es sagt damit nichts anderes als dieses: daß
wir je in unser Jetzt kommen als solche, die sich durchzusetzen suchen,
daß wir aus einer Geschichte kommen und in einer Welt stehen, die
von jeher durch dieses Verständnis des Miteinander geleitet war und
ist, und daß dieses Verständnis uns von vornherein leitet: alle suchen
das Ihre; keiner hört ernsthaft auf den andern. Es ist eine Welt der
Lieblosigkeit. Und gegen dieses Eingeständnis, gegen dieses Urteil
empört sich der Mensch immer wieder, sei es auch nur so, daß er sich
die Wirklichkeit mit Illusionen und mit der Betriebsamkeit schein-
barer Menschenliebe verhüllt. Denn die Liebe des Christentums ist
keine Sache, die durch Programme vertreten und in Organisationen
durchgeführt werden kann, sondern die Sache je des Augenblicks,
meines Augenblicks. Gewiß kann gerade solche Liebe angesichts bestimmter Schäden und Leiden der Gegenwart auch ein Programm der
Hilfe und eine Organisation fordern. Aber in ihnen ist die Liebe
nicht aufgegangen und gesichert, sondern Programme, Organisationen und Institutionen können gerade zur Verkleidung der Lieblosigkeit werden und blind machen für den wirklichen Anspruch des
Augenblicks, für das konkrete Du, das mir begegnet. Die Lieblosigkeit und der Stolz, d. h. das Sich-sträuben gegen das Urteil über die
Sünde, ist die ständige Krisis des Glaubens.

Und weiter! Ist es *das Ärgernis des Christentums*, daß in diesem
einen Wort von Christus die Vergebung verkündigt wird und sonst
nirgends, so steht der Glaube in der ständigen Krisis, die dieses
Ärgernis bereitet: Welches Recht hat diese Verkündigung, sich für
die einzig legitime zu halten? Welches Recht hat ein gewöhnlicher
Mensch, den ich nicht kenne und der mich nicht kennt, mir im Namen
Gottes die Vergebung meiner Sünden zuzusprechen, nur weil er zu-
fällig mit dem Amt der kirchlichen Verkündigung betraut ist? – Aber
heißt das etwas anderes, als daß sich der Mensch eben gegen das
konkrete, faktisch ausgesprochene, *ihm* entgegengesprochene Urteil
sträubt? Daß er es wohl als allgemeines akzeptieren, wohl sich selbst
sagen will, daß er wohl die Vergebung als allgemeine anerkennen
will, die doch nur als konkrete ihm, dem Konkreten, zugesprochen
werden kann? Und heißt das etwas anderes, als daß er wohl die *Idee*

der Sünde, die *Idee* der Vergebung, die *Idee* Gottes anerkennen will,
aber nicht Gott selbst? Das meint das Christentum mit der *Menschwerdung Gottes:* die Wirklichkeit Gottes ist nicht die der Idee, sondern die des konkreten Geschehens; und die Wirklichkeit seiner Vergebung begegnet nur im konkreten, von ihm legitimierten Wort.

Aber gibt es nicht doch Krisen des Glaubens, die Sache einer Generation, einer Epoche sind? Krisen, in die der Glaube versetzt wird
durch den Wandel der Wissenschaft oder durch politische Revolutio-
nen? Scheinbar ja.

Die Krisis oder scheinbare Krisis, in die der Glaube durch *die
moderne Naturwissenschaft* versetzt war, ist heute fast verklungen,
– wenigstens für die sogenannten Gebildeten. Es ist freilich die Frage,
ob mit Recht, ob ihre Überwindung der Einsicht in das Wesen des
Glaubens oder nur der neuesten Wandlung der Wissenschaft und der
sogenannten Weltanschauung zu verdanken ist. Diese Krisis besteht
im Grunde darin, daß die Naturwissenschaft den Menschen vor die
Frage stellt, ob er sein Sein verstehen will aus der Wirklichkeit, die
der naturwissenschaftlichen Beobachtung und Forschung offensteht,
aus der Wirklichkeit des Vorhandenen, das die Sinne erfassen, dessen gesetzmäßige Verknüpfung der denkende Verstand erschließen,
dessen Einheit er konstruieren kann, – oder aus der Wirklichkeit des
Augenblicks. Ich kann auch sagen: ob er den Augenblick ableiten will
aus dem dahinten liegenden Naturgeschehen, um ihn als dessen not-
wendiges Resultat zu begreifen, oder ob er die Unableitbarkeit des
Augenblicks anerkennen will, seine Offenheit für die Zukunft, seinen Anspruch, seinen Entscheidungscharakter. Ob er anerkennen
will, daß der Augenblick reicher ist, als durch Beobachten, durch
Messen und Rechnen festgestellt werden kann, nämlich reich an Möglichkeiten zu Freude und Dank, zu Schmerz und Reue, zu Pflicht und
Liebe, reich an Möglichkeiten, die im Jetzt die Entscheidung fordern,
eine Entscheidung, die keine Wissenschaft abnehmen kann, eine Entscheidung, in der der Mensch aber sein eigentliches Sein gewinnt oder
verliert; ob er also die Verantwortung des Jetzt anerkennt oder nicht,
– und wenn der Anspruch des Jetzt der Ruf zur Liebe ist: ob die
Stimme einer das Vorhandene beobachtenden Wissenschaft oder der
Ruf zur Liebe ihn stärker trifft. Nicht irgendwelche Resultate der
Naturwissenschaft versetzen den Glauben in die Krisis, sondern die
naturwissenschaftliche Betrachtung als solche. Der Glaube hat nie
gegen Ergebnisse der Naturwissenschaft zu kämpfen, sondern einzig

gegen ihren etwaigen weltanschaulichen Anspruch, den Sinn des Daseins zu begreifen.

Dann aber ist die Krisis, in die der Glaube durch die Naturwissenschaft versetzt wird, nur eine, für eine Epoche allerdings charakteristische, Form der Krisis, in der er als Glaube überhaupt und immer steht. Im Anspruch der Naturwissenschaft verhüllt sich nämlich der Anspruch des Menschen, selbst sein zu wollen, sein Leben aus dem zu begreifen und zu gestalten, über das er verfügt, das er im Denken und im besorgenden Handeln beherrscht oder zu beherrschen meint. Der Gottesglaube, und nicht erst der christliche, fordert die Preisgabe dieses Anspruchs und die Anerkennung der rätselhaften Gewalten, die in Wahrheit das Leben gestalten, die Anerkennung des Augenblicks mit seiner Verantwortung. Und der christliche Gottesglaube erklärt jenen weltanschaulichen Anspruch der Naturwissenschaft als die Verkleidung der Lieblosigkeit, die den Ruf des Augenblicks zur Liebe überhört.

Soll auch noch von der Krisis die Rede sein, in die *die Geschichtswissenschaft* den Glauben versetzt? Dadurch nämlich, daß sie das Neue Testament kritisch behandelt und unser Wissen vom historischen Jesus zweifelhaft macht; und ferner dadurch, daß sie die christliche Religion in den Zusammenhang der allgemeinen Religionsgeschichte hineinstellt und sie so zu einer relativen Erscheinung unter anderen macht!

Dem Menschen ist in der christlichen Verkündigung aber gar nicht ein Geschichtsbericht über ein Stück Vergangenheit mitgeteilt, den er nachprüfen oder kritisch bestätigen oder verwerfen könnte; sondern es ist ihm gesagt, daß in dem, was damals geschah, es möge gewesen sein wie es wolle, Gott gehandelt hat, und daß durch dieses Handeln Gottes das jetzt ihm begegnende Wort des göttlichen Urteils und der Vergebung legitimiert ist, daß jenes Handeln Gottes seinem Sinn nach nichts anderes ist als eben die Einsetzung dieses Wortes, als die Verkündigung dieses Wortes selbst. Keine Geschichtswissenschaft kann diese Behauptung kontrollieren, weder sie bestätigen, noch sie verwerfen. Denn daß dieses Wort und seine Verkündigung Gottes Tun sei, steht jenseits der historischen Beobachtung.

Die Geschichtswissenschaft wird zur Krisis für den Glauben nur vermöge jenes Ärgernisses, daß das christliche Wort der Verkündigung das legitimierte Wort Gottes zu sein behauptet; weil der Mensch die unkontrollierbare Behauptung kontrollieren möchte, weil er Kriterien zu haben beansprucht, wo es dem Wesen der Sache nach keine Kriterien geben kann.

Das gleiche Ärgernis ist aber auch der Ursprung der Krisis, die aus der allgemein-religionsgeschichtlichen Betrachtung erwächst. Gewiß, das Christentum ist für den historischen Blick eine relative Erscheinung unter anderen. Aber das eben ist ja die ärgerliche christliche Behauptung, daß ein relatives historisches Phänomen, daß diese bestimmte Verkündigung, Gottes Wort sei. Und diese Krisis ist eine konstante.

Die Krisen, in die der Glaube durch Natur- und Geschichtswissenschaft versetzt wird, sind nur zu begrüßen. Sie bringen die konstante und meist latente Krisis des Glaubens zum offenen Ausdruck; sie zwingen zur Besinnung auf das Wesen des Glaubens und machen die Entscheidungsfrage für oder wider den Glauben deutlich, die Entscheidungsfrage, die nie eine Frage des forschenden und besitzenden Wissens, sondern stets eine Frage des Willens ist, der Offenheit für den Augenblick, und die deshalb auch durch keine Wissenschaft entschieden werden kann.

In eine solche Krisis tritt der Glaube auch und vor allem dann, wenn er verwechselt wird mit anderem, wenn er nicht bekämpft oder in Frage gestellt wird, sondern wenn man ihn preisgibt, indem man ihn festzuhalten oder gar zu vertiefen meint. Die übliche Verwechslung des Glaubens ist *seine Verwechslung mit einer Weltanschauung oder mit der mystischen Religiosität.* Inwiefern sie eine Krisis für den Glauben bedeutet, braucht nach ihrer früheren Charakteristik nicht gesagt zu werden. Beide bedeuten ja die Flucht vor dem Augenblick, vor seinem Rätsel, vor seinem Anspruch, vor der Entscheidung, vor der Liebe. Gerade in ihnen will sich der Mensch, indem er vor der Preisgabe an den Augenblick flieht, an sich selbst festhalten, will sich sichern und besitzen. In Weltanschauung und Mystik herrscht im tiefsten Grunde der Glaube des Menschen an sich selbst, also der Gegensatz zum Gottesglauben. Und der Glaube des Menschen an sich ist es immer, der die Krisis für den Gottesglauben bedeutet. Wenn Gottesglaube das Hören auf den Ruf des Augenblicks versteht als den Anspruch des mir begegnenden Du, als den Ruf zur Liebe, so ist *die Krisis des christlichen Gottesglaubens immer zugleich die Krisis der Liebe.*

Was soll eine Vorlesung über die Krisis des Glaubens im Rahmen

einer Vorlesung für Staatsbürgerkunde? Es kann sich in der Staatsbürgerkunde doch wohl nur darum handeln, ein Wissen zu gewinnen,
das zur Tat führen soll, oder eine Besinnung vollziehen, die die Tat
leiten soll. Auf die Frage: „was soll ich tun?" hat aber der christliche
Glaube nur eine einzige Antwort: „Du sollst lieben Gott, deinen
Herrn, von ganzem Herzen, von ganzer Seele und mit allen deinen
Kräften, und du sollst deinen Nächsten lieben wie dich selbst!"

Dies christliche Gebot der Liebe ist nicht ein Programm, nicht eine
ethische Theorie, nicht ein Prinzip, aus dem einzelne sittliche Forderungen allgemein gültig entwickelt werden könnten. Im Gegenteil:
ein solches Unternehmen würde nur verschleiern, worauf es ankommt. Das christliche Liebesgebot weist mich je in meinen Augenblick, damit ich in ihm als Liebender den Anspruch des mir begegnenden Du höre und als Liebender entdecke, was ich zu tun habe. Will
man weiter eine Regel, so ist sie sehr einfach zu geben durch den Hinweis auf die zehn Gebote. Denn alles, was sie sagen, ist nach dem
Wort des Paulus (Röm. 13, 9) zusammengefaßt in dem *einen* Wort:
„Du sollst deinen Nächsten lieben wie dich selbst." Und wer mehr
und Größeres erwartet, der darf erinnert werden an jenen Dialog
zwischen Vater und Sohn in Dostojewskis „Jüngling": Der Sohn fragt
angesichts des erschreckenden Zukunftsbildes einer Weltkatastrophe:

„Ja, aber, was soll man denn tun?"

„Ach, Gott, beeile dich doch nicht so; das wird ja alles nicht so bald
geschehen. Im allgemeinen aber ist nichts zu tun, das allerbeste, –
wenigstens hat man dann sein ruhiges Gewissen und kann sich sagen,
daß man sich an nichts beteiligt hat."

„Nein, genug, sprechen Sie zur Sache. Ich will wissen, was ich tatsächlich tun, und wie ich leben soll?"

„Was du tun sollst, mein Lieber? Sei ehrlich, lüge nie, trachte nicht
nach deines Nächsten Haus, mit einem Wort: Lies die zehn Gebote
– da ist alles das auf ewig niedergeschrieben."

„Hören Sie auf, hören Sie auf, das ist ja alles so alt, und zudem
sind es bloß Worte, hier aber bedarf es einer Tat!"

„Nun, wenn dich die Langeweile schon gar zu sehr drückt, dann
bemühe dich, irgend jemand oder irgend etwas liebzugewinnen oder
einfach nur dein Herz an etwas zu hängen."

„Sie spotten ja nur! Und dann, was soll ich ganz allein mit den
Zehn Geboten anfangen?"

„Erfülle sie nur, trotz all deiner Fragen und Zweifel, und du wirst ein großer Mensch sein." –

Was christlicher Glaube, was seine Krisis und ihre Überwindung ist, wird nur der verstehen, der es mit den simplen Zehn Geboten versucht, der das Gebot der Liebe ernst nimmt.

Polis und Hades in der Antigone des Sophokles *

1936

Das Problem der Antigone ist die Frage nach der echten Begründung der Polis und damit zugleich, da menschliches Gemeinschaftsleben nur in der Polis seine Gestalt gewinnt, nach der echten Begründung menschlichen Gemeinschaftslebens überhaupt.

Das Drama[1] beginnt an dem Tage, da der Strahl des Helios schöner
denn je zuvor über dem siebentorigen Theben aufging (100 ff.), an
dem Tage, da die Götter nach der Vernichtung des feindlichen Heeres
„aus vieler Stürme wildem Drang" die Stadt emporhoben (163 f.).
Durch die Abwehr des äußeren Feindes scheint die Polis gesichert zu
sein; und weder der Chor, dessen Lied das „Auge des goldenen Tages"
preist, noch Kreon, der Herrscher, dessen erste Worte jenem Gefühl
der Sicherheit Ausdruck geben, ahnen, wie schwach es um diese Sicherheit bestellt ist.

Die Handlung erwächst daraus, daß Antigone, indem sie ihren als
Feind Thebens gefallenen Bruder Polyneikes bestattet, gegen das Gebot des Kreon, gegen die „allem Volk erlassene Kundgebung" handelt
(7 f.). Sie weiß, was sie getan hat (447 f.). Die Polis steht auf den
Nomoi, und Antigone hat gegen die Gesetze nach ihrem eigenen Gesetz gehandelt[2].

> „Vorschreitend bis zu des Trotzes Ziel,
> stießest du an Dikes hohem Sitz
> gewaltig an, verweg'nes Kind!"   (853 ff.)

---

* Theol. Aufsätze, Karl Barth zum 50. Geburtstag, 1936, S. 78–89.

[1] In der Wiedergabe des Textes folgte ich fast durchweg der Übersetzung von
J. J. C. Donner, die ich gelegentlich modifizierte. Auch P. Friedländer, Die griechische Tragödie und das Tragische (Die Antike I 1925, S. 308 ff.), habe ich dankbar benutzt.

[2] Als αὐτόνομος 821; vgl. 875: σὲ δ' αὐτόγνωτος ὤλεσ' ὀργά.

So jedenfalls in den Augen des Kreon und des Chores, der in diesem
Punkte das durchschnittliche Urteil der Bürger vertritt. Und aufs
Äußere gesehen ist dieses Urteil zweifellos richtig. Kreons Gegenhan-
deln erwächst nicht etwa aus der Verachtung der Polis und ihrer Gesetze. Vielmehr handelt er im Bewußtsein seiner Verantwortung; und
weder sind die Regierungsprinzipien, die er dem Chor (175 ff.) und
seinem Sohn Haimon (661 ff.) entwickelt, die Polis, die Gesetze und
das Recht ständig im Munde führend, töricht und falsch, noch ist
Kreon einfach ein Heuchler.

Aber auch Antigone beruft sich für ihr Tun auf die Nomoi, auf die
Dike (450 ff.). Wer hat recht, Kreon oder Antigone? Die Frage wird
im Hörer schon dadurch provoziert, daß in dem Augenblick, da das
Chorlied vom „Ungeheuren" des Menschen im Bekenntnis zur Polis
gipfelt und dem ἄπολις den ὑψίπολις gegenüberstellt, Antigone, der
Tat überführt, hereingeführt wird (367 ff.). Indem sich Antigone
darauf beruft, daß sie einem echten Gesetz gefolgt ist, bestreitet sie
zugleich, daß sie auf Grund echter Gesetze verurteilt wird. Sie ruft
die Polis und ihre Bürger zu Zeugen dafür auf, auf Grund welcher
Nomoi sie in den Tod gehen muß [3]. Sie bestreitet dem Kreon, daß
seine Kundgebung in der Autorität des Zeus und der Dike legitimiert
sei (450 ff.). Sie mußte diese Kundgebung übertreten; denn Gehorsam
gegen sie wäre Gehorsam aus Menschenfurcht gewesen, die sie vor
den Göttern nicht verantworten möchte (458 ff.).

Ja, ihr Standpunkt ist gerade dadurch charakterisiert, daß sie sich
nicht wie Kreon auf eindeutig geltendes Recht der Polis berufen
kann, sondern daß sie zwar im Bewußtsein ihres Rechtes – „mit gutem Gewissen" würden wir sagen – handelt, daß sie aber das Urteil
der Götter sozusagen freigibt und vor ihnen noch nicht gerechtfertigt
zu sein beansprucht:

> „Doch wenn denn solches bei den Göttern wohlgetan, [4]
> will duldend ich bekennen, daß ich schuldig bin.
> Sind aber *diese* schuldig, mögen Härt'res nicht
> sie leiden, als sie wider Recht an mir getan."   (925 ff.)

Ihre Überlegenheit über Kreon zeigt sich in diesen, die Relativität
menschlichen Urteils über das jeweils Rechte eingestehenden Wor-

---

[3] 847 f.: οἵοις νόμοις im kritischen Sinne.
[4] Nämlich: daß ich sterben muß.

ten; denn in ganz anderer Weise wird Kreon nachher am Recht seines Tuns irre, nämlich unter der Angst, in die ihn des Teiresias Unheilsweissagung gejagt hat (1113 f.).

Und der Ausgang läßt keinen Zweifel daran, wie das Urteil der Götter lautet. Denn am Schluß steht Kreon als der Schuldige (1260: άμαρτών) da und klagt:

> „O wehe, sinnlosen Sinnes, todbringender
> starrer Verirrungen Frucht!" 5

Und der Chor erwidert mit Recht:

> „Weh, weh! Du solltest allzuspät das Rechte sehn!"   (1270)

Offenbar charakterisiert schon dieses den *echten Nomos,* daß er nicht in der Eindeutigkeit sichtbar ist, sichtbar sein kann, wie die Kundgebung des Herrschers. Offenbar ist sein Ursprung nicht die eindeutige menschliche Entscheidung oder auch die übersehbare politische Notwendigkeit, die der legitime Herrscher klar erkennt, und nach der er, verantwortungsbewußt, sein Gebot formt.

Nun ist der Nomos, dem Antigone folgt, die alte Verpflichtung der Totenehrung, die der Familie obliegt (466 ff., 914 etc.). Indem dieser Nomos aber als der *Nomos des Hades* erscheint, zeigt sich schon, daß das Problem des Dramas nicht einfach in dem Gegensatz liegt, in dem der Nomos der Polis und der Nomos alter Geschlechtertradition stehen. Der Sinn der Tatsache, daß Antigone dem Nomos des Hades gehorcht, liegt nicht darin, daß sie altem Brauche folgt, der in Widerspruch zur modernen Polis-Idee tritt. In dem traditionellen Brauche ist nur *der Anspruch des Hades als des unheimlichen Jenseits überhaupt* repräsentiert. Indem Antigone dem alten Brauch gehorcht, erkennt sie die Macht an, in der er *begründet* ist; das ist aber nicht die Macht des verwandtschaftlich verbindenden Blutes, sondern die Macht des Hades, des Todes. Was sie gegen Kreon vertritt, ist nicht der alte Brauch und das Prinzip der Geschlechtertradition, sondern das Wissen, daß menschliches Dasein und gerade auch die Existenz der Polis durch die jenseitige Macht des Hades begrenzt ist. Der Hades ist dabei nicht verstanden als eine mythische Einzelgestalt, eine Sondermacht, die eifersüchtig über ihre Ansprüche wacht, sondern als das geheimnisvolle Jenseits menschlichen Unternehmens und Rechtsetzens; als die Macht, aus der echtes Recht entspringt, und durch die

---

5 1261 f.: ἰὼ φρενῶν δυσφρόνων ἁμαρτήματα στερεὰ θανατόεντα.

alles menschlich-gesetzliche Recht relativiert wird. Zwischen Zeus und Hades ist kein Unterschied, und Dike gilt als die „Genossin der Götter drunten" [6]. In diesem Jenseits gründen die den königlichen Kundgebungen überlegenen „ungeschriebenen und unerschütterlichen Satzungen der Götter" (454 f.); und sie werden so charakterisiert:

> „Denn heute nicht und gestern erst, nein, alle Zeit
> lebt dies, und Keinem wurde kund, seit wann es ist."   (456 f.)

So ist die Tat der Antigone eine Tat *frommen Sinnes:*

> „Schaut mich, die aus Thebens fürstlichem Stamm noch übrig allein,
> was ich leiden muß, wer mich leiden macht,
> die frommes Werk ich gewirkt."   (940 ff.)

Sie ehrt die Götter, indem sie das Gebot des Kreon übertritt, wie umgekehrt Ismene, wenn sie sich weigert mitzuhelfen, „entehrt, was bei den Göttern in Ehre steht" (77).

So geht der Diskussion über das Recht die über das, was fromm ist, parallel. Denn auch Kreon will ja die Götter ehren. Natürlich weiß er, daß das Heil der Polis den Göttern zu verdanken ist, und mit frommem Aufblick beginnt er seine erste Programmrede (163 ff.). Wie er für die Dike einzutreten meint, so auch für die Ehre der Götter [7]; und wie echtes Recht gegen falsches, so steht *echte Frömmigkeit gegen falsche.* Wie das schon in den absichtlich paradoxen Worten der Antigone zum Ausdruck kommt: „ich, die frommen Frevel übte", „da Frömmigkeit mir Gottlosigkeit eingebracht hat" [8], – so erst recht deutlich zweimal in einem Wortwechsel:

511 ff.

> *Antigone:* „Nicht schänden kann es, wenn man fromm den Bruder ehrt."
> *Kreon:* „War Bruder nicht auch, der ihm gegenüber fiel?"
> *Antigone:* „Derselben Mutter und desselben Vaters Sohn."
> *Kreon:* „Warum an ihm denn frevelst du durch solche Gunst?"

---

[6] 450 ff. Vgl. das Chorlied 582 ff., in dem Zeus als der Rächer jeder ὑπερβασία gilt (605). Über das Verhältnis der Dike zu Zeus einerseits, zu den Göttern der Unterwelt andererseits vgl. R. Hirzel, Themis, Dike und Verwandtes, 1907, S. 138 ff. Es ist offenbar der dem Sophokles eigentümliche Gedanke, daß Dike, sonst die Tochter und Throngenossin des Zeus (vgl. Hesiod, Op. 259), die ξύνοικος τῶν κάτω θεῶν ist.

[7] Vgl. z. B. 304: ἀλλ' εἴπερ ἴσχει Ζεὺς ἔτ' ἐξ ἐμοῦ σέβας.

[8] 74: ὅσια πανουργήσασα. 923 f.: ἐπεί γε δὴ τὴν δυσσέβειαν εὐσεβοῦσ' ἐκτησάμην.

Antigone: „Dies Urteil wird der Tote drunten selbst nicht sprechen."
Kreon: „Nicht, wenn wie ihn du auch den Frevler ehrst?" [9]

730 ff.

Kreon: „Die Sache will, daß den Rebell ich ehre?"
Haimon: „Nicht würd' ich Ehre fordern für den Schlechten!"

. . . . .

Kreon: „Ich fehle, wenn mein Herrscherrecht mir heilig gilt?"
Haimon: „N i c h t heilig gilt dir's, wenn du Götterrecht verhöhnst!" [10]

In diesem letzten Vers kommt der Sachverhalt deutlich zum Ausdruck. Wohl will Kreon den Zeus ehren, indem er den Frevel der Gesetzesübertretung unnachsichtlich straft (304 ff.); wohl kennt und fordert er Frömmigkeit als für die Polis unentbehrlich (301). Und auch damit befindet er sich noch nicht in der Illusion, daß er den Thron des Herrschers für heilig hält (165 f.), und daß die Herrschaft gerade dem, der sie verwaltet, als heilig gelten muß (744). Aber für ihn ist die direkte, unmittelbare Göttlichkeit der Herrschaft selbstverständlich, so daß er, gerade wenn er sein Amt als göttliches verficht, die Ehre der Götter mit Füßen tritt (745). Er kennt die Götter nicht als die jenseitige, alles Diesseitige begrenzende Macht. In Teiresias begegnet ihm die Vertretung der jenseitigen Mächte und erinnert ihn, daß er die Polis glücklich leitete, solange er auf diese Stimmen hörte (992 ff., 1058). Aber im Augenblick der Entscheidung verschließt er ihr sein Ohr. Daß ein unerwartet gottgewirktes Ereignis in die rational beherrschbare Welt eintreten könnte, weist er mit Entrüstung zurück (278 ff.). Sein reiner Diesseitsglaube kommt grausig in seinen Hohnworten zum Ausdruck:

> „Wo keines Menschen Tritte gehn, am öden Ort
> berg' ich in tiefem Felsengrab die Lebende.
>
> . . .
>
> Und dort zum Gotte, welchen sie allein verehrt,
> zum Hades flehend, mag sie wohl dem Tod entgehn;
> wo nicht, erkenne endlich sie, daß unbelohnt
> sich müht, wer, was im Hades ist, verehrt."   (773 ff.)

Die Macht des Todes, in der das den Menschen begrenzende Jenseits am lautesten spricht, will er ignorieren. Und gelegentlich kann sich sein Wahn, die Götter ignorieren zu dürfen, in die rationalistische Erwägung kleiden:

---

[9] Vgl. 511: σέβειν, 514: δυσσεβῆ χάριν, 516: δυσσεβεῖ.
[10] Vgl. 730: σέβειν, 731: εὐσεβεῖν, 744: σέβων, 745: σέβεις.

> „Die Götter ja,
> das weiß ich, kann doch nimmermehr ein Mensch entweihn."   (1043 f.)

Gewiß hindert das nicht, daß er Totenehrungen vollzieht, wo sie seine Auffassung von der Polis bestätigen können (194 ff.). Faktisch schreibt er damit das den Göttern gebührende Urteil über die Toten sich selbst zu, wie ihm der Chor in Worten bestätigt, die für den Hörer schauerlich klingen:

> „Denn jede Satzung anzuordnen steht dir frei,
> so für die Toten, wie für uns, die Lebenden."   (213 f.)

Daß Kreon nur im Interesse der Polis – wie er es versteht – und nicht um des Hades willen handelt, zeigen seine Worte zum Chor:

> „Ha, unerträglich ist es, daß du sagen magst,
> die Götter trügen Sorge für den Toten dort."   (282 f.)

So verkehrt er in seinem Wahn die heiligen Ordnungen (1068 ff.). Natürlich hindert das auch nicht, daß er abergläubisch die Strafe an Antigone so vollziehen läßt, daß keine Befleckung die Stadt treffe (773 ff.), daß er als rein erscheinen könne (889).

In den Worten des Chors erscheint der Gegensatz zunächst als Aporie:

> „Fromm handelt, wer die Toten ehrt;
> doch dessen Macht, dem Macht gebührt,
> zu verachten, ziemt sich nimmermehr." (872 ff.)

Aber die Schlußworte des Chors zeigen dann, auf wessen Seite echte Frömmigkeit war:

> „Das Erste ist, um glücklich zu sein,
> der besonnene Sinn: nie frevle darum
> an der Götter Gesetz! Der Vermessene büßt
> das vermessene Wort mit schwerem Gericht:
> dann lernt er zuletzt,
> noch weise zu werden im Alter."   (1348 ff.)

So hieß es ja schon im Chorlied vor dem ersten Auftreten des Kreon bedeutungsvoll:

> „Denn schwer haßt Zeus der vermessenen Zung'
> hochfahrenden Stolz."   (126 f.)

Und wie ein Leitmotiv erklang es wieder:

> „Wie mag einer in frevlem Stolze,
> Zeus, deine Gewalt bezwingen."   (605)

Kreon, der die jenseitige Begründung und damit die Begrenzung seines Herrscheramtes nicht kennt, sondern es für ein unmittelbar göttliches ansieht, wird trotz seiner trefflichen Maximen zum Tyrann. Wie ihm nach den Worten des Chores freisteht, jede Satzung anzuordnen, so sagen seine eigenen Worte, daß der Wille des Herrschers das Recht setzt:

> „Nein, wen die Stadt betraute, dem gehorche man
> im Kleinen und Gerechten und im Gegenteil."   (666 f.)

An dem von *ihm* gesetzten Recht beurteilt, ist Antigones Tat ein Frevel; er identifiziert sich mit der Polis:

732 ff.:

> *Kreon:* „Ist denn nicht diese solchen Frevels überführt?"
> *Haimon:* „Das widerspricht dir alles Volk in Thebens Stadt."
> *Kreon:* „Soll denn die Stadt mir sagen, was ich ordnen soll?"
> . . . . .
> „Für wen gebiet' ich, als für mich, in diesem Land?"
> *Haimon:* „Das heißt nicht Stadt, die Einem Mann gehört!"
> *Kreon:* „Gilt dessen nicht die Stadt, der sie beherrscht?"
> *Haimon:* „Gut herrschest du im leeren Land allein!"
> . . . . .
> *Kreon:* „Und rechtest mit dem Vater du, Nichtswürdiger?"
> *Haimon:* „Ja, weil vom Rechten ich dich irren sehe."

Kreons tyrannischer Wille erstickt im Volke jedes freie Wort. Antigone weiß, daß ihre Tat bei allen Thebanern wohlgetan heißen würde,

> „wenn Furcht nicht ihre Zunge fesselte.
> Doch wie der Herrschaft andres Glück in Menge ward,
> so darf sie reden, darf sie tun, was ihr beliebt".   (504 ff.)

Der Tyrann freilich lebt in der Illusion, die Volksmeinung auf seiner Seite zu haben:

> *Kreon:* „Du siehst allein dies unter Kadmos' Volke hier."
> *Antigone:* „Auch diese sehn's; dir schmiegt sich ihre Zunge nur." (508 f.)

Kreon kann nur sich allein hören und hat den Sinn für die Wahrheit verloren, die Haimon ihm vorhält:

> „Daß ohne Grund sei, Vater, was du eben sprachst,
> vermöcht' ich und verstünd' ich nicht zu sagen.
> Doch auch ein Andrer fände wohl das Richtige.
> Dir kann es nie gelingen, alles auszuspähn,
> wie jeder spricht und handelt, was er tadeln mag.

> Dein Auge schreckt die Männer aus dem Volk zurück,
> ein Wort zu sagen, welches dir mißfällig klingt." (685 ff.)
> „Nur den Gedanken hege nicht allein in dir,
> daß deine Meinung, keine sonst, die rechte sei.
> Denn mancher, der sich selbst allein der Weise dünkt,
> mit Sprache wie kein Andrer und mit Geist begabt,
> hat, sich enthüllend, seine Leerheit offenbart.
> Nein, selbst dem weisen Manne bringt es keine Schmach,
> manchmal zu lernen und nicht allzu starr zu sein." (705 ff.)

Kreon lebt daher in ständigem Mißtrauen. In Antigones Tat der Frömmigkeit wittert er sofort politische Opposition (289 ff.). Und wo ihm im Einzelnen Widerspruch oder Ungehorsam begegnet, kann er ihn nur auf gemeines Trachten nach dem Gelde zurückführen: die politischen Gegner müssen den Unbequemen bestochen haben [11].

So gerät gerade er, der für die Polis, für die Nomoi, für die Dike eintritt, in ein widerspruchsvolles Verhalten. Wohl will er als gerechter Herrscher walten, und seine erste große Rede schließt in diesem Sinne:

> „So lautet denn mein Wille: niemals werden wir
> dem Schlechten Ehre geben vor dem Rechtlichen;
> und wer da wohl will dieser Stadt, der wird im Tod
> und Leben gleicherweise stets von mir geehrt." (207 ff.)

Aber weil er die direkte Identität des Herrscherwillens mit der göttlichen Autorität behauptet, kommt er dazu, den Gegensatz von Recht und Unrecht zu relativieren:

> „Nein, wen die Stadt betraute, dem gehorche man
> im Kleinen und Gerechten *und im Gegenteil.*" (666 f.)

In der Tat: *was unter den Menschen jeweils als Recht und Unrecht gilt, wird relativiert,* – aber nicht durch den Willen des Herrschers, der aus eigener Macht Recht und Unrecht setzen kann, sondern *von den jenseitigen Mächten,* sei es von der dämonischen Macht des *Eros,* der mit den Menschen spielt, sei es von der ernsten Macht des *Hades,* in dem die Dike gründet. Nicht Olymp und Hades sind die Gegensätze – sie gehören vielmehr als Einheit zusammen –, sondern Hades und Eros. Aber auch sie gehören als jenseitige, alles Menschliche begrenzende und relativierende Mächte zusammen.

Nach der großen Szene zwischen Kreon und Haimon singt der Chor sein „O Eros, Allsieger im Kampf!" (781 ff.). Indem sich in Haimon

---

[11] 221 f. 293 ff. 310 ff. 322. 326. 1035 ff. 1045 ff. 1061.

das Rechtsgefühl mit der Liebe zu Antigone zu einheitlicher Motivierung verbindet, tritt auch die Macht des Eros, den Willen Kreons
durchkreuzend, ins Spiel. Der Eros setzt sein eigenes Recht, das die
menschlichen Rechtsbegriffe durcheinanderwirft:

> „Du lockst auch unschuldigen Sinn
> in böse Schuld, ihn zu verderben.
>
> . . .
>
> Im Blick der holdseligen Braut
> leuchtet der Sehnsucht Macht
> siegreich, thronend im Rat hoher Gesetze.
> Denn nimmer bezwingbar übt ihr Spiel
> Aphrodites Gottheit.
> Nun führt auch mich, was ich ansehn muß,
> schon über die Bahn des Gesetzes hinaus."   (791 ff.)

Nicht in der Liebe der Geschlechter allein wirkt der Eros. Der Chor
hatte schon früher in gleichem Sinne von der „vielschweifenden Hoffnung" gesungen, die für viele „ein Trug flatternder eitler Begierden" [12] ist, so daß

> „das Böse gut erscheint
> dem, welchem ein Gott das Herz
> in das Verderben lenkt.
> Nur flüchtige Zeit wandelt er frei vom Verhängnis."   (615 ff.)

Das ist das Eine, daß Kreon das Verhängnis nicht kennt; daß er
nicht weiß, wie wenig er sich in der Hand hat, wie sehr er in der Herrschaft jenseitiger Mächte steht. In grotesker Weise ist sein Gegenbild
der Wächter, der weiß, daß ihm nichts als das vom Schicksal Ver-
hängte passieren kann (235 f.); der weiß: „nichts sollte ein Sterb-
licher verschwören" (388 f.); der – gleichsam wie ein Shakespeare-
scher Narr – über die Relativität von Lust und Schmerz reflektiert
(436 ff.).

Aber das ist nur die eine Seite der Sache; das Wesentliche ist das
Andere: daß Kreon diejenigen jenseitigen Mächte nicht kennt, nicht
kennen will, in deren Anerkennung der Mensch gerade von der
launischen Macht des Eros frei werden kann, die im Hades reprä-
sentierte Macht, die nun freilich in anderem Sinne *Recht und Unrecht relativiert,* nämlich sofern sie auf menschlicher Satzung beruhen. Eines kann wohl nicht ohne das andere sein: wer der eigenen
Unsicherheit gegenüber jener Macht des Eros nicht innegeworden ist.

---

[12] Ἀπάτα κουφονόων ἐρώτων

wird auch nicht nach der Autorität dieser Macht des Hades fragen.
Kreon schreibt den Urteilen und Gesetzen der Polis absolute Gültigkeit zu; und indem er dem im Kampfe gegen die Stadt gefallenen
Polyneikes die Totenehren abspricht, die er dem für die Stadt gefallenen Eteokles zubilligt, schreibt er faktisch dem Hades die in der
menschlichen Polis geltenden Urteile zu (194 ff., 512 ff.). Eben dies
Verfahren bestreitet Antigone: mag sein, daß *hier* das Urteil über
die feindlichen Brüder zu recht besteht,

> „doch spricht für Beide gleiches Recht der Hades an."

> *Kreon:* „Nur soll der Edle nicht empfah'n dem Bösen gleich."
> *Antigone:* „Wer weiß, ob so es auch dort drunten gilt?" (519 ff.)

In gleichem Sinne mahnt aber auch Teiresias:

> „Gib also nach dem Toten, stich nach Leichen nicht!
> Den Toten nochmals töten, welch ein Heldenmut!"   (1029 f.)

d. h. der Tod ist die Grenze für menschliche Feindschaft, während
Kreon beharrt:

> „Nie wird der Feind zum Freunde, selbst im Tode nicht."   (522)

Wie die Rechtsordnungen, so sind gewissermaßen auch die natürlichen Ordnungen verkehrt, wo die jenseitige Macht des Hades ver-
nehmlich wird. Dem Manne tritt das Weib entgegen (484 f., 525, 746),
dem Vater der Sohn (635 ff., 703 ff., 755), dem Alten der Jüngling
(726 ff.).

Vor der Übermacht des Hades wird die Kunst und Geschicklichkeit
($\mu\eta\chi\alpha\nu\dot{\eta}$ und $\tau\acute{\epsilon}\chi\nu\eta$ 349, 365) des Menschen zunichte:

> „Überall weiß er Rat;
> ratlos trifft ihn nichts
> Zukünftiges; vor dem Tode nur
> späht er kein Entrinnen aus."   (359 ff.)

Aber die Macht des Hades wird nicht durch stumme Resignation anerkannt, sondern ihr sich beugen heißt, *im konkreten Augenblick
richtig handeln.* Der Blick auf das Jenseits macht die Fragen des
Diesseits durchsichtig und lehrt, den rechten Entschluß zu ergreifen;
er gibt das rechte $\varphi\varrho\nu\nu\epsilon\tilde{\imath}\nu$ (1374 usw.). Kreon wähnt, daß Haimon
nur dem Weibe unterwürfig für Antigone eintrete:

> 748:   „Für jenes Weib nur sprichst du, was du sprichst."
> *Haimon:* „Für dich und mich auch und die Götter drunten!"

Eines geschieht im anderen: wer die unteren Götter ehrt, der handelt eben damit für die Polis und ihren Herrscher; denn so handelt er in echtem Sinne für die Dike, die „Genossin der Götter drunten". Und eben daher gewinnt auch Antigone die Richtung ihres Handelns. Denn ihr berühmtes Wort

„Nicht mitzuhassen, mitzulieben bin ich da"   (523)

ist nicht eine allgemeine moralische Sentenz, sondern entspringt ihrem Wissen darum, daß sie schon von der Macht des Hades umfangen ist.

Kreon kennt den Hades nicht als die das Leben beanspruchende und bestimmende Macht, sondern nur als den Schrecken, so daß er sich diese Macht, indem er nämlich mit der Todesstrafe droht, gleichsam aneignet, sie in seine Regierungspraxis einzubeziehen und so seinen Willen durchsetzen zu können meint:

„Denn auch Beherzte fliehn, sobald sie sehn,
daß ihrem Leben naht des Todes Ziel."   (580 f.)

Kreon kann deshalb kein Verständnis für Antigone aufbringen und hat nur Hohn dafür, daß sie den Hades verehrt (777 ff. s. o.), während sie allem, was sie treffen kann, enthoben ist, da sie einzig die Sorge um den Hades trägt:

„So viel nicht werd' ich leiden,
daß eines mir nicht bliebe: edel sterben."   (96 f.)

Sie, die Braut des Sohnes des Herrschers, ist die Braut des Hades. Mahnt Kreon den Sohn höhnend:

„laß das Mädchen fahren,
daß sie im Hades einen Andern freit!"   (653 f.),

so ist in der Tat das Grab ihr Brautgemach geworden [13]. Im Wissen, daß sie sterben muß, hat sie gehandelt (555); sie hat mit dem Leben abgeschlossen (460 ff.); sie ist im Grunde schon gestorben (559 f.). So läßt sie sich vom Jenseits das Gesetz ihres Handelns diktieren (74 f., 80, 560). Es ist das Gesetz, zu lieben; denn eben als ϑανουμένη spricht sie jenes Wort vom συμφιλεῖν (523, vgl. 460).

Es ist nun freilich nicht so, daß ihre Anerkennung des Hades ihr diese Macht als die Macht der Erlösung eröffne. Wohl ist das Sterben für sie Gewinn (κέρδος 462, 464); und es ist insofern auch Erlösung,

---

[13] 804 f 810 f. 891. 1205. 1240 f.

als der Tod sie, die unter dem Fluch des Labdakidenhauses steht (1 ff.,
857 ff.), aus den „vielen Übeln" dieses Lebens hinwegnimmt (460 ff.).
Aber die erlösende Bedeutung des Todes beschränkt sich auf dies
Negative. Es ist nicht so, daß sie aus dem Tode ein neues echtes Leben
erwarte. Wohl erscheint sie, die den Hades als die das menschliche
Leben begrenzende Macht anerkennt, im Streite mit Kreon als die
Siegerin. Doch verklärt nicht falsches Pathos ihr Ende. Die Macht des
Todes ist die Macht des Dunkels und des Grauens [14]. Daß sie als „Ge-
priesene und Ruhm Tragende" in den Tod geht, wie der Chor sie trösten will (816), ist für sie kein Trost; und mit schmerzlicher Klage
scheidet sie von dem „heiligen Auge" des himmlischen Lichtes (806
bis 882). Bis zuletzt freilich hält sie an ihrem Recht gegen Kreon fest
(891–943), und in ihrem letzten Wort vereinen sich Stolz des Rechts-
bewußtseins und vorwurfsvolle Klage:

> „Schaut mich, die aus Thebens fürstlichem Stamm
> noch übrig allein,
> was ich leiden muß! Wer mich leiden macht,
> die frommes Werk ich gewirkt!"   (940 ff.)

Kreon, der die Macht des Hades leugnete, ist vernichtet:

> „Wehe, wehe! Hafen des Hades, unversöhnlicher,
> warum, ach, warum machst du mich zunichte!"   (1284 f.)

Sang der Chor zu Beginn:

> „Strahl des Helios, schönstes Licht,
> das der siebentorigen Stadt
> Thebens nimmer zuvor erschien!
> So erscheinst du endlich, des goldenen Tages Auge,
> über Dirkes Fluten herwandelnd"   (100 ff.),

so kann Kreon am Schlusse nur die Nacht des Todes herbeiwünschen:

> „Komm', o komm'!
> So erscheine meiner Schickungen schönste,
> den letzten Tag mir bringend!
> O Ende, komm', o komm'!
> daß hinfort keinen Tag mehr ich sehe!"   (1329 ff.)

---

[14] Wohl weiß Antigone, daß sie drunten zu den Ihren kommt (891 usw.); aber
dadurch wird das Dunkel des Hades nicht erhellt.

Christus des Gesetzes Ende *
1940

In welchem Sinne sagt Paulus Rm. 10, 3, daß *Christus des Gesetzes
Ende* sei? In welchem Sinne erklärt er das Gesetz als ungültig für
die Christen?

I.

Der moderne Entwicklungsgedanke liegt ihm ferne; die jüdische
Religion ist für ihn nicht eine überwundene Stufe in der Entwicklung
des menschlichen Geistes, als sei an die Stelle einer unklaren oder falschen Gotteserkenntnis jetzt eine deutliche und sachgemäße getreten.
Seine Verkündigung der Gnade Gottes bedeutet nicht die Verwerfung
des alttestamentlichen Gedankens vom zürnenden Gott; vielmehr
behält er den Gedanken vom Zorne Gottes bei und sagt nur, daß
Christus es ist, der uns vor dem kommenden Zorne rettet (1. Th. 1, 10;
vgl. Rm. 1, 18). Und so erfolgt auch die Verwerfung des Gesetzes
nicht auf Grund eines Urteils über die Minderwertigkeit der alttestamentlichen Ethik. Paulus sagt vielmehr, daß das Gesetz heilig, gerecht und gut sei (Rm. 7, 12), und daß die christliche Sittlichkeit
nichts anderes sei als die Erfüllung der alttestamentlichen Gebote
(Rm. 13, 8–10; Gl. 5, 14). Die Liebe ist nichts anderes als die Erfüllung des Gesetzes. In welchem Sinne also ist Christus des Gesetzes
Ende?

Die Gesetzeslehre des Paulus ist auch *nicht radikal antinomistisch*
in dem Sinne, daß er bestritte, daß der Mensch überhaupt unter der
Forderung Gottes steht und daß Gott vom Menschen die Tat, das
gute Werk verlangt. Vielmehr ist der Glaube unter der Gehorsams-
forderung Gottes festgehalten. *Der Glaube selber ist Gehorsam*
(ὑπακοή), und zwar nicht als gehorsame Annahme einer Lehre, die

* Beiträge zur Ev. Theologie I (1940), S. 3–27.

den Gehorsam der Tat ersetzt. Vielmehr gehört zum „Gehorsam des
Glaubens" (Rm. 1, 5) auch derjenige Gehorsam, der die Glieder des
Menschen Gott zur Verfügung stellt als Waffen der Gerechtigkeit,
als Sklaven der Gerechtigkeit zur Heiligung (Rm. 6, 13. 19). Der
Christ kennt den Willen Gottes und weiß, was das Gute, das Wohl-
gefällige und das Vollkommene ist (Rm. 12, 2); er weiß, daß der Tod
der Sünde Sold ist (Rm. 6, 23), daß Frevler Gottes Herrschaft nicht
erben werden (1. Kr. 6, 9 f.), daß wir alle vor Christi Richterstuhl
offenbar werden müssen, um entsprechend dem Guten oder Bösen, das
wir bei Leibesleben getan haben, Vergeltung zu empfangen (2. Kr. 5,
10; vgl. 1. Kr. 3, 13 ff.; 4, 5). Und was Rm. 2, 5–10 den Juden und Heiden über das vergeltende Gericht Gottes gesagt ist, das ist für die
Christen nicht aufgehoben.

Deshalb schärft Paulus die Verantwortung der Christen für ihre
Taten angesichts des bevorstehenden Gerichtes ein und argumentiert
nicht etwa so: *Der Glaube befreit vom Gesetz als einer unerträglichen
Last,* unter der die Juden seufzen, einer Last, die das Leben auf
Schritt und Tritt hemmt, einer Last, die zumal für den, der es ernst
damit nimmt, zu einer inneren Belastung wird, weil gerade dieser
immer ein böses Gewissen haben und sich schließlich gegen den Gott,
der dieses Gesetz gegeben, empören, sich nach Freiheit sehnen muß.
Paulus redet nicht solche Menschen an: „Also werft die Last ab, indem ihr euch zu Christus bekehrt, damit ihr ein gutes Gewissen und
innere Freiheit gewinnt!" Nie argumentiert er in dieser Weise; nie
sagt er – weder zu Juden noch zu Heiden –: „im Glauben ist die Befreiung von der euch drückenden Sündenlast gegeben!" Vielmehr
sagt er: „In Christus ist die Befreiung von der Sünden*schuld* gegeben!" Christus rettet vor dem kommenden Zorn, vor der Strafe, –
nicht vor dem bösen Gewissen.

Man verwechselt leicht Paulus mit Luther und übersieht die historische Situation, in der Paulus schreibt. Was die äußere Belastung
durch das Gesetz betrifft, so haben die jüdischen Erklärer des Neuen
Testaments die christlichen Exegeten öfter darauf hingewiesen, daß
sie sich ein *falsches Bild von der jüdischen Gesetzlichkeit als einer
drückenden Last* machen. Sie sagen mit Recht: wer im Judentum auf-
gewachsen ist, wer von klein auf in der Familie in der Ordnung solcher Bräuche gelebt hat, wie das Gesetz sie fordert, für den bedeuten
sie gar keine Last, sondern werden zur selbstverständlichen Gewohn-
heit, genau wie in anderen Verhältnissen bestimmte Sitten und Re-

geln des Verkehrs, der Mahlzeiten, der Feste u. dgl. Man kann auch
an besondere Sitten u d Bräuche in Zunftvereinen, in studentischen
Korporationen, bei Freimaurern usw. denken. Was bei dem einen
Volke oder in der einen Gruppe selbstverständlich ist, das kommt
anderen seltsam und lästig vor. Natürlich gibt es überall einzelne Individuen, die die Regeln des Umgangs und Lebens als lästig empfinden. Für Kinder und unerzogene Menschen sind schon Tischsitten
und Anstandsregeln eine Last. Aber der erzogene Mensch freut sich
ihrer; sie geben im Verkehr gerade Freiheit und Sicherheit. Und so
freut sich der fromme Jude des Gesetzes, das sein Leben regelt. Natürlich konnte es den in der griechischen Welt lebenden Juden im
Verkehr mit der Umwelt lästig werden; und hier geben deshalb
manche die alten Riten preis, während andere jedoch mit Stolz an
ihnen festhalten. Es mag auch im jüdischen Lande selbst solche gegeben haben, die unter unbequemen Bräuchen seufzten; und vielleicht
hat Jesus solche im Blick, wenn er sagt, daß die Schriftgelehrten und
Pharisäer den Leuten schwere Lasten auf die Schultern laden (Mt.
23, 4). Aber Jesu eigentlicher Angriff auf die Schriftgelehrten ist ja
gar nicht durch diesen Vorwurf motiviert; sondern er ist der, daß die
Schriftgelehrten infolge ihrer rituellen Forderungen das, was „schwe-
er" ist im Gesetz, hintanstellen: Recht, Barmherzigkeit und Treue
(Mt. 23, 23). Und jedenfalls zeigt sich bei Paulus keine Spur der Ar-
gumentation: das Gesetz ist für den Menschen eine äußerlich drük-
kende Last. Auch im Brief an die Galater nicht! und man kann wohl
auch sagen: die Menschen, die damals das Christentum annahmen,
werden in Hinsicht auf Gesetzlichkeit lieber zu viel als zu wenig getan haben. Die Galater sind doch auf dem Wege, möglichst viele
rituelle Forderungen zu übernehmen. Und wenn es in Korinth Leute
gibt, die alle Regeln verachten, so entspringt das nicht aus dem
Drang, drückende Lasten abzuwerfen, sondern aus dem pneumatisch-
gnostischen Freiheitsbewußtsein; es ist nicht durch die praktische
Lebenserfahrung, sondern prinzipiell motiviert. Und neben ihnen
stehen ja auch die Ängstlichen, die lieber zu viel tun als zu wenig.

Und was *die Frage nach der inneren Belastung durch das Gesetz*
betrifft, so ist völlig deutlich, daß Paulus von ihr nie redet. In seiner
lutherischen Form ist dieses Problem überhaupt dem Judentum völlig fremd. Wohl gibt es Zeugnisse für ein starkes Schuldbewußtsein
im Judentum, z. B. im 4. Esra, der bekennt, daß es keinen Weibgebo-
renen gibt, der nicht gesündigt hat, der aber gerade durch dieses Be-

kenntnis den Appell an Gottes Gnade motiviert: „Was aber ist der
Mensch, daß Du ihm zürnen solltest? was das menschliche Geschlecht,
daß Du ihm so grollen könntest?" (8, 34–36), – und der sein Sich-
gleichstellen mit den Sündern sich als Verdienst anrechnet, um des-
sentwillen er vom Höchsten Lohn empfangen wird (8, 47–49). Sein
Schuldigsein führt ihn nicht zur Selbstverurteilung; und daher entsteht bei ihm auch nie als Reaktion der Zweifel am Recht des Gesetzes. Vielmehr steigert das Sündenbewußtsein hier wie überall im Judentum den Eifer für das Gesetz und die Freude an ihm. Das bedeutet aber: den Menschen ängstet das böse Gewissen nicht als die
Stimme der Selbstverurteilung, sondern ihn ängstet die Furcht vor
der Strafe. Wohl erfüllt den Menschen Angst, – Angst vor dem Tode
und vor Gottes Gericht. Als den erkrankten Jochanan ben Zakkai
seine Schüler besuchen, weint er. Warum? Weil er nicht vor einen
irdischen, sondern vor den himmlischen Richter geführt werden wird.
„Es sind vor mir auch zwei Wege: der eine ist zum Gan Eden, und
der andere ist zum Gehinnom, und ich weiß nicht, welchen man mich
führen wird!" Das letzte Wort heißt hier: Buße! Tägliche Buße;
denn vielleicht wird man morgen schon sterben [1].

Es ist bezeichnend, daß bei Paulus die „Buße" ($\mu\varepsilon\tau\acute{a}\nu o\iota a$) eine ganz
geringe Rolle spielt; nur Rm. 2, 4; 2. Kr. 7, 9 f.; 12, 21 ist von ihr
die Rede. Dem entspricht es, daß seine Äußerungen über seine Vergangenheit *nicht zeigen, daß er unter einem drückenden Sündenbewußtsein gelitten hat*. Nach Phl. 3, 4 ff. war er untadelig in der
Gesetzeserfüllung; nach Gl. 1, 13 ff. war er ein ungebrochener Eiferer
für die väterlichen Überlieferungen. Und der Zwiespalt, der nach
Rm. 7, 15 ff. im Menschen unter dem Gesetz besteht: „nicht was ich
will, das tue ich, sondern was ich hasse, das tue ich", „das Wollen habe
ich wohl, aber das Vollbringen des Guten nicht", – er ist nicht der
im Inneren des Menschen bestehende Zwiespalt; geschweige daß Paulus den Kampf beschriebe, der einst sein eigenes Inneres erfüllte!
Vielmehr ist es der objektive Zwiespalt, der zwischen dem Wollen
und dem Tun des Juden besteht, der als solcher erst vom Glauben her
sichtbar wird, und den der Jude selbst gar nicht sieht: der Jude lebt
im Wahne, das Gesetz zu erfüllen, und übertritt es doch; er sieht gar
nicht, daß er immer nur Böses tut, daß er im Streben nach dem Leben

---

[1] Berakh. 28 b; Schabb. 153 a; bei Strack-Billerbeck, Kommentar zum Neuen
Testament aus Talmud und Midrasch I, S. 581. 878.

immer nur tiefer in den Tod hineingerät ². Nie hat Paulus unter dem
Gesetz geseufzt. Als er es preisgab, da gab er preis, was ihm Gewinn
gewesen war (Phl. 3, 7); die Preisgabe war für ihn ein Opfer; er
opferte alles, was sein Stolz gewesen war ³.

Paulus polemisiert freilich auch gegen die Juden, die das Gesetz
übertreten: „Der du den Anderen belehrst, belehrst du dich selber
nicht? Der du predigst, nicht zu stehlen, stiehlst selbst? der du sagst,
man darf nicht die Ehe brechen, brichst selbst die Ehe? Der du die
Götzen schmähst, vergreifst dich am Heiligen? Der du dich des Gesetzes rühmst, schändest Gott durch Übertretung des Gesetzes?"
(Rm. 2, 21–23). Aber mit solchen Worten begründet er ja nicht den
Satz, daß Christus des Gesetzes Ende ist; diese Vorwürfe setzen ja
die Gültigkeit des Gesetzes voraus! Und so erhebt sich wieder die
Frage, wie beides zusammengeht: daß der Mensch unter der Forderung des Gesetzes als des Willens Gottes festgehalten wird, und daß
doch Christus des Gesetzes Ende ist.

Die Antwort kann auch nicht so gegeben werden, daß *im Gesetz
unterschieden wird* zwischen einem gültigen und einem ungültigen
Teile; daß etwa die kultischen und rituellen Gebote als erledigt gelten, während die moralischen Forderungen bleiben und wie bei Jesus radikalisiert werden. Wohl kann man sagen, daß sich vom Glauben aus ganz von selbst eine solche Unterscheidung ergibt, wenn anders es gilt, daß die eigentliche Intention des Gesetzes die Liebesforderung ist. Aber dieser Gedanke wird von Paulus nicht entwickelt,
und er könnte in seinem Sinne jedenfalls nicht zu der Konsequenz
führen, daß die kultischen und rituellen Gebote überhaupt nicht Got-

---

² Vgl. meinen Aufsatz „Römer 7 und die Anthropologie des Paulus" in Imago
Dei (Festschrift für Gustav Krüger) 1932, S. 53—62.

³ Übrigens ist auch *Jesu Kampf gegen das Gesetz* nicht durch den Gedanken
begründet, daß das Gesetz eine den Menschen innerlich versklavende und vernichtende Macht sei. Jesus wendet sich 1. gegen die Einbildung, mit der Erfüllung des Gesetzesbuchstabens schon dem Willen Gottes zu genügen; Gott verlangt weit mehr! 2. dagegen, daß der Mensch im Konfliktsfall die Befolgung der
rituellen Gebote der sittlichen Forderungen voranstellt. Die prinzipielle Frage
nach dem Sinn des Gesetzes und seinem Mißbrauch durch die jüdische Frömmigkeit, um die es bei Paulus geht, ist in der Predigt Jesu nicht aufgeworfen. Er
stimmt mit Paulus freilich insofern überein, als seine Polemik gegen die Gesetzlichkeit den Menschen trifft, der das Gesetz als eine ihn sichernde und bergende
Ordnung mißbraucht, in deren Schutz er sich dem eigentlichen Willen Gottes entzieht.

tes Gebote gewesen wären. Denn es ist klar: der Kampf des Paulus richtet sich nicht speziell gegen diese Gebote. Es ist charakteristisch, daß Jesu Kampfesworte aus den Diskussionen über den Sabbat oder über die Reinheit bei Paulus nicht wiederkehren. Sein grundsätzlicher Angriff gegen das jüdische Gesetz ist ganz anderer Art als der Jesu. Er wirft den Juden nicht vor, daß sie das Gebot nur äußerlich erfüllen, während ihr Herz ferne von Gott ist; sondern er will gerade die jüdische Frömmigkeit treffen, der die Erfüllung des Gesetzes ein Herzensanliegen ist; sie eifern für Gott, aber befangen in einem blinden Wahn (Rm. 10, 2). Warum? Sie kennen die Gottesgerechtigkeit nicht und wollen ihre eigene Gerechtigkeit aufrichten; der Gerechtigkeit Gottes gehorchen sie nicht (Rm. 10, 3). Sein Vorwurf ist der, daß die Juden durch Erfüllung des Gesetzes das Heil gewinnen wollen. Er bestreitet ihnen, *daß die Erfüllung des Gesetzes der Heilsweg sei.*

Das Verständnis dieses Satzes hängt am Verständnis des *Begriffes der Gerechtigkeit.* Was heißt „Gerechtigkeit"? Wenn die Juden ihre eigene Gerechtigkeit aufrichten wollen, so ist Gerechtigkeit nicht als die iustitia distributiva verstanden, aber auch nicht als die Rechtschaffenheit, als die sittliche Vollkommenheit im platonischen Sinne. Die eigene Gerechtigkeit aufrichten wollen ist nicht identisch mit Goethes „wer immer strebend sich bemüht" — nämlich nach der Selbstvervollkommnung. Vielmehr: Gerechtigkeit bedeutet die vom Richterspruch (Gottes) zugesprochene Gerechtigkeit, die Geltung (vor Gott).

Gerechtigkeit ist im Alten Testament und im Judentum (von anderen Gebrauchsweisen, die auch vorkommen, abgesehen) nicht eine Beschaffenheit, die der Mensch an sich hat wie die platonische δικαιοσύνη, die gleichsam die sachgemäße Struktur seines Inneren ist, nicht eine Eigenschaft wie Klugheit oder Kunstsinn, die dem Individuum für sich selbst zu eigen ist. Sondern Gerechtigkeit hat der Mensch im Verhältnis zu Anderen, d. h. sie bezeichnet seine Stellung zu Anderen. Der Spruch des Richters stellt im Zweifelsfalle die Gerechtigkeit des Angeklagten fest; dieser erhält „Recht", indem seine Unschuld anerkannt, seine angefochtene Ehre wiederhergestellt, seine Geltung im Gefüge des Miteinander aufgerichtet wird.

Dieser Sprachgebrauch wird z. B. aus Ps. 37, 5 f. deutlich:

> „Befiehl dem Herrn deinen Weg
> und vertraue auf ihn: er wird es machen.

> Er führt herauf wie Licht deine Gerechtigkeit
> und dein Recht wie den Mittag."

Deshalb kann auch gesagt werden, daß der Mensch Gott rechtfertigt,
d. h. ihm „Recht" gibt, ihn gelten läßt, ihm die Ehre gibt:

> „An Dir allein habe ich gesündigt
> und was Dir mißfällt getan,
> damit Du Recht behältst mit Deinem Spruch
> rein dastehest in Deinem Richten" (Ps. 51, 5 f., vgl. Rm. 3, 4).

Die Gerechtigkeit, nach der der Mensch strebt, bzw. die Gott ihm zuspricht, ist *seine Geltung, seine Ehre.*

Dann aber zeigt sich, so merkwürdig es zu sein scheint, daß Paulus,
wenn er das spezifisch Jüdische – das Streben nach Gerechtigkeit –
kritisiert, er in Wahrheit etwas spezifisch Menschliches trifft. Er sieht,
daß alles Streben der Juden im tiefsten geleitet ist vom *Geltungsbedürfnis,* und daß dabei dieses Geltungsbedürfnis im tiefsten nicht
bedeutet: vor anderen Menschen gelten wollen (obwohl solches immer
mit dabei sein wird), sondern gelten wollen vor Gott, vor der über
alles menschliche Urteil erhabenen Instanz, vor der letzten Instanz,
die mir Recht gibt, mich bestätigt gegenüber allen Zweifeln Anderer
oder meiner selbst.

Solches Geltungsbedürfnis, das jedem Menschen eigen ist, nimmt
in den verschiedenen Zeiten und Kulturen verschiedene Formen an.
Für den Juden, dem Gottes Wirklichkeit unerschütterlich feststeht,
versteht es sich von selbst, daß die erstrebte Geltung eben *Geltung
vor Gott* ist. Der Jude ist überzeugt: es wird ein Gericht Gottes statt-
finden, an dem es an den Tag kommt, ob Gott mich gelten läßt oder
nicht. Und alles Streben geht darauf aus, diese Geltung vor Gott zu
erringen. *Das Mittel dafür aber ist das Gesetz.* In meinem Gesetzesgehorsam muß es sich bewähren, ob ich etwas bin, etwas zu leisten
vermag. Bin ich hier treu in angespanntem Eifer, in Konsequenz und
Opferbereitschaft, so kann Gott mir seine Anerkennung nicht versa-
gen. Es ist daher für den Juden kein Anstoß, daß das Gesetz ebenso
rituelle Forderungen enthält wie moralische; die Leistung des Gehorsams ist in beiden Fällen die gleiche. Beide fordern Selbstüberwindung und Opfer. Auf die Leistung, das „Werk" kommt es an. Und
dieses Streben, durch die eigene Leistung die Geltung vor Gott gewinnen zu wollen, nennt Paulus das Streben, die eigene Gerechtigkeit
aufzurichten.

Ein spezifisch menschliches Streben hat im Judentum nur seine kulturell und zeitlich individuell ausgeprägte Form gewonnen. Denn es ist in der Tat allgemein menschliches Streben, durch Leistung Geltung zu gewinnen. Die Leistung gibt Stolz. Es ist im Grunde nichts spezifisch Jüdisches, sondern etwas allgemein Menschliches, wenn der Pharisäer Lk. 18, 11 f. betet: „Ich danke Dir, Gott, daß ich nicht bin wie die anderen Menschen: Räuber, Frevler, Ehebrecher, oder auch wie dieser Zöllner. Ich faste zweimal in der Woche und verzehnte alles, was ich habe." Für den Sinn des Geltungsbedürfnisses ist es gleichgültig, um welche Leistung es sich handelt, ob um physische oder geistige, ob um moralische oder unmoralische. Die moderne Psychologie und Pädagogik weiß, daß Leistung dem Kinde das Selbstbewußtsein, das Gefühl der Geltung gibt, und sie sucht deshalb dem Kinde eine seiner Begabung entsprechende Leistung zu ermöglichen, um sein Selbstbewußtsein zu stärken.

Das Geltungsbedürfnis hat, indem es zur Leistung drängt, eine eigentümliche *Unsachlichkeit* zur Folge. Wie es für den Juden gleich ist, ob er rituelle oder moralische Forderungen erfüllt, ob er seinen Gesetzesgehorsam durch sinnvolle und nützliche oder durch absurde und lächerliche Werke demonstriert, so kann überall ein hemmungsloses Geltungsbedürfnis zu absurden Leistungen führen, so daß das Wort wieder gilt: „Aus den Löchern deines Mantels leuchtet deine Eitelkeit hervor." Ein extremer Fall ist bei Kindern nicht selten, daß sich nämlich ein Kind, das zu nützlichen Leistungen nicht fähig ist, durch Albernheit auszeichnet, damit andere wenigstens über es lachen; oder gar durch Ungezogenheit, damit es ein Gefühl des Triumphes hat. Es scheint auch, daß in der modernen Rekordsucht das Streben, durch an sich sinnlose Leistungen Geltung zu gewinnen, nicht selten ist. Bei reich begabten Naturen führt das Geltungsbedürfnis manchmal zur völligen Ignorierung der sittlichen Forderungen und sozialen Werte. Nicht von der Sachlichkeit ist das Handeln geleitet, sondern von der Sucht nach imponierender Leistung. Eine symbolische Gestalt ist jener Herostrat, der den Artemistempel in Ephesus anzündete.

Das Gegenbild sind *die Moralisten aus Geltungsbedürfnis,* ein Typus, der vom Neuen Testament her den Titel des Pharisäers trägt, der aber bekanntlich überall in der Geschichte wiederkehrt. Hier wird eine Anspannung und ein Opferwille in den Dienst der moralischen Forderungen gestellt, obwohl der Wille nicht die sittlichen Forderungen innerlich bejaht, nicht ergriffen ist von der Hoheit des Guten,

nicht den Mitmenschen in Liebe hingegeben ist, sondern allerdings
sittlich, gut und nützlich handelt, aber im tiefsten Grunde aus Geltungsbedürfnis. Die Moral ist hier pervertiert. Das sind „die Gesunden, die des Arztes nicht bedürfen", von denen Jesus sich abwendet,
um ein Genosse der Zöllner und Sünder zu sein und als Fresser und
Weinsäufer gescholten zu werden.

Damit ist der Grund aufgedeckt, von dem aus Paulus das Gesetz
bekämpft. Er bekämpft es nicht wegen seines Inhalts; im Gegenteil,
sein Inhalt sind Gottes heilige, unverbrüchliche Forderungen. Er bekämpft es, weil und insofern es dem Juden dient, mit seiner Hilfe
sein Geltungsbedürfnis zu befriedigen, *Ruhm vor Gott zu erlangen,*
die „Gerechtigkeit" durch Leistungen zu verdienen. Das ist der große
Irrtum, der Wahn, in dem die Juden befangen sind, daß der Mensch
durch seine Leistung seine Geltung vor Gott gewinnen könne. Und
das ist dem gegenüber der Sinn der christlichen Botschaft von der
„Gerechtigkeit allein aus dem Glauben", daß aller auf die Leistung
sich gründende Ruhm abgewiesen wird, daß eine „Gerechtigkeit"
verkündigt wird, die Gott dem Menschen umsonst schenkt.

„Wo bleibt nun das Rühmen? Es ist ausgeschlossen!" heißt es
Rm. 3, 27 sofort, nachdem Paulus zum ersten Male die Lehre von der
Glaubensgerechtigkeit vorgetragen hat. Der Jude rühmt sich seines
Gesetzes (Rm. 2, 17. 23); aber *vor Gott soll sich kein Fleisch rühmen*
(1. Kr. 1, 29). Und für Paulus bedeutet seine Bekehrung zum Glauben an Christus eben dieses: die Preisgabe alles Selbstruhmes. „Alles,
was mir Gewinn war, das habe ich um Christi willen als Schaden er-
achtet. Ja fürwahr, ich glaube, daß alles nur Schaden ist angesichts der
überwältigenden Erkenntnis Christi Jesu, der mein Herr ist. Um
seinetwillen ward mir alles zum Schaden, und ich halte es für Unrat,
um Christus zu gewinnen und in ihm erfunden zu werden, nicht mit
meiner Gerechtigkeit auf Grund des Gesetzes, sondern mit der, die
aus dem Glauben an Christus entspringt, der Gerechtigkeit, die von
Gott geschenkt wird auf Grund des Glaubens" (Phl. 3, 7–9). „Mir sei
es ferne, mich zu rühmen; es sei denn des Kreuzes unseres Herrn Jesus Christus, durch das für mich die Welt gekreuzigt ist und ich für
die Welt" (Gl. 6, 14).

Was des Menschen Geltung und Selbstvertrauen begründen kann,
das ist allein *Gottes Geschenk;* und sein Empfang fordert die radikale
Preisgabe des Selbstvertrauens, den radikalen Verzicht, durch die

eigene Leistung Geltung vor Gott gewinnen zu wollen. Des Menschen Existenz steht auf Gnade, nicht auf Leistung.

Auch das Judentum redet von der *Gnade Gottes*. Aber hier bedeutet die Gnade Gottes seine Nachsicht gegenüber den Gesetzesübertretungen oder die gnädige Führung, die es dem Frommen ermöglicht, das Gesetz zu erfüllen oder seine Übertretungen abzubüßen. Der Fromme, der – oder sofern er – das Gesetz erfüllt, bedarf der Gnade nicht. Nach Paulus bedarf der Gnade der Erfüller wie der Übertreter des Gesetzes, ja, der Erfüller erst recht. Denn dieser handelt, indem er seine eigene Gerechtigkeit aufrichten will, *grundsätzlich* gegen Gott, während der Übertreter *jeweils* Gottes Forderung übertritt. Der Übertreter kann an seiner falschen Sicherheit irre werden, während der Erfüller sich gerade in sie hineinsteigert. Daher die merkwürdige Theorie des Paulus – die er freilich nicht psychologisch, sondern heilsgeschichtlich meint –, daß das Gesetz von Gott gegeben ist um der Übertretungen willen (Gl. 3, 19), d. h. damit die Übertretung sich mehre (Rm. 5, 20). Die Sünde soll als Sünde deutlich werden (Rm. 7, 13), sie soll zur Herrschaft kommen, damit die Gnade ihre Herrschaft antreten kann (Rm. 5, 20 f.). Da faktisch kein Mensch das ganze Gesetz ohne Übertretungen hält, ist das Gesetz, das vom Menschen als Mittel seines Selbstruhmes ergriffen wird, für Gott das Mittel, um diesen Selbstruhm zu zerstören. Freilich denkt Paulus nicht psychologisch, sondern heilsgeschichtlich, d. h. er meint nicht, daß der Jude, der danach strebt, durch die Erfüllung des Gesetzes seinen Selbstruhm aufzurichten, von selbst, indem er sich immer wieder als Übertreter findet, an seinem Wege irre wird und sich zur Gnade Gottes flüchtet. Vielmehr wächst unter dem Gesetz mit den Übertretungen der Eifer, es zu erfüllen. Und die Sinnlosigkeit dieser Tatsache wird erst von der faktisch in Christus erschienenen Gnade aus sichtbar.

Aber indem sie sichtbar wird, wird eben deutlich, daß die *eigentliche Sünde* gar nicht die einzelnen Übertretungen des Gesetzes sind, sondern die *Grundhaltung des Menschen, sein Streben, die eigene Gerechtigkeit aufzurichten,* sich vor Gott zu rühmen. Dieses aber ist die Sünde, weil solcher Wahn die Ehre Gottes antastet und nicht anerkennt, daß der Mensch nur von Gottes Gnade lebt und leben kann. Schon das, worauf seine Leistung beruht, seine Einsicht, seine Kraft, schon sein guter Wille, ist Gottes Geschenk. „Was hast du, das du

nicht empfangen hättest? Und hast du es empfangen, wie rühmst
du dich wie einer, der nicht empfangen hat?" (1. Kr. 4, 7).

Und daß es sich nicht um etwas spezifisch Jüdisches handelt, das geht
daraus hervor, daß Paulus die Grundsünde der Juden ebenso bei den
Heiden und den Heidenchristen, die ihr altes Wesen in die Gemeinde
mitgeschleppt haben, aufweist. Gegenüber den weisheitsstolzen Griechen und Gnostikern ist eben jenes Wort gesprochen: „Was hast du,
das du nicht empfangen hättest?" Und ihnen ruft er das Jeremia-
Wort zu: „Wer sich rühmt, der rühme sich des Herrn!" (1. Kr. 1, 31;
2. Kr. 10, 17).

Sich des Herrn rühmen, – das ist der *paradoxe Selbstruhm,* der
sich dessen rühmt, daß er selbst nichts ist vor Gott und daß Gott alles
ist und alles wirkt. Er rühmt sich nicht seiner Leistungen, sondern
seiner Leiden, weil er in ihnen seiner Nichtigkeit inne wird und Gott
alles sein läßt. Als Paulus von seinen Gegnern in Korinth gezwungen
ist, sein Apostelamt zu verteidigen und von seinen Leistungen zu
reden, also sich zu rühmen (2. Kr. 11, 16–12, 23), da schreckt er davor
zurück. Aber es muß ja sein; und so nimmt er die Maske des Narren
und rühmt sich wie ein Narr. Aber er unterbricht sich selbst: „wenn
es gilt, sich zu rühmen, so will ich mich meiner Schwachheit rühmen"
(11, 30). Er könnte von seiner Begnadigung durch Visionen reden.
Aber sie sind ja nicht etwas seine Person Auszeichnendes. Denn als
der, der bis in den dritten Himmel entrafft wurde, ist er gleichsam
sich selbst ein Fremder; dieser könnte sich vielleicht rühmen, – „was
aber mich selbst betrifft, so will ich mich einzig meiner Schwachheiten
rühmen" (12, 5). Damit er sich nicht überhebe, hat Gott ihm einen
„Dorn" in sein Fleisch gegeben und ihn trotz seiner Bitten nicht von
der quälenden Krankheit befreit. Vielmehr sprach der Herr zu ihm:
„Genug für dich ist meine Gnade. Denn die Kraft kommt in der
Schwachheit zur Vollendung!" „So will ich mich denn im Gegenteil gerade meiner Schwachheiten rühmen, damit die Kraft Christi auf mir
ruhe. Deshalb sage ich Ja zu Schwachheiten, zu Mißhandlungen, zu
Nöten, zu Verfolgungen, zu Bedrängnissen um Christi willen. Denn
wenn ich schwach bin, dann bin ich stark" (12, 9 f.).

Die Worte des Paulus gegen das Sich-rühmen machen ganz deutlich, daß die eigentliche Sünde des Menschen die in diesem Sich-rühmen zutage kommende Superbia ist. Und das Gleiche würde ein
Überblick über die paulinischen Aussagen über das *„Vertrauen"*
(πεποιϑέναι) zeigen. Die jüdische Haltung kann Paulus ein „auf das

Fleisch vertrauen" nennen, d. h. ein Sich-verlassen des Menschen auf
sich selbst, sowohl auf das, was er als natürliche Vorzüge zu besitzen,
worüber er zu verfügen meint, wie auf das, was er durch seine Leistung zustande bringt. Eben solches „auf das Fleisch vertrauen" hat
Paulus preisgegeben, als er sich Christus auslieferte (Phl. 3, 3–9).
Der Mensch soll sich als nichtig vor Gott wissen; so nur gibt er Gott
die Ehre als dem, der die Toten lebendig macht und das Nichtseiende
ins Sein ruft (Rm. 4, 17). Und so faßt Paulus die Todesgefahr auf, in
die er in Asia geriet: „Aber selbst hatten wir für uns das Todesurteil
gefällt, damit wir nicht solche seien, die auf sich vertrauen, sondern
auf den Gott, der die Toten erweckt" (2. Kr. 1, 9). Gott hat gewissermaßen seine Gottheit demonstriert, als er die korinthische Gemeinde
berief aus den Schwachen, den Gemeinen, den Verachteten, indem er
erwählte „das, was nichts ist, um zu nichte zu machen, was etwas ist"
(1. Kr. 1, 27 f.). Wo der Mensch nichts ist, da ist die Gnade Gottes
mächtig.

Es ist also ein Irrtum zu meinen, der Glaube an die Gnade Gottes
verlange ein Sündengefühl, ein Sündenbekenntnis in dem Sinne, daß
der Mensch sich eingestehen müsse, wie viel, wie oft und schwer er
gesündigt hat und immer wieder sündigt. Er braucht sich nicht
krampfhaft oder künstlich auf seine Unmoralitäten zu besinnen und
braucht seine guten Werke nicht in schlechte umzulügen. Er soll sich
auf den Grund seines Seins besinnen, soll sich fragen, von woher er
lebt, ob aus der Gnade Gottes oder aus eigener Kraft; ob sein Leben
getragen ist von dem Streben, Ruhm zu gewinnen, ob er vom Geltungsbedürfnis umgetrieben wird, oder ob er im Wissen um seine
Nichtigkeit die Komödie dieses Strebens durchschaut hat und so seiner Sünde vor Gott inne geworden ist.

II.

Von hier aus scheint mir auch die von Paul Althaus [4] aufgewor-
fene und ebenso ernst wie lehrreich behandelte Frage nach dem Unterschied zwischen Luther und Paulus in der Anschauung des Menschen vor Christus geklärt werden zu müssen. Paulus habe, anders als
Luther, gewagt, den Menschen in seinem Widerspruch zu sehen und
zu zeichnen, während nach Luther der Mensch vor Christus eindeutig
ein Sünder sei. Für Paulus sei der Mensch ohne Christus Fleisch *und*

[4] Paulus und Luther über den Menschen. Gütersloh 1938, ² 1951.

Vernunft, für Luther *nur* Fleisch; nach Paulus habe er den Willen zum Guten, nach Luther hasse er das Gute.

In vollem Umfang kann ich die Frage nicht erörtern, schon wegen nicht ausreichender Lutherkenntnis. Ich beschränke mich auf die Frage: in welchem Sinne ist nach Paulus der Mensch ohne Christus ein Mensch im Widerspruch? wirklich deshalb, weil er das Gute will und das Böse tut? – oder wenigstens oft tut, so daß es bei ihm ein Nebeneinander von guten und bösen Handlungen gibt? weil er nicht *nur* Fleisch ist?

Wohl gibt es nach Paulus beim Menschen *auch ohne Christus Erfüllung der Gebote Gottes*, beim Juden wie beim Heiden. Paulus selbst war einst untadelig, gemessen an der Gerechtigkeit, die sich auf das Gesetz gründet (Phl. 3, 6), und auch Heiden tun „von Natur" das, was das Gesetz fordert (Rm. 2, 14). Gleichwohl stehen nach Rm. 1, 18–3, 20 Heiden wie Juden unter dem Zornesgericht Gottes. Heißt Gutes tun nur: die Gebote erfüllen, so gibt es nach Paulus in der Tat ein Tun des Guten auch beim Menschen außer Christus, d. h. aber: beim Sünder. Denn Sünder sind trotz alles etwaigen Guten die Juden und die Heiden! Fragt man: warum? so scheint eine doppelte Antwort möglich zu sein: erstens, weil sie nicht das *ganze* Gesetz erfüllen, das sie doch erfüllen müßten (vgl. Gl. 3, 10), und weil sie doch schon durch die Übertretung *eines* Gebotes vor Gott schuldig werden und ihre Schuld nicht beseitigen können [5]. Das Gute, das sie daneben tun mögen, kann für sie keinen Ruhm begründen; denn als Erfüllung des Gesetzes wäre es im besten Falle die Tat des schuldigen Gehorsams und kein Verdienst, das die bestehende Schuld tilgen könnte. Und so steht der Mensch, der überhaupt schuldig geworden ist, schlechthin als Sünder vor Gott. Was er Gutes tun mag, wäre freilich nicht als solches böse, wäre aber nur ein Tun des Sünders, der vor Gott in unendlicher Schuld steht. Der Mensch, so verstanden, wäre trotz des Nebeneinander von Gutem und Bösem nicht der Mensch im Widerspruch, sondern er wäre eindeutig ein Sünder.

Aber wenn Althaus sagt, daß Paulus den Menschen in seinem Widerspruch sehe, so denkt er auch nicht an dieses *Nebeneinander*, sondern er versteht es anders. Er meint, daß Paulus Rm. 7, 15 ff. von dem *inneren Widerspruch* rede, der zwischen dem Wollen des Guten und dem Tun des Bösen besteht; oder genauer: von dem in sich ge-

---

[5] So die Auffassung Ad. Schlatters.

spaltenen Menschen, der das Gute sowohl will wie nicht will, der das Gebot Gottes zugleich liebt und haßt (S. 56 ff.). Es ist jedoch ein Irrtum,
daß Paulus den Menschen so schildere; daß Rm. 7, 15 ff. der Mensch
gezeichnet wäre, der sich von sich selbst in der Weise distanzieren kann,
„daß er dem, was er tut, als einem ihm, dem ‚inwendigen Menschen‘,
Fremden gegenübertreten, es preisgeben, anklagen, richten kann"
(S. 63). Althaus vergißt hier früher Gesagtes, daß nämlich Rm. 7 der
Mensch ohne Christus nicht geschildert wird, so wie er sich selbst
sieht, sondern so wie er vom Glauben aus gesehen wird. Die in dem
Satze V. 17 vollzogene Unterscheidung des eigentlichen Ich von dem
sündigen Ich („dann aber ist gar nicht mehr mein Ich der Täter, sondern die in mir wohnende Sünde"), – sie ist nicht der innere Akt der
Selbstverurteilung, der Selbstpreisgabe – nämlich von seiten eines
eigentlichen, besseren Ichs, sondern ist das Urteil des durch Christus
Befreiten über seinen einstigen Zustand. Aber dieses Urteil bedeutet
auch gar nicht die Unterscheidung des Ich von der ihm einwohnenden
Sünde in dem Sinne, daß das Ich und die Sünde zwei im Widerspruch
miteinander stehende Mächte wären, sondern besagt, daß *mein eigentliches Ich von der Sünde getötet ist.* Das Wollen des Guten, dem das
Tun des Bösen gegenübersteht, ist gar nicht der Wille im eigentlichen
Sinne, d. h. der Wille zur Tat; sondern es ist das „ich möchte im
Grunde", ist die jeden einzelnen Tatwillen transzendierende Tendenz zum Guten, nämlich zum Leben. Der eigentliche Wille zum Tun
des Guten ist gar nicht da, weil das Ich von der Sünde überwältigt ist.

　　Dann muß aber auf die Frage, wie Paulus alle Menschen trotz ihres
etwaigen Tuns des Guten Sünder nennen kann, doch eine andere Antwort gegeben werden: der Wille als Tatwille ist von vornherein böse,
weil er, auch wenn er will, was das Gesetz will, nämlich das Gute tun,
um zu leben, doch das Böse will, nämlich die eigene Gerechtigkeit aufrichten. Der Mensch will das Gute – und insofern ist sein Wille ein
Zeugnis für das Gesetz – aber nicht auf gute Weise, weil er es will,
um seinen Ruhm zu haben, um gelten zu können. Deshalb ist der
Mensch ohne Christus *ganz* Fleisch. Es ist freilich richtig, daß auch
gesagt werden kann: er ist Fleisch *und* Vernunft, – aber nicht so, als
wäre er teilweise das Eine und teilweise das Andere, als wären Vernunft (νοῦς) und Fleisch (σάρξ) zwei Mächte, die im Menschen gegeneinander kämpfen, die Macht des Guten und die Macht des Bösen.
Vielmehr ist nach Paulus *das Fleisch* allerdings eine Macht mit einer
ihr eigenen bestimmten Tendenz. *Die Vernunft* des Menschen aber

ist keine Gegenmacht von gleicher Art; es ist das Ich des Menschen, das für Gottes Forderung offen sein kann und von sich aus auch die Tendenz hat, ihr zu folgen, das aber keine Macht ist, sondern der Herrschaft zweier Mächte ausgeliefert, nämlich dem Fleisch und dem Geist (πνεῦμα). Nicht Fleisch und Vernunft sind die Partner im Streit, sondern *Fleisch und Geist*, die miteinander um das Ich des Menschen streiten, ob es dazu komme, zu tun, was es will oder nicht. „Das Fleisch strebt gegen den Geist, der Geist aber gegen das Fleisch; diese beiden liegen gegeneinander im Streit, damit ihr nicht das tut, was ihr wollt" (Gl. 5, 17) [6].

Der Mensch ist also *nicht ganz und nur Fleisch*, insofern er eben der Mensch ist, d. h. weil Fleisch nicht eine Substanz ist, aus der der Mensch besteht, sondern eine Macht, und zwar eine verderbliche, vernichtende Macht, die als solche natürlich von dem zu unterscheiden ist, was sie verderben, vernichten will, eben vom Ich des Menschen. Und dem Willen des Fleisches steht der Wille des Menschen entgegen, weil der Mensch natürlich nicht vernichtet werden, sondern leben will. Nur weil der Mensch auch Vernunft ist, kann er durch das Fleisch beherrscht sein. Das Fleisch ist der Wille zum Tode und setzt den Willen zum Leben voraus. Aber dieser Gegenwille ist gar nicht ein Tatwille, der das Fleisch bekämpft; er ist vielmehr vom Fleisch schon überwältigt und betrogen, so daß er, ohne es zu wissen und zu wollen, gerade im Dienste des Fleisches steht. Der fromme Jude, der sein Vertrauen auf seine Gesetzesgerechtigkeit setzt, vertraut auf das Fleisch (Phl. 3, 3 ff.). Die Galater, die sich – natürlich um Gottes Forderung zu erfüllen und dadurch zu leben – beschneiden lassen wollen, enden damit, daß sie den Willen des Fleisches tun (Gl. 3, 4).

Der Zwiespalt im Menschen besteht also nicht im Bewußtsein des Menschen, der sich selbst verklagen, sich gegen sich selbst distanzieren kann; sondern darin, daß der Mensch das Gegenteil von dem tut, was er will, nämlich *eigentlich*, im *Grunde* will, – aber nicht von dem, was er faktisch jeweils will. Vielmehr eben dieser jeweilige faktische Tatwille will das Gegenteil von dem, was der Mensch eigentlich will;

---

[6] Das ἵνα μὴ κτλ. Gl. 5, 17 kann doppelt verstanden werden. Es ist entweder vom Gesichtspunkt des πνεῦμα aus gesprochen: das πνεῦμα kämpft gegen die σάρξ, damit der Mensch nicht das tut, was er und d. h. die σάρξ will; oder vom Gesichtspunkt der σάρξ aus: die σάρξ kämpft gegen das πνεῦμα, damit der Mensch nicht das tut, was er *eigentlich* will, nämlich das, was auch das πνεῦμα will: daß er lebe (vgl. Rm. 7, 14 ff.). Die zweite Auffassung ist wohl vorzuziehen.

er folgt dem Fleisch. Und deshalb läßt sich ebenso sagen: der Mensch ist *ganz* und *nur* Fleisch, insofern der Mensch durch das bestimmt wird, was er tut, wofür er sich entscheidet.

Der Mensch ist also, mag er das Gesetz erfüllen oder übertreten, ein Sünder. Denn erfüllt er es, so tritt er damit doch nicht aus der Bestimmtheit seines Lebens heraus, die charakterisiert ist durch den Willen, die eigene Gerechtigkeit aufzurichten. Und so wenig nach Paulus auf den Menschen vor Christus der lutherische Satz vom *Gotteshaß* zutrifft, weil ja der Mensch in dem Wahn befangen ist, vermöge seiner Leistung vor Gott gelten zu können, so sehr kann man im Sinne des Paulus sagen, daß *der natürliche Mensch Gott haßt, ohne es zu wissen*, insofern der Haß gegen Gott darin besteht, Gott abzuweisen, ihn nicht als Gott gelten zu lassen. Das kommt in dem Momente zur Erscheinung, als die Gnade Gottes in Christus erscheint und verkündigt wird. Denn jetzt muß es sich zeigen, welchen Sinn der Gesetzeseifer der Juden hatte. Jetzt muß der echte Jude, wenn er sich nicht – wie die Verkündigung verlangt – preisgeben will, zum Feind und Verfolger des Evangeliums werden, wie Paulus es als Saulus war. Der „Gottesgerechtigkeit" wird der Gehorsam verweigert von denen, die danach streben, ihre eigene Gerechtigkeit aufzurichten (Rm. 10, 3).

Das Ausbrechen des Gotteshasses ins Bewußtsein in der eigentümlichen Form bei Luther setzt eine Tiefe der Reflexion voraus, die erst in der christlichen Geschichte möglich geworden ist. Der Christ kennt ja in sich den Zwiespalt, den der Jude noch nicht gekannt hatte. Paulus hatte ihn als einen unbewußten erlebt und überwunden; erst *nach* Paulus kann er zu einem bewußten werden, wenn sich herausstellt, daß sich die Situation des Juden, die Rm. 7, 15 ff. gezeichnet war, beim Christen auf neuer Ebene wiederholt. Luthers Auffassung von Rm. 7, 15 ff. ist zwar exegetisch falsch [7], aber sachlich nicht unpaulinisch.

Endlich kann man sagen, daß das Leben des Menschen vor Christus nach Paulus wie ein Leben geheimen Gotteshasses, so ein Leben voll geheimer *Angst* ist. Paulus deutet es Rm. 8, 15 an, als er zu Christen spricht: „Denn ihr empfingt nicht einen Geist der Knechtschaft, der wieder in die Angst führt, sondern ihr empfingt den Geist der Sohnschaft." Aber es versteht sich im Grunde von selbst, wenn wirklich

---

[7] Vgl. W. G. Kümmel, Römer 7 und die Bekehrung des Paulus, Leipzig 1929.

das Leben vor Christus vom Geltungsbedürfnis getragen ist. Denn dieses korrespondiert ja immer der verborgenen Angst; es hält sie nieder, – die Angst nämlich, daß man sich verliere, wenn man sich nicht festhält; die Angst, zunichte zu werden, wenn man nicht selbst etwas aus sich macht. Diese Angst, die Angst vor dem Nichts, ist aber als solche die Angst vor Gott, der das Nichtseiende ins Sein ruft, und der also vom Menschen verlangt, daß er vor ihm zu nichte werde oder sich seines Nichts bewußt werde, daß er bereit sei, schlechthin nur von Gottes Gnade zu leben. Das Geltungsbedürfnis, das Streben nach eigener Gerechtigkeit, nach Ruhm vor Gott, ist also die Grundsünde; und sie enthält in sich die Angst vor Gott, den Haß gegen Gott; sie ist Empörung gegen Gott.

So sieht Paulus den Menschen vor Christus, und es scheint mir nicht grundsätzlich verschieden zu sein von der Weise wie Luther den Menschen ohne Christus gesehen hat. Es kann sein, daß Luther, wie Althaus sagt, die Wirklichkeit des Gewissens in seiner Anthropologie nicht hinreichend zur Geltung gebracht hat. Aber bringt man sie zur Geltung, so ändert sich doch grundsätzlich nichts. Denn daß der Mensch ein Gewissen hat, bezeugt nicht, daß er nicht ganz unter der Herrschaft der Sünde stände, sondern ist nur ein Symptom dafür, daß er faktisch unter ihr steht. Die Frage ist, wozu das Gewissen den Menschen aufruft, wenn es ihn jeweils seiner Sünde überführt. Ruft es ihn auf, statt zur Gnade, zum Werk zu flüchten, so ist es selbst der Sünde verfallen in jenem eigentümlichen, dem Menschen außer Christus selbst gar nicht durchsichtigen Selbstwiderspruch.

Christus des Gesetzes Ende! Das heißt also, daß er das Ende eines Lebens ist, das, vom Geltungsbedürfnis (und darin von geheimer Angst und Gotteshaß) getragen, die eigene Gerechtigkeit aufrichten will. Christus ist des Gesetzes Ende als das Ende der Sünde, als das Ende des Sich-rühmens und des Vertrauens auf das Fleisch; er ist das Ende für das Gesetz als Heilsweg; er ist die Erschließung des Heilsweges der Gnade für den Glauben, d. h. für den Menschen, der auf die eigene Gerechtigkeit verzichtet und sich radikal an den Gott preisgibt, der aus dem Tode in das Leben führt.

Ist der hierbei leitende *Gottesgedanke* ein spezifisch jüdischer? Es ist der Gedanke, daß vor Gott, weil er ein Gott der Gnade ist, das Geltungsbedürfnis des Menschen zur Sünde wird, und daß vor Gott „gerecht" ist, d. h. seine Geltung hat, wer sich von ihm „rechtfertigen", seine Geltung schenken läßt.

Die Einsicht, daß Gott ein Gott der Gnade ist, daß ihm also nur nahen kann, wer der eigenen Nichtigkeit vor ihm inne wird, daß seine Gnade nicht durch Leistungen zu verdienen ist, sondern sich nur dem Demütigen schenkt, daß Leistungsstolz Herausforderung Gottes ist, – diese Einsicht ist überall den Menschen aufgegangen, ein Beweis dafür, daß einmal faktisch überall der Geltungsdrang das Leben beherrscht und sich zugleich dadurch als sündig erweist, daß er nie die eindeutige Sicherheit hat, weil ihm stets ein besseres Wissen korrespondiert; ein Beweis aber auch dafür, daß nicht die Einsicht in den Sachverhalt selber schon aus der Sünde herausführt, sondern nur die faktisch zum Ereignis werdende Gnade.

Im *Alten Testament* ist der Gottesgedanke besonders klar ausgesprochen und gewinnt dort gerne die Form des Satzes, daß *Gott eifersüchtig ist*, d. h. daß er nichts neben sich gelten läßt, und d. h. daß er vom Menschen fordert, daß er *ganz* auf ihn vertraue und ihn nicht nebenbei verehre und beanspruche, indem er im übrigen die Sicherheit seines Lebens auf andere Mittel, vor allem auf die eigene Kraft baut.

> „Denn einen Tag hat Jahwe Zebaoth
> Wider alles Große und Erhabene,
> wider alles Hohe und Ragende,
> Wider alle Zedern des Libanon,
> wider alle Eichen in Basan,
> Wider alle hohen Berge,
> wider alle ragenden Hügel,
> Wider jeden hohen Turm,
> wider jede feste Mauer,
> Wider alle Tarsisschiffe,
> wider alle kostbaren Barken.
> Dann duckt sich der Stolz der Menschen,
> dann beugt sich die Hoffart der Männer,
> Und hoch ragt Jahwe allein an jenem Tage"   (Jes. 2, 12—17).

Der Assyrer denkt bei seinem Siege: „Durch die Kraft *meiner* Hand habe ich's getan; durch *meine* Weisheit; denn ich verstehe es!" Aber:

> „Darf sich brüsten die Axt wider den, der damit haut?
> Oder darf groß tun die Säge vor dem, der sie zieht?"   (Jes. 10, 13. 15).

Gott schleudert den Morgenstern, der zum Himmel fahren wollte, zur Hölle hinab!

> „Ach, wie bist du vom Himmel gefallen,
> Glanzstern, Sohn der Morgenröte!

Zu Boden bist du gefällt, starr liegend auf Leichen;
Du, der im Herzen sann: „Zum Himmel will ich steigen,
Oben über den Gottessternen will ich meinen Thron aufrichten,
Und sitzen will ich auf dem Götterberg hoch im Norden;
Ich will steigen auf Wolkenhöhen, dem Höchsten gleich sein."
Nun bist du zur Unterwelt geschleudert in den tiefsten Schlund.
Wer dich sieht, schaut dich an, blickt sinnend auf dich:
Ist das der Mann, der die Erde erschütterte, Reiche erbeben machte,
Das Fruchtland der Wüste gleich und seine Städte niederlegte,
Seine Gefangenen nie entließ, jeden in seine Heimat?
Alle Könige der Völker insgesamt ruhen in Ehren,
Du aber bist aus deinem Grabe geworfen
wie eine scheußliche Fehlgeburt"   (Jes. 14, 12—19).

„Herunter mit dir! Sitz in den Staub, du Jungfrau, Tochter Babel!...
Du sprachst: ‚Ewig werde ich dauern, eine Herrin für immer!'...
Und nun höre, du Wollüstige, die sicher saß,
Die in ihrem Herzen sprach: ‚Ich und sonst nichts mehr!...'
Kommen wird das Unheil über dich, ...
Plötzlich wird es über dich kommen im Sturmwetter,
    das du nicht kennst!"   (Jes. 47, 1—11).

„Ein Weiser rühme sich nicht seiner Weisheit,
und ein Starker rühme sich nicht seiner Stärke,
noch rühme sich ein Reicher seines Reichtums.
Sondern dessen rühme sich, wer sich rühmen will,
daß er klug sei und mich erkenne,
daß ich Jahwe es bin, der Gnade, Recht und Gerechtigkeit übt auf Erden"
    (Jer. 9, 22 ff.).

Diese Gottesauffassung begegnet aber ebenso im *Griechentum*, in dem die Warnung ἐπὶ ῥώμῃ μὴ καυχῶ zu den Mahnsprüchen der Weisheit gehört. Apollon spricht bei Homer Il. 5, 440 ff. zu Diomedes:

„Hüte dich, Tydeus' Sohn, und weiche mir! Nimmer den Göttern
Wage dich gleich zu achten; denn gar nicht ähnlichen Stammes
Sind unsterbliche Götter und erdumwandelnde Menschen."

Hesiod beginnt seine „Werke und Tage":

„O pierische Musen, die Ruhm durch Lieder verleihen,
Tretet heran, euren Vater mit Festgesängen zu preisen.
Ruhmlos oder berühmt macht er ja sterbliche Männer,
Preislos oder gepriesen, nach Zeus' erhabenem Willen.
Leicht verleiht er Stärke, und den Gestärkten verdirbt er;
Leicht den Ragenden stürzt er, und führt den Verborgenen aufwärts;
Leicht erhebt er Gebeugte, und Hochgemute vernichtet
Der weitdonnernde Zeus, der hoch über allen behauste."

„Zeus, die großen Ehren kommen den Sterblichen von dir aus", sagt
Pindar (Isthm. 3/4, 4 f.). „Aber nur aus Gott kann ein Mensch em-
porblühen voll klugen Sinnes in würdiger Weise" (Ol. 11, 10). „Denn
von den Göttern kommen alle Kräfte für menschliche Taten und
wachsen Weise, Hand-Gewaltige und Beredte" (Pyth. 1, 41 f.).
„Helden aber und Dichter erstehen nach der Gottheit Willen" (Ol. 9,
28 ff.). „Darum sollst du nicht vergessen, für den Urheber von allem
Gott zu halten" (Pyth. 5, 23 ff.).
Aischylos preist in den „Schutzflehenden" das Walten des Zeus:

> Vom hohen Turme des
> Hoffens stürzt in den Staub er die Menschen
> Und rüstet kein Heer aus; mühlos
> Ist ja der Himmlischen Wirken.
> Droben thront ihre Weisheit
> Und lenket nach ihrer Vollendung von heiligen Sitzen."   (95 ff.)

Die ὕβρις des Menschen ruft die νέμεσις der Gottheit heraus; die-
ser Gedanke durchzieht das Geschichtswerk des Herodot. Aias, des
Oileus Sohn, aus dem Schiffbruch auf den Felsen am Meer gerettet,
brüstet sich, daß er den Göttern zum Trotz den Wogen entronnen sei,
– da zerschmettert Poseidon im Zorn den Felsen, und der prahlende
Frevler versinkt (Homer, Od. 4, 499 ff.). Als Kapaneus die Mauer
Thebens erklimmt im Übermut des Siegers, zerschmettert ihn der
Blitzstrahl des Zeus.

> „Denn schwer haßt Zeus der vermessenen Zung'
> Hochfahrenden Stolz; und als er ihr Heer,
> Den heranwogenden Strom, schimmernd in Gold,
> Im Lärm unbändigen Trotzes ersah,
> Da traf er den Mann mit geschwungenem Strahl,
> Der schon auf der Zinne,
> Den Siegruf anstimmend, empordrang"   (Sophokl. Ant. 126 ff.).

Den Untergang des Stolzen, der seiner eigenen Kraft vertrauend
gegen die Gottheit prahlt, zeigt Sophokles im Aias. Der Vater hatte
den Sohn beim Auszug in den Krieg gemahnt:

> „Sohn, strebe mir,
> Im Kampfe Sieger, aber stets mit Gott, zu sein."

Aias aber erwidert „prahlerisch voll Unverstand":

> „Mit Göttern, Vater, mag sogar der Nichtige
> Den Sieg erringen; aber ich vertraue fest.
> Erstreiten werd' ich diesen Ruhm auch ohne sie!"

4 *

Und als ihm Athene im Kampf zur Seite treten will, spricht er:

> „Den *Andern*, Herrin, bleibe nah in Argos Heer;
> Niemals, wo *wir* stehn, bricht hindurch der Sturm der Schlacht."

> „Durch solche Reden", heißt es dann, „weckt' er sich den schweren Zorn
> der Göttin, weil er Höh'res sann als Menschen ziemt" (757—777).

> „Denn ungeschlachte Leiber, übermütige,
> Stürzt eine Gottheit schwer hinab ins Mißgeschick" (258 f.).

Nun besteht freilich ein Unterschied zwischen der alttestamentlichen und der griechischen Auffassung; zwar nicht darin, daß nicht in beiden die Gottheit als die schlechthin überlegene Macht gelte, vor der der Mensch seiner Nichtigkeit inne werden soll; aber in den Konsequenzen, die daraus gezogen werden. Für den Griechen folgt daraus die Mahnung zum Maßhalten, zur Bescheidung; für das Alte Testament die Mahnung zum schlechthinnigen Vertrauen auf Gott.

Paulus nennt diese Haltung Gott gegenüber *Glauben* (πίστις). Der Glaube ist nach seiner einen Seite eben dieses: der Verzicht auf alles' Sich-rühmen vor Gott, die Bereitschaft, sich von Gott die „Gerechtigkeit", die Geltung, die Ehre, schenken zu lassen. Deshalb kann Paulus den Glauben auch als *Gehorsam* (ὑπακοή) bezeichnen, weil er, gerade im Verzicht auf die eigene Leistung, radikale Beugung unter Gott ist. Nach der anderen Seite aber ist der Glaube das unbedingte *Vertrauen*, die Zuversicht auf Gottes Gnade; ihrer ist Paulus gewiß, wenn er auf Christus blickt.

Nur der Starke und innerlich Freie ist fähig, sein Geltungsbedürfnis fahren zu lassen, sich einfach hinzugeben. Aber das ist gerade das Problem: wer ist so stark und innerlich frei, daß er sich nicht immer wieder krampfhaft in sich verschlösse in der Angst, sich zu verlieren? Paulus antwortet: der durch Liebe, durch Gnade Bezwungene! Gott überwindet uns durch seine Gnade. Von der Gnade Gottes aber redet Paulus nicht als von einer Idee, sondern als von einer Tat Gottes. Der Tatsache, daß Rm. 7, 15 ff. nicht einen inneren Konflikt schildert, dessen Konsequenz es wäre, daß der Mensch an sich irre wird und zur Gnade Gottes flüchtet, entspricht es, daß er lehrt: der Mensch wird dadurch an sich irre, daß ihm die Gnade Gottes faktisch als Ereignis begegnet in *Christus* und in der Verkündigung Christi. Die Verkündigung verkündigt Christus als den Gekreuzigten. Am Kreuz ist Paulus dessen inne geworden, daß Gottes Gnade, allen Ruhm des Menschen zerbrechend, ihn von sich selbst befreit.

In diesem Sinne also ist das Judentum überwunden, ist das Gesetz erledigt als das Mittel, durch eigene Leistung vor Gott Geltung zu erringen. Sofern das Gesetz seinem Inhalt nach Gottes Willen, Gottes Forderungen enthält, bleibt es natürlich in Geltung. Für den Glaubenden aber ist der Sinn der Forderungen Gottes neu verständlich geworden; sie fordern nur Eines, die *Liebe.* „Denn das ganze Gesetz ist in dem einen Wort erfüllt: Du sollst deinen Nächsten lieben wie dich selbst" (Gl. 5, 14). „Wer den Nächsten liebt, der hat das Gesetz erfüllt." Denn das „Du sollst nicht ehebrechen, nicht stehlen, nicht begehren", und was es sonst an Geboten gibt, das ist in dem einen Satz zusammengefaßt: „Du sollst deinen Nächsten lieben wie dich selbst! Die Liebe tut dem Nächsten nichts Böses. Also ist die Liebe die Erfüllung des Gesetzes" (Rm. 13, 8–10).

Dadurch aber ist jene *Sachlichkeit* gewonnen, die dem Menschen so lange fehlt, oder die immer gehemmt ist, solange er unter dem Druck des Geltungsbedürfnisses handelt. Er braucht sich jetzt um seine Geltung nicht zu bemühen; denn Gott läßt ihn gelten. So ist er innerlich befreit zur Liebe, d. h. zur echten Hingabe an seine Mitmenschen, an die Aufgaben des täglichen Lebens im Dienste der Gemeinschaft. Ihm fehlt die eigentümliche Besorgnis oder Angst, die den Geltungshungrigen immer offen oder heimlich beherrscht. Ob er anerkannt wird oder nicht, ob er mißverstanden wird oder nicht, – Gott versteht ihn und erkennt ihn an. So ist ihm die innere Freiheit und Unbefangenheit zu eigen. Die Sachlichkeit der Liebe wächst aus dem Empfang der Gnade; der Beglückte kann beglücken.

III.

Wird sich das Leben des Glaubenden eindeutig entfalten als ein Leben unter der Gnade in der Liebe? Ist es – wenn der Glaubende vom Geltungsdrang befreit ist, und wenn eben dieser die eigentliche Sünde ist – *ein Leben ohne Sünde?* Hier liegt der zweite Punkt, an dem Althaus eine Differenz zwischen *Paulus und Luther* findet. Und zwar entscheidet er sich, während er in der Frage nach dem Menschen außer Christus Paulus gegen Luther recht gab, hier gegen Paulus für Luther.

Wohl ist, sagt Althaus mit Recht, für Paulus das Christenleben ein Kampf gegen das Fleisch. Aber mit der Hilfe des Geistes braucht es beim Christen nicht mehr zum Tun des Bösen zu kommen; er kann der Versuchungen, die aus dem Fleisch entspringen, Herr werden; er hat das posse non peccare; das Ziel der Heiligkeit ist erreichbar. Wohl erwachen im Christen noch die Begierden; aber diese Begierden sind keine Sünde. Sie brauchen nicht zur Tat zu werden. Werden sie zur Tat, so bedarf freilich der Christ erneuter Vergebung. Aber „von täglichen Sünden und von der selbstverständlichen Notwendigkeit täglicher Vergebung ist (bei Paulus) nicht die Rede" (S. 73). Dagegen sind für Luther die Christen noch Sünder, die ständig sündigen und täglich der Vergebung bedürfen. Die Befreiung von der Sünde wird erst durch den Tod und die Auferstehung am jüngsten Tage erfolgen. In seinem Erdenleben ist der Christ demgemäß *zugleich* Sünder und gerecht.

Daß hier ein Unterschied vorliegt, ist kein Zweifel; und Althaus hat auch darin recht, daß er ihn aus dem Unterschied der historischen Situation erklärt. Für Paulus, der das Ende in kurzer Zeit erwartete, konnte die Möglichkeit des christlichen Lebens nicht in dem Sinne zum Problem werden wie für Luther, der in einer christlichen Geschichte steht, mit der Paulus nicht rechnete. Es ist deshalb richtig, daß für Paulus das alte und das neue Sein wesentlich als ein Nacheinander, für Luther dagegen als ein Mit- und Gegeneinander erscheinen.

Dabei ist aber freilich das „wesentlich" zu betonen; und wenn einerseits zuzugeben ist, daß sich die theologische Reflexion des Paulus nicht auf das Mit- und Gegeneinander richtet, so ist doch andererseits zu behaupten, *daß er dieses Mit- und Gegeneinander kennt.* Die Mahnungen zum Kampfe gegen das Fleisch (Rm. 8, 12 f.; Gl. 5, 13 ff.) setzen voraus, daß das Fleisch, das die Gläubigen doch mit der Übernahme des Kreuzes Christi gekreuzigt haben (Gl. 5, 24), noch in ihnen lebendig ist. Sie sind dem Kampffeld zwischen Fleisch und Geist nicht entnommen (Gl. 5, 17). Kann also nicht die grausige Situation von Rm. 7, 15 ff. für die Christen doch wieder aktuell werden?

Die Christen haben den Geist, d. h. aber nicht, daß sie unter der magischen Einwirkung einer unpersönlichen Macht handeln. Das „vom Geiste getrieben werden" (Rm. 8, 14; Gl. 5, 18) schließt die persönliche Entscheidung nicht aus, sondern verwirklicht sich nur in ihr. Das neue Leben muß jeweils im Entschlusse ergriffen werden. Der Christ steht ständig vor dem Entweder-Oder.

„Also, meine Brüder, sind wir verpflichtet, nicht dem Fleisch nach dem Fleische zu leben. Denn wenn ihr nach dem Fleische lebt, dann müßt ihr sterben; wenn ihr aber nach dem Geiste die Taten des Leibes tötet, dann werdet ihr leben" (Rm. 8, 12 f.). „Ich sage: wandelt im Geiste; dann werdet ihr die Begierden des Fleisches nimmermehr vollbringen" (Gl. 5, 16). „Wenn wir im Geiste leben, so laßt uns auch im Geiste wandeln!" (Gl. 5, 25).

Dem Christen ist also die Entscheidung nicht erspart; was schlechterdings neu ist, das ist dieses, daß er die *Freiheit* hat, daß er, weil er unter der Gnade und nicht mehr unter dem Gesetz steht, weil Geltungsdrang und Angst sich im Blick auf die Gnade verflüchtigen, nicht mehr Sklave der Sünde ist.

Das würde Althaus wohl zugeben; er würde aber sagen: Paulus denkt optimistisch! es braucht in dieser Freiheit gar nicht mehr oft zum Sündigen kommen, so daß die tägliche Bitte um Sündenvergebung nötig würde. So kann er aber nur sagen, weil er behauptet, Paulus habe nur die groben Werke des Fleisches, nicht aber die Begierden als solche als Sünde angesehen, die das Verhältnis zu Gott stört und der Vergebung bedarf (S. 85). Das ist höchstens soweit richtig, als es die paulinische Terminologie betrifft, und auch da nicht ganz. Auf die Sache gesehen aber ist es nicht richtig, daß man zwischen den *Begierden* und der *Sünde* diesen Unterschied machen darf. Versteht man freilich unter Begierde ($\dot{\varepsilon}\pi\iota\vartheta\nu\mu\dot{\iota}\alpha$) nur das leibliche Begehren wie Hunger und Durst und dergl., und versteht man unter Sünde nur die Übertretung eines Gebotes, so ist es richtig, wenngleich das Urteil des Paulus über den natürlichen Geschlechtstrieb nicht eindeutig ist, wie 1. Kr. 7 zeigt. Aber was Paulus als „Begierde" bezeichnet, ist nicht das „natürliche Begehren", das sündig erst wird, wenn der Mensch mit seinem Wollen darauf eingeht, sondern ist böse Wollung. Eben deshalb läßt sich ja die Forderung des Gesetzes Gottes ganz allgemein als „du sollst nicht begehren!" formulieren (Rm. 7, 7). Und wenn die Sünde mittels des Gebotes die Begierde weckt (Rm. 7, 8), so ist deutlich, daß die Begierde als solche sündig ist. Sie ist nichts anderes als die Wollung des Fleisches, das sündig ist. Wer das Fleisch gekreuzigt hat, hat mit ihm seine Leidenschaften und Begierden gekreuzigt (Gl. 5, 24). Wo also die Begierden sich noch regen, da ist das Fleisch noch lebendig.

Es gilt also: das Fleisch ist gekreuzigt, ist mit verschlungen in den Tod Christi, – und es ist doch ständig lebendig und muß ständig getötet werden. Das „Mitgekreuzigtwerden" (Rm. 6, 6), das in der Taufe erfolgt ist, muß sich im Leben des Glaubenden fortgesetzt vollziehen. Daß wir tot für die Sünde, lebendig aber für Gott durch Christus sind, muß stets zum Entschluß erhoben werden (Rm. 6, 11).

Paulus kennt also doch das paradoxe Mit- und Gegeneinander des alten und neuen Menschen, das Luther durch das simul iustus, simul peccator beschreibt. Und dieses Nebeneinander ist durchaus als das von Vergangenheit und Gegenwart zu bezeichnen; denn eben die Vergangenheit ist ja das Fleisch, ist die Sünde, die gegenwärtig lebendig ist.

Sofern das simus iustus, simul peccator nicht nur heißt, daß die Sünde, die im Glauben abgetan ist, sich in der Gegenwart immer noch als lebendig erweist und überwunden werden muß, sondern auch, daß die neue Gerechtigkeit mir überhaupt nicht in der Weise zu eigen ist, daß sie sich in meinem Tun vollzieht, sondern mir als aliena iustitia zugesprochen ist, – und entsprechend, daß ich der peccator nicht erst darin bin, daß ich jeweils aktuell sündige, sondern darin, daß ich so, wie ich aus meiner Vergangenheit komme, vor Gott als Sünder dastehe, d. h. daß mein neues Sein das alte nur so überwunden hat, daß es dasselbe als vergebenes in jede Gegenwart mitbringt, daß ich also nie heilig bin, auch wenn ich kein Gebot mehr übertrete, sondern immer nur von der vergebenden Gnade lebe, – sofern also das „iustus" nie eine Qualität, sondern eine Relation meint, also immer im paradoxen Verhältnis zum „peccator" steht, – so entspricht auch das der Auffassung des Paulus. Dieser hat freilich die Dialektik des iustus esse nicht theologisch durchreflektiert; aber der Sache nach ist sie ausgesprochen Phl. 3, 12–14: „Nicht daß ich schon ergriffen hätte oder schon vollendet wäre! Ich jage aber, zu ergreifen, auf Grund dessen, daß ich von Christus Jesus ergriffen ward. Meine Brüder, ich bin nicht der Meinung, schon ergriffen zu haben; eines aber weiß ich: Das, was dahinten liegt vergessend, nach dem aber, was vor mir liegt, mich ausstreckend, jage ich nach dem Ziel, nach dem Kampfpreis der himmlischen Berufung durch Gott in Christus Jesus."

Heißt etwa das „Vergessen" der Vergangenheit ihr Sich-aus-dem-Sinn-schlagen als eines Nichtigen? Im Gegenteil! Paulus „vergißt" gar nicht, was hinter ihm liegt, sondern es ist seinem Bewußtsein lebhaft gegenwärtig, wie ja V. 3–8 zeigt! Und gerade weil es ihm als durch die „Erkenntnis Christi Jesu" abgetan gegenwärtig ist, *ist* es abgetan. Seine gegenwärtige Existenz hat ihren Sinn gerade in ihrem Bezug auf die vergangene. Ohne diesen würde sie ihren eigentümlichen Charakter verlieren, – nämlich ihren Charakter als des Geschenkes der vergebenden Gnade. Vergäße er die Vergangenheit, wäre er nicht gerade als der, der er *war*, der Gerechtfertigte, behielte

die neue Existenz nicht den Charakter der ständig zu ergreifenden
Zukunft, so würde er ja aus der Gnade wieder unter das Gesetz zu-
rückfallen; denn er würde sich einbilden zu besitzen und zu eigen
zu haben, was ihm doch nur von Gott her zu eigen sein kann; er hätte
in neuem Selbstbetrug die „Gottesgerechtigkeit" zur „eigenen Gerechtigkeit" gemacht; er würde wieder auf das Fleisch vertrauen und
sich selbst rühmen.

Christus ist des Gesetzes Ende, indem er dem Menschen die Freiheit gibt, von seiner Vergangenheit, von sich selbst gelöst aus der Zukunft und in die Zukunft zu leben.

Daß die Vergangenheit nicht einfach zunichte geworden ist, sondern als ständig neu zu überwindende gegenwärtig ist, das gilt natürlich nicht nur im Blick auf den Einzelnen, sondern in analoger Weise
im Blick auf die Geschichte, in der ja kein Stadium erreicht wird, da
die Verkündigung der vergebenden Gnade verklingen könnte. Es ist
vielleicht zum Schlusse lehrreich, sich die Aktualität der paulinischen
Anschauung von Christus als dem Ende des Gesetzes an einigen Bei-
spielen anschaulich zu machen.

Heinrich von Kleist hat im „Michael Kohlhaas" einen Charakter
gezeichnet, dessen tragischer Untergang bei aller Größe darin begründet ist, daß er auf seinem *Recht* besteht, daß er die Anerkennung seines Rechtes, seiner Geltung, erzwingen will. In der Szene
zwischen Kohlhaas und Luther ist deutlich gemacht: dem Kohlhaas
fehlt die Kraft zu vergeben; er müßte sonst sein Selbstbewußtsein,
auf dem all sein grausiges Tun beruht, preisgeben und sich selbst
verurteilen.

Friedrich Hebbel zeichnet im Meister Anton der „Maria Magda-
lena" den Mann, dessen Geltungsbewußtsein auf seinem starren
Rechtsbewußtsein beruht, und der deshalb zu verzeihender Liebe un-
fähig ist. In seinem letzten Wort: „Ich verstehe die Welt nicht mehr!"
ist sein Scheitern gekennzeichnet.

Immer wieder hat den norwegischen Dichter Henrik Ibsen das
Problem des Gesetzesgerechten beschäftigt, des Mannes, der sich
durch seine Korrektheit seine Geltung vor sich selbst sichern will und
dadurch zur Härte und Verständnislosigkeit gegen Andere kommt,
so etwa in den Gestalten des Rektors Kroll in „Rosmersholm" oder
des Pastors Manders in den „Gespenstern", vor allem aber in der
Gestalt des Brand. Brands Leben ist geleitet von dem „Alles oder
Nichts!" – die Hingabe an Gott verlangt ja diese Entscheidung, und

Brand, der sich für „Alles" entscheidet, bringt auch Alles zum Opfer mit der ganzen Anspannung des Manneswillens, um als gerecht vor Gott dazustehen. Ihm, der dem Gottesbild gleich werden zu können meint, erklingen am Schluß die Worte des Chores:

> „Träumer, nie wirst du ihm gleichen,
> All dein Eigen gabst du hin;
> Alles opfern, — nichts erreichen, —
> Ird'sches nur ist dein Gewinn!"

All sein „Streiten" ist „Niederlage". Er stirbt mit der Frage:

> „Sag' mir, Gott, im Todesgraus:
> Reicht nicht zur Errettung aus
> Manneswillen, quantum satis?"

Und die himmlische Stimme antwortet:

> „Er ist deus caritatis."

Am schönsten wohl hat Karl Immermann der christlichen Gnadenlehre im „Merlin" Ausdruck gegeben. Die göttliche Gnade ist im heiligen Gral verkörpert; an seiner Pforte steht die Inschrift:

> „Ich habe mich nach eignem Recht gegründet,
> Vergebens sucht ihr mich.
> Der Wanderer, welcher meinen Tempel findet,
> Den suchte Ich."

Und hier erklingt das Bekenntnis:

> „Was wär' das Heil'ge, ständ es zu erringen?
> Unendliches, was wär' es, wenn das Endliche
> Zu ihm gelangte mit der Sehnsucht Schwingen?
> Nein, mich umfängt das Unabwendliche!
> Es fassen mich die Ketten, die gestählten!
> Des Menschen Tat, die einzig kenntliche,
> Ist: Fühlen sich im Stande der Erwählten".

Das Verständnis von Welt und Mensch
im Neuen Testament und im Griechentum * ¹

1940

I.

Für den primitiven Menschen ist die Welt rätselvoll und unheimlich, aber auch er selbst ist sich rätselvoll und unheimlich. Wie er in
den Mächten der Natur und des Schicksals dämonische Mächte walten fühlt, so auch in den eigenen Trieben und Leidenschaften. Sein
Streben geht dahin, die dunkle Welt durch seine Gedanken zu er-
leuchten und durch sein Werk zu gestalten, daß ihm die Welt vertraut
und heimatlich wird; das menschliche Leben zu ordnen, daß die
menschliche Gemeinschaft Sicherheit gewinnt und zweckvolles Handeln möglich wird.

In exemplarischer und für die abendländische Kultur entscheidender Weise ist dieser Weg im *Griechentum* beschritten worden, durch
die Ausbildung der πόλις und der Wissenschaft (τέχνη und ἐπιστήμη).
Bei Platon erzählt Protagoras in der Form des Mythos, daß die Menschen am Anfang noch nicht die πολιτικὴ τέχνη hatten und deshalb
als Vereinzelte den Tieren unterlegen waren. Zeus schenkte ihnen die
πολιτικὴ τέχνη, indem er durch Hermes αἰδώς und δίκη (Ehrfurcht
und Recht) den Menschen sendet, vermöge deren sie die πολιτικὴ
ἀρετή erhalten, nämlich die σωφροσύνη und δικαιοσύνη. So entsteht
die π ό λ ι ς, in der die Menschen Gemeinschaft und Sicherheit (ἀθροί-
ζεσθαι καὶ σώζεσθαι) finden (Plat., Prot., 322 Aff.). Das berühmte

---

* Theol. Blätter 19 (1940), Sp. 1–14.
¹ Den folgenden Ausführungen liegt ein Vortrag zu Grunde. Die Darstellung
ist der Knappheit entsprechend schematisch. Auf die innere Problematik des
griechischen Welt- und Menschenverständnisses (die Tragiker, Platon) wird nicht
eingegangen. Ebenso bleibt die griechische Kunst außer Betracht.

Chorlied der Antigone des Sophokles (335 ff.) sagt, das δεινόν des Menschen bestehe darin, daß er der Natur Herr wird und die Stadt gründet. Wer die πόλις und ihre νόμοι achtet, wer das heilige Recht der Götter ehrt, dem kommt Wert und Würde zu.

In der πόλις kommt der Mensch zu sich selbst, zu seiner eigentlichen Menschlichkeit. Hier ist der Einzelne gebunden durch den νόμος. Aber der νόμος ist der Gesamtwille der Bürger, so daß der Einzelne gerade in dieser Bindung seine ἐλευθερία hat. Mit Stolz ist sich der Grieche dessen bewußt gegenüber den orientalischen Staaten, die keine πόλεις sind, sondern Völker, die von einem König beherrscht werden: die Kraft der Griechen, vermöge deren sie das gewaltige Heer des Dareios geschlagen haben, beruht auf ihrem νόμος, dem sie deshalb treuer gehorchen als die Perser ihrem König, weil sie durch ihn zugleich ihre Freiheit haben (Herod. VII 102; Aischyl. Pers. 241 ff.). Für ihre πόλις gehen die griechischen Bürger in den Tod; aus der πόλις verstoßen zu sein, bedeutet aus der Gemeinschaft ausgeschlossen zu sein, die dem Menschen sein Recht und seine Würde gibt. In der πόλις darf jeder Einzelne das Bewußtsein haben, daß die πόλις in ihm lebendig ist; jeder steht unter den gleichen Verpflichtungen, jeder ist gleichen Rechtes. Die Leichenrede des Perikles für die im Dienste der πόλις Gefallenen gibt diesem Bewußtsein stolzen Ausdruck (Thukyd. II 37, 1).

Die πόλις gilt aber nicht einfach als eine Einrichtung menschlicher Organisationskunst, sondern sie ist heilig. In ihrem νόμος offenbart sich das ewige göttliche Gesetz; und die δίκη, die in der Rechtsordnung der πόλις waltet, ist die Throngenossin des Zeus. Über der πόλις walten die Götter und schützen ihren νόμος. So weiß sich der Mensch, der in der πόλις seine Heimat hat, zugleich eingegliedert in die göttliche Ordnung der Welt. Aber diese Ordnung begegnet ihm eben in der Ordnung der πόλις. Seine Götter sind nicht die naturgebundenen Gottheiten der semitischen Völker – abgesehen von Israel –, sondern sie sind primär die Götter des Volkes als Staates. Im Griechentum hat deshalb die Religion nicht eine selbständige Entwicklung genommen neben dem Staat und den von ihm umfaßten Lebensgebieten; es hat sich keine Kirche gebildet und kein selbständiger Priesterstand wie in den orientalischen Religionen. Die Götterkulte sind Staatskulte, die Priester staatliche Beamte.

Darin ist das *Problem* des Bestandes der πόλις gegeben und ist schließlich ihr Untergang begründet. Denn wenn einerseits die πόλις und ihr νόμος als göttlich gelten, und wenn andererseits die πόλις und ihr νόμος faktisch durch die Menschen konstituiert und im Konkreten gestaltet und geleitet werden, so droht der Gedanke der Gottheit den Sinn der jenseitigen, den Menschen unverfügbaren Macht zu verlieren. Was die Menschen selbst wollen und tun im Leben der πόλις, das steht in ihrem Bewußtsein voran. Wenn die Kritik an den konkreten νόμοι jedem freisteht, wenn die demokratische Volksversammlung νόμοι abschaffen und einführen kann nach Belieben, so verliert der Gedanke der die πόλις schützenden Gottheit die Autorität. Das staatliche Leben wird profanisiert, säkularisiert. Die Eigensucht, das Gewinnstreben, der Ehrgeiz des Einzelnen weiß sich nicht mehr durch göttliche Autorität gebunden.

Die *Tragiker* sehen diese Gefahr; sie sehen, daß die πόλις aus den Fugen geraten muß, wenn der Mensch in ihr die jenseitigen Bindungen vergißt. Im Chorlied der Eumeniden des Aischylos heißt es (516 ff.):

„Oft führt nur die Furcht zum Heil, / Gut ist, wenn sie lange Zeit / Strenge Wacht im Herzen hält; // Weiser Sinn / Wächst nur unter Stöhnen auf / Wer denn, der im Tage lebt, / Und dem Furcht nicht innewohnt, / Mag's die Stadt sein, sei's ein Mensch, gibt dem Recht, was ihm gebührt?"

Und ebendort spricht Athene zu den Athenern (696 ff.):

Kein Dasein ohne Herrn und keines, wo der Zwang / Befiehlt, zu wünschen und zu pflegen, ist mein Rat; / Auch ganz den Schrecken nicht zu bannen aus der Stadt. / Denn welcher Mensch, der nichts zu fürchten hat, tut recht?" [2]

Und Sophokles zeigt in der Antigone, wie das Recht der πόλις nur echt und gültig sein kann, wenn es nicht Menschensatzung ist, sondern wenn es begründet ist in den „ungeschriebenen und unerschütterlichen Satzungen der Götter" (454 f.), und wie der Mensch untergeht, wenn er nicht mehr um das Jenseits weiß, das ihn in der Macht des Todes ständig bedroht, und das die kritische Instanz für alle menschlichen Satzungen ist. Das ist ja überhaupt das Thema der griechischen Tragödie: die ὕβρις, in der der Mensch die Grenzen seiner

---

[2] Die aeschyleischen Verse sind in ihrem Vollgehalt unübertragbar; ich gebe die Übersetzung von L. Wolde (Aischylos, Leipzig, Dieterich). Zumal kann das δεινόν durch „Furcht" oder „Schrecken" nur unvollkommen wiedergegeben werden.

Menschlichkeit überschreitet und dadurch die Strafe der Gottheit herausfordert.

Die griechische Religion hatte nicht die Kraft, den Menschen in den Schranken der Menschlichkeit zu halten. *Der Mythos wird erschüttert,* einmal dadurch, daß der Mensch dessen inne wird: die im Weltgeschehen und im Schicksal begegnenden Mächte sind größer, als daß ihre Träger jene olympischen Göttergestalten sein könnten, die im Grunde idealisierte Menschengestalten sind. Vor allem aber dadurch, daß der Gedanke der δίκη, der zuerst seine Autorität durch die Gottheit erhielt, zum kritischen Maßstab des Mythos gemacht wird, – zunächst im positiven Sinne, um von der Gottheit das Gemeine fernzuhalten, doch dann mit dem Erfolg, daß die Autorität des Mythos schwindet. Ebenso wird der Gedanke der δίκη zum kritischen Maßstab, an dem das Schicksal beurteilt wird: ist der Weltlauf wirklich vom Recht geleitet oder nur von blinder Notwendigkeit? Wird aber die Gottheit zum Fatum, so ist sie keine Autorität mehr, vor der sich der Mensch verantwortlich weiß, so vermag sie nicht mehr die göttliche Schützerin des νόμος zu sein. Gibt es eine andere Autorität, die dem νόμος der πόλις eine neue Begründung verleiht?

Aus der Tatsache, daß die πόλις und ihr νόμος faktisch von Menschen gestaltet werden, zog *die sophistische Aufklärung* die Konsequenz. Der νόμος besteht ϑέσει, nicht φύσει; er ist menschliche Setzung ohne göttliche Begründung und Autorität. Die πόλις ist durch die Verabredung der Individuen als Mittel gegenseitiger Sicherung entstanden. Recht ist nicht der Anspruch einer jenseitigen Autorität, von der ein jeder getroffen ist; sondern Recht ist das Recht, das jeder gegen den anderen hat. Führt das bei den Einen zu einer völligen Relativierung aller autoritativen Mächte, indem die φύσις als das subjektive Triebleben gegen jeden νόμος ausgespielt wird – auch der Wahrheitsbegriff wird relativiert und die Religion wird als eine nützliche Erfindung erklärt –, so soll bei den Anderen der νόμος durch die Berufung auf die φύσις nicht abgeschafft werden; vielmehr soll der empirische νόμος am νόμος φύσεως kritisiert und neu – und zwar rational – begründet werden. Diejenige Autorität, die die erschütterte Autorität der mythischen Gottheit ersetzen soll, ist die *Autorität der* φύσις, wobei diese nicht als der Inbegriff der wilden und unberechenbaren Naturmächte verstanden ist, sondern als das zweckvoll geordnete, gesetzmäßig wirkende System des Kosmos. An Stelle der Religion tritt deshalb *die Wissenschaft,* – die Wissenschaft, die für den Griechen Naturwissenschaft und Theologie zugleich umfaßt.

Die ionische Naturphilosophie hatte die rätselhafte Vielfältigkeit und Unheimlichkeit der Welt bezwungen durch *die Frage nach der ἀρχή.* Fragt der Mythos nach dem Anfang der Welt in der Zeit, so ist mit der griechischen Frage, in der die Wissenschaft entspringt, die ἀρχή nicht als der zeitliche Anfang gemeint, sondern als der Ursprung, der nicht das einmal Gewesene, sondern das ständig Gegenwärtige ist und deshalb das immer und eigentlich Seiende, in dem Ursprung und Wesen alles Einzelnen beruhen.

Die verschiedenen Antworten, die im Anfang der griechischen Philosophie auf die Frage, was die ἀρχή sei, gegeben wurden, brauchen hier nicht wiedergegeben zu werden. Gesiegt hat in der Diskussion die Anschauung, daß nicht ein materieller Stoff oder auch die Fülle der materiellen Atome das Grundwesen der Welt sind, sondern daß der Geist der Welt Bestand und Ordnung gibt. Wesentlich ist, daß immer *die Welt als eine gesetzmäßig geordnete Einheit* verstanden wird, eben als κόσμος. „Die Weisen sagen: Himmel und Erde, Götter und Menschen hält die Gemeinschaft (κοινωνία) zusammen und Freundschaft und Harmonie (κοσμιότης) und Selbstbeschränkung und Gerechtigkeit. Darum nennen sie das Weltganze Ordnung (κόσμος) nicht etwa Unordnung oder Zuchtlosigkeit ... Dir entging es wohl, daß das mathematische Verhältnis unter Göttern und Menschen Gewalt hat", – so spricht Sokrates zu Kallikles (Plat. Gorg. 507 EF). *Die Welt ist dabei nach Analogie des ἔργον der τέχνη* verstanden, als das Kunstwerk, in dem die Materie geformt ist, Gestalt gewonnen hat. Die Gesetze der Gestalten und alles Gestaltwerdens gilt es zu erkennen. *Damit versteht der Mensch sich selbst,* nämlich als einen Teil des großen κόσμος, organisch eingegliedert in den objektiven Zusammenhang der Welt, sich selbst gegenständlich für die Betrachtung wie die anderen Naturobjekte. Solches Wissen ist seine Weltanschauung: der Mensch versteht sich als einen Fall des Allgemeinen, und er versteht die Rätsel seines Daseins, wenn er die Gesetzmäßigkeit des Ganzen versteht. Was dem Ganzen Sein und Gesetz gibt, gibt es auch ihm. Er selbst ist ein Mikrokosmos; und wie die gesetzmäßige Ordnung den großen Kosmos konstituiert, so muß auch Ordnung – d. h. das rechte architektonische Verhältnis der Seelenteile – die menschliche Seele konstituieren. Als solche Ordnung interpretiert Platon die höchste Tugend, die δικαιοσύνη. *Auch sich selbst muß also der Mensch formen zu einem Kunstwerk;* sein Leben steht unter der Forderung des Ideales, des καλὸν κἀγαϑόν.[3] So ist der Begriff der ἀρετή bestimmt: sie ist die Tüchtigkeit zu einem ἔργον. Charakteristisch ist es, daß die menschlichen βίοι, die Weisen der Lebensführung, nach der Vorstellung bestimmter, für den Menschen in Frage kommender Ideale schematisiert werden. Es entsteht deshalb im Griechentum keine Biographie im eigentlichen Sinne, geschweige denn die Autobiographie, die erst später im Laufe der christlichen Entwicklung erwächst. Wie das Einzelleben, so tritt auch die menschliche Gemeinschaft und die πόλις unter den Gesichtspunkt der *Bildung* zu einem Ideal hin, unter den Gesichtspunkt der *Erziehung.* Entwürfe eines Idealstaates entstehen. Die Liebe, der ἔρως, ist der Trieb, der im Einzelnen waltet und ihn – nach platonischer Interpretation – emporzieht zum Ideal, zur Selbstvervollkommnung; die Liebe wird nicht verstanden als die das Ich und das Du verbindende Kraft der Hingabe. Alles bloß Gegebene und Begegnende ist ὕλη, zu formender Stoff. Die Formen sind das Ewige, und der Mensch ist ewig, wenn er an ihnen teilhat; er hat aber an ihrem Sein teil im ἐργάζεσϑαι, im Gestalten, nicht in der Aufnahme des ihm Entgegengebrachten, des Schicksals.

Von da aus wird auch das größte Lebensrätsel, *der Tod* bezwungen. Er soll seines Charakters als eines schicksalhaften Widerfahrnisses entkleidet werden. Und so wird er entweder verstanden als ein bloßer Naturvorgang, dem sich der Einzelne willig unterziehen kann in der Einsicht in den gesetzmäßigen Gang des All-Lebens mit seinem Rhythmus von Werden und Vergehen. Oder er wird als bewußte Tat in das Leben einbezogen als der letzte Akt der Lebensgestaltung, als ein καλῶς ἀποϑνήσκειν. Er ist für den Philosophen die Krönung des Lebens, sofern nach Platon das Leben des Philosophen ein ständiges μελετᾶν ἀποϑνήσκειν ist als ein Streben, sich frei zu machen vom Leben in seiner konkreten Gebundenheit an das Gegebene und Begegnende, an das Einzelne und Vergängliche. Es gilt also, alles Einzelne und Jeweilige zu begreifen unter den formgebenden Gesetzen, die das All zum Kunstwerk machen; alles Einzelne und Jeweilige zu tun nach der Forderung dieser Gesetze, und so sich selbst zum Kunstwerk auszugestalten und in die Einheit des Kosmos einzufügen; also zu existieren jenseits der Sphäre des Zeitlichen, Je-

---

[3] Vgl. die ethische Terminologie, z. B. κόσμιος, εὐσχήμων, εὐρύϑμος, διακοσμεῖν, σκευάζειν ἑαυτόν.

weiligen, in der Sphäre des Zeitlosen, Ewigen. Die Freiheit dazu ist vorausgesetzt: der Mensch ist ja Geist.

Die Grundgedanken der griechischen Weltanschauung haben sich erhalten, nachdem die griechische πόλις zu Grunde gegangen war, und sie haben noch einmal in der *Stoa* eine modifizierte, aber geschlossene und geschichtlich wirksame Ausbildung erfahren. Der Mensch sucht die Welt zu verstehen und sich in ihr zu sichern durch eine Weltanschauung. Er versteht die Welt als eine von göttlicher Kraft durchwaltete Einheit und sich selbst als eingegliedert in diesen Kosmos und in ihm gesichert, wenn er den Platz erfaßt, der ihm gebührt, wenn er die Weltordnung bejaht, die mit dem Gesetz seines eigenen Wesens identisch ist. Das charakteristisch Stoische ist dabei die Anschauung, daß der Mensch in seinem innersten Wesen Geist ist, und daß er deshalb, wenn er sich auf dies sein eigentliches Wesen besinnt und konzentriert, frei ist. Er ist Herr in seinem Inneren, über seine Gedanken und seinen Willen; und auf sein Innenleben hat er sich zu konzentrieren, dieses in konsequenter Selbsterziehung auszubilden. Von der äußeren Welt darf er nichts verlangen; er ist nicht Herr über sie, aber sie auch nicht Herr über ihn, wenn er ihr nicht selbst, sein eigenes Wesen und sein eigentliches Gut mißverstehend, die Herrschaft über sich einräumt. Versteht er sich recht, so weiß er: kein irdisches Gut kann ihn bereichern, kein irdischer Verlust kann ihm etwas rauben, kein Schicksal kann ihm etwas anhaben. Er läßt sich nichts mehr begegnen, und so verwirrt und bewegt ihn nichts mehr; er hat keine Affekte, sondern lebt in unerschütterlicher Ataraxie. So betet Kleanthes:

„Führe mich, o Zeus, und du, o Schicksal, / Zu dem Ziele, das ihr mir verordnet habt. / Ich werde folgen ohne Zaudern. Wäre ich ein Tor / Und wollt' es nicht, ich müßte dennoch folgen."

Der Mensch, als Glied des Kosmos, ist ein Sohn der großen Weltengottheit; wer das bedenkt, „wie sollte der etwas fürchten, was Menschen ihm anhaben können? Wenn wir mit dem Kaiser verwandt sind oder sonst mit einem der Autoritätspersonen in Rom, so gibt uns das Sicherheit, Stolz und völlige Furchtlosigkeit; und Gott zum Schöpfer, Vater und Pfleger zu haben, sollte uns das nicht von Leid und Furcht frei machen?" (Epiktet, Diss. I 9, 6 f.).

Es ist verständlich, wenn *die Verwandtschaft stoischer Gedanken mit christlichen* früh empfunden wurde. Die Kirchenväter haben Motive der stoischen Welt- und Gotteslehre, wie Motive der stoischen

Ethik in die christliche Theologie übernommen. Vorangegangen war in der Rezeption stoischer Gedanken das hellenistische Judentum. Aber auch im Neuen Testament zeigt sich – vermittelt wohl meist durch das Judentum – der Einfluß stoischer Gedanken. Paulus trägt Rm. 1, 18 ff. die Lehre von der Erkenntnis Gottes aus den Werken Gottes in der Welt mit stoischen Ausdrücken vor; ebenso verfährt der Verfasser der Apostelgeschichte, der den Paulus in seiner Rede auf dem Areopag sogar den stoischen Dichter Aratos zitieren läßt (17, 28) [4]. Paulus übernimmt aus der griechischen Ethik den Begriff der συνείδησις (Rm. 2, 15) usw.), der dem Alten Testament noch fremd ist; er benutzt gelegentlich den Begriff der ἀρετή, den gleichfalls das Alte Testament nicht kennt (Phl. 4, 8); er weiß, daß die φύσις den Menschen belehrt (1. Kr. 11, 14) usw.

Indessen besteht zwischen dem Neuen Testament und der griechischen Weltanschauung ein fundamentaler Unterschied. Christlicher Gottesglaube ist keine Weltanschauung. Was heißt das?

II.

Gott bedeutet für das NT nicht die Antwort auf die Frage nach der ἀρχή; er ist nicht das Prinzip, von dem aus die Welt in ihrer Einheit und Ordnung, in ihrem Bestand und ihrer Bewegung verständlich wird. Das NT hat keine Theorie der Entstehung der Welt und ihrer Gesetzlichkeit; es kennt den Begriff des Naturgesetzes nicht. Das NT glaubt *an Gott den Schöpfer*, d. h. für das NT gehört Gott nicht zur Welt als ihre Lebenskraft und ihr Gesetz; es kennt den Begriff κόσμος im griechischen Sinne nicht. Vielmehr steht Gott jenseits der Welt, ihr gegenüber. Er hat sie nach seinem Willen aus dem Nichts geschaffen, er regiert sie nach seinem Willen und wird ihr nach seinem Willen ein Ende setzen. Wie die Stoiker redet auch das NT vom „Worte" (λόγος) Gottes; aber für die Stoa ist das göttliche „Wort" die Lebenskraft und das Gesetz des Kosmos, für das NT ist es die Anrede Gottes an den Menschen, die ihn lehrt, sich als Geschöpf zu verstehen, und die Gehorsam von ihm fordert. Der Gedanke, daß Gott der Schöpfer ist, betrifft im Grunde – und insofern besteht Übereinstimmung mit der Stoa – nicht die Vergangenheit, sondern die Gegenwart, meine Gegenwart. Aber für das NT ist der Schöpfungsgedanke nicht eine

---

[4] Über die hellenistischen Motive der Areopagrede s. M. Dibelius, Paulus auf dem Areopag. (Sitzungsber. d. Heidelb. Akad. d. Wiss., Phil.-hist. Kl. 1938/39, 2. Abh.) 1939. Jetzt: Aufsätze zur Apostelgesch. 1951, S. 29–70.

kosmologische Theorie, die alles einzelne Sein und Geschehen in der
Einheit des Ganzen zu verstehen lehrt und so auch den Menschen sich
als ein organisches Glied im Zusammenhang des Ganzen zu begreifen
anweist; sondern der Schöpfungsgedanke bedeutet, daß Gott ständig
Herr über mich ist als der, der mir mein Leben gibt, und vor dem ich
nichtig bin, dem ich verpflichtet bin, die Ehre zu geben in der Erfüllung seines Willens und in der Anerkennung seiner Gnade.

Es ist symptomatisch, daß das NT einen für die stoische Weltanschauung wesentlichen Begriff nicht kennt, den *Begriff der Vorsehung* (πϱόνοια). In diesem Begriff ist für die Stoa der Gedanke ausgesprochen, daß alles in der Welt zweckvoll geordnet ist, daß alles
Geschehen seinen Sinn für das Ganze hat, daß es keinen Zufall gibt,
nichts Einzelnes, das aus dem Sinn des Ganzen herausfällt. Eben dieser Vorsehung kann und soll sich der Mensch getrösten, indem er sich
sagt, daß nichts sinnlos ist, daß also nichts seine, des Menschen, innere
Ruhe und Bildung stören kann. Wohl sagt auch das NT, daß nichts
ohne den Willen Gottes geschieht, und daß ohne seinen Willen auch
kein Sperling zur Erde fällt, so daß der Mensch ohne Angst leben
soll; die Haare seines Hauptes sind ja von Gott gezählt (Mt. 10, 29 f.).
Aber daß nichts ohne den Willen Gottes geschieht, das soll der Mensch
glauben, ohne daß er diesen Willen kennt, ohne daß er die zweck-
volle Ordnung der Welt, aus der alles Einzelne verständlich wird,
denkend nachrechnen kann wie der Stoiker. Dieser vermag von seinem Weltprinzip aus zu sagen, warum das Einzelne so geschieht, wie
es geschieht, indem er seine Zweckmäßigkeit innerhalb des Ganzen
feststellt. Nach dem NT hat Gottes Wille kein dem Menschen ein-
sichtiges Warum; seine Gerichte sind unergründlich, seine Wege un-
erforschlich (Rm. 11, 23).

Damit hängt ein Zweites zusammen: *das NT kennt keine Theodizee*, während in der Stoa der Beweis, daß es kein Übel gibt, eine
große Rolle spielt. Der Stoiker muß nachweisen und glaubt nachweisen zu können, daß Alles sinnvoll und gut ist. Nach dem NT verfügt
der Mensch nicht über Kriterien, um die Rechtmäßigkeit, die Gottes-
gemäßheit, eines Geschehens zu begreifen, um das dunkle Schicksal
zu enträtseln. Wohl soll er glauben, daß denen, die Gott lieben, alles
zum Besten dient (Rm. 8, 28). Aber er kann das nicht sehen, sondern
nur glauben; er weiß auch gar nicht, was jeweils das „Beste“ für ihn
ist. Gott kann mit seinen Geschöpfen verfahren wie der Töpfer mit

dem Ton, und niemand kann ihn zur Rechenschaft ziehen (Rm. 9, 19–21).

Symptomatisch ist ferner *der Gebrauch des Wortes* κόσμος. Auch das NT redet vom κόσμος. Aber der κόσμος ist für das NT nicht das ganze von göttlichen Kräften durchwaltete Weltall, sondern nur die Menschenwelt. Das NT kann freilich, wenn es vom Weltganzen redet, gelegentlich auch dieses κόσμος oder das „All" nennen. Lieber sagt es statt dessen „Himmel und Erde" und dergl. Aber der charakteristische Sinn von κόσμος ist der, daß es die Menschenwelt bezeichnet. Gemeint ist damit nicht die Menschheit als eine soziologische Größe oder als eine geschichtliche oder geistige Einheit, sondern entweder einfach: die Menschen insgesamt (z. B. Joh. 3, 16: „So hat Gott die Welt geliebt") oder mit eigentümlicher Betonung: *„diese Welt"* als eine gottfremde, gottfeindliche Größe. Welt ist hier verstanden als die Sphäre alles dessen, was Menschen denken, planen und wollen in ihren Sorgen und Wünschen, in ihren Lüsten und ihrem Betrieb, in ihrem Stolz und Übermut. Es ist die geistige Sphäre, von der jeder Mensch von vornherein umfangen ist, mit ihren Urteilen und Vorurteilen, ihren Wertungen und Strebungen, von denen sich jeder mitnehmen läßt, beeinflussen läßt, von denen sich der Einzelne nur schwer losreißt zur Selbständigkeit, wobei er ihr auch dann noch, im Widerspruch, eigentümlich verhaftet bleibt. Das NT sieht die ungeheure Macht dieser Sphäre, der „Welt"; es sieht, daß die „Welt" mit ihren Lüsten und Sorgen den Menschen abzieht von der echten Sorge um sich selbst, von der Frage nach Gott, nach dem Jenseitigen, der dieser Welt ihre Grenze setzt. Es sieht, daß sich die von der Welt gefangenen Menschen um Dinge sorgen und mühen, die dem Vergehen unterworfen sind; und so sieht es die „Welt" im Vergehen, vom Tode gezeichnet. Wohl ist der Mensch also umfangen von der Welt, eingebettet in sie, – aber nicht zu seinem Heil, sondern zu seinem Verderben. Er findet in ihr nicht die Sicherung seines Lebens, sondern seine Vernichtung. Und aus dieser Welt reißt Gottes Wort den Menschen heraus und stellt ihn vor Gottes Auge; vor Gott soll er Rechenschaft ablegen über das, was er aus sich und seinem Leben gemacht hat. Gottes Wort, Gottes Forderung macht den *Menschen zum Einsamen, zum Einzelnen.* Er hat nicht seine Sicherheit dadurch, daß er in den κόσμος, das Weltall, eingegliedert ist und seine Ruhe findet, wenn er dies sein Eingegliedertsein, seinen kosmischen Ort, erkennt und anerkennt. Die griechische Weltanschauung und speziell die Stoa lehrt den Menschen, sich als einen Fall des Allgemeinen zu verstehen; das NT lehrt ihn, sich als den Einzelnen vor Gott zu verstehen: er löst das Rätsel seines Lebens nicht, wenn er das Weltgesetz, die Formel des Weltgeschehens, kennt; sondern für jeden ist das Leben eine ganz eigene Aufgabe, deren Lösung er selbst zu finden hat.

Das ist damit gemeint: *der Glaube ist keine Weltanschauung.* Eine Weltanschauung will auf Grund eines allgemeinen Verständnisses von Welt und Mensch auch je mein Schicksal verständlich machen als einen Fall des allgemeinen Geschehens. Nach der Meinung des NT entfliehe ich damit gerade meinem eigentlichen Sein, da ich nicht im Allgemeinen meine Existenz gewinne, sondern im Konkreten, im Hier und Jetzt, in meiner individuellen Verantwortung und Entscheidung, in der ich mich wagend gewinnen oder verlieren kann; d. h. ich stehe als Einzelner vor Gottes Augen. Meine Verbundenheit mit anderen Menschen, meine Freundschaft und Liebe etwa, sind nicht zu verstehen als Fälle von Freundschaft und Liebe überhaupt, sondern als ganz besondere Widerfahrnisse mit ihrer eigenen Problematik, ihrem eigenen Reichtum, ihren eigenen Gefahren. Nicht eine Theorie über Freundschaft und Liebe hilft mir, sie auszuschöpfen und zu bestehen, sondern ich als Einzelner habe mich in ihnen zu bewähren. Ich habe *mein* Leben zu leben, wie ich *meinen* Tod zu sterben habe.

Gott ist der Schöpfer und der *Richter,* d. h. die Unsicherheit des menschlichen Seins liegt nicht allein darin, daß ich nicht über mein geschöpfliches Leben verfüge, daß ich nicht machen kann, daß die Haare auf meinem Haupt schwarz oder weiß sind (Mt. 5, 36), und daß ich meiner Länge keine Elle hinzusetzen kann (Mt. 6, 27). Sondern es heißt vor allem, daß ich in meinen Handlungen ungesichert bin. Einmal deshalb, weil ich nicht vorausbestimmen kann, was mir als gut oder böse gelten soll; d. h. *menschliches Handeln ist nicht geleitet von einem Idealbild der menschlichen Persönlichkeit oder der menschlichen Gemeinschaft.* Das NT kennt nicht das Ideal καλὸς κἀγαθός oder des stoischen Weisen; es kennt nicht das Ideal einer πολιτεία, wie griechische Philosophie und Stoa es entwerfen. Daher fehlt der Begriff der ἀρετή fast völlig, und es fehlt der Erziehungs- und Bildungsgedanke. Gut und böse, die für den Griechen Vollkommenheit und Mangel, Nähe und Ferne zum Ideal, bezeichnen, bedeuten für das NT Gehorsam und Ungehorsam gegen Gottes Forderung.

Was der Mensch tun soll, sagt ihm nicht ein Ideal, sondern das Gebot der *Nächstenliebe*. Aber das Liebesgebot ist nicht etwa ein ethisches Prinzip, aus dem Regeln abgeleitet werden könnten, sondern was es jeweils fordert, das habe ich jeweils selbst zu erkennen. Die Forderung des Guten ist mir nicht in einem System oder Idealbild anschaulich, sondern sie begegnet mir konkret in der Begegnung des „Nächsten". Wer mein Nächster ist, und was ich für ihn zu tun habe, das muß ich jeweils selbst erkennen, und ich kann es erkennen in der Liebe. Die Liebe entdeckt mit scharfem und sicherem Auge, was es zu tun gilt. Die Liebe ist nicht blind, so daß sie nicht gewissenhaft gegebenenfalls alle Möglichkeiten und Konsequenzen des Handelns erwägen müßte. Aber was angesichts dieser Möglichkeiten und Konsequenzen jeweils zu tun gefordert ist, das sagt keine Theorie, sondern das entdeckt die Liebe. Ungesichert steht also der Mensch in seinen Entscheidungen.

Die Entscheidung im Jetzt fällt nicht auf Grund der Besinnung auf ewige Gesetze, nicht im Blick auf ewige Ideale, die dem Blicke stets unverstellt freistünden, so daß sich der Mensch in solchem Blick gleichsam heraushöbe aus dem Fluß der geschichtlichen Bewegung, in dem er steht, so daß er also, wenn er sich nur auf sich selbst und in eins damit auf die ewige Welt der Ideen besinnt, in jeder Entscheidung frei und gleichsam zeitlos dastünde und in jedem Jetzt neu anfangen könnte. Die Entscheidung fällt vielmehr immer *auf Grund dessen, was ich jeweils schon bin.*

Ich bin aber das, was ich aus mir gemacht habe, im Guten oder Bösen. Ich bin nicht ein ewiges Selbst, das im zeitlichen Gang des Lebens freilich vergessen und verdeckt sein kann, das aber durch die Besinnung immer frei gelegt werden kann; sondern ich bin bestimmt durch meine Vergangenheit, die ich in jedes Jetzt mitbringe. Ich stehe nicht mit meinem eigentlichen Selbst gleichsam hinter mir; ich habe mich gar nicht in der Hand, sondern ich bin der, der ich geworden bin; *ich bin nicht frei.* Und alle meine Entscheidungen sind im Grunde immer schon entschieden; ich lege mich nur immer mehr auf das fest, was ich schon bin; das Neue Testament sagt: auf meine Sünde.

Es gibt damit zu verstehen, daß ich mich als ein Freier entscheiden *sollte*, d. h. daß in Wahrheit der Sinn jeder im Jetzt mir gestellten Entscheidungsfrage der ist, wie ich mich gegenüber meiner Vergangenheit entscheide. Die Vergangenheit wird durch die Zukunft in Frage gestellt, eben in jeder Begegnung im Jetzt, durch die ich gefragt bin, ob ich mich an mir, so wie ich aus meiner Vergangenheit komme, festhalten will, oder ob ich mich preisgebe und damit für die in der Begegnung des Jetzt sich erschließende Zukunft öffnen will; ob ich aus der Vergangenheit oder aus der Zukunft leben will. Freiheit ist Leben aus der Zukunft. Sie ist also das Gegenteil von dem, was der Stoiker unter Freiheit versteht, nämlich nicht die Abgeschlossenheit meiner Innerlichkeit, die mir scheinbar zur Verfügung steht, sondern die Offenheit für die Begegnung im Jetzt, für die Zukunft, die mich wandeln will.

Das NT gibt freilich nicht eine solche formale Analyse der menschlichen Situation, sondern es sagt, daß ich diese Freiheit verloren habe, weil *ich in der Sünde stecke.* Was heißt das? Das NT sagt, daß die Menschen an die Welt verloren sind, und das heißt zugleich: an sich selbst, wie sie als Vergangene sind. Die Welt ist ja nichts anderes als die Sphäre, die die Menschen durch das, was sie immer schon getan haben, zu einer Macht über sich selbst geschaffen haben. Aus der Welt, d. h. aus der Vergangenheit leben, das heißt Sünde. Aus der Zukunft leben, das hieße: aus Gott leben.

Was aber ist der eigentliche Kern der Sünde? Was ist er, wenn sie die Verschlossenheit gegen die Zukunft ist? Er ist *die Angst.* Er ist die Angst des Menschen, der sich nicht dem Dunkel preisgeben, der sich an sich selbst festhalten will. Er ist die Angst vor Gott und deshalb die Empörung gegen Gott.

Da nach Gottes Willen der Mensch aus der Zukunft leben soll, verfällt er, wenn er sich der Zukunft angstvoll verschließt, der Nichtigkeit, dem Tode. Er hält den Blick in das Nichts nicht aus. Um sich festzuhalten, klammert er sich krampfhaft an das, was er zu Wege bringen kann. Dazu mißbraucht er die geschaffene Welt; d. h. *er lebt aus seinen Werken.* Die Welt als Schöpfung ist zweideutig; der Mensch kann sie als das Geschenk des Schöpfers verstehen, aus dem ihn ständig Gottes Frage anspricht, ihm ständig Gottes Zukunft entgegengebracht wird. Aber er kann sie auch als das Feld seiner Leistung verstehen, durch die er sich sein Leben, seine Sicherheit schafft. Dann gewinnt für ihn das Weltlich-Vorhandene – in seiner Vorhandenheit neutral – den Charakter des „Fleisches“, sobald er sich, sein Leben, von der Welt her versteht, auf Grund ihrer seine Sicherheit gewinnen will. Aber eben dieses: seine Sicherheit selber schaffen wollen, ist die Sünde. Es ist die Sünde des καυχᾶσθαι, des „Sich rühmens", das bei Paulus den extremen Gegensatz zum πιστεύειν, zum „Glauben", bildet. Der Jude rühmt sich seiner Werke, der Grieche rühmt sich seiner Weisheit. Aus diesem καυχᾶσθαι und d. h. letztlich aus der Angst vor Gott, stammt jede einzelne Schuld: die Selbstsucht, die für den Anderen nicht offen ist, die sich nicht für ihn frei gibt in der Liebe (denn Liebe gibt es nur in der Freiheit der Angstlosigkeit). Aus ihr stammt Neid und Streit, der Kampf aller gegen alle, der Unfriede und die Not, die Menschen sich gegenseitig bereiten.

Der Gegensatz muß richtig gesehen werden. *Das Weltbild, das die griechische Wissenschaft entwirft als Bild vom Kosmos, und das, was im NT* κόσμος *heißt, sind gar nicht vergleichbar;* sie sind inkommensurabel. Und es steht nicht so, daß das wissenschaftliche Bild des κόσμος vom Urteil des NT über den κόσμος getroffen würde; vielmehr wird es überhaupt nicht gesehen. Wie würde das NT über den griechischen Kosmos, über das architektonische Weltgebäude, urteilen, wenn es in seinen Blick käme? Das kann man sich leicht veranschaulichen, wenn man sich an der *Gnosis* orientiert. Denn diese sieht – wenigstens zum Teil und grundsätzlich – die Welt, wie das Griechentum sie sah, als gesetzmäßige, harmonische Ordnung. Aber sie verurteilt diese Ordnung als solche; sie gilt ihr als satanische Ordnung, als Gefängnis. Die Planeten, die Herrscher über die Ordnungen der Welt, sind dämonische Mächte. Diese Ordnung vergewaltigt den Menschen, denn dessen eigentliches Wesen geht im Kosmos nicht auf; das Selbst des Menschen ist nicht kosmischer Art.

Dieses würde das NT auch sagen, ohne jedoch damit das Urteil über die Welt als kosmische Ordnung mitzuvollziehen. Denn es würde der Gnosis bestreiten, daß das Selbst des Menschen in *diesen* Ordnungen gefangen ist, daß sie ihm feindliche, teuflische Ordnungen sind. Der Gnosis gegenüber hat die alte Kirche den Schöpfungsglauben verfochten. Aber das NT würde sagen: eben weil das eigentliche Selbst in diesen Ordnungen nicht aufgeht, findet es auch nicht sein Heil, seine σωτηρία, in der Einordnung in diese Ordnungen. Sie gelten nicht als satanisch, sie gelten aber auch als solche nicht als göttlich. Sie sind neutralisiert, d. h. sie sind in die Sphäre der bloßen Dinghaftigkeit verwiesen. Es besteht keine Einheit mehr von Theologie und Physik, wie denn auch diese Ordnungen durch keine Gestaltung der Kunst verherrlicht werden. Sie sind nur der Rahmen, in dem sich das für den Menschen wesentliche Geschehen abspielt. Dieser Rahmen gibt Raum sowohl für das satanische Treiben des Bösen wie für das Walten Gottes und für das Tun der Liebe. Satanisch sind diese Ordnungen in dem Augenblick, in dem sie vergöttlicht werden, wenn der Mensch in der Not seiner Vereinzelung zu ihnen flüchtet. Gefangen ist der Mensch nicht in diesen Ordnungen, sondern in seiner Vergangenheit, in seiner Sünde, durch die er sich die Ordnungen erst zum Gefängnis machen kann.

Wie würde umgekehrt das Griechentum über das Bild von „Welt" urteilen, das das NT entwirft? Man kann nicht sagen, daß es das, was das NT „diese Welt" nennt, schlechthin nicht sieht. Schon Hesiod und dann die kritischen Bilder, die Platon oder Aristophanes von der Demokratie entwerfen, und die Geschichtsdarstellung des Thukydides zeigen das. Man kann freilich fragen, ob hier „diese Welt" radikal genug gesehen ist. Das Wesentliche ist jedoch, daß dem Griechentum die als „diese Welt" bezeichnete Sphäre nicht als die *eigentliche* Welt gilt, als die Welt, die wirkliches Sein hat, und daß auch das wirkliche Sein des Menschen nicht in dieser Sphäre liegt, sondern in der Sphäre der ewigen Ordnungen. Der Mensch kann das vergessen; aber er bedarf nur der Erinnerung und der Erziehung, daß er sie finde. Aus der Welt der Not, des Wahnes, des Unrechts steht jederzeit der Weg in Welt der ewigen Ordnungen offen.

Demgegenüber behauptet das NT, *daß das eigentliche Leben des Menschen nicht das kosmische sei, daß es sich vielmehr gerade im Jeweiligen, Individuellen, in der Sphäre der Geschichte abspiele;* daß gerade das die eigentliche Wirklichkeit des Lebens sei, was dem Griechen als Scheinwirklichkeit gilt; daß gerade hier sein Schicksal sich entscheide zum Guten oder zum Bösen, je nachdem der Mensch für die Zukunft offen ist, die sich ihm jeweils im Jetzt darbietet. Gerade in dieser Welt des konkreten geschichtlichen Geschehens begegnet Gott und seine Frage, seine Forderung, seine Gabe. Gott ist – und das ist für die griechische Weltanschauung das σκάνδαλον – nicht dem ins Zeitlose fliehenden Denken in den ewigen Weltordnungen offenbar. Diese sind zweideutig und können Gott ebenso verhüllen wie offenbaren. Gott begegnet in dem geschichtlichen Geschehen, das sein freies willkürliches Handeln ist. Die Frage nach der Wahrheit ist für den Griechen die Frage nach der Aufgedecktheit des Seienden in seiner Gesamtheit, für das NT die Frage nach der Forderung bzw. nach der Gabe des Augenblicks.

Aber eben das wäre auch wieder eine Weltanschauung, wenn es nur eine allgemeine Beschreibung der Situation des Menschen in der

Welt überhaupt wäre, und wenn sich damit nicht das Urteil über den faktischen Stand des Menschen verbände: faktisch ist der Mensch nicht offen für die Zukunft, faktisch ist er nicht frei in der Entscheidung, faktisch hat er sich immer schon entschieden für seine Vergangenheit. Er steckt in der Angst, in der Sünde und legt sich in allem Tun nur immer mehr auf sie fest. Offenbar ist das ein Urteil, das nur als Selbstverurteilung akzeptiert werden kann; wer es für eine einleuchtende Weltanschauung annehmen wollte, hätte es schon verfälscht.

Das heißt aber: *Welt und Mensch befinden sich in einem schauerlichen Zwiespalt.* Diese Welt des geschichtlichen Lebens, die mit ihren Entscheidungsfragen dem Menschen ständig die Zukunft aufschließt, ist die wirkliche Welt; und sie ist doch gleichzeitig unwirklich, ist Trug und Schein, weil sich der Mensch der Zukunft, aus der allein er leben würde, verschließt. Er hat sein wirkliches Leben in dem zeitlich-geschichtlichen Geschehen mit seinen Begegnungen, — und er hat es doch nicht, weil er sich nicht frei gibt, sondern sich festhalten will und sich damit verliert. Sein Leben ist nichtig. Trug und Nichtigkeit, — das ist für ihn die Wirklichkeit. Sein eigentliches Leben steht nur gleichsam über ihm als das, was er nicht hat, und deshalb als Gericht.

Woher soll *die Erlösung, die Befreiung,* der Weg ins wirkliche Leben, kommen? Nicht kraft des Rückzuges des Gedankens in die ewige Welt der Ideen; denn mag es sie geben, — in ihr findet der wirkliche Mensch nicht die Befreiung von sich selbst. Denn nur Befreiung von sich selbst kann ja echte Befreiung des Menschen sein. Kann *er* sich nicht frei machen von der Welt, von seiner Vergangenheit, von sich selbst, — *Gott* vermag es. Und die Weise, wie Gott den Menschen von seiner Vergangenheit befreit, heißt: *Vergebung der Sünde.* Vergebung der Sünde bedeutet nichts anderes als Tilgung der Vergangenheit des Menschen, nichts anderes als: ihn als den nehmen, der er nicht ist, als den Zukünftigen; es heißt: ihm die Angst nehmen und ihn dadurch frei machen für die Zukunft.

Aber die Botschaft des NT ist nicht eine Weltanschauung, die die *Idee* eines vergebenden Gottes, die *Idee* der Gnade Gottes lehrte; sondern sie ist die Verkündigung einer *Tat* Gottes, durch die er die Sünde vergibt. Gott begegnet als der Vergebende nicht anders, als er dem Menschen immer begegnet, nämlich im geschichtlichen Geschehen. Und doch wieder anders — denn wie sollte sich der Mensch sonst hier anders entscheiden können als anderwärts? —, nämlich in

einem geschichtlichen Geschehen, das zugleich eschatologisches Geschehen ist. Das NT verkündigt: die Freiheit und Willkür des Handelns Gottes dokumentiert sich darin, daß er in der Person eines
konkreten geschichtlichen Menschen, *Jesu von Nazareth,* entscheidend für alle Welt und alle Zeit gehandelt hat. Durch ihn ist jeder
angeredet und gefragt, ob er hier Gottes Wort der Vergebung hören
will, Gottes Gnade empfangen will. An Jesus Christus entscheidet
sich das Schicksal jedes Menschen; er ist *die eschatologische Tat
Gottes.*

„Also: ist einer in Christus, so ist er ein neues Geschöpf. / Das
Alte verging; siehe, es ward neu! // Das alles geschah von Gott her,
der uns mit sich durch Christus versöhnt hat / und uns den Dienst der
Versöhnung geschenkt hat: // Gott hat durch Christus die Welt mit
sich versöhnt, / er rechnet ihnen ihre Übertretungen nicht an / und
richtet unter uns das Wort von der Versöhnung auf." (2. Kr. 5, 17–19).

Wie diese Tat Gottes ein geschichtliches Ereignis ist und doch als
eschatologisches Ereignis, das aller Vergangenheit ein Ende macht,
mehr ist als dieses, so ist auch *der Glaube,* die Entscheidung gegenüber dem Wort der Verkündigung, eine Entscheidung wie andere
und doch eine ganz andere. Denn hier handelt es sich nicht darum,
angesichts einer bestimmten in Zeit und Welt begegnenden Forderung, einer bestimmten Gabe Gottes, die Freud oder Leid schenken
mag, offen zu sein, nicht darum, für ein jeweiliges innerweltliches
Schicksal bereit zu sein, sondern offen zu sein für *die* Gabe Gottes,
in der alle Zukunft vorweg geschenkt ist, und deren Empfang erst
wieder frei macht, Gottes Gabe und Forderung jeweils jetzt zu vernehmen, die erst wieder frei macht, um überhaupt ein Schicksal zu
empfangen. Der Glaube bedeutet als die Vorwegnahme jeder Zukunft *die Entweltlichung des Menschen,* bedeutet seine Versetzung
in die eschatologische Existenz. So gibt er dem Glaubenden eine
eigentümliche Distanz zur Welt:

„So sollen denn sein, die da Frauen haben, als hätten sie keine, /
Und die da weinen, als weinten sie nicht, / Und die sich freuen, als
freuten sie sich nicht, / Und die da kaufen, als sollten sie nichts behalten, / Und die mit der Welt umgehen, als hätten sie nichts davon. /
Denn die Gestalt dieser Welt geht dahin" (1. Kor. 7, 29–31).

Unter diesem eschatologischen Vorbehalt ist die Welt wieder als
Schöpfung sichtbar geworden, und der Glaubende vermag sich zu
freuen mit den Fröhlichen und zu weinen mit den Weinenden

(Rm. 12, 15). Er ist ohne Angst und deshalb befreit zur Liebe. Der
Glaube an.die Vergebung ist der Glaube, der in der Liebe wirkt
(Gl. 5, 6); er weiß:

„Unser keiner lebt sich selbst, / und keiner stirbt sich selbst. //
Leben wir, so leben wir dem Herrn, / sterben wir, so sterben wir dem
Herrn. // Darum: ob wir leben oder sterben, / wir gehören dem
Herrn". (Rm. 14, 7 f.).

Griechentum und Christentum: in welchem Sinne ist es *ein Entweder-Oder?* Ja, ist es das überhaupt? Würde das nicht bedeuten,
daß der, der Christ sein will, sich von allem, was Griechentum heißt,
abwenden muß? Daß er preisgeben muß Wissenschaft und Staat, Bildung und Kunst? Denn diese Mächte sind es doch, kraft deren der
Mensch seine Werke schafft und sein Dasein in der Welt sichert! Ist
es möglich, sie preiszugeben? Griechentum und Christentum, — das
sind die großen Traditionsströme, die unsere abendländische Kultur gespeist haben; und in dem, was wir Kultur nennen, scheint beides, Griechentum und Christentum, unentwirrbar verschlungen zu
sein. Gab es im mittelalterlichen Katholizismus eine Synthese, so ist
diese in der Renaissance und in der Reformation zerbrochen, und es
besteht eine Spannung, ohne daß es zu einer klaren Bestimmung des
Verhältnisses gekommen wäre. Im 19. Jahrh. bewegt das Problem
die tiefsten Geister. Sokrates und Christus ist das Problem Kierke-
gaards; Christus und Dionysos ist die Frage, an der Nietzsche zerbricht.

Es ist nicht möglich, das Problem durch einen Machtspruch zu er-
ledigen und vom Christentum aus den Verzicht auf die griechische
Tradition zu fordern. Denn es wäre eine Illusion, zu glauben, daß
das durchführbar wäre. So lange von Christen als von Menschen ein
Handeln in der Welt — und von Christen ein Handeln in der Liebe —
gefordert ist, so lange ist ein Verständnis der Welt, in der sich das
Handeln vollzieht, gefordert. Ich kann nicht handeln, ohne die Bedingungen, die Mittel und Konsequenzen des Handelns zu kennen.
Und solange Menschen in der Welt zusammen wohnen, ist eine Organisation des Zusammenlebens gefordert, damit überhaupt gehandelt
werden kann. Wissenschaft und πολιτικὴ τέχνη sind unentbehrlich,
da sie die Welt für das Handeln erhellen. Wissenschaft und πολιτικὴ
τέχνη sind im Griechentum exemplarisch ausgebildet worden, und
vom Griechentum lernt jede Zukunft, die nicht in Barbarei versinken will. Soll sich das Christentum gegen die Kultur für die Barbarei

entscheiden? Es wäre eine ungeheure Selbsttäuschung, wenn der Christ meinen würde, sich dadurch der eschatologischen Existenz zu versichern. Denn diese ist nicht auf eine bestimmte Form menschlichen Lebens, auf eine bestimmte Stufe der Kultur oder Unkultur festgelegt.

Ist es aber so, dann ist *die Frage Griechentum oder Christentum eine dem Menschen stets mitgegebene Frage.* Bedarf er des Griechentums für sein Handeln in der Welt, so ist die entscheidende Frage die nach dem Sinn seines Handelns. Griechen sind wir im innersten Herzen immer; denn im Griechentum ist nur radikal eine Haltung ausgebildet, die allgemein menschlich ist: das Streben, sich der Welt zu bemächtigen und sich dadurch zu sichern. Die Mächte der Wissenschaft und der πολιτική τέχνη haben stets das Versucherische in sich, dem Menschen zum Mittel der Weltbemächtigung zu werden. Und deshalb bleibt die ständige Aktualität der Frage: Griechentum oder Christentum. Und das Erregende dieses Problems, die Unmöglichkeit einer Synthese, einer Verhältnisordnung, ist gerade das Zeichen dafür, daß *die christliche Existenz eschatologische Existenz* ist. Eben weil sie das ist, kann sie eine eindeutige, definitive Lösung jener Frage nicht kennen. Ihr eschatologischer Charakter ist der christlichen Existenz nie innerweltliche Gegebenheit, sondern stete Begrenzung ihres In-der-Welt-Seins. Sie ist nur, indem sie ständig an ihre Grenze vorstößt.

Einerseits gibt gerade das radikale Verständnis der Entweltlichung und der Verzicht, die eschatologische Existenz im weltlich Gegebenen adäquat zum Ausdruck zu bringen, die Welt für das profane Handeln frei. Vom Christentum aus gibt es keinen Protest gegen die profane Wissenschaft, weil das eschatologische Verständnis der Welt keine Methode der Welterklärung ist, und weil die Entweltlichung nicht in einer Weltdeutung, sondern nur im Entschluß des Augenblicks durchgeführt werden kann. Das Christentum kennt keinen Protest gegen den profanen Staat, sondern gibt ihn gerade frei, da es die eschatologische Gemeinde nicht mit einer weltlichen Organisation zur Deckung bringen will.

Andererseits aber fordert das Christentum, daß Wissenschaft und πολιτική τέχνη wirklich profan seien. Es weiß, daß allem profanen Sehen und Handeln die Tendenz innewohnt, seine Profanität zu vergessen, sich der Welt zu bemächtigen; daß jene Mächte die Tendenz haben, dem Menschen eine Sicherheit vorzutäuschen, die sie doch nicht geben können. Die Welt bleibt versucherisch, und ihre in Wissenschaft und Staat wirksame versucherische Kraft läßt sich nicht vertilgen. Deshalb bleibt die Überwindung der Versuchung stets neu aufgegeben; deshalb ist das Problem: Griechentum und Christentum *das ständige Problem christlichen Existierens.* Wohl läßt sich eindeutig sagen: Staat und Wissenschaft sind gerechtfertigt, wenn das Leben in ihnen sich jeweils in der Liebe vollzieht; sie sind gerechtfertigt unter dem eschatologischen Vorbehalt, wenn wir uns ihrer bedienen in der Distanz des „als ob nicht". Aber die Durchführung der Liebe und des „als ob nicht" ist immer die Sache des Augenblicks.

Die Frage der natürlichen Offenbarung *

1941

Will man die Frage erörtern, ob es neben der Offenbarung in Christus noch andere Offenbarungen gibt, so muß man sich zuerst darüber verständigen, was man unter *Gott* versteht; denn um die Offenbarung *Gottes* handelt es sich ja bei dieser Frage. Wird Gott nur in Christus sichtbar? oder auch anderswo, in Natur und Geschichte? Wer dieses behauptet, muß doch zeigen, daß Natur und Geschichte wirklich *Gott* sichtbar machen! Und wenn der, der von einer Gottesoffenbarung in Natur und Geschichte redet, sich daran begibt, Gottesoffenbarung in Natur und Geschichte aufzuzeigen, so dürfen wir uns nicht gleich dadurch verwirren lassen, daß er dasjenige, was er aufzeigt, mit dem Titel „Gott" belegt, sondern wir haben zu fragen, ob es auch wirklich Gott sei. Und der Maßstab für solche kritische Frage kann nur die Erkenntnis sein, die der christliche Glaube von Gott hat.

Freilich könnte jeder erwidern: „Umgekehrt! was wir euch als Gott aus Natur und Geschichte aufzeigen, ist der kritische Maßstab, an dem eure christliche Gotteserkenntnis gemessen werden muß!" Wenn wir uns auf diese Fragestellung einlassen, so haben wir von vornherein unseren christlichen Glauben preisgegeben; denn er wäre damit preisgegeben, daß zugegeben wird: über seine Legitimität könne von einem Standpunkt außerhalb seiner entschieden werden. Wir müssen also dabei bleiben: der Maßstab für die kritische Frage nach irgendeiner anderwärts angeblich gewonnenen Gotteserkenntnis ist die Gotteserkenntnis des christlichen Glaubens.

Dann wäre gar keine *Diskussion* zwischen uns und jenem möglich? Doch! denn wenn jener behauptet: „wir sehen und zeigen euch Gott aus Natur und Geschichte", so setzt er voraus, daß es uns und ihm

* Aus: R. Bultmann, Offenbarung und Heilsgeschehen 1941, S. 3–26.

um die Frage nach Gott geht. Er behauptet: „die echte Frage nach
Gott ist durch das, was ihr uns als Gottes Offenbarung zeigt, nicht
beantwortet, oder wenigstens nicht vollständig beantwortet", und er
behauptet weiter: „wenn ihr in echtem Sinne nach Gott fragt, so
müßt ihr sehen, daß hier, in Natur und Geschichte, sich Gott offenbart!"

Eine *gewisse Gemeinsamkeit in dem Verständnis dessen, was Gott
bedeute,* ist also zwischen den beiden streitenden Parteien vorausgesetzt. Sonst gäbe es überhaupt keinen Streit! Und die Frage scheint
zu sein: ist in Christus oder in Natur und Geschichte das erfüllt, was
alle Menschen meinen, wenn sie von Gott reden und nach Gott fragen?

Aber ist damit nun nicht doch wieder ein außer-, ein vorchristlicher
Gottesbegriff zum kritischen Maßstab gemacht für die Frage, wo Gottes Offenbarung zu finden sei, in Christus oder in Natur und Geschichte? Das wäre dann der Fall, wenn die Gemeinsamkeit mehr
wäre als die der *Frage* nach Gott, wenn sie ein *Wissen* von Gott wäre.
Aber kann die Frage nach ihm fragen, ohne ein Wissen von ihm zu
haben? Und welches ist das Wissen, das sie von ihm haben muß, um
nach ihm fragen zu können? ein Wissen, das doch nicht schon behaupten dürfte, ihn zu kennen?

I. Der Gottesbegriff

Wir werden die Antwort auf diese Frage finden, wenn wir einfach
nach dem fragen, *was Menschen überhaupt meinen, wenn sie von
Gott reden.* Luther definiert in der Erklärung des 1. Gebotes im Großen Katechismus, was Gott bedeutet: „Worauf du nun dein Herz
hängest und verlässest, das ist eigentlich dein Gott!"

So kann freilich auch „Geld und Gut" ein „Gott" heißen, auch
„Kunst, Klugheit, Gewalt, Gunst, Freundschaft und Ehre", – sofern
nämlich jemand „darauf alle sein Herz setzet". Und so ist Deutschland Gott, wenn heute jemand bekennt „ich glaube an Deutschland".

Wenn nun Luther fortfährt, daß ein Gott solcher Art nicht der
rechte einige Gott sei, so sagt er damit noch nichts spezifisch Christliches. Denn Geld und Gut, Kunst und Ehre und dgl. nennt ja auch
sonst niemand in der Welt Gott; und selbst die an Deutschland Gläubigen würden ja nicht direkt sagen: Deutschland ist Gott, sondern
höchstens so, daß Gott ihnen in Deutschland begegne, sich in Deutschland offenbare.

a) D. h. zuerst gehört zum Gottesbegriff dieses: Gott ist derjenige, oder ist die Macht, *auf die man sein Herz setzt,* auf die man sich verläßt, dazu man sich versieht alles Guten und Zuflucht hat in allen Nöten. Aber indem überall auf der Welt eine solche Macht eben Gott genannt wird, mit einem besonderen Namen also, kommt schon zu Tage, daß für jedermann Gott nicht eine *einzelne* Macht oder Größe innerhalb der Welt neben anderen ist, sondern die Macht, die *alles* einzelnen Innerweltlichen mächtig ist. Nur so kann man ja zu ihr in allen Nöten Zuflucht nehmen. Zum Gottesgedanken als solchen gehört *der Gedanke der Allmacht.*

b) Aber überall, wo von Gott geredet wird, hat der Gottesgedanke auch polemischen oder kritischen Sinn. Denn überall steht die Verkündigung Gottes in Gegensatz zu der Haltung der Menschen, sofern diese zwar gerne sich einer Macht versichern wollen, von der sie sich alles Guten versehen und zu der sie in allen Nöten Zuflucht nehmen können, sofern sie aber in der Durchschnittlichkeit des Lebens gar nicht nach dieser Macht über alles fragen, sondern jeweils das Einzelne, was ihnen nützt oder imponiert, über sich mächtig werden lassen. Überall, wo von Gott geredet wird, weiß man auch, daß seine Macht *fordernde* Macht ist, daß seine Allmacht mit seinem *Anspruch* zusammengeht; daß er nicht nur als „eifersüchtiger" Gott Verehrung fordert, sondern daß er auch der Hüter des Rechtes und der Sitte ist. Seine Allmacht wird für den, der sie nicht über sich mächtig werden läßt, zur vernichtenden Macht, – in welcher Form auch immer. *Der Allmächtige ist zugleich der Heilige, der Opfer verlangt, der Richter, der fordert und urteilt.* So sagt Luther, daß wir aus dem 1. Gebot lernen, „wie Gott keine Vermessenheit noch Vertrauen auf einig ander Ding leiden will und nichts Höheres von uns fordert, denn eine herzliche Zuversicht alles Guten ..." Zum Gottesgedanken als solchem gehört also der Gedanke der *Heiligkeit.*

c) Es ist darin auch ausgedrückt, daß *Gott in Distanz zur Welt* steht. Freilich ist dieser Gedanke nicht überall, wo von Gott geredet wird, zur Klarheit gebracht; aber er ist im Gottesgedanken als solchem enthalten, und das kommt zum Vorschein, wenn – wie überall – von Gottes *Ewigkeit* geredet wird. Auch wer von einem der Welt immanenten Gott redet, legt ihm das Attribut der Ewigkeit bei; denn auch für ihn ist das Sein Gottes in der Welt nicht einfach mit dem puren Dasein der weltlichen Phänomene identisch. Erst jenseits ihrer ist Gott, nicht mit den leiblichen Augen, sondern mit denen des

Geistes zu schauen. Er ist nicht einfach da in dem Einzelnen, was mir begegnet, sondern muß von mir jenseits seiner geschaut, gefühlt, geahnt werden. Und auch wo man ihn mit dem Ganzen der Welt gleichsetzt, ist er nicht einfach in der Gegebenheit der Welt da, sondern man redet dann von ihm als dem Weltgesetz, als der wirkenden Lebenskraft und dgl. Vor allem aber: die Welt begegnet dem Menschen ja nie als Ganzes, sondern in ihren einzelnen Teilen, mit ihren einzelnen Mächten. Und wo Gott als die Macht des Weltganzen gepredigt wird, da wird immer dem Einzelnen zugemutet, daß er sich von dem individuellen Aspekt befreien, sich im Ganzen, als Teil des Ganzen verstehen soll, als das, was er in seiner individuellen Subjektivität gar nicht ist, sondern was er wohl sub specie aeterni ist, aber in seiner faktischen Existenz erst werden muß. Der ewige Gott ist jenseits der mir jeweils begegnenden Welt und jenseits meiner selbst. Und auch, wer stolz vom „deus in nobis" redet, gesteht das ein; denn er will ja auch nicht sagen, daß er in seiner puren Vorfindlichkeit göttlich ist, sondern daß sein *eigentliches* Ich, das er immer erst ergreifen muß, das ihm immer den Maßstab für sein Handeln liefern soll, göttlich ist. Seiner vorfindlichen Subjektivität gegenüber ist das göttliche Ich genau so jenseitig, wie das Gebot des Sittengesetzes, auch wenn es als Gesetz des eigenen Willens gilt, jenseitig ist gegenüber den subjektiven Wollungen des Individuums.

Zum Gottesgedanken gehört wie der Gedanke der Allmacht und der Forderung, der Heiligkeit, so der Gedanke der *Ewigkeit und Jenseitigkeit*.

II. Das im Gottesbegriff enthaltene Wissen

Aber was weiß der Mensch, wenn er das weiß, von Gott? Kennt er damit Gott, daß er einen *Begriff* von Gott hat? Keineswegs. *Er hat damit nur die Frage nach Gott;* und das Wissen, das in dieser Frage enthalten ist, ist im Grunde kein anderes Wissen als *ein Wissen des Menschen von sich selbst;* ein Wissen um das, was er nicht hat und nicht ist, und was er doch haben möchte und sein möchte; ein Wissen um die Begrenztheit und Nichtigkeit des Menschen.

a) *Um seine Ohnmacht weiß der Mensch, der von der Allmacht Gottes redet;* er weiß darum, daß er in seinem Leben ständig Mächten unterworfen ist, fördernden und schädigenden, Mächten der Natur und der Geschichte, die mit ihm spielen, Mächten des Schicksals und des Todes. Dunkel und unheimlich bleibt sein Leben, wenn er nicht von einer höchsten Macht, die aller Mächte mächtig ist, reden kann als von einer Macht, von der er sich alles Guten versieht, und zu der er in allen Nöten Zuflucht nimmt, vor der auch der Tod zunichte oder nichtig wird. Entweder gilt als solche Macht eine der Mächte, deren Walten er meint begreifen zu können, der er sich verwandt fühlen kann, und die er nun auf den Thron erhebt, neben der für ihn alle andern Mächte nichtig erscheinen; sei es die Macht des Geistes, der Vernunft, sei es die Macht des Blutes. Oder es gilt als solche Macht eine Macht, die hinter und über all diesen Mächten steht, unsichtbar und unbegreifbar durch sie wirkend, das Lebensgesetz des All oder ein Herr noch jenseits des Alls der Welt.

Wie dem auch sei: das *Wissen*, das in solchem Reden enthalten ist, ist das Wissen von der Unheimlichkeit, dem Rätsel des Lebens, von der *Fragwürdigkeit und Begrenztheit des Menschen*. Aus ihm erwächst die Frage nach der Macht, die in das Dunkel Licht, in das Wirrsal Einheit, in den Tod Leben bringen könnte. Es ist ein Wissen der Angst, und es ist kein Wunder, wenn die aus ihr erwachsende Frage sich gerne eine Antwort einredet oder einreden läßt, damit die Angst gestillt wird; wenn das Unfaßbare objektiviert wird, wenn das Unheimliche dadurch gebannt wird, daß es als eine allmächtige Gottheit hypostasiert und verehrt wird.

b) *Um sein Gefordertsein weiß der Mensch, wenn er vom fordernden Gott, von Gott als dem Richter redet.* Er weiß, daß er nicht so *ist*, wie er sein *sollte*. Das heißt noch nicht: er weiß, daß er ein Sünder ist, daß er auf dem falschen Wege ist; sondern zunächst nur, daß er überhaupt unterwegs ist, daß er immer noch nicht der ist, der er sein sollte, und daß auch, wenn er meint, recht gehandelt zu haben, sein Leben noch keine Erfüllung hat, sondern daß er ständig neu angefordert ist. Er weiß um seine *Eigentlichkeit* und weiß, daß er in allem Jetzigen, Augenblicklichen immer noch nicht eigentlich er selbst ist. Er ist gleichsam immer auf der Suche nach sich selbst.

Ist er ehrlich, so kann er aber noch mehr wissen, nämlich daß er sich in diesem Unterwegssein ständig verirren kann und oft verirrt. Er weiß, daß er schuldig werden kann und oft schuldig wird, daß er ständig sich selbst überwinden muß, sich erziehen, Opfer bringen muß, sich von seiner Vergangenheit frei machen muß.

Kurz, er weiß, daß er zwischen gut und böse steht, daß zwei Seelen, ach, in seiner Brust wohnen, und daß sein Weg deshalb ein Kampf

6*

ist, in dem er erst werden soll, was er eigentlich ist; daß er aber so
wie er ist, nie in seiner Eigentlichkeit ist, sondern bestenfalls auf dem
rechten Wege, aber immer gehemmt von dem, was ihn verführen will,
von dem, was seine eigene Vergangenheit aus ihm gemacht hat, und
wovon er frei werden muß.

Und aus diesem Wissen um das ständige Gefordertsein und Un-
vollendetsein erwächst *die Rede von Gott als dem Heiligen, dem Fordernden,* sei es, daß sich der Mensch damit die Macht und Würde der
Forderung zum Bewußtsein bringt, sei es, daß er nach Gott fragt als
der Idee, die in die Unsicherheit und Dunkelheit seines Weges Licht
bringt, indem sie alle die verschiedenen Ansprüche, die der Mensch
an sich gerichtet weiß, zu einer Einheit bringt, sei es, daß er von Gott
redet als der Norm, nach der er sein und der Anderen Verhalten
mißt, und nach der er die Geschichte beurteilt.

Das *Wissen,* das in solchem Reden enthalten ist, ist das Wissen des
Menschen um sich selbst, *um sein Gefordert-, sein Unterwegssein, um
seine ständig vor ihm liegende Eigentlichkeit.* Aus diesem Wissen ent-
springt die Frage nach Gott als der Autorität, die den rechten Weg
weist, oder als dem Garanten für die Würde des Menschen und für
Einheit und Sinn der Geschichte. Und gerne gibt sich die Frage die
Antwort, daß das Wissen um das Gefordertsein schon das Wissen um
Gott sei, daß das Gefordertsein die Würde des Menschen sei, daß die
Gottheit von ihrem Weltenthron steigt, wenn der Mensch die Forderung des Guten in seinen Willen aufnimmt, daß die Unruhe seines
Unterwegsseins, daß sein Wissen um seine Eigentlichkeit schon Be-
weis des deus in nobis sei.

c) *Um seine Vorläufigkeit weiß der Mensch, wenn er von der Ewigkeit und Jenseitigkeit Gottes redet.* Sein Reden von Gott ist das Reden von der Begrenztheit seiner Welt und seiner selbst. Nichts Einzelnes in der Welt ist ihm etwas Endgültiges. Kein Tun ist ein voll-
endetes:

> „Ach unsre Taten selbst, so gut als unsre Leiden,
> Sie hemmen unsres Lebens Gang.“

Keine einzelne Situation bringt dem, was er wünscht und was er erstrebt, die Erfüllung. Immer steht noch aus, was eigentlich erreicht
sein sollte. Immer lauert die Angst, daß das Glück, wenn es da zu
sein scheint, zerstört wird; das Wissen, daß die gesegnete Stunde
flüchtig vorübereilt, und daß er selbst noch nicht bereit ist für das

Ende. Die Flüchtigkeit der Zeit reißt alles fort, – ja, er kann nicht
einmal wünschen, daß es anders wäre; denn die Zeit bringt auch keinen Augenblick, zu dem er sprechen könnte:

> „Verweile doch, du bist so schön!"

Der Mensch weiß immer:

> „Dort, wo du nicht bist, dort ist das Glück."

So rät die Resignation dem Menschen:

> „Im Weiterschreiten find' er Qual und Glück,
> Er, unbefriedigt jeden Augenblick."

Aus dieser Situation erhebt sich die Rede von einem Jenseitigen,
Ewigen, einem Bezirk, in dem all das Wirklichkeit ist, was wir hier
im Diesseits, im Reich des Werdens und Vergehens, nicht sind; wo
es nicht die Bindung an Raum und Zeit gibt, wo Leben ist ohne Tod
und Licht ohne Dunkel. Und es erhebt sich die Frage nach Gott als
der Macht, die den Menschen aus seinen Bindungen heraushebt, die
Leben gibt, das den Tod verachten kann, die Ewigkeit gibt im Augenblick, die heraushebt aus der Vorläufigkeit des Alltäglichen, die die
Welt transparent macht, daß sie nur noch Gleichnis für das Jenseitige ist.

Und wohl begreiflich, daß sich solches Fragen leicht die Antwort
gibt oder geben läßt; denn ohne Antwort könnte der Mensch ja nicht
leben! Laute die Antwort nun so, daß es gilt, dem Hiesigen, Diesseitigen zu entfliehen in der *Schau des Geistes*, in der der Mensch
teilgewinnt am ewigen Reich der Ideen, oder in *asketischer Lebens-
haltung und mystischem Erlebnis*, daß Gott also als das Ganz-Andere
gegenüber allem Hiesigen und Jetzigen beschrieben wird, als das Nu-
minose, vor dem alle Gedanken verstummen, und mit dem der Mensch
nur im Gefühl eins wird, in seligen Augenblicken verschlungen ins
Göttliche, verzehrt vom göttlichen Feuer. Sei es, daß die Antwort so
lautet, daß *der geheime Lebensstrom selber göttlich* ist, der in allen
wechselnden Erscheinungen als der eine rauschend strömt; jede einzelne Gestalt, jedes Hier und Jetzt muß allerdings versinken wie die
Welle im flutenden Strom; aber der Strom selber ist das Jenseitige,
Ewige. Der Mensch darf sich freilich nicht festhalten am Einzelnen,
Jetzigen; er ist aber zur Ewigkeit befreit, wenn er das Rauschen des
Stromes in sich selber spürt und ihm sich hingibt; sei es der Strom
der kosmischen Lebenskraft, sei es der Strom des Blutes, der die

Einzelnen eines Volkes verbindet und durch alle Generationen des „ewigen" Volkes strömt.

Das Wissen um Gott ist zunächt ein Wissen des Menschen um sich selbst, um seine Begrenztheit, und Gott gilt als die Macht, die diese Begrenztheit des Menschen durchbricht und ihn dadurch zu seiner Eigentlichkeit emporhebt.

III. Der christliche Glaube und dieses Wissen

Was hat der christliche Glaube dazu zu sagen? Er hat dieses Wissen zunächst einfach *zu bestätigen.* Das ist auch nach christlichem Glauben mit Gott gemeint: die Macht, die den Menschen aus seiner Begrenztheit befreit, und eben die Tat, durch die Gott das tut, nennt der christliche Glaube die Offenbarung Gottes. Aber er behauptet, daß der Mensch nur auf Grund dieser Offenbarung ein Wissen von Gott habe, das nicht nur um den *Menschen* weiß und darin einen *Begriff* von Gott hat, sondern das um Gott *selbst* weiß.

Der christliche Glaube kritisiert von seinem Wissen aus also *nicht die außerchristliche Frage nach Gott – sie kann er nur durchschauen und klären –, sondern erst die Antwort,* die das außerchristliche Fragen sich gibt. Ja, er behauptet, daß der außerchristliche Mensch gar nicht zu einer Antwort kommen könnte, wenn er in der Klarheit des Fragens, im Ernst des Fragens durchhielte. Er behauptet, daß *alle Antworten* außer der christlichen Antwort *Illusionen* sind.

a) Er behauptet, daß *die Allmacht,* die der Mensch Gott mit Recht zuschreibt, *dem Menschen gar nicht in der Welt begegnet,* so daß er sie erkennen und sich ihr beugen könnte. Nichts innerhalb der Welt ist allmächtig; und wer in der Welt einen allmächtigen Herrn sucht, dem geht es wie Christophorus, daß er vom Einen zum Andern wandern muß, bis er Christus findet. Nichts in der Welt ist allmächtig, auch nicht die Welt als ganze. Wir sagten schon, daß *die Welt als Ganzes dem Menschen faktisch gar nicht begegnet,* so daß ihre Allmacht ihm als einheitlicher Wille anschaulich würde und er in dessen Anerkennung seine Eigentlichkeit fände. Redet man von der Allmacht des *Schicksals,* der der Mensch ausgeliefert ist, so gibt man damit den Gedanken der Einheit und Ganzheit der Welt preis; denn man redet ja so, wenn man das Schicksal nicht versteht, nicht anerkennt, sondern als dunkles Gegenüber sieht. Man gibt eben damit den Gedanken der Allmacht preis. Der Mensch sucht sich unter dem Druck des Schicksal-Rätsels freilich die Welt als Ganzes vorzustellen, als einheitlichen Kosmos im Gefolge der Tradition griechischer Wissenschaft. Gerade dann aber – unter dem Gedanken der Gesetzlichkeit begriffen – wird sie ihm zur Natur, von der er sein eigenes geschichtliches Leben unterscheidet, und deren Allmacht er eben damit leugnet, die er gar nicht als die Macht erfährt, auf die er sein ganzes Herze setzen kann, wie das in der modernen Dichtung bei Carl Spitteler so anschaulich wird.

Freilich gibt es seit der *Stoa* den großartigen Versuch, *die Welt im ganzen als allmächtig zu verstehen* und daraus für den Menschen die Folgerung zu ziehen: ὁμολογουμένως τῇ φύσει ζῆν [1], d. h. *sich als Natur zu verstehen.* Diese Forderung bedeutet, daß der Mensch sein geschichtliches Leben als Illusion verstehen soll, daß er sich und sein Leben als Fall des Allgemeinen begreifen soll, sein Verhältnis zu den Andern als das Naturverhältnis der Exemplare der Gattung Mensch, seinen Tod als Naturvorgang. Er hat kein eigenes Leben; die Zeitlichkeit ist ausgeschaltet; kein Augenblick sagt ihm etwas und bringt Neues, sondern nur immer dasselbe; der Mensch hat kein eigenes Schicksal mehr; und wie nichts, was ihm begegnet, ihm etwas anhaben kann, so kann ihm auch nichts etwas schenken; alles was ihm begegnet, geht ihn nichts mehr an.

Wir wollen nicht fragen, ob der Mensch dies Selbstverständnis faktisch durchführen kann, wollen nicht darauf eingehen, wie schon das Krampfhafte der stoischen Paränesen diese Unmöglichkeit zeigt. Es genügt zu sagen, daß es hier um eine *Entscheidungsfrage* geht: wie will, wie soll sich der Mensch verstehen? *als Naturwesen oder als Geschichtswesen?* als einer, der sein eigenes Leben zu leben und seinen eigenen Tod zu sterben hat, oder als Exemplar einer Gattung von Naturwesen? Das naturalistische Menschenverständnis der Stoa ist heute ja nicht als ganzes und konsequentes versucherisch, sondern nur in einer Verkürzung, indem dem Menschen eingeredet wird, daß er in der Hingabe an die Lebenskräfte der Natur sein eigentliches Leben finde, daß die Macht des Blutes ihn schicksalhaft bestimme, und daß ihr zu folgen, seinem Leben die Richtung geben müsse. Die Biologie soll erklären, wer der Mensch ist, so daß dem Menschen das Rätsel seines Lebens, das er je selbst zu lösen hat, abgenommen wird. Fällt das Leben des Menschen und der Menschheit unter die Kompe-

[1] „In Übereinstimmung (Harmonie) mit der Natur zu leben.“

tenz der Biologie? Oder ist es ein geschichtliches Leben, d. h. ein
Leben, das je sein eigenes Rätsel hat, und das sich in der Frage, ob es
sich gewinnen oder verlieren will, nicht auf Naturinstinkte berufen
kann?, das auch als Leben der Gemeinschaft nicht die Sicherheit seiner Richtung durch den Instinkt des Blutes gewinnen kann, sondern
ebenso ein Rätsel ist und seine Richtung durch die Entscheidung gewinnt, die je die Einzelnen vollziehen?

Ist aber das Leben des Menschen ein geschichtliches, so hat die
Natur ihm gegenüber keine Allmacht, sondern es ist mächtig, wenngleich nicht allmächtig, gegenüber der Natur. Dann hat es keinen Sinn,
von der Offenbarung Gottes in der Natur zu reden; denn *die Natur
zeigt gerade das nicht, was für Gott wesentlich ist: Allmacht.* Sie ist
eine dunkle rätselhafte Macht, stets *im Kampf mit dem geschichtlichen Leben* des Menschen, das sie ständig bedroht und dessen sie im
Tode Herr zu werden scheint, ohne selbst damit ihre Anerkennung
als Allmacht erzwingen zu können; denn der Tod hat keine Macht
über den Lebenswillen.

Im übrigen versteht *die Rede von Gottes Offenbarung in der Natur*
in der Regel die Natur überhaupt nicht als Macht, sondern als Schauspiel.

„Welch Schauspiel! aber ach! ein Schauspiel nur!" wie Faust beim
Zeichen des Makrokosmos ausruft. D. h. meist, wo von Gottes Offenbarung in der Natur geredet wird, ist sie ästhetisch gesehen und d. h.
so, wie sie sich dem Zuschauer darbietet. Nun ist es wohl eine geheimnisvolle Tatsache, daß sich der Mensch so vom Leben der Natur distanzieren kann, daß er sie als Schauspiel betrachtet. Aber damit distan-
ziert er sich zugleich von der vollen Wirklichkeit seines Lebens selbst,
zu dem es gehört, daß ihm die Natur als Macht begegnet, mit der er
im Kampfe steht, der gegenüber er sich gerade nicht distanzieren
kann, weil sein Leben in die Natur verflochten ist, wie wiederum bei
Carl Spitteler so anschaulich ist.

Wer versteht, daß *das Leben des Menschen ein geschichtliches* ist,
der hört auf, in solcher Weise von der Offenbarung Gottes in der
Natur zu reden; denn er weiß 1., daß ihm in der Natur nicht die Allmacht begegnet, auf die er sein ganzes Herze setzen kann; und er
weiß 2., daß er nicht in ästhetischer Distanz zur Natur ihre Macht
erfährt, die sie über sein faktisches Leben hat. Wer aus der Natur die
Allmacht Gottes zu ersehen meint, der hat den Gedanken der Allmacht noch nicht radikal gedacht. Aber er hat auch eben damit *seine*

eigene Begrenztheit noch nicht radikal verstanden. Denn er macht überall da, wo er die Macht der Natur als göttliche Allmacht anerkennen will, die geheime Voraussetzung, als *könne* er das, als sei er seiner selbst mächtig. Er kann freilich ästhetisch oder theoretisch die Welt als Einheit, als Kosmos interpretieren; aber er bildet sich ein, daß, wenn ihm dafür die Augen geöffnet sind, es nur des einfachen Entschlusses bedürfe, um selbst in Einheit mit dem einheitlichen Kosmos zu leben. *Er meint, er sei bei sich selbst, in seinem Inneren frei,* und ahnt nicht, daß er unfrei ist, daß der Kampf zwischen ihm und der Natur sich nicht eigentlich in seinem äußeren Schicksal abspielt, so daß der Kampf beendet werden könnte durch die freie Unterwerfung und Einfügung in das Ganze der Natur, – sondern daß dieser Kampf seine eigentliche Stätte in seinem eigenen Inneren hat, daß er selbst zwiespältig ist. Der Mensch, der in der Natur die Allmacht Gottes zu sehen meint, der er sich frei hingeben könnte, hat die eigentliche Macht der Natur überhaupt noch nicht gesehen, ihre Unheimlichkeit und Zweideutigkeit noch nicht erkannt; denn in seinem Innern ist er ständig dieser Macht ausgesetzt, so daß er im tiefsten ohnmächtig ist [2]. Erst wenn er sich selbst fremd geworden ist, vor sich selbst zu erschrecken beginnt, erst dann wird er der eigentlichen Macht der Natur inne, damit aber auch der Unmöglichkeit, in ihr Gott zu schauen. Er schaut vielmehr nach einer Allmacht aus, die ihn von sich selbst befreit. Was aber von der Zwiespältigkeit des Menschen gilt, das gilt ebenso von der Zwiespältigkeit eines Volkes, dessen Wesen nie eindeutig ist.

So versteht der christliche Glaube den Menschen; er ist damit freilich noch nicht christlicher Glaube, sondern das ist er erst damit, daß er die göttliche Macht wirklich kennt, die den Menschen von sich selbst befreit.

b) Der christliche Glaube behauptet weiter, *daß der Mensch in der Forderung, unter der er sich stehen weiß, noch gar nicht Gott erkennt,* daß die Stimme des Gewissens, die er hört, für ihn noch gar nicht Gottes Stimme ist. Der christliche Glaube verkennt ja nicht, daß auch die Heiden die sittliche Forderung kennen; daß das, was Gottes Gesetz fordert, ihnen ins Herz geschrieben ist, und daß sie auch tun können, was das Gesetz fordert; daß sie um gut und böse wissen

---

[2] Vgl. H. Jonas, Augustin und das paulinische Freiheitsproblem 1930.

und auch die Anklage des Gewissens bei sich hören, – ohne daß sie doch Gott kennen [3].

Denn dies alles bedeutet nach christlichem Glauben noch nicht: *Gottes* Forderung kennen, *Gott* als den Richter kennen. Denn *Gott* als den Richter kennen, heißt noch nicht, sich entschlossen und tapfer unter die Forderung des Guten stellen und den Kampf mit dem Bösen aufnehmen, heißt noch nicht, sich ständig angefordert und vorwärts gerufen wissen, heißt auch noch nicht, heroisch sich zu seiner Schuld bekennen und nicht verzweifeln, heißt noch nicht, mit der eigenen Vergangenheit ringen und von ihr frei werden wollen.

Gottes Majestät ist größer, als daß sie mit der Bejahung solcher Forderung schon anerkannt wäre. Sie anerkennen, heißt, an sich selbst verzweifeln. Denn Gott ist nicht das moralische Gesetz, sondern *der Heilige;* und ihn schauen kann nicht schon der moralische Mensch, sondern erst der reine. Wer aber ist es, der reines Herzens ist, daß ihm die Verheißung gelte? [4] Von Gottes Heiligkeit aus gesehen ist *jeder Mensch* unrein, und zwar auch der moralische Mensch, der seine Unreinheit dadurch bezeugt, daß er ständig im Kampfe steht mit sich selbst, daß er sich zum Guten ständig überwinden muß. Gerade der gewissenhafteste, sich selbst gegenüber ehrlichste Mensch weiß das und bildet sich nicht ein, rein zu sein. Er weiß, daß ihm die Forderung ständig als ein „Du sollst" begegnet, und daß er das „ich will" erst im Kampfe mit sich selbst gewinnen muß. Während es doch für einen Menschen, der seine Existenz aus der Forderung Gottes führte, nur ein „ich will" geben könnte, da sein Wille in Einheit mit dem Willen Gottes stünde; er wäre „vom heiligen Geist getrieben". Wer meint, in der Forderung des Guten, Gott zu schauen, und wer dann nicht versinkt in dem Bekenntnis, daß er ein Sünder ist, der gleicht den Juden, die nach Paulus durch die eifrige Erfüllung des Gesetzes sich selbst Ruhm vor Gott zu erringen suchen. Denn er ist ja der Meinung, daß er in seinem sittlichen Kampf gut genug ist vor Gott, sich vor ihm halten kann und keiner Rechtfertigung aus Gnade bedarf. Ehrlicher als solcher Selbstruhm ist der schweigende Gehorsam, der das Gute tut, weil es gefordert ist, und der im Kampfe mit sich selbst darum ringt, vor sich selbst rein dastehen zu können, ohne daß er große Worte von *Gott* macht. Er wird auch vor der Versuchung be-

---

[3] Röm. 1, 32; 2, 14—15; Phil. 4, 8.
[4] Matth. 5, 8.

wahrt bleiben, sich die Tatsache, *daß* er ein Kämpfer ist, schon als einen Ruhmestitel anzurechnen, und wird es sich verbitten, von anderen als eine Offenbarung Gottes bewundert zu werden. Er kennt das ewige Ungenügen, und er kennt das Dunkel der Verzweiflung.

Christlicher Glaube behauptet, daß Gott als der Heilige noch nicht erkannt werde, wenn der Mensch die Forderung des Guten kennt, und daß er seiner Grenzen noch nicht inne geworden ist, wenn er weiß, daß er ein Kämpfer ist. Infolgedessen kann der christliche Glaube auch nicht einfach von der Offenbarung Gottes in der Geschichte reden.

Was heißt das überhaupt: *Gottes Offenbarung in der Geschichte?*

1. Ist damit gemeint, daß Gott sich *in einzelnen Persönlichkeiten* der Geschichte offenbare, so erweist sich solcher Glaube als Illusion angesichts der Erkenntnis, daß an einem Menschen nicht mehr offenbar werden kann als der Heroismus jenes Kämpferseins. Damit ist uns höchstens offenbart, was wir sein sollen und sein können, aber nicht Gott, zu dem wir uns versehen können alles Guten und zu dem wir unsere Zuflucht haben in allen Nöten. Der Anblick des Heros kann ein Appell an meinen sittlichen Willen sein, aber er macht mich nicht rein. Und der wirkliche Heros wird sich solchen Mißbrauch verbitten; denn nicht in der Subjektivität seiner Haltung, sondern in der Größe der Sache, für die er sich einsetzt und hinter der er immer zurückbleibt, sieht er den Sinn seines Lebens.

2. Ist damit gemeint, daß *sich im Gang der Geschichte Gottes Walten offenbare,* das alles einzelne Geschehen nach festem Plan zur sinnvollen Einheit des Ganzen fügt und das Ganze nach vorbestimmtem Ziele lenkt, so ist auch diese Betrachtung eine Illusion. Denn einmal ist die Einheit, der Sinn des geschichtlichen Geschehens, gar nicht eindeutig sichtbar, und wo der Eine einen Sinn wahrzunehmen meint, sieht der Andere nur einen Mischmasch aus Irrtum und Gewalt. Und sodann begegnet uns die Geschichte so wenig wie die Welt überhaupt wirklich als Ganzes. Als Ganzes erscheint sie nur der theoretischen oder der ästhetischen Betrachtung, die sie aus der Distanz sieht.

3. Die wirkliche Beziehung unseres Lebens zur Geschichte vollzieht sich darin, daß *die Geschichte,* aus der wir kommen, uns *die Möglichkeiten für unser Handeln in der Gegenwart vorgibt* angesichts der Aufgaben, die die Zukunft für uns enthält. D. h. aus unserer Geschichte empfangen wir *ein Erbe,* das uns in der Gegenwart verpflichtet. Aber dies Erbe ist *zweideutig:* es enthält Segen und Fluch. Wie

im Leben des Einzelnen die Gegenwart die Entscheidungsfrage enthalten kann,. was aus seiner Vergangenheit gelten soll, wem er treu
bleiben soll, und was er preisgeben, wovon er sich frei machen soll,
so im Leben des Volkes. Echte Treue unserer Geschichte gegenüber
kann sich nur in Freiheit, nicht in sklavischer Abhängigkeit vollziehen, nicht in willkürlich blinder Wahl einer Möglichkeit als der selbstverständlich gegebenen. In der Tat, unsere Geschichte redet zu uns:
aber das treue Hören kann nur *ein kritisches Hören* sein. Das ist angesichts unserer reichen deutschen Vergangenheit ganz selbstverständlich, und so besteht in der Gegenwart die Frage: woran sollen wir
uns für die Zukunft orientieren: an Luther oder Goethe?, an Hegel
oder Nietzsche? Welche Epoche prägt das deutsche Wesen, dem wir
verpflichtet sind, rein aus: Reformation oder Humanismus? Idealismus oder Aufklärung? Romantik oder Positivismus? Oder alles zusammen? Aber in welchem Verhältnis? Selbst wenn man sagen
könnte, daß Aufklärung und Positivismus fremder Import sind, und
daß es unsere Aufgabe ist, unsere Kultur von ihm frei zu machen, –
gilt das Analoge auch von der christlichen Tradition? Woher ist der
Maßstab des Deutschen gewonnen, wenn das behauptet wird? Mit
welchem Recht kann man sagen, daß die deutsche Urgeschichte klarer
offenbare, was deutsch ist, als die Geschichte des deutschen Mittelalters?

Kurz, *jedes Phänomen der Geschichte ist zweideutig*, und keines
offenbart als solches Gottes Willen. Und erst recht ist jedes *geschichtliche Phänomen der Gegenwart* zweideutig. Über das, was der Sieg
von 1870/71 für Deutschland bedeutete, war in der Zeit seiner Gegenwart kein sicheres Urteil möglich, und wir urteilen heute anders
über die Frage nach dem Segen dieses Sieges. Natürlich bedarf jede
Gegenwart für ihre Zukunftsaufgaben des Glaubens. Aber solcher
Glaube ist nicht Gottesglaube, sondern er ist ein Glaube an die selbst-
ergriffene Aufgabe, und er sollte immer wissen, daß er ein Wagnis
ist, das vor Gott verantwortet werden muß. Und wenn der Wagende
sein Werk vor Gottes Augen tut, tut er es nicht in dem Bewußtsein,
daß er Gottes Plan eindeutig enträtselt hat, sondern in dem Bewußtsein, daß sein Werk die Probe vor Gottes Richterthron zu bestehen
hat, dessen Spruch er nicht vorwegnehmen kann.

Das Wort der Geschichte ist dunkel, und wenn wir darauf hören,
ist es ein Wagnis. *Das Wesen des deutschen Volkes* liegt *nicht als
eindeutiges Kriterium* vor, kraft dessen wir das Recht unseres Tuns

klar beurteilen könnten. Es ist ja selbst eine geschichtliche Größe; und was als deutsche Art gelten soll, ist der Entscheidung jeder Generation und jedes Einzelnen in ihr stets neu anheimgegeben. Was soll von dem, was wir in unserer Geschichte wahrnehmen, als typisch, als verpflichtend deutsch gelten? Wie Nationaltugenden, so gibt es auch Nationallaster; was muß als solches gelten? Die Eigentlichkeit deutschen Wesens steht als erst zu ergreifende vor uns wie das eigentliche Selbst jedes Einzelnen vor ihm steht.

So steht das Leben des Einzelnen und des Volkes unter Gottes Forderung und unter dem Urteil seiner Heiligkeit. Sind Gottes Forderung und Gottes Heiligkeit in ihrer Radikalität erfaßt, so schweigt die Rede von der Offenbarung Gottes in der Forderung des Guten und in der Geschichte; so muß das Urteil lauten, daß *der Mensch vor Gott Sünder* ist, und daß *seine Geschichte eine Geschichte sündiger Menschen* ist und deshalb Gott gerade verhüllt. Dann kann der Mensch nach Gott nur ausschauen als nach der Macht, die den Menschen von sich selbst befreit, die ihm Reinheit schenkt, und die seiner Geschichte der Sünde ein Ende macht.

So versteht der christliche Glaube das Sein des Menschen und seine Geschichte unter der Forderung Gottes. Damit ist er freilich noch nicht christlicher Glaube; sondern dies ist er erst damit, daß er von einer Tat Gottes redet, in der Gott solches wirklich getan hat.

c) Der christliche Glaube behauptet weiter, daß der Mensch, *wenn er von der Ewigkeit und Jenseitigkeit Gottes redet, noch gar nicht wirklich von Gott redet*, und daß er die Begrenztheit des Menschen noch nicht radikal verstanden hat, wenn er das Vorläufige oder das Gleichnishafte alles Hiesigen und Jetzigen durchschaut hat. Er behauptet seinerseits: die Rede von dem jenseitigen Gott wird zur *Illusion, wenn sie mehr sein will als eine bloße Negation*, d. h. als das Geständnis, daß die tatsächliche Wirklichkeit des Menschen leer von Gott ist. Sich hinter diesem Leben Gottes Jenseitigkeit als die Sphäre vorzustellen, in die der Mensch aus dem Diesseits flüchten kann in theoretischer Schau, in Askese und Mystik, ist eine wunschgeborene Phantasie. Und ebenso ist es eine wunschgeborene Phantasie, sich das Diesseits als Transparent des Jenseitigen vorzustellen und im Diesseits – in Natur und Geschichte – den Lebensstrom Gottes rauschen zu hören. Zu alledem hat der Mensch ja gar kein Recht; er kann nicht aus der Gottentleertheit des Hiesigen, Jetzigen auf die Gottesfülle eines Jenseits schließen. Und er kann nicht im Diesseits das

Jenseits schauen, da sein Diesseits durch die Sünde seine Gestalt erhält.

Und andererseits behauptet der christliche Glaube: *so von Gottes Jenseitigkeit reden, das ist gerade Sünde.* Denn wenn der Mensch wirklich Gott schaute und aus ihm lebte, so dürfte er gerade nicht das Hiesige und Jetzige als das Vorläufige und Gleichnishafte bezeichnen, sondern er müßte es als das Endgültige und Wirkliche verstehen können, als das, worin er Gottes Wort wirklich hört, als das Feld, auf dem er wirklich Gottes Willen tut. Gerade seinem hiesigen jetzigen Leben müßte Erfülltheit, Eigentlichkeit zukommen. Sein Schicksal müßte er als Gnade verstehen können; sein Handeln müßte ein Handeln der Liebe sein. Und da der Mensch sich, wenn er ehrlich ist, eingestehen muß, daß weder das eine noch das andere der Fall ist, so bleibt für ihn auch nur das Eingeständnis, daß *die Ewigkeit und Jenseitigkeit Gottes ein negatives Urteil* ist, in Wahrheit eine *Verurteilung seines gottleeren Lebens.* Und es bliebe ihm nichts als die Frage nach Gott, als die Frage nach einer Macht der Gnade und der Liebe, die sein Schicksal in das Geschenk göttlicher Gnade und sein Handeln in ein Handeln der Liebe verwandelt. Vom Jenseits als einer positiven Wirklichkeit kann der Mensch nur reden, wenn sich das Jenseits ihm schenkt. Sonst bleibt es ein negativer Begriff; und es doch als etwas Positives fassen zu wollen, ist Sünde, ist Raub an Gottes Macht.

Es ist wohl echt, vom Ewigen, Jenseitigen zu reden, wenn es ein Mensch ehrlich tut, wo *er sich rein als Beschenkter versteht.* Ein solcher Mensch weiß aber auch 1. daß er selbst gerade zu schweigen hat, wenn ihm das Geschenk begegnet, und daß er nicht sich als Mensch ein Verhältnis zum Ewigen zusprechen kann, daß er nicht von sich aus ins Ewige vordringen kann. Und er weiß 2. daß die Momente des Beschenktseins vereinzelte Momente seines Lebens sind, die ihm gerade die Ewigkeitsleere seines Lebens zum Bewußtsein bringen, und daß das ihm gewordene Geschenk, indem es in seine unreinen Hände gelegt ist, schnell seinen Glanz verliert.

> „Dem Herrlichsten, was auch der Geist empfangen,
> Drängt immer fremd- und fremder Stoff sich an.
> Wenn wir zum Guten dieser Welt gelangen,
> Dann heißt das Beßre Trug und Wahn.
> Die uns das Leben gaben, herrliche Gefühle,
> Erstarren in dem irdischen Gewühle."

So kann angesichts des Gedankens der Ewigkeit der Schluß nur Fausts Bekenntnis sein:

> „Den Göttern gleich ich nicht! Zu tief ist es gefühlt;
> Dem Wurme gleich ich, der den Staub durchwühlt."

Es ist Sünde, wenn sich der Mensch in ein Verhältnis zur Ewigkeit bringen will; denn es ist Lüge, in der sich der Mensch selbst belügt, daß er nämlich durch irgendeine Methode oder Haltung von sich selbst loskommen könnte, daß er nicht immer in der *Sorge* steckt, wie Faust es formuliert – in der *Sünde*, wie der christliche Glaube sagt. Er steckt immer in der *Angst* um sich selbst, und seine Angst steckt in seinem Suchen und Greifen nach dem Jenseits und nach der Ewigkeit. Und weil es ein Suchen und Greifen der Angst ist, gewinnt es die Ewigkeit nie.

Die Ewigkeit kann nur sich schenken und als Geschenk empfangen werden. Sich die Ewigkeit schenken zu lassen, müßte der Mensch sich völlig preisgeben können, völlig von sich frei sein können. Daß er es nicht kann, zeigt sich an seiner *Unfähigkeit zur Liebe;* denn diese bedeutet ja, völlig von sich frei und für den Anderen sein. Daß der Mensch diese Freiheit nicht hat, liegt nicht an seiner Unmoral, sondern an *seiner Angst.* Und seine Angst ist im Grund die Angst vor der Ewigkeit. Also steckt in dieser Angst ein besseres, wenngleich ihm selbst verhülltes Wissen um die Ewigkeit, als in allen großen Worten, die er über das Jenseitige und Ewige macht. Denn in dieser Angst steckt das Wissen, daß die Ewigkeit für ihn, so wie er ist und wie er sich immer an sich festhalten will, Vernichtung bedeutet, daß die Ewigkeit für den Menschen ein negativer Begriff ist.

So bleibt also für den Menschen *nur die Frage nach Gott,* nur das Ausschauen nach der göttlichen Gnade, in der der Ewige, Jenseitige uns von uns selbst befreit. Damit, daß·der christliche Glaube dies sagt, sagt er noch nichts spezifisch Christliches. Das tut er erst damit, daß er von der Tat Gottes redet, in der Gott seine Gnade schenkt und uns und die Welt verwandelt.

IV. Der Sinn und die Exklusivität der christlichen Offenbarung

a) Denn das ist nun die eigentümliche Behauptung des Glaubens, daß Gott durch Jesus Christus seine Gnade hat erscheinen lassen (Tit. 2, 11), daß er durch ihn die Welt mit sich versöhnt hat (2. Kor.

5, 18 f.), daß er in ihm Gerechtigkeit und Heiligkeit und Freiheit schenkt (1. Kor. 1, 30; 2. Kor. 3, 17; Gal. 5, 1).

In dieser Offenbarung in Jesus Christus ist wirklich *Gott* offenbar. Denn in dieser Offenbarung ist Gott wirklich als der Allmächtige, als der Heilige, als der Ewige offenbar. Dadurch nämlich, daß die Gnade, die er in Christus schenkt, nichts anderes ist als die Vergebung der Sünde. Der eigentliche Grund dafür, daß der natürliche Mensch Gott nicht als den Allmächtigen, Heiligen, Ewigen sehen kann, ist ja der, daß der Mensch sich nicht von sich selbst frei machen kann. Allein im Wort der göttlichen Gnade ist *Gottes Allmacht* ernst genommen. In diesem Wort ist die Begrenztheit des Menschen radikal verstanden, als das Versklavtsein des Menschen unter sich selbst. Dieses Wort von der vergebenden Gnade durchbricht diese Grenze und befreit den Menchen von sich selbst; es übt damit eine Macht aus, die nichts in der Welt sonst hat außer eben der göttlichen Allmacht. Und der Mensch, der das Wort glaubt, weiß, daß er damit der Allmacht Gottes begegnet ist, und daß ihn keine Macht der Welt trennen kann von der Liebe Gottes (Röm. 8, 31–39).

In diesem Wort allein ist *Gottes Heiligkeit* ernst genommen, da in diesem Wort die Begrenztheit des Menschen radikal verstanden ist als die Sünde. Kein anderes Wort als das der Vergebung Gottes hält die Forderung des Guten in dieser Radikalität aufrecht. Denn dieses Wort ist Gericht und Gnade in Einem. Gerade als das Wort der Gnade fällt es das endgültige Urteil über die Nichtigkeit des Menschen, über den Frevel seines Selbstruhms und über die Vergeblichkeit seines sittlichen Kampfes. Gerade als das Wort der Gnade macht es ein Ende allem menschlichen Rennen und Laufen. Und dieser richtende Charakter des Gnadenwortes wird instinktiv sehr richtig verstanden von denen, die es ablehnen, weil es der Würde des Menschen widerspreche. Denn in der Tat: es entlarvt ja die Würde des Menschen als Selbstbetrug. Der Mensch muß sich selbst aufgeben, um es als das Wort der Gnade zu verstehen. Aber gerade als das richtende Wort ist es das Wort der Gnade, das den Menschen von sich selbst befreit.

In diesem Wort allein ist *Gottes Ewigkeit* ernst genommen. Denn als das vergebende Wort ist es das *eschatologische* Ereignis, das die Welt erneuert. „Also: ist einer in Christus, so ist er ein neues Geschöpf. Das Alte ging dahin." (2. Kor. 5, 17). Die christliche Existenz hat Ewigkeitscharakter, denn sie ist eschatologische Existenz. Durch

Gottes Vergebung ist der Glaubende von sich selbst befreit, damit
aber von den Bindungen, die den Menschen an die Welt fesseln.

> „Ich aber will mich nimmermehr rühmen als allein des Kreuzes unseres
> Herrn Jesus Christus, durch das mir die Welt gekreuzigt ist und ich der
> Welt."   (Gal. 6, 14)

Nichts in der Welt hat noch Anspruch auf ihn, der allein unter dem
Anspruch Gottes steht:

> „Alles steht mir zur Verfügung"   (1. Kor. 6, 12; 10, 23).
> „Denn alles ist Euer,
> Es sei Paulus oder Apollos oder Kephas,
> Es sei die Welt, Leben oder Tod, Gegenwärtiges oder Zukünftiges,
> Alles ist Euer, Ihr aber seid Christi,
> Christus aber ist Gottes"   (1. Kor. 3, 21—23).

Als der, dem Gott vergeben hat, als der Gerechtfertigte, ist der
Mensch in seiner Eigentlichkeit, ist seine Existenz nicht mehr eine
vorläufige. Denn Gottes Richterspruch ist sein eschatologisches Urteil. So kann auch der Tod sein Leben nicht mehr zu einer Vorläufigkeit machen.

> „Unser keiner lebt ja sich selbst,
> und keiner stirbt sich selbst.
> Leben wir, so leben wir dem Herrn,
> sterben wir, so sterben wir dem Herrn.
> Darum, ob wir leben oder ob wir sterben:
> wir gehören dem Herrn"   (Röm. 14, 7—8).

Das erweist sich darin, daß *alles Rühmen aufgehört hat*. In solchem
Verzicht hat der Glaubende einerseits alle Bindungen an das Weltliche preisgegeben; denn das, dessen er sich rühmen könnte, wäre
ja immer nur ein innerhalb der Welt sich vollziehendes und deshalb
der Welt verhaftetes Tun. Und er hat andererseits damit sich selbst
radikal preisgegeben, die Begrenztheit seines menschlichen Seins
radikal durchschaut und anerkannt. Seine Haltung ist die des *Glaubens*, in dem er radikal von sich absieht und auf Gottes Tat in Christus blickt. Und indem er nur im Glauben steht, nicht im Schauen
(2. Kor. 5, 7), bewahrt er das Gnadengeschenk seiner Rechtfertigung,
seine Eigentlichkeit, davor, wieder zu einem Weltphänomen zu werden. Nicht in dem, was je innerweltlich verwirklicht werden könnte,
hat er seine Eigentlichkeit, in Erlebnissen oder Leistungen oder in
seiner Persönlichkeit, auch nicht in seiner Gläubigkeit, sondern in
dem, was er *nicht* ist im Sinne weltlichen Seins, – in dem, was er

allein bei Gott ist, hat er seine Eigentlichkeit; seine Existenz ist
eschatologische, jenseitige Existenz.

Allem Diesseitigen steht er in der Haltung des „*als ob nicht*" gegenüber:

> „Hinfort gilt es:
> Die Weiber haben, als hätten sie keine,
> Und die da weinen, als weinten sie nicht,
> Und die da sich freuen, als freuten sie sich nicht,
> Und die da kaufen, als besäßen sie es nicht,
> Und die mit der Welt umgehen, als hätten sie nichts davon"
>   (1. Kor. 7, 29—31).

Freilich er treibt nicht Weltflucht in Askese und schwingt sich nicht
in theoretischer Schau oder mystischen Erlebnissen über die Welt
hinaus. Sein Verhältnis zur Ewigkeit, seine Jenseitigkeit, führt er
durch in den Weltverhältnissen, in denen er steht. Jeder soll in dem
Stande bleiben, in dem ihn Gottes Ruf getroffen hat (1. Kor. 7, 20).
Und so mag er heiraten, mag Handel treiben usw.; er soll sich freuen
mit den Fröhlichen und weinen mit den Weinenden (Röm. 12, 15).
Wie denn Jesus den Vater bittet, nicht daß er die Seinen aus der Welt
fortnimmt, sondern daß er sie vor dem Bösen bewahrt (Joh. 17, 15):
sie sind in der Welt, aber nicht von der Welt (17, 14).

Wie aber ist das paradoxe Verhältnis zur Welt durchzuführen?
Dies in der Welt sein und doch nicht mehr zu ihr zu gehören? In der
Liebe. Hat Gottes vergebende Gnade den Menschen von sich selbst
befreit, so hat sie ihn von der Angst befreit und damit befreit zum
Sein für die Andern, zur Liebe. Durch die Kraft der Liebe aber gewinnt das Handeln in der Welt Endgültigkeit. Jede Tat der Liebe
ist über das Vorläufige hinaus und bedeutet Erfüllung. Und für das
Auge der Liebe ist die Welt nicht ein Transparent mysteriöser Hin-
terwelten, sondern das Feld realer Aufgaben, die der Kraft des Lie-
benden warten. Darin, daß der Glaube in der Liebe wirksam ist,
offenbart sich, daß der Glaubende καινὴ κτίσις ist, daß seine Existenz
eine eschatologische ist [5].

So also redet *der christliche Glaube von Gottes Offenbarung in
Christus* als der vergebenden Gnade Gottes, durch die sich Gott als
der Allmächtige, als der Heilige, als der Ewige erweist und dadurch
den Menschen von sich selbst befreit, dadurch auch in Einem den

---

[5] Vgl. Gal. 5, 6 mit 6, 15.

Menschen sich selbst in seiner Begrenztheit und Gott in seiner Gnade verstehen lehrt.

> „Et ita Deus per suum exire nos facit ad nos ipsos
> introire et per sui cognitionem infert nobis et
> nostri cognitionem" [6].

b) *Daß in Jesus Christus Gottes Offenbarung begegne, kann keinem Menschen andemonstriert werden.* Das Neue Testament, das Wort der Verkündigung, verkündigt Gottes vergebende Gnade in Christus, und der Mensch ist gefragt, ob er sich im Lichte dieses Wortes verstehen, ob er glauben will. Der natürliche Mensch hat den Anstoß zu überwinden, daß ein zufälliges geschichtliches Ereignis mit dem Anspruch auftritt, Gottes Offenbarung zu sein. Denn der natürliche Mensch meint zu wissen, wie Offenbarung aussehen müsse und entdeckt deshalb Offenbarung in Natur und Geschichte; er meint, über das Kriterium für Gottes Offenbarung zu verfügen. Das liegt daran, daß er den Gedanken von Gott, der ihm im Wissen um seine Existenz zugänglich ist, nicht als Frage nach Gott versteht und durchhält, daß er sein negatives Wissen zu einem positiven Wissen umlügt. Es ist die entscheidende Frage, ob er, wenn Gottes Offenbarung wirklich Ereignis wird, sein falsches Wissen von Gott preisgeben, sich seine sündige Existenz radikal aufdecken lassen will; oder ob er sich verblendet, indem er seine Illusionen zum Kriterium der ihm verkündigten Offenbarung macht. Gottes Offenbarung unterliegt nicht menschlichen Kriterien; sie ist kein innerweltliches Phänomen, sondern allein seine Tat. Und er selbst muß wissen, wo und wie er zu uns reden will. Gerade das Zufällige gehört zu seiner Offenbarung: das „das Wort ward Fleisch", das in dem „es steht geschrieben" durchgehalten wird in der christlichen Kirche, und das sich jeweils im gesprochenen Predigtwort erneuert, welches uns mit dem Anspruch begegnet, Gottes Wort zu verkünden.

Ohne dieses „Ärgernis" gibt es Gottes Offenbarung nicht; und *daß* es sie gibt, kann keinem Menschen andemonstriert werden. Selbstverständlich ist es aber, daß für den, der Gottes Offenbarung in Chri-

---

[6] „Und so bewirkt Gott dadurch, daß er aus sich herausgeht, daß wir zu uns selbst eingehen; und durch die Erkenntnis seiner bringt er uns auch die Erkenntnis unserer selbst." Luther, Scholien zum Römerbrief (zu Röm. 3, 5, Ficker II S. 67, 21—23).

stus sieht, also für den christlichen Glauben, *die Frage, ob es daneben auch andere Offenbarung Gottes gebe, erledigt ist.* Denn wo sollte sie es geben? Im Lichte des christlichen Glaubens erweist sich ja alles, was als Gottes Offenbarung namhaft gemacht wird, als Illusion. Der christliche Glaube weiß, daß als Gottes Offenbarung nur bezeichnet werden kann die Gnade Gottes, die die Sünde vergibt. Wo ist diese Gnade denn offenbar in Natur und Geschichte? Und wenn diese Gnade nicht bloße Idee, sondern wirkliches Ereignis, Gottes Tat sein soll, so werden wir *ihm* zu überlassen haben, wo er diese Tat tun wollte, und sind einfach gefragt: glauben wir an Gottes Gnade in Christus oder nicht?

Wer neben der Offenbarung in Christus noch nach anderen Offenbarungen fragt, der hat den Gedanken Gottes noch gar nicht ernst genommen und seine eigene Existenz noch gar nicht in der Tiefe erfaßt.

Aber sagt nicht *Paulus* selbst, daß es eine *natürliche Offenbarung* gibt?, daß das, „was von Gott erkennbar ist", unter den Heiden „offenbar" ist, „weil Gott selbst es ihnen offenbart hat"? „Sein unsichtbares Wesen wird ja seit der Erschaffung der Welt an dem Geschaffenen mit dem Denken wahrgenommen, seine ewige Kraft und Göttlichkeit" (Röm. 1, 19 f.).

Natürlich genügt es nicht zu sagen, daß Paulus von einer Periode vor dem Sündenfall rede, sondern er redet von der Menschheit seit dem Bestehen der Schöpfung. Aber *warum* redet er davon? um nun natürliche Theologie" zu treiben, d. h. um Gottes Offenbarung in der Welt aufzuweisen? um den Menschen für Gottes Offenbarung außerhalb Christus die Augen zu öffnen? Vielmehr um ihnen die Augen zu öffnen allein für die Offenbarung Gottes in Christus! Und deshalb, um Anklage zu erheben: „so daß sie keine Entschuldigung haben!" Denn worin besteht die natürliche Offenbarung in der Schöpfung? darin, daß die Schöpfung den Menschen sich als Geschöpf verstehen lehrt, so daß er seiner Grenze inne wird und sich als Beschenkten und Geforderten versteht. Offenbart ist also in der Schöpfung jenes Wissen von Gott, das dem Menschen im Wissen um seine Existenz gegeben ist. Würde er dieses Wissen um seine Existenz radikal offenhalten, würde er bei der Frage nach Gott bleiben, so würde die Schöpfung als Gottes Wort für ihn reden. Aber eben das tut ja der Mensch nicht; er lügt sein negatives Wissen zu einem posi-

tiven Wissen um, und so wird die Schöpfung stumm für ihn, der die
Wahrheit Gottes gefangenhält [7].

Wer der Meinung ist, daß er von dieser Lüge frei sei, daß er in der
radikalen Frage nach Gott verharre, der kann aus den Worten des
Paulus die Konsequenz ziehen, daß er Christus nicht braucht, weil
die Schöpfung für ihn schon Offenbarung ist. Aber wer ist denn dieser Mensch, der die Schöpfung wirklich als Offenbarung sehen könnte?
Und das würde doch heißen: der Mensch, dem die Welt kein Rätsel
mehr ist, der keine Klage über Schmerz und Not erhebt, der keine
Angst vor Schicksal und Tod kennt, den der Zwiespalt in sich selber
nie gequält hat! Wo ist der Mensch, der ohne Christus spräche:
„alles ist unser, sei es Tod oder Leben, sei es Gegenwärtiges oder Zu-
künftiges" (1. Kor. 3, 22)? Der sagen würde: „was kann mich von
Gott scheiden: Not oder Bedrängnis, Verfolgung oder Hunger oder
Nacktheit oder Gefahr oder Schwert? Nein! in alle dem bin ich Sieger!" (Röm. 8, 35. 37)? Nur dann würde er ja die Schöpfung als Gna-
denoffenbarung Gottes sehen. Nur dann hätte er ein Recht, von Gottes Offenbarung außerhalb Christus zu reden.

Aber wie steht es mit dem *Alten Testament?* Redet es nicht von
Gottes Offenbarung in Natur und Geschichte? In der Tat weiß das
Alte Testament, daß Gott durch Natur und Geschichte zum Menschen
redet, und zwar dann, wenn der Mensch Gott als den Schöpfer und
sich selbst in seiner Geschöpflichkeit versteht. D. h. das Alte Testament zeigt, daß jenes mit der menschlichen Existenz gegebene Wissen um seine Begrenztheit und Angewiesenheit auf Gott nicht völlig
verschüttet und erstickt, nicht völlig in einen falschen Gottesglauben
umgelogen zu sein braucht. Und durch das Alte Testament zieht sich
der ständige Kampf jenes echten Wissens mit der Lüge.

Wie offenbart sich Gott nach dem Alten Testament in der Natur?
So, daß die Natur die Macht, die Herrlichkeit und Güte Gottes offenbart, dessen Kleid Licht ist, dessen Diener Winde und Feuerflammen
sind, vor dessen Blick die Erde bebt, und der doch gnädig und von
großer Güte ist. Sein Wesen ist in der Natur nicht offenbar für die
betrachtende Anschauung des Verstandes oder der ästhetischen Schau,
sondern gerade im Rätsel, im Unbegreiflichen, Wunderbaren; für
den Menschen also, der sich durch sie in seine Grenzen weisen läßt

---

[7] Vgl. H. Schlier, Über die Erkenntnis Gottes bei den Heiden. Evang. Theol.
1933, 9—26.

und Gott mit Furcht und Zittern, in Demut und Dank naht, der weiß, daß der Mensch wie Gras, wie eine Blume auf dem Felde ist, daß er Staub ist, der nur vom Atem Gottes lebt. Bleibt der Mensch in diesem Selbstverständnis seiner Geschöpflichkeit, so redet Gott durch die Natur zu ihm.

Und wie offenbart sich Gott nach dem Alten Testament in der Geschichte? Er läßt sich nicht schauen in der Gestalt großer Persönlichkeiten und in dem Gange der geschichtlichen Entwicklung, dessen Plan der Mensch verstehen könnte, sondern im Wunder, in seinem Tun als Herr der Geschichte, der erwählt und verwirft, wen er will, der Segen spendet und Gericht hält, der sich in allem verherrlicht.

> „Um meinetwillen, ja, um meinetwillen will ich es tun, daß ich nicht gelästert werde; denn ich will meine Ehre keinem Andern lassen."
>
> *(Jes. 48, 11)* [8].

Das ist das Umgekehrte von dem, was man sonst unter Gottes Offenbarung in der Geschichte versteht. Nicht im Verständlichen, sondern im Wunder, im Unverständlichen zeigt sich Gott. Gott wird erst dem in der Geschichte offenbar, der sich von ihm zerbrechen läßt.

> „Über alles Stolze und Hohe kommt der Tag Jahves, daß sich der Männer Stolz beugt und sich der Männer Hochmut bückt und der Herr allein erhaben sei an jenem Tage."   (Jes. 2, 12. 17)

Und wiederum:

> „Er gibt den Müden Kraft und Stärke genug den Unvermögenden."
>
> (Jes. 40, 29).

Nur zu dem Menschen, der sich seiner Geschöpflichkeit bewußt ist, redet Gott in der Geschichte.

Fragen wir in solchem Selbstverständnis nach Gottes Offenbarung in Natur und Geschichte, so reden Natur und Geschichte zu uns. Aber wie reden sie? so, daß der Mensch inne wird, daß er sich die Offen-

---

[8] Jes. 40, 15: „Wer unterrichtet den Geist des Herrn, und welcher Ratgeber unterweiset ihn?"

Jes. 55, 8 f.: „Denn meine Gedanken sind nicht eure Gedanken, und meine Wege sind nicht eure Wege, spricht der Herr. Sondern so viel der Himmel höher ist denn die Erde, so sind meine Wege höher denn eure Wege, und meine Gedanken denn eure Gedanken."

Ps. 73, 16: „Ich gedachte ihm nach, daß ich es begreifen möchte; aber es war mir zu schwer."

Ps. 139, 6: „Solche Erkenntnis ist mir zu wunderlich und hoch; ich kann es nicht begreifen."

barung selbst immer wieder versperrt, daß Gottes Wort ihm zum
Gericht wird, daß er zuletzt nur bitten und hoffen kann auf Gottes
Gnade.

Können wir im Sinne des Alten Testaments von Gottes Offenba-
rung in Natur und Geschichte reden? Wir *können* es zweifellos, nämlich eben dann, wenn wir unserer Kreatürlichkeit inne werden. *Sol-*
len wir es? ja und nein!

Nein! denn wir sollen uns doch nicht bewußt und absichtlich in das
Stadium der Hoffnung zurückbringen, wenn Gott die Erfüllung geschenkt hat. Wir sollen uns als Glaubende gerade nicht in unserer
Kreatürlichkeit, sondern als „neue Kreatur" verstehen. Ja, im Grunde
können wir es ja gar nicht, wenn wir wirklich an die vergebende
Gnade Gottes in Christus glauben, wenn wir unsere Existenz als
eschatologische Existenz erfaßt haben. Dann ist ja Gottes Gericht
und Gnade eben in Christus offenbar, und wir können unsere Augen
nicht abwenden. Und eben deshalb: Nein! wir sollen es nicht; denn
das würde ja heißen, aus dem Glauben fallen.

Aber in einem gewissen Sinne gilt doch: *Ja!* Insofern nämlich, als
das Stehen im Glauben ja nicht ein gesicherter Zustand ist, sondern
ein ständiges Neuergreifen der Offenbarung, ein ständiges Zuflucht-
nehmen zur Gnade Gottes. Die Welt begegnet uns ja ständig verführerisch, dazu nämlich verführerisch, daß wir doch wieder meinen, auf
uns selbst stehen zu können, und sei es auch gerade auf unserer
Gläubigkeit. Diese Gläubigkeit wird aber ständig erschüttert dadurch, daß wir in Natur und Geschichte unser Schicksal haben. Und
so sollen wir Natur und Geschichte gerade nicht in *dem* Sinne für
Gottes Offenbarung halten, daß sie uns Ruhe und Zuversicht geben,
sondern in *dem* Sinne, daß Gott durch sie so zu uns spricht, daß er
uns ständig in unsere Grenzen weist, ständig unsere Selbstsicherheit,
unser Rühmen zerbricht. Das also ist die ständige Offenbarung Gottes in Natur und Geschichte, daß sie uns lehrt, daß wir die Offenbarung eben nicht *haben*, daß wir in dem, was wir sind und haben,
nichtig sind vor Gott. Das ist ihr Sinn, daß sie uns ständig in die Haltung dessen zurückweist, der weiß, daß er nur empfangen kann und
nichts hat, was er nicht empfangen hätte, also in die Haltung des
Glaubens (1. Kor. 4, 7). Das also ist endlich der Sinn der Offenbarung in Natur und Geschichte, daß sie uns ständig verweist auf die
Offenbarung der vergebenden Gnade Gottes in Christus. Nur indem

sie das tut, ist sie aber für uns Offenbarung; das heißt aber außer Christus ist sie es für uns nicht.

Von Christus aus aber kann nun in der Tat das Ganze der Welt in Natur und Geschichte das Licht der Offenbarung erhalten.

> „O welch eine Tiefe des Reichtums,
> beides, der Weisheit und Erkenntnis Gottes!
> Wie gar unbegreiflich sind seine Gerichte
> und unerforschlich seine Wege!
> Denn wer hat des Herrn Sinn erkannt,
> und wer ist sein Ratgeber gewesen?
> Oder wer hat ihm etwas zuvor gegeben,
> das ihm werde wieder vergolten?
> Denn von ihm und durch ihn und zu ihm sind alle Dinge.
> Ihm sei Ehre in Ewigkeit! Amen."

Adam, wo bist du?*
Über das Menschenbild der Bibel

1945

I.

Wie andere antike Völker kennt auch das alte Israel den Menschen nur als Glied seines Volkes, beheimatet in seinem Volk, gebunden an sein Volk. Die Reflexion hat den Begriff der „Menschheit", deren Glied der einzelne ist, noch nicht gebildet. Und während es für den modernen Menschen, der die reiche Geschichte der Ausbildung des Individualismus hinter sich hat, zum Problem geworden ist, sich mit den anderen zu einer Gemeinschaft, die eine echte und nicht bloß organisierte ist, zusammenzufinden, ist es für den antiken Menschen und so auch für den des Alten Testaments eine mit dem Beginn des geschichtlichen Lebens auftauchende und ihn nicht wieder verlassende Frage, wie er als einzelner innerhalb seiner Volksgemeinschaft zu eigenem, verantwortlich übernommenem Sein gelangen könne, ja, wie weit er als einzelner aus der Volksgemeinschaft heraus- und ihr gegenübertreten dürfe oder gar müsse, um zu seinem eigenen, eigentlichen Sein zu gelangen.

Indessen ist aus dem Fehlen der Reflexion und des Begriffes noch nicht zu schließen, daß der Gedanke der Menschheit nicht unentwickelt wirksam sein könne. Auch das Alte Testament kennt den Menschen in seiner nackten, noch nicht durch die Zugehörigkeit zum Volk geprägten Menschlichkeit. Und in Mythos und Sage ist – so könnte man sagen – der Gedanke der Menschheit schon konzipiert. Der Schöpfungsmythos kennt Adam als den Urvater aller Menschen.

* Die Wandlung 1945 S. 22—33, ebenfalls: Lebendige Wissenschaft 10, 1948, S. 21—32.

Die Ahnherren, auf die die einzelnen Völker zurückgehen, die seit der Sintflut die Erde bewohnen, sind Söhne des einen Stammvaters, des Noah. Der Mythos vom babylonischen Turmbau redet von dem ursprünglich einheitlichen Menschenvolk, das *eine* Sprache sprach; Gottes Zorn über den Übermut der Menschen „verwirrte" ihre Sprache, und nun erst gibt es mit den verschiedenen Sprachen auch verschiedene Völker.

Aber wichtiger ist es, daß in der alttestamentlichen Literatur so manches Wort über Menschenlos und Menschenleid erklingt, in dem – wie ja auch in anderer orientalischer Literatur – der Mensch rein als Mensch gesehen ist. Und je klarer und gewaltiger sich das Gottesbild im Bewußtsein des Frommen gestaltet, je mehr es über die Vorstellung eines Stammes- oder Volksgottes hinauswächst, desto mehr erscheint auch der Mensch vor diesem Gott in seiner nackten Menschlichkeit und nicht als Angehöriger eines Volkes, einer Rasse. Der Gott, der von jeher war, ehe denn die Berge geboren wurden, und vor dem tausend Jahre sind wie der gestrige Tag, ist kein Volksgott, und nicht auf Volksgenossen ist sein Walten beschränkt, wenn es heißt:

> „Du führst die Menschen zum Staub zurück
> und sprichst: kehrt wieder, ihr Menschenkinder!"
>
> (Psalm 90, 1—4)

Alle Menschen stehen vor Gott gleich als das staubgeborene, hinfällige und vergängliche Geschlecht, das wie das Gras ist, das am Morgen blüht und am Abend welkt und verdorrt (Psalm 90, 6). Und weiß auch der fromme Israelit, daß Gottes Huld denen leuchtet, die „seinen Bund halten und seiner Gebote gedenken, sie zu tun", so gilt doch auch von diesen, daß sie umfangen sind vom allgemeinen Menschenlos:

> „Des Menschen Leben gleicht dem Gras,
> Er blüht wie die Blume des Feldes.
> Geht der Wind darüber, so sind sie nimmer,
> Und ihre Stätte kennet sie nicht mehr."   (Psalm 103, 15 ff.)

Immer wieder erklingt dieses Thema, daß alles Fleisch wie Gras ist und seine Pracht nur der Blume des Feldes gleicht (Jesaja 40, 6 f.), daß der Mensch wie ein Schatten flieht und nicht standhält (Hiob 14, 1 f.). Es sind allgemein menschliche Stimmungen, die in solchen Klängen laut werden. Wir kennen sie auch aus der Welt der Griechen.

„Gleichwie Blätter im Walde, so sind die Geschlechter der Menschen;
Siehe, die einen verweht der Wind, und andere wieder
Treibt das knospende Holz hervor zur Stunde des Frühlings.
So der Menschen Geschlecht: dies wächst und jenes entschwindet.“
(Homer, Ilias 6, 146 ff.)

„Tagwesen! Was ist einer?
Was ist keiner? Von einem Schatten der Traum
Ist der Mensch.“ (Pindar, Pyth. 8, 95 ff.)

Und dieses flüchtige Leben ist ein Leben voll Mühsal und Plage!
Wie bei anderen antiken Völkern taucht auch in Israel die quälende
Vorstellung auf, daß das Menschenleben unter einem Fluche steht,
daß es etwas verloren hat, was ihm einst zu eigen war. Der Para-
diesesmythos erzählt davon, wie es einst im Anfang war, – für eine
kurze Spanne Zeit. Aus dem Paradies ward der Mensch, der von
der verbotenen Frucht aß, vertrieben; nun muß hinfort das Weib mit
Schmerzen gebären, verflucht ist der Acker, Dornen und Disteln zu
tragen, und der Mann muß im Schweiße seines Angesichts sein Brot
essen. Entsprechendes erzählt bei den Griechen der Prometheus-My-
thos. Einst wuchs den Menschen des Lebens Notdurft von selber zu.

„Aber Zeus verbarg die Nahrung grollenden Sinnes,
Weil ihn einst getäuscht der hinterlist'ge Prometheus.“

Wie Adam und Eva für den Gewinn der Erkenntnis von Gut und
Böse das Leben auf der Erde mit seinen Plagen und Schmerzen ein-
getauscht haben, so hat Prometheus durch den Raub des Feuers Leid
und Plage über die Menschen gebracht.

„Früher lebten ja doch die Stämme der Menschen auf Erden
Allem Elend fern und ohne beschwerliche Mühsal,
Ohne Krankheit und Schmerzen, die jetzt die Männer vernichten“,

aber aus der unheilvollen Büchse der Pandora, die Zeus zur Strafe
auf die Erde sandte, entschwirrten nun Myriaden von Übeln unter
die Menschen (Hesiod, Werke und Tage 42 ff., 90 ff.).
Am eindringlichsten kommen innerhalb des Alten Testamentes
Pessimismus und Resignation im sogenannten „Prediger des Salomo“
zu Worte mit seinem:

„Alles ist eitel und ein Weiden des Windes“ (1, 14);
„Das, was gewesen, das ist's, was sein wird;
Und das, was geschehen, das ist's, was geschehen wird;
Und nichts Neues gibt es unter der Sonne“ (1, 9).

Aber der gleiche Pessimismus, die gleiche Resignation begegnen in anderer orientalischer wie in der griechischen Literatur; immer wieder ertönt die Klage über den wirbelnden Wechsel der Schicksale, dem der Mensch preisgegeben ist, ohne daß er einen Sinn oder Gewinn zu erkennen vermag. Die Eigenart der einzelnen Stimmen geht in dem ganzen Chore unter, wie die Eigengestalt der Wellen in der gleichmäßigen Flut des Meeres.

Freilich erklingen nicht nur pessimistische Stimmen, wenngleich sich in ihnen die unverhüllte Menschlichkeit am deutlichsten ausspricht. Aber die Psalmen singen auch von der Sorge Gottes für die Menschen. Seine Güte spendet das Brot, den Menschen zu stärken, und Wein, sein Herz zu erfreuen; er gibt Speise zur rechten Zeit (Psalm 104, 15. 27); er wirkt helfende Taten und schafft Recht den Gedrückten (Psalm 103, 6). Er hat dem Menschen die Erde untertan gemacht und ihn zum Herrscher über ihr Getier eingesetzt (1. Mose 1, 28).

> „Was ist der Mensch, daß du sein gedachtest,
> Das Menschenkind, daß du es angeschaut?
> Du machtest ihn wenig geringer denn einen Gott,
> Mit Ehre und Hoheit kröntest du ihn.
> Du gabst ihm die Herrschaft über deiner Hände Werke;
> Alles legtest du ihm zu Füßen." (Psalm 8, 5—7)

Dieses Vertrauen auf die Fürsorge Gottes und dieses Bewußtsein der Überlegenheit des Menschen über die anderen Kreaturen spricht auch aus Jesu Worten von der Sorge Gottes für die Vögel unter dem Himmel und die Lilien auf dem Felde, – wieviel mehr wird seine Sorge den Menschen gelten! Und zugleich mischt sich leise der Ton der Resignation hinein: jeder Tag wird seine eigene Plage haben (Matthäus 6, 25 ff.).

So sind denn alle Menschen in ihrer Menschlichkeit – und das heißt: gegenüber dem jenseitigen Gott – *gleich*. Gleich als hinfällige Wesen, beladen mit den Plagen des Erdenlebens und seinem Wechsel preisgegeben, – gleich auch als Geschöpfe, denen die Fürsorge Gottes gilt, die seine Gaben empfangen und die im Reiche der Schöpfung voranstehen als die Herren der Erde.

II.

Fügt sich insoweit das biblische Bild vom Menschen in das Bild, das auch sonst – und man darf wohl sagen: überall auf der Erde – vom Menschen in seiner Menschlichkeit entworfen wird, so tritt nun das spezifisch Biblische erst auf diesem Untergrunde hervor. Auf dem Untergrunde des allgemein Menschlichen erheben sich ja faktisch die Unterschiede zwischen den Menschen, sowohl innerhalb der einzelnen Gruppen, der Stämme und Völker, als auch zwischen diesen selbst. Unterschiedlich ist aber auch die Weise, diese Unterschiede zu sehen und zu interpretieren.

Griechisches Denken möchte das Verständnis menschlichen Seins, die Antwort auf die in der menschlichen Existenz sich bergenden Rätsel aus der Betrachtung des *Kosmos* als eines Ganzen gewinnen. Es sieht deshalb den Menschen unter dem Begriff der Gattung. Als eine bestimmte Gattung der vom gegliederten kosmischen Ganzen umschlossenen Lebewesen erscheint der Mensch, vor anderen Lebewesen ausgezeichnet durch den Besitz der Vernunft, des Geistes, und durch diesen Besitz zugleich verwandt dem Sein der Gottheit, – der Gottheit, die der Grieche ja nicht als dem Kosmos gegenüber jenseitig, sondern als dem Ganzen eingegliedert denkt. Die Gegensätze, die im Kosmos und im kosmischen Geschehen dem Blicke begegnen, müssen vom Denken als die innerhalb einer Harmonie bestehenden Spannungen begriffen werden, als die eigenstrebigen und doch zu einem architektonisch gefügten „Systema" verbundenen Kräfte. Wie der Kosmos vom Geist nach mathematischen Gesetzen durchwaltet wird, so versteht das mathematische Denken die Welt eben als Kosmos, das heißt als Harmonie.

Das zeitlos Allgemeine, das stets als Dasselbe Bestehende gilt hier als das eigentlich Seiende im Unterschied von der Sphäre des Werdens und Vergehens, der das Jeweilige, Individuelle angehört. In diesem Horizont des Seinsverständnisses bewegen sich die idealistischen wie die materialistischen Systeme der griechischen Philosophie. Und diesem Seinsverständnis entspricht es, daß das griechische Weltverständnis durch die Anschauung von der Welt als Natur geleitet wird. Denn in der Natur sind Regel und Ordnung zu beobachten, und vor allem wird echtes, unwandelbares Sein am stetigen Gang der Gestirne anschaulich. Demgegenüber erscheint das konkrete, geschichtliche Geschehen als der Sphäre des Werdens und Vergehens angehörig.

Menschliches Leben wird für die Griechen zum echten Leben dadurch, daß es sich in denkender Anschauung zum Reich des zeitlos Seienden erhebt und an ihm teilgewinnt, indem sich der individuelle Geist dem Geist des Ganzen gleichgestaltet. Der Einzelmensch findet also den Sinn seiner Existenz nicht in seiner individuellen Geschichte, sondern in der Ausbildung des Allgemeinen, das sein Wesen als Mensch ausmacht, eben der Vernunft, des Geistes. Das Leben tritt unter den Gesichtspunkt der Paideia, der Erziehung im Sinne der Bildung – ein der biblischen Welt fremder Begriff –, unter den Gedanken der vom Eros getragenen Selbstvervollkommnung. Je nachdem, ob und wieweit der einzelne solcher Forderung nachkommt und in welcher Richtung er den in ihm lebendigen Geist – der in sich differenziert und das heißt gegliedert ist – ausbildet, gliedert sich das menschliche Leben in Bioi, das heißt in Lebensweisen, die je einem bestimmten Ideale entsprechen – wiederum ein dem biblischen Denken fremder Begriff, wie denn auch die formalen Kennzeichen eines dem Ideal entsprechenden Lebens der biblischen Sprache fremd sind: „harmonisch", „wohlgestaltet", „wohlgegliedert" und ähnliche.

Im Gegensatz dazu ist für das biblische Denken die eigentliche Wirklichkeit die *Geschichte*. Nicht der kosmischen Natur ist der Mensch eingefügt – ihr steht er vielmehr gegenüber –, sondern der Geschichte, in der er vermöge seiner Entscheidungen und Schicksale sein Gepräge gewinnt. Das eigentliche Leben des Menschen wächst also in der Sphäre des Individuellen, der jeweiligen Begegnungen. In seiner jeweiligen Entscheidung – sei es Entscheidung zur Tat oder der Wille, sich dem Schicksal zu öffnen oder zu verschließen – liegt für den Menschen der Gewinn oder Verlust seines eigentlichen Seins. Denn hier, in der Entscheidung und nicht im Aufschwung seiner denkenden Anschauung zur zeitlosen göttlichen Welt, steht er vor Gott. Denn eben im konkreten geschichtlichen Geschehen begegnet Gott als der Fordernde, der Richtende und der Begnadigende.

Wächst im Griechentum die Biographie als die Darstellung einzelner am Ideal orientierter Lebensläufe, so entspringt im Christentum die Autobiographie als die Schilderung der individuellen, durch Gott geleiteten Lebensführung. Ist für den Griechen die Frage nach der Wahrheit, von der die menschliche Existenz im Grunde bewegt ist, die Frage nach der unverhüllten Aufgedecktheit des Seienden in

seiner gegliederten Ganzheit, so ist für den biblischen Menschen die
Frage nach der Wahrheit die Frage nach dem Sinn des begegnenden
Augenblicks, nach seiner Forderung, seiner Gabe.

Es ist von hier aus klar, daß auch das Verständnis menschlicher
Gemeinschaft ein anderes sein muß. Die Gemeinschaft zwischen
Mensch und Mensch steht für den griechischen Philosophen unter
dem Gesichtspunkt der gegenseitigen Erziehung, der Bildung zum
Ideal. So wird die Gemeinschaft zum Agon, zum wetteifernden Streben nach dem Ziel der Erkenntnis, oder zum Dialog, zum gemeinsamen Suchen nach der Wahrheit in Rede und Widerrede. In der
Sphäre der Bibel ist die Gemeinschaft durch Agape, die Liebe, bestimmt, die im Anderen – und in der radikalen Interpretation des
Liebesgebotes durch Jesus auch im Feinde – den „Nächsten" sieht,
mit dem ich Freud und Leid zu teilen habe und dem es in der konkreten Situation zu helfen gilt. Baut sich im Griechentum die menschliche Gemeinschaft ihre umfassende Form in der Polis, dem rational
konstruierten Staat, so kennt die Bibel den Begriff des Staates ebensowenig wie die literarische Form der Entwürfe von Staatsverfassun-
gen oder Utopien. Für sie erwächst vielmehr in der von Gott geleiteten Geschichte menschliche Gemeinschaft als konkretes Volk, das
dem Gesetze Gottes Gehorsam schuldet, aber nicht ein rationales
Ideal menschlichen Gemeinschaftslebens verkörpert.

Ein Idealbegriff dieser Gemeinschaft des Volks – freilich nicht
im Sinne eines rational begründeten und durch menschliche Organisation zu verwirklichenden Ideals – ist, könnte man sagen, der Gedanke des „Gottesvolkes", der durch Gottes Erwählung und Berufung
geschaffenen Gemeinschaft der „Heiligen", das heißt der aus der
Welt Herausgehobenen. Die Tragik der Geschichte Israels und des
Judentums besteht darin, daß der auch von der israelitischen Prophetie geforderte Versuch, dieses Gottesvolk mit dem konkreten geschichtlichen Volke zu identifizieren, scheiterte und am inneren Widerspruch scheitern mußte. Das Neue Testament sieht das Gottesvolk
verwirklicht in der Ekklesia, der „Kirche", der Gemeinde der „Heiligen", die nun freilich nicht mehr ein Phänomen der sichtbaren Welt
ist, sondern eine paradoxe Größe: sichtbar freilich, insofern das Gottesvolk eine konkrete Gemeinschaft erwählter und berufener Menschen innerhalb der Geschichte ist, und doch unsichtbar in ihrem
eigentlichen Wesen als Gemeinde der „Heiligen". Aber das führt zu
einer weiteren Erwägung.

III.

Das Alte Testament weiß, daß die von Gott regierte Geschichte reich differenziert ist. Es gibt Erwählte und Berufene, es gibt Verstockte und Verworfene – Menschen und Völker. Das geschichtliche Selbstbewußtsein Israels spricht sich in dem Satze aus, daß Israel das „erwählte" Volk ist, der erstgeborene Sohn Gottes. Wie sich dieses Bewußtsein fortgepflanzt und zu welchen Mißbildungen es geführt hat, ist genugsam bekannt; für unsere Frage ist anderes wichtiger.

Zunächst dieses, daß aus dem Satze von der Erwählung Israels nicht etwa folgt, der einzelne Israelit stehe in seiner Menschlichkeit anders da als jeder andere Mensch. Als das Glied des erwählten Volkes nimmt er an den besonderen Gnaden teil, die Gott diesem Volke spendet; aber als Mensch hat er keine besonderen Qualitäten, die einen Anspruch begründen könnten. Und damit hängt das zweite zusammen: die Erwählung Gottes beruht – wie die prophetische Predigt dem hochmütigen und leichtsinnigen Volke immer wieder einschärft – nicht auf den Vorzügen dieses Volkes, sondern auf Gottes grundloser Willkür; und sie begründet keinen Anspruch, sondern erhöhte Verantwortung.

„Denke nicht etwa: Meine Kraft und die Stärke meiner Hand hat mir diesen Reichtum verschafft. Gedenke vielmehr an Jahwe, deinen Gott, daß er es ist, der dir Kraft verleiht, Reichtum zu erwerben." (5. Mose 8, 17 f.)

„Versammle dich, Erstling der Völker.
Und komm, Haus Israel!
Geh hinüber nach Kalne und sieh,
Zieh weiter nach Groß-Hamath
Und steig hinab zum philistäischen Gath!
Seid ihr besser als diese Reiche,
Oder ist euer Gebiet größer als ihres?" (Amos 6, 1 f.)

„Seid ihr mir nicht wie der Neger Volk,
Ihr Kinder Israel — ist der Spruch Jahwes —,
Hab ich nicht Israel aus Ägypten geführt,
Die Philister aus Kaphthor, die Aramäer aus Kir?" (Amos 9, 7)

Je größer und unbegreiflicher Gottes erwählende Gnade, um so schwerer die Verantwortung des Volkes, um so unerbittlicher Gottes Gericht!

„Nur euch habe ich erwählt aus allen Geschlechtern der Welt. Darum suche ich heim an euch all eure Schuld!" (Amos 3, 1 f.)

„Denn fürwahr, bei der Stadt, die nach meinem Namen genannt ist, will ich anheben, Unheil anzurichten!" (Jeremia 25, 29.)

Freilich sind die Glieder des erwählten Volkes als Menschen anderen Menschen nicht überlegen – darin, daß sie zum erwählten Volke
gehören, haben sie doch etwas voraus, wie denn Israel dank seiner
Erwählung etwas vor den anderen Völkern voraushat. Was eigentlich? Im Blick auf das alte Israel kann man nur sagen: die besondere
Fürsorge und den kräftigen Schutz des Gottes Jahwe, der anderen
Göttern überlegen ist und der mit dem Volke Israel einen Bund ge-
schlossen hat. Im Blick auf die spätere Entwicklung muß man sagen:
die Kenntnis des einen wahren Gottes und seines im Gesetz nieder-
gelegten Willens, die Berufung durch diesen Gott zu einem „heiligen", also zu einem aus der Schar der übrigen Völker zur Verehrung
dieses Gottes erwählten Volke, das zu einer weltgeschichtlichen Rolle
bestimmt ist. Durch seinen Kultus und Ritus sondert es sich jetzt
schon von den übrigen Völkern ab; einst, am Ende der Zeiten, wird
es das Herrschervolk sein; Jerusalem wird der Mittelpunkt der Völ-
kerwelt sein; von dort wird Gotteserkenntnis in alle Lande aus-
gehen, und dorthin werden alle Völker wallfahrten und ihre Gaben
bringen, dem erwählten Volke und seinem Gott zu huldigen. Auch
wo später die Bilder der nationalen Zukunftshoffnung verblassen und
den Erwartungen überirdischer Herrlichkeiten weichen, bleibt doch
das Wesentliche: Israel ist das heilige Volk, allein von allen Völkern
mit der Erkenntnis des einen wahren Gottes begnadet, so daß, wer
Gott nahen und an seiner Gnade teilhaben will, zum Glied des erwählten Volkes, zum Israeliten, werden muß, und das heißt in der
Konsequenz: sich beschneiden lassen muß.

IV.

Gegen diese Forderung hat Paulus einen leidenschaftlichen Kampf
geführt und darin zu prinzipieller Klarheit gebracht, was in der Predigt Jesu enthalten war.

Schon Johannes der Täufer hatte den auf ihre Abraham-Kind-
schaft stolzen Juden vorgehalten: „Aus diesen Steinen kann Gott
dem Abraham Kinder erwecken!" Nun, dann ist der jüdische Vorzug,
von Abraham abzustammen, illusorisch. Für Jesus ist der jüdische
Ritus, durch den sich das Volk als heiliges absondert, teils gleichgül-
tiges Herkommen, teils Machwerk von Menschen, durch welches Gottes Wille verdunkelt oder beiseite geschoben wird. Jesu Verkündigung richtet sich an sein Volk, und er überschreitet dessen Grenzen

nicht. An dieses Volk aber richtet sie sich als Ruf zur Buße angesichts
des bevorstehenden Gerichtes Gottes. Von diesem Gerichte redet er
aber nicht als von dem großen Tage, an dem – wie Daniel es in seiner
Vision geschaut hatte – das „Volk der Heiligen des Höchsten" die
Herrschaft über die Welt erhalten wird, sondern als von dem Straf-
gericht über dieses „ehebrecherische und sündige Geschlecht". Nicht
der „Sohn Abrahams" wird in das ewige Leben eingehen, sondern
wer die Hungernden gespeist und die Dürstenden getränkt hat, wer
die Nackten bekleidet und die Kranken und Gefangenen besucht hat.
Einst werden die Genossen des auserwählten Volkes beschämt dastehen, wenn zum messianischen Freudenmahl Heiden von Morgen
und Abend, von Norden und Süden herbeikommen und mit Abraham, Isaak und Jakob zu Tische liegen werden.

Paulus hat die Ablösung des Gottesverhältnisses von der Zugehörigkeit zu einem bestimmten geschichtlichen Volke und von seinem
Kultus und Ritus grundsätzlich durchdacht und formuliert. Vor Gott
stehen Juden und Griechen in gleicher Weise als Sünder da; vor ihm
muß jeder Mund verstummen; die ganze Welt ist schuldig vor ihm.
Aber in gleicher Weise steht auch die Gnade Gottes allen Menschen
offen. „Oder ist Gott nur der Juden Gott? Nicht auch der Heiden?
Ja, gewiß, auch der Heiden" (Römer 3, 29). „Denn es gibt keinen
Unterschied zwischen Juden und Griechen. Denn Einer ist der Herr
aller, der reich ist für alle, die ihn anrufen" (Römer 10, 12). Und wie
vor Gott alle Menschen ohne Unterschied als Sünder dastehen, so
sind auch „in Christus" alle die Eigenheiten, durch die sonst die
Menschen differenziert werden, verschwunden:

> „Da ist nicht Jude noch Grieche,
> Nicht Sklave noch Freier,
> Nicht Mann noch Weib,
> Denn alle seid ihr Einer in Christus Jesus." (Galater 3, 28)

„In Christus": das heißt, es gilt, sofern und soweit der Mensch
einer Sphäre angehört, die jenseits der Welt des Sichtbaren und
Greifbaren liegt, jenseits der Welt, die sich in Arten und Eigenheiten artikuliert. Es gilt insofern, als wer an die in Christus offenbare
Gnade Gottes glaubt, in seinem innersten Wesen dieser Welt nicht
mehr angehört; insofern, als er gleichsam entweltlicht ist.

„In Christus" ist der „eschatologische" Einbruch der jenseitigen
Welt in die irdische Welt erfolgt, der Einbruch der göttlichen Welt,

in der nicht mehr das menschliche Werk, sondern nur die göttliche Gnade Geltung hat und verleiht; in der der menschliche Stolz gebrochen ist und alles „Rühmen" aufhört und das „Glauben" an seine Stelle tritt. Hier gilt nicht mehr Tugend und Verdienst; hier gibt es nur Erwählte und Berufene. Hier ist denn auch sinnlos geworden, was Menschen sonst unterscheidet; alle stehen in gleicher Weise als Empfangende vor Gott. Es gilt für die Welt der göttlichen Gnade das Gesetz, das in Immermanns „Merlin" als Inschrift über der Pforte zum heiligen Gral steht:

> „Ich habe mich nach eignem Recht gegründet,
> Vergebens sucht ihr mich.
> Der Wandrer, welcher meinen Tempel findet,
> Den suchte ich."

Und entsprechend gilt:

> „Des Menschen Tat, die einzig kenntliche,
> Ist: Fühlen sich im Stande der Erwählten."

Ein politisches oder soziales Gleichheitsprogramm ist mit dieser Lehre nicht gegeben. „Ein jeder bleibe in dem Stande, in dem ihn Gottes Berufung getroffen hat" (1. Korinther 7, 20). Es handelt sich vielmehr um eine Gleichheit, die allen Menschen als Bestimmung eigen ist, da sie mit Adam „nach dem Bilde Gotes" geschaffen sind, und die sich realisiert, wo der Mensch die Wendung vollzieht, um „in Christus" zu erkennen, daß sein eigentliches Wesen nicht in der Welt der Erscheinungen seinen Ursprung hat und nicht in ihr seine Erfüllung findet; wo er dessen inne wird, daß er hier als ein Fremdling zu Gaste weilt, und daß jede der geschichtlichen Begegnungen, in denen sich sein Leben hier abspielt, die Entscheidungsfrage für oder wider die göttliche Welt enthält.

So absurd es wäre, *diesen* Gleichheitsgedanken zu einem Programm der Gleichmacherei in der sichtbaren Welt des Wechsels und der Differenzierungen zu machen, so kindisch erscheint ihm gegenüber ein Protest, der – etwa im Namen der Rasse – die ursprüngliche Ungleichheit der Menschen und Völker als etwas Wesentliches verficht. Ein solcher Protest erreicht das Niveau des christlichen Gleichheitsgedankens überhaupt nicht. Denn von diesem aus werden mit Lächeln alle Unterschiede und unterschiedlichen Wertungen, die in der Sphäre der sichtbaren Welt sinnvoll sein mögen, zugestanden in dem gelassenen Wissen, daß das alles vorläufig und unwichtig ist im Verhältnis zu dem Reiche, in dem das eigentliche Wesen des Menschen vor Gott offenbar ist.

Aber freilich: die christliche Haltung zur Welt ist eine „dialektische", das heißt, sie besteht nicht in einer eindeutigen, über alles Weltliche verhängten Nichtigkeitserklärung. Denn solange der Gläubige in den geschichtlichen Begegnungen und in den durch sie abverlangten Entscheidungen steht, solange kann ja im Augenblick der Begegnung wichtig werden, was an sich unwichtig ist. Die Entscheidung für die göttliche Welt realisiert sich ja jeweils als konkrete Entscheidung gegenüber einer bestimmten, innerweltlichen Frage, für ein bestimmtes, innerweltliches Verhalten. So kann im Lichte der Liebesforderung bedeutsam werden, was sonst nichtig wäre, und so müssen alle weltlichen Phänomene ihren zweideutigen Charakter enthüllen: im Dienste des Guten wie des Bösen stehen zu können. In allen weltlichen Verhaltungen ist deshalb die Haltung des „Entweltlichten" durch jenes „als ob nicht" charakterisiert; er gehört zu denen, „die da weinen, als weinten sie nicht, und die sich freuen, als freuten sie sich nicht, die diese Welt nutzen, als hätten sie nichts davon" (1. Korinther 7, 30 f.). Diese dialektische Haltung bestimmt auch die Frage nach der Gleichheit der Menschen. Weder können die Unterschiede, die zwischen Menschen bestehen, unkritisch als gerechtfertigt hingenommen werden – sie sind vielmehr nach ihrem Sinn jeweils zu befragen –, noch kann der „Entweltlichte" sich weigern, Unterschiede in Rang und Wert anzuerkennen. „Furcht, dem die Furcht gebührt! Ehre, dem die Ehre gebührt!" (Römer 13, 7).

Aber durch die mannigfaltigen Ungleichheiten sieht der Glaube die letzte innere Gleichheit, die begründet ist in der *Schöpfung:* in der Bestimmung des Menschen, Imago Dei, Gottes Bild, zu sein, und in der *Berufung:* in dem an alle ergehenden Ruf Gottes, der nichts anderes sagt, als daß im Raume der göttlichen Gnade „der Sünder gerechtfertigt ist", das heißt, der Mensch schon als der gilt, der er erst werden soll.

„Adam, wo bist du?" – rief einst den ersten Menschen Gottes Ruf aus seinem Versteck vor das Auge des Richters, so ist „in Christus" der Ruf „Adam, wo bist du?" zum Ruf der Gnade geworden, der den Menschen aus der Verlorenheit an die Welt der Unterschiede und Ungleichheiten zurückruft in das Reich der „himmlischen Gestalten", deren verklärtes Sein keine differenzierenden „Kleider und Falten" mehr verbergen.

Anknüpfung und Widerspruch *

1946

I.

Versteht man den christlichen Glauben als ein Phänomen der Re
ligion überhaupt und, indem man christlich zu urteilen meint, als
das höchste religiöse Phänomen, – versteht man weiter die Religion
als ein Phänomen des menschlichen Geisteslebens, so ist es selbst-
vertändlich, daß zwischen der christlichen Religion und den nichtchristlichen Religionen ein kontinuierlicher Zusammenhang besteht.
Die religionsgeschichtliche Betrachtung scheint dieses Urteil zu bestätigen. Denn zweifellos kann man die heidnischen Religionen als
Vorstufen oder Parallelerscheinungen der christlichen Religion an-
sehen; und man kann etwa feststellen, daß in dieser zu voller Ausbildung gelangt ist, was in jenen nur in Ansätzen vorhanden ist,
oder daß in dieser zur Vollendung gekommen ist, was in jenen durch
Fehlentwicklung zu einer minder vollkommenen oder verzerrten
Gestalt gediehen ist.

Typische Phänomene des religiösen Lebens erscheinen hier wie
dort und beweisen die innere Verwandtschaft allen religiösen Lebens: Gemeinschaftsbildung mit ihren kultischen Feiern und sakra-
mentalen Handlungen, mit ihrer Disziplin, mit ihrem Priestertum
und ihrer Tradition; in den höheren Formen mit ihren heiligen
Schriften, mit religiöser Spekulation oder Dogmatik, mit ihrer Ethik
oder auch mit ihrer Mystik.

Für diese Betrachtungsweise ist *die Frage nach der „Anknüpfung"*
für die christliche Verkündigung grundsätzlich kein Problem; es besteht nur ein praktisches Problem. D. h.: soll der christliche Glaube

---

* Theol. Zeitschrift 2 (1946), S. 401—418.

nichtchristlichen Völkern gebracht werden, so ist es keine Frage, daß
der Missionar an die Formen und Gehalte des religiösen Lebens der
heidnischen Völker anknüpft, also etwa ihre Gedanken über die Gottheit läutert und weiterführt, ihre Bräuche reinigt, ihre Lebensführung auf eine höhere Stufe leitet u. dgl. Es kann sich dann nur jeweils
um die praktische Frage handeln, wie das zu machen sei.

Ist aber die christliche Theologie der Meinung, daß der christliche
Glaube nicht ein Phänomen der menschlichen Geistesgeschichte, der
Religion überhaupt, sei, sondern daß er die Antwort auf die in einer
bestimmten Offenbarung Gottes erklingende Frage an den Menschen sei, also kein Ergebnis der Entwicklung auf dem Felde der
Religionsgeschichte, keine Blüte im Garten des menschlichen Geistes,
sondern eine fremde Pflanze, von jenseits her in die menschliche
Welt gebracht, und nur so und nur deshalb eine Haltung, die mit
der jenseitigen Welt Gottes verbindet, – dann gibt es offenbar keine
Kontinuität zwischen der christlichen und den nichtchristlichen Religionen; dann wird für die Mission das Problem der „Anknüpfung"
als ein grundsätzliches aktuell. Denn wie kann es dann noch *Anknüpfung* geben? Gibt es dann nicht nur *Widerspruch?* Sind dann
nicht alle Vorstellungen von Gott außerhalb des Glaubens falsch? –
Wahnideen, die durch das Wort des wirklichen Gottes zunichte gemacht werden? Ist dann nicht alle sogenannte Religion in Wahrheit
Gottlosigkeit? Eine Illusion, die das Rätselhafte, Unheimliche,
Furchtbare, Bedrängende von Welt und Leben tragbar machen will,
indem sie ihm die Gestalt einer Gottheit substituiert und es dadurch
erträglich macht? Die dem unbestimmten Rätsel Gestalt und Namen
gibt, um es gleichsam zu bannen und mit ihm in Verkehr treten zu
können? – indem sie aus der faktischen Unterworfenheit ein Sich-
unterwerfen macht, um der Gnade des Übermächtigen sicher zu werden?

Und bestätigt nicht die Betrachtung der Geschichte dieses Urteil?
Denn verkümmert nicht die Religion, stirbt sie nicht ab, oder sinkt
sie nicht wenigstens zu einer unverbindlichen Verklärung des Ar-
beitslebens herab, je mehr Welt und Leben ihr Rätsel verlieren, dem
Denken verständlich und der Tat beherrschbar, „organisierbar",
werden? Wäre der christliche Glaube also nur eine Religion, ein
Phänomen des Geisteslebens, so würde er mit dem Untergang der
Religion dahingehen.

Aber eben als ein solches versteht er sich selber nicht, sondern er

weiß sich als Geschenk Gottes selbst, als gewirkt durch die Verkündigung von Jesus Christus, auf die er selbst die Antwort ist. Es ist
daher verständlich, wenn in der neueren Theologie die Frage, ob
es für den christlichen Glauben eine Anknüpfung an die religiösen
Gefühle und Vorstellungen des Menschen gibt: entschieden ver-
neint wird: *es gibt keine Anknüpfung, sondern nur den Widerspruch!*
Es gibt nicht so etwas wie ein religiöses Organ im Menschen, das nur
ausgebildet zu werden brauchte. Indem Gott zu uns spricht, schafft
er auch selbst in uns das Organ, ihn zu hören.

Ergibt sich nun daraus die Konsequenz, alle außerchristliche Religion als einen gottlosen Wahn zu bekämpfen? Sich auf den Standpunkt früherer Zeiten zurückzuversetzen, in denen christliche Mis-
sionare alle heidnische Religion als sündhaften „Götzendienst" an-
sahen und destruierten? – offenbar eine naive Meinung, der wirkliche Kenntnis und Einsicht in die heidnischen Religionen fehlte!
Muß nicht unsere bessere Kenntnis und tiefere Einsicht für die Mission fruchtbar werden? und das hieße doch: muß nicht die Mission
die heidnischen Religionen als ein Positivum, als ein Stadium auf
dem Wege zu Gott, werten und also nach der Anknüpfung fragen?
Darf sie nur im Widerspruch bleiben? Aber würde sie damit nicht
den exklusiven und absoluten Charakter der Offenbarung Gottes,
den sie zu vertreten hat, preisgeben?

II.

Wie ist aus diesem Dilemma herauszukommen? Mir scheint, daß
eine zweifache Antwort – oder eine Antwort in zwei Stufen – gegeben werden muß.

1. *Gottes Handeln am Menschen* durch sein Wort hat freilich *keinen Anknüpfungspunkt im Menschen* oder im menschlichen Geistesleben, an den sich Gott akkommodieren müßte. Gottes Handeln
macht den Menschen, den es lebendig machen will, vorher zunichte.
Gottes Handeln ist Widerspruch gegen den Menschen, und gerade
auch gegen den Menschen in seiner Religion, in der er sich gegenüber der bedrängenden Welt sichern und behaupten, in der er seine
Sorgen und Ängste beschwichtigen will. Und jede Selbsterniedrigung
und Selbstaufopferung, die im Namen der Religion geschieht, ist in
Wahrheit Empörung gegen Gott, – wie für Paulus der jüdische Ge-
setzesdienst nur ein Mittel ist, eigenen Ruhm zu erringen. Gottes

Gnade ist für den Menschen Gnade in so radikalem Sinne, daß sie
die ganze Existenz des Menschen trägt und nur von dem als Gnade
verstanden werden kann, der seine ganze Existenz aus der Hand
gibt und sich fallen läßt in die unabmeßbare, schwindelnde Tiefe,
ohne einen Halt zu suchen. Gottes Offenbarung ist der Widerspruch
Gottes gegen den Menschen in seiner Religion. Legitime christliche
Verkündigung kann also nur eine solche sein, die diesen Widerspruch
in seiner vollen Schärfe laut werden läßt.

Aber gerade *im Widerspruch wird in paradoxer Weise der Anknüpfungspunkt geschaffen,* oder besser: *aufgedeckt.* Einen Widerspruch gibt es nur, wo ein Verhältnis besteht; und ein verkehrtes
Verhältnis ist auch ein Verhältnis. Einem Stein kann ich nicht widersprechen, sondern nur einem Menschen; und einem Stein kann auch
Gott nicht widersprechen, weil der Stein selber nicht spricht, – sondern
nur dem Menschen, den er nach seinem Bilde geschaffen hat. Der Mensch,
den Gottes Widerspruch trifft, ist der Mensch, der sich in den Widerspruch zu Gott gestellt hat und der dadurch sich selbst verloren hat.
Gottes Widerspruch ruft ihn zu sich selbst zurück, zu dem, was er
eigentlich ist. Sein Selbst kann man nie verlieren, wie ein Ding, das
einem abhanden kommt, das man durch den Verlust einfach los
wird. Die Bestimmung zum Selbst ist unverlierbar und bleibt im
Menschen ständig wirksam als die ihn ständig – bewußt oder unbewußt, eingestanden oder verdrängt – bewegende Frage nach dem,
was er eigentlich ist. Der Mensch, den Gottes Widerspruch trifft, ist
der verirrte Mensch. Der Verirrte ist durch den Bezug auf den Weg,
den er gehen soll und will, determiniert und steht nicht neutral zu
ihm, wie ein Pfahl, der abseits vom Wege steht.

Die den Menschen, der er selbst sein will und der sein Selbst verloren hat, bewegende Frage nach seiner Eigentlichkeit ist der Anknüpfungspunkt für Gottes Wort. Und sofern die Frage nach seiner
Eigentlichkeit eben *den* Menschen bedrängt, der sich in den Widerspruch zu Gott gesetzt hat, und sofern ihm also Gottes Wort als
Widerspruch begegnet, läßt sich sagen: der Widerspruch des Menschen gegen Gott ist der Anknüpfungspunkt für den Widerspruch
Gottes gegen ihn. *Die Sünde des Menschen ist der Anknüpfungspunkt* für das widersprechende Wort von der Gnade.

Dann kann man also nicht auf diesen oder jenen Anknüpfungspunkt *im* Menschen, in seinem Geistesleben, in seiner Geschichte
hinweisen. Vielmehr: *der Mensch in seiner Existenz, als ganzer, ist*

der Anknüpfungspunkt. Und deshalb ist es auch richtig, daß es kein
Organ im Menschen gibt, kein „religiöses" Organ, das für das Wort
Gottes eine besondere Empfänglichkeit besäße. Vielmehr kann
das, was wir als ein religiöses Organ, als eine besondere Veranla-
gung oder Empfänglichkeit bezeichnen, ebenso gut ein Hindernis
wie eine Förderung für das Hören des Wortes Gottes bedeuten.
Nicht eine besondere Fähigkeit des Menschen ist der Anknüpfungspunkt, sondern die Existenz des Menschen als ganze.

2. Aber noch ein Zweites ist zu sagen. Darf das Erste in keiner
Verkündigung vergessen werden, muß es vielmehr in ihr stets die
leitende Grundanschauung sein, so ist damit doch nicht gesagt, daß
Gottes Widerspruch gegen den Menschen in der menschlichen Rede
– und alle Verkündigung ist auch menschliche Rede! – stets die *Form*
des Widerspruches tragen müsse. Gottes Wort trifft den Menschen
in seiner ganzen Existenz, und auch menschliches Wort der Verkündigung sollte ihn so treffen. Aber die menschliche Existenz erscheint
dem menschlichen Verkündiger ja immer in konkreter historischer
Gestalt, in der sein Selbstverständnis und damit seine Verstehens-
möglichkeiten für das ihm verkündigte Wort individuelle Gestalt
gewonnen haben, in der der Widerspruch gegen Gott und die Frage
nach der Eigentlichkeit verschieden ausgeprägt sind.

Es ist sinnlos, das Wort Gottes überall in gleicher Form zu verkündigen. Wie es fremdsprachlichen Völkern in ihrer Sprache gepredigt werden muß, so muß es überhaupt – und im Grunde jedem
einzelnen Menschen – übersetzt werden in die jeweils dem Menschen verständliche Sprache. Gerade der Widerspruch muß ja *als
Widerspruch* verstanden werden, nicht als etwas Sinnloses ans Ohr
klingen. Das bedeutet aber: *die Sprache des Menschen ist der Anknüpfungspunkt* für das vom menschlichen Verkündiger gesprochene
Wort Gottes. Genauer: Die Gestalt, in der sich jeweils das Existenzverständnis des Menschen ausgeprägt hat, die Ausgelegtheit, die sein
Widerspruch gegen Gott und die Frage nach der Eigentlichkeit gefunden hat, ist der Anknüpfungspunkt, – und also in besonderer Weise
seine Religion, sein Gottesbegriff, seine Ethik, seine Philosophie. Es
wäre sinnlos und verantwortungslos, wollte der Verkündiger ignorieren, daß das Selbstverständnis des Menschen sehr verschieden gestaltet sein kann; daß es naiv oder reflektiert, dogmatisch starr oder
labil und bewegt sein kann, leichtfertig oder ernst, daß der Mensch

für die Frage seiner Existenz verschlossen oder durch sie erregt sein kann.

Gewiß: *Gottes* Widerspruch gilt dem Menschen schlechthin, und *Gott* hat keine Anknüpfungspunkte im Menschen. Ihm steht der Ernste nicht näher als der Leichtfertige; er kann den Selbstzufriedenen und den Verstockten im gleichen Nu seinem Worte erschließen wie den Ringenden, der sich selbst nur Frage ist. Er kann den Frevler heute zu sich rufen, während er den, der „immer strebend sich bemüht", warten lassen kann. Aber *wir* sind nicht Gott und haben nicht Wunder zu tun, sondern wir sind Menschen und haben verantwortungsbewußt und gewissenhaft nach den Möglichkeiten zu fragen, die unserer Arbeit Raum geben. Wir haben den Anknüpfungspunkt nicht nur in jenem paradoxen Sinne in den Blick zu fassen, sondern auch im ganz simplen Sinne nach dem Anknüpfungspunkt für unsere Verkündigung zu fragen.

III.

Wie das zu geschehen hat, dafür kann ein Blick auf das Neue Testament lehrreich sein. Ich brauche nicht darüber zu reden, wie die Aufgabe der Verkündigung im NT grundsätzlich aufgefaßt ist, – so nämlich, daß von einem Anknüpfungspunkt für Gottes Wort im menschlichen Geistesleben nicht die Rede sein kann. Gottes Wort erscheint in der christlichen Predigt als das Wort des Anstoßes, als der Ruf zur Umkehr, als der radikale Widerspruch Gottes gegen den Menschen. Ja, als so radikal, daß der Blick auf die praktischen Anknüpfungsmöglichkeiten dadurch verstellt wird. Aus der Einsicht, daß vor Gott alle Differenzierungen verschwinden, durch welche sich Menschen für menschlichen Blick unterscheiden, wird die Konsequenz gezogen, daß solche Differenzierungen überhaupt nicht da sind. Nirgends wird im NT unterschieden zwischen den Leichtsinnigen und den Ernsten, zwischen denen, die nur den Trieb sinnlicher Leidenschaften kennen, und denen, die nach geistigen Gütern verlangen. Die Heidenwelt erscheint als undifferenzierte Massa Perditionis, und ihre Gottferne wird als eine allgemeine Versunkenheit in Laster und Sünde – wenigstens fast ausnahmslos – aufgefaßt.

Aber überraschenderweise ist nun doch die Verkündigung hier und dort an Anknüpfungspunkten in der Heidenwelt orientiert, wie durch drei Beispiele veranschaulicht werden soll.

1. Die Anknüpfung an die hellenistische Popularphilosophie, speziell an die natürliche Theologie der Stoa

Schon die Redeweise des Paulus ist durch die popularphilosophische Propaganda beeinflußt. Von ihr hat er gelernt, disputierend zu reden und gewisse rhetorische Kunstmittel zu verwenden; aus ihr stammen die Tugend- und Lasterkataloge, vor allem die Vorliebe für die Antithese und die Paradoxie. Auch die kynisch-stoische Predigt kann in gewissem Sinne als Bußpredigt bezeichnet werden; sie will den Menschen zurückrufen aus der Bindung in die Konvention, aus der Versunkenheit in Leidenschaften und Laster, zurück zu einem natürlichen Leben. So lehrt sie eine Umwertung der Werte und zeigt auf, wie ein falsches Verständnis von Glück und Leid, von Freiheit und Knechtschaft, von Leben und Tod die Menschen beherrscht, und lehrt ein echtes Verständnis. An diese Redeweise und damit an ein bestimmtes Selbstverständnis in der hellenistischen Welt knüpft Paulus an. Er übernimmt dabei auch bestimmte Begriffe aus der philosophischen Tradition, die im AT teils nur schwache, teils gar keine Entsprechungen haben wie die Begriffe συνείδησις, καθῆκον, ἀρετή, ἐλευθερία, ja auch den Begriff φύσις.

Paulus will natürlich nicht sagen, daß der Mensch, wenn er die Stimme seines *Gewissens* hört, damit schon Gott hört, daß sein Verantwortungsbewußtsein schon Gottesbewußtsein ist. Aber daß die Forderungen des Sittlichen, die der Heide vernimmt, die Forderungen Gottes sind, das ist ihm nicht zweifelhaft. Er erkennt das nicht nur indirekt an, wenn er Phil. 4, 8 mahnt: „Alles was wahr, was ehrbar, was gerecht, was rein, was wohlgefällig, was löblich ist, was es irgend an Tugend und Lob gibt, das beherzigt!" Sondern er erkennt es auch direkt an, wenn er Röm. 2, 14 f. sagt: „Denn wenn die Heiden, die das Gesetz nicht haben, von Natur das tun, was das Gesetz fordert, so sind sie, die das Gesetz nicht haben, sich selbst das Gesetz. Sie zeigen ja, daß das vom Gesetz geforderte Werk in ihr Herz geschrieben ist, indem auch ihr Gewissen es bezeugt und ihre Gedanken sich untereinander anklagen oder verteidigen."

Aber es ist nun wohl zu beachten, in welchem Zusammenhang und zu welchem Zweck Paulus dies sagt; nämlich um zu beweisen, daß auch die Heiden dem Gericht Gottes unterworfen sind und sich nicht entschuldigen können. So vereint sich mit der Anknüpfung der Widerspruch. Gottes Widerspruch richtet sich nicht gegen das sittliche

Bewußtsein der Heiden als solches. Gottes Widerspruch kann vielmehr dem Heiden gerade dadurch zum Bewußtsein gebracht werden,
daß an sein Verantwortungsbewußtsein appelliert wird und er vor
die Frage gestellt wird, ob er radikal ernst damit macht; ob er sich
darüber klar ist, daß er als verantwortlicher Mensch vor Gott als
seinem Richter verantwortlich ist und daß er dann vor Gott als Ge-
richteter dasteht.

Ähnlich läßt sich an der Anwendung des Begriffes der *Freiheit*
das Beisammen von Anknüpfung und Widerspruch zeigen. Denn
zunächst ist klar, daß Paulus das Selbstverständnis des Menschen bejaht, welches besagt: zur Existenz des Menschen gehört Freiheit, und
zwar – wie in der Stoa – nicht in einem äußerlichen Sinne. Der Sklave
soll nicht meinen, er müsse frei werden im soziologischen Sinne; er
kann gerade als Sklave ein Freier sein. Nein! es ist die Freiheit in
jenem innerlichen Sinne gemeint als die Freiheit von menschlichen
Urteilen und Wertungen ($\mu\grave{\eta}$ $\gamma\acute{\iota}\nu\varepsilon\sigma\vartheta\varepsilon$ $\delta o\tilde{\upsilon}\lambda o\iota$ $\grave{a}\nu\vartheta\varrho\acute{\omega}\pi\omega\nu$ 1. Kor. 7, 24),
als die Freiheit von den Leidenschaften der Sinnlichkeit (Gal. 5, 13),
als die Freiheit der Innerlichkeit, der Abkehr von allem, was dem
eigentlichen Selbst fremd ist, der Abkehr von der „Welt". Alles wie
in der Stoa; und auch die Dialektik des $\pi\acute{a}\nu\tau a$ $\mu o\iota$ $\H{\varepsilon}\xi\varepsilon\sigma\tau\iota\nu$, $\grave{a}\lambda\lambda$' $o\grave{\upsilon}\varkappa$
$\grave{\varepsilon}\gamma\grave{\omega}$ $\grave{\varepsilon}\xi o\upsilon\sigma\iota a\sigma\vartheta\acute{\eta}\sigma o\mu a\iota$ $\grave{\upsilon}\pi\acute{o}$ $\tau\iota\nu o\varsigma$ (1. Kor. 6, 12) ist stoisch. An diesen
innerlichen Freiheitsbegriff und seine Dialektik, in dem die Frage
der menschlichen Existenz einen deutlichen Ausdruck gewonnen hat,
knüpft Paulus an. Der Mensch, in dem die Frage nach der Freiheit
so lebendig ist, muß doch die Botschaft von der christlichen Freiheit
verstehen!

Aber auch hier kann die Anknüpfung nur zusammengehen mit
dem Widerspruch. Freilich sieht die Stoa richtig, daß die Freiheit
des eigentlichen Selbst in der Abkehr des Menschen von der Welt
gegeben ist. Aber sie setzt dabei voraus, daß der Mensch Herr über
seine Innerlichkeit ist, daß die Gewinnung seiner Eigentlichkeit in
seine Macht gegeben ist, während für Paulus das eigentliche Freiheitsproblem gerade da beginnt, wo es für die Stoa aufhört [1]. In
seinem Inneren ist der Mensch nicht frei; vielmehr wenn er sich von
der Welt abkehrt und vor Gott gestellt weiß, entdeckt er in seinem
Wollen ein Nichtkönnen, einen Zwiespalt zwischen Ich und Ich, so

---

[1] Vgl. *Hans Jonas*, Augustin und das paulinische Freiheitsproblem 1930, S.
8—16.

daß er die Freiheit nur als Freiheit von sich selbst erfahren kann.
Er gewinnt sie, wenn er sein altes Ich preisgibt, sich mit Christus
kreuzigen läßt und nun mit Christus lebt, aber nicht mehr als Ich,
sondern so, daß Christus in ihm ein neues Ich ist (Gal. 2, 19 f.).
Auch an die „natürliche Theologie" der Stoa knüpft Paulus an,
wenn er Röm. 1, 18 f. sagt: „Denn was von Gott erkennbar ist, das
ist unter ihnen (den Heiden) offenbar, denn Gott hat es ihnen offenbar gemacht. Denn sein unsichtbares Wesen kann seit der Erschaffung der Welt an seinen Werken durch die Vernunft geschaut werden, seine ewige Kraft und Göttlichkeit." Der Satz entspricht in Gedanke und Form den hellenistischen Gottesbeweisen. Und auch darin
stimmt Paulus mit der griechischen Aufklärung überein, daß die an
der Betrachtung des Kosmos gewonnene Gotteserkenntnis nicht eine
bloß theoretisch-wissenschaftliche, sondern eine Erkenntnis ist, in
der der Mensch sein eigenes Sein erfaßt: seine Gottbezogenheit und
seine Unterworfenheit unter die ewigen göttlichen Normen, die das
Gesetz seines eigentlichen Selbst sind [2].

Indessen, in welchem Zusammenhang und zu welchem Zweck
greift Paulus zu diesem Gedanken? Nicht weil er die Zugänglichkeit
Gottes für die Heiden als ein Positivum darstellen will, sondern weil
er zeigen will, daß die Heidenwelt unter dem Zorne Gottes steht.
Die Erkenntnis Gottes als des Schöpfers hat bei ihnen nicht zu Dank
und Dienst geführt, sondern ist in der praktischen Haltung verleugnet worden. So begründet die Gotteserkenntnis der Heiden ihre Verantwortlichkeit, ihre Verfallenheit an Gottes Gericht. Aber gerade
so ist die natürliche Gotteserkenntnis der Anknüpfungspunkt, weil
im Schuldigsein der Heiden die Möglichkeit für das Hören des Evangeliums von der Gnade gegeben ist.

Ähnlich, wenngleich äußerlicher, knüpft die sog. Areopagrede, die
der Autor der Acta Paulus in den Mund gelegt hat, an die natürliche
Theologie des Hellenismus an. Die Anknüpfung ist hier eine bewußte. Die Rede knüpft ja an die Inschrift eines heidnischen Altares
an: ἀγνώστῳ ϑεῷ; sie setzt also bei den Hörern eine Ahnung von
dem wahren Gott voraus, der ihnen nun erst wirklich bekannt gemacht werden soll. „Was ihr, ohne es zu kennen, verehrt, das ver-
kündige ich euch." Gleich die ersten Sätze tragen hellenistische Got-

---

[2] Vgl. *Günther Bornkamm*, Die Offenbarung des Zornes Gottes. Zeitschr. f.
d. Neutest. Wissensch. 34 (1935), S. 239—262.

teslehre vor, beginnend freilich im alttestamentlichen Stile mit der
Verkündigung des einen Gottes, der als der Schöpfer keines Tempels
zu seiner Verehrung bedarf. „Gott, der die Welt gemacht hat und
alles, was darin ist, er, der des Himmels und der Erde Herr ist, wohnt
nicht in Tempeln, die von Händen gemacht sind." Aber dann wird
der Gedanke in modernisierte hellenistische Form gefaßt und führt
auf das Motiv der Bedürfnislosigkeit Gottes hinaus, das, gut stoisch,
dem AT fremd ist, das ja eine Lehre von den auf der via negationis
zu erschließenden Eigenschaften Gottes nicht kennt. „Er läßt sich
nicht von Menschenhänden bedienen, als bedürfe er etwas, da er
selbst allem Leben gibt, Odem und Alles." Dann folgt die hellenistische Betrachtung der von Gott den Menschen gesetzten Ordnungen.
„Er fügte, daß, von Einem entsprungen, das ganze Geschlecht der
Menschen auf der ganzen Fläche der Erde wohnen sollte. Er bestellte
ihnen geordnete Zeiten des Jahres und begrenzte Zonen zum Sie-
deln." Und daraus folgernd: „damit sie Gott suchen sollten, ob sie
ihn greifen und finden möchten; denn nicht fern ist er ja jedem unter
uns". Und dabei ist das Suchen Gottes nicht im alttestamentlichen
Sinne als Sache des Willens, sondern im hellenistischen Sinne als
Sache des Forschens verstanden. Vollends ist der hellenistische Gedanke in den folgenden Versen deutlich. „Denn in ihm haben wir
Leben, Weben und Sein, wie ja auch einige eurer Dichter gesagt
haben: ‚Denn wir sind seines Geschlechts'. Als göttlichen Geschlechtes nun sollen wir nicht wähnen, die Gottheit gleiche einem Bilde
aus Gold, Silber oder Stein, dem Werke menschlicher Kunst und
Phantasie." Es ist der Gedanke der Gottesverwandtschaft des Menschen, welcher die richtige Erkenntnis und Verehrung Gottes zu entsprechen hat. Der Gedanke wird ja durch ein Zitat aus dem Stoiker
Arat erläutert, und ein Zitat steckt vermutlich auch in dem ἐν αὐτῷ
γὰρ ζῶμεν καὶ κινούμεθα καὶ ἐσμέν [3]).

Eine echte Paulusrede ist diese Rede nicht. Der charakteristisch
paulinische Gedanke, daß die Gotteserkenntnis der Heiden ihre
Schuld begründet, fehlt, wie andrerseits dem Paulus der Gedanke
von der Gottesverwandtschaft fern liegt. Die Rede ist eine literarische Bildung des Verfassers der Acta; aber das Motiv des Widerspruches fehlt auch in ihr nicht, sondern kommt im Schluß der Rede

---

[3] Vgl. *Martin Dibelius, Paulus* auf dem Areopag. Sitzungsber. der Heidelb.
Akad. d. Wiss., Phil.-hist. Klasse, Jahrg. 1938/39, 2. Abk. 1939; bzw. Aufsätze zur
Apostelgesch. 1951, S. 29–70.

zur Geltung: in dem Ruf zur Buße und in dem Hinweis auf das bevorstehende Gericht Gottes und auf Jesus Christus als den Mann, an dem sich das Gericht entscheiden wird. Ebenso auch durch den Bericht vom Eindruck der Rede: „Da sie aber von der Auferstehung der Toten hörten, spotteten die einen, die andern sagten: ‚wir wollen darüber noch ein andermal hören'." Der Verfasser der Acta weiß also, daß es Anknüpfung nicht ohne Widerspruch gibt, wenn er auch beides recht äußerlich nebeneinander gestellt hat ohne die innere Verknüpfung, die darin gegeben ist, daß gerade der Widerspruch in tieferem Sinne die Anknüpfung ist.

2. Die Anknüpfung an die hellenistischen Mysterienreligionen

Über dieses Thema ist in der religionsgeschichtlichen Schule viel verhandelt worden, und ich will hier nur kurz an das erinnern, was die *Sakramente* betrifft. Stammen die Taufe, die den Getauften in die christliche Gemeinde aufnimmt, und das Herrenmahl in irgendeiner Form aus der urgemeindlichen Tradition, so ist es doch keine Frage, daß beide Sakramente im hellenistischen Christentum eine Form und eine Deutung gewannen, durch die sie den Sakramenten der Mysterienreligionen angeglichen wurden. Wie in den Mysterien der Myste kraft der kultischen Handlung am Schicksal der Mysteriengottheit teilgewinnt, an seinem Tode und an seinem Wiederaufleben, so erhält durch die christliche Taufe der Täufling teil am Tode und an der Auferstehung Christi. Der christliche Taufbrauch und Taufglaube knüpfen also an die Mysterienvorstellung an und damit an das ihm zugrunde liegende Selbstverständnis des Menschen.

Den Menschen, die sich in den Mysteriengemeinden zusammenfanden, war das *Weltverhältnis* fragwürdig geworden. Die Möglichkeiten der Welt bieten ihnen nicht mehr das, was sie brauchen, um eigentlich sein zu können. Der Mensch findet die Erfüllung seines Selbst nicht mehr wie einst in der weltgestaltenden Tat und in der Gemeinschaft der Polis; auch nicht im Kosmos, wie der Philosoph, der in der Hingabe an den Logos die Welt als Einheit versteht und sich in ihr gesichert weiß. Er weiß sich vielmehr als ungesichert, und die Welt enthält für ihn primär die Möglichkeiten des Schicksals, dem er sich preisgegeben weiß, – als letztes Schicksal den Tod. Er weiß sich Leiden und Freuden ausgesetzt, als der Freuden bedürftig und doch nicht über sie verfügend. Er zittert vor dem Tode und hat doch keine Möglichkeit, seiner Herr zu werden. Er kann sich nicht

mehr einer Gottheit trösten, die in der Gemeinschaft der Polis als
tragende Kraft waltet, die die Autorität des Rechtes begründet und
Gehorsam fordert und lohnt, – noch auch des Logos oder des νόμος
φύσεως, der die Welt und das Geschehen in ihr harmonisch zur Einheit fügt. Es ist eine den nationalen Schranken enthobene, eine überweltliche Gottheit, deren Willkür er sich ausgeliefert weiß, und zu
der er sich flüchtet, um sich ihrer Gnade zu versichern. Im Mysterium
der Weihe gibt er sein altes Leben preis, erleidet er den Tod, um ein
ganz Neuer zu werden, über den das Schicksal keine Macht mehr hat,
und der nach dem leiblichen Sterben des unvergänglichen Lebens in
Seligkeit gewiß sein kann.

Bedenken wir weiter, daß sich die Mysteriengläubigen in *Gemein-*
den sammelten, in denen die Unterschiede von Geschlecht, Nation
und Rasse (wenn wir von der Mithrasreligion absehen) hinfällig geworden sind, in Gemeinden, die durch den freien Zusammenschluß
ihrer Mitglieder entstanden, welche Mitglieder sich auf die Glauben
fordernde Botschaft der betreffenden Religion hin bekehrt haben,
so leuchtet ein, daß die christliche Predigt hier einen Anknüpfungspunkt fand, den sie durch Ausgestaltung und Interpretation der
christlichen Sakramente nutzbar machte. Die Forderung des Glaubens und der Bekehrung, der Zusammenschluß zur Gemeinde, die
heiligen Weihen, vermöge deren der Geweihte ein neuer Mensch und
seines Schicksals wie des Todes Herr wird, – eben diese charakteristischen Züge mußten die christliche Religion solchen Hörern empfeh-
len, die der Botschaft der Mysterien zugänglich waren.

Es mochte wohl auch vorkommen, daß bei der Anknüpfung der
Widerspruch vergessen wurde, wie z. B. der für Korinth bezeugte
Brauch der Vikariatstaufe zeigt, die den schon Gestorbenen noch das
Heil zuwenden will (1. Kor. 15, 29). Aber Paulus jedenfalls hat den
Widerspruch nicht vergessen. Er bestreitet die Sicherheit, die durch
den Sakramentsempfang gewährleistet zu sein scheint. Auch Israel
hat einst in der Wüste ein Sakrament der Taufe und des heiligen
Mahles empfangen; aber es verfiel dem Gericht Gottes; also: ὁ δοκῶν
ἑστάναι βλεπέτω μὴ πέσῃ (1. Kor. 10, 12). Und so gilt auch für das
Herrenmahl, daß es nicht ex opere operato wirkt, sondern nur bei
würdigem Genuß (1. Kor. 11, 27–29). Denn was ist *der Sinn der Sa-*
kramente? Die Taufe führt in den Tod des Herrn, und das Herrenmahl proklamiert den Tod des Herrn. Sagten nicht das gleiche die
Mysterien? Ja, aber Paulus radikalisiert den Gedanken: in den Tod

gegeben ist nicht nur das Vergängliche am Menschen, das dem Schicksal unterworfen ist, so daß nun sein Lebenswille triumphiert, daß das alte Ich sich in seinem unbändigen Lebenswillen durchhält, sondern der Mensch ist als ganzer in den Tod gegeben, so daß er in radikalem Sinne ein Neuer geworden ist, d. h. aber, daß sein Wille ein neuer geworden ist, daß er nicht in der Sicherheit des Unsterblichkeitsbesitzes allen Ansprüchen enthoben ist und sein neues Leben in seinem beruhigten Bewußtsein genießen kann. Vielmehr er ist ein neuer geworden für Gottes Anspruch und hat ihm zur Verfügung zu stehen: λογίζεσθε ἑαυτοὺς εἶναι νεκροὺς μὲν τῇ ἁμαρτίᾳ, ζῶντας δὲ τῷ θεῷ ἐν Χριστῷ (Röm. 6, 11).

Dementsprechend unterscheiden sich auch *die christlichen Gemeinden* von den Mysteriengemeinden, und zwar nicht nur dadurch, daß in ihnen das Gebot gilt, ein reiner Tempel zu sein und allen Sauerteig der κακία und πονηρία auszufegen (1. Kor. 3, 17; 5, 8), sondern einmal durch ihre Exklusivität, d. h. daß das Ereignis des Sterbens und Auferstehens mit Christus so ernst genommen ist, daß daneben andere Mittel und kultische Weihen, die die Sicherheit vergrößern sollen, ausgeschlossen sind. Sodann dadurch, daß sie nicht Einzelgemeinden ohne Zusammenhang miteinander sind, sondern zur Gesamt-Ekklesia zusammengeschlossen sind; d. h. aber, daß das in ihnen durch die Sakramente verwirklichte Christusgeschehen eschatologisches Geschehen ist, das diese Gemeinden radikal aus der Welt heraushebt und sie im Überweltlichen zu einer Gemeinschaft zusammenbindet, in der alle historisch-weltlichen Differenzierungen verschwinden.

3. Die Anknüpfung an die Gnosis

Nur in den Grundzügen kann dieses umfassende Thema hier dargestellt werden. In der Gnosis ist *das Bewußtsein der Fremdheit des Menschen gegenüber der Welt* radikal ausgebildet, und damit ist *das menschliche Selbst in seiner radikalen Unterschiedenheit von allem außermenschlichen, welthaften Sein* entdeckt. Für den Menschen des AT war die Welt wie der Mensch Gottes Schöpfung, und der Mensch erblickte in den Dingen und Vorgängen der Welt Gottes Gaben und Walten. Er wußte sich in der Welt zu Hause. Für den Griechen regiert in der Welt derselbe Geist, dieselbe göttliche Vernunft, die auch im menschlichen Geiste lebendig ist, und so weiß er sich mit der Welt innerlich verwandt. Der Gnostiker ist der Fremdheit seines

inneren eigentlichen Ich von aller Welt tief inne geworden; er fühlt
sich einsam und gefangen in der Welt, von ihr bedrängt und er-
schreckt, an sie ausgeliefert und verloren. Eine atemberaubende
Weltangst erfüllt ihn. Aber diese Angst befällt den Gnostiker auch
vor sich selbst. Denn er fühlt in sich selbst Triebe und Begierden auf-
steigen, die ihn an die Verlockungen der Welt verfallen lassen, ihn
an sie fesseln. Er ertappt sich darauf, daß die Welt ihn betäubt und
trunken gemacht hat; und wenn er aus dem Rausch erwacht, so graut
ihm vor sich selbst, vor den Gewalten, die in seinem eigenen Inneren wirken. Sein eigentliches Selbst ist an die Seele, den Doppelgänger, gefesselt und kann sich nicht frei machen. Durch den Fall des
Urmenschen aus der Lichtwelt — so lautet die Objektivation des
Selbstverständnisses in der Mythologie — ist das Selbst in die Gefangenschaft der Dämonen der Finsternis geraten.

Die *Freiheit* kann ihm nur geschenkt werden, und sie wird ihm
geschenkt *durch den Gottessohn, den Offenbarer*, der aus der himmlischen Lichtwelt herabgesandt wird, der sich in menschliche Gestalt
verkleidet und das Erdenleben mit seiner Qual und Angst auf sich
nimmt. Er belehrt den Menschen, lehrt ihn seine Situation verstehen;
er erinnert das Selbst an seine himmlische Heimat und bahnt ihm
den Weg in die Lichtwelt, indem er selbst, die dämonischen Welt-
mächte überwindend, emporsteigt. Diesen Weg wird das Selbst nach
dem Tode gehen, um im Reigen der himmlischen Mächte Gott Lob-
lieder zu singen.

Solange der Mensch noch auf Erden weilt, ist ihm radikale Abkehr
von der Welt bis zur Askese aufgegeben, — wofern nicht das gnostische Bewußtsein der nunmehr erlangten Weltüberlegenheit um-
schlägt in Libertinismus. Aber der Gnostiker braucht nicht in der
negativen Haltung der Weltverneinung zu verharren. Und nicht nur
in Spekulation und Meditation kann er sich sein himmlisches Selbst
zum Bewußtsein bringen, sondern er meint auch in der Ekstase die
Aufhebung seines jetzigen weltlichen Daseins, den Aufschwung in
die Lichtwelt jetzt schon zu erleben [4].

Es ist wiederum deutlich, daß die christliche Predigt hier einen
Anknüpfungspunkt fand. Offenbar schon vor Paulus, jedenfalls bei
ihm selbst *geht die Verkündigung auf die gnostische Begrifflichkeit*

---

[4] S. *Hans Jonas*, Gnosis u. spätantiker Geist I, 1934.

ein [5]; ebenso dann im Hebräerbrief und vor allem im Johannesevangelium. Der Verfasser des Joh. übernimmt den gnostischen Mythos vom erlösten Erlöser, der ihm den Aufriß für seine Darstellung liefert; er faßt die Verkündigung Jesu in die Begrifflichkeit des gnostischen Dualismus von Licht und Finsternis, Wahrheit und Lüge; und wenn er Jesus in den großen Worten sagen läßt: „Ich bin das Licht der Welt", „Ich bin das Brot des Lebens", „Ich bin der wahre Weinstock", „Ich bin die Auferstehung und das Leben", „Ich bin der Weg, die Wahrheit und das Leben", so nimmt er die gnostische Sprache auf; er erkennt damit die Fragestellung der Gnosis an und will sie in dem „Ich bin" zur rechten Antwort leiten [6].

Aber auch hier bilden Anknüpfung und Widerspruch eine Einheit. Mit der Gnosis ist der christlichen Verkündigung gegenüber dem AT und dem Judentum die Überzeugung gemeinsam, daß *die Welt,* so wie sie dem Menschen begegnet, einen gnädigen Gott nicht offenbart. Ist die Welt Schöpfung, dann kann der Schöpfer – so folgert die Gnosis – nur eine dem Menschen feindliche Macht sein. In der Tat sagt die christliche Verkündigung, daß Gott und Mensch Feinde sind (Röm. 5, 10, vgl. 8, 7, auch 2. Kor. 5, 19: κόσμον καταλλάσσων ἑαυτῷ); der Mensch steht unter dem Zorne Gottes (Röm. 1, 18 ff.). Aber dennoch: die Welt ist die Schöpfung des gnädigen Gottes, des Vaters Jesu Christi; der Schöpfer- und der Erlösergott sind ein und derselbe. Jene Feindschaft hat ihren Ursprung nicht in einer dämonischen Schöpfermacht, sondern im bösen Willen des Menschen selbst, in seiner Empörung gegen Gott, so daß ihm Gottes Schöpfung nun als vernichtende Macht begegnen muß. Eine eigentümliche Dialektik bestimmt also das Weltverhältnis des Menschen.

Im Gedanken der *Erlösung* als der radikalen Befreiung von der Welt ist der christliche Glaube der Gnosis verwandter als dem AT, weil in ihr der Mensch in seiner Einsamkeit als von der Welt Unterschiedener, an sich selbst Leidender gesehen ist, als Hilfloser, der sich nicht selbst befreien kann. Aber indem in der Gnosis seine Einsamkeit auf sein Schicksal zurückgeführt wird, statt auf seine Schuld, sein Leiden und seine Hilflosigkeit auf fremde Mächte statt auf den eigenen Willen, wird in ihr – so sagt der christliche Glaube – eben diese Einsamkeit mit ihren Konsequenzen nicht radikal verstanden

---

[5] S. meine Neutest. Theologie S. 162–182; für Hebr.: *E. Käsemann,* Das wandernde Gottesvolk, 1939; für Joh. meinen Joh.-Kommentar 1941.

[6] S. *Ed. Schweizer,* EGO EIMI 1939.

als das Getrenntsein von Gott infolge der eigenen Empörung, sondern nur als ein äußerliches Geschiedensein infolge des Eingreifens
fremder Mächte. Demzufolge wird die Erlösung in der Gnosis im
Grunde als ein Naturprozeß verstanden, der sich am eigentlichen
Ich des Menschen vorbeivollzieht, statt in dessen Umwandlung zu
bestehen. In der Gnosis spricht das begegnende Wort dem Menschen
nicht die den Sünder verwandelnde Vergebung zu, sondern übermittelt ihm eine spekulative Lehre, die ihn heißt, sein Selbst als einen
aus der Präexistenz gefallenen Lichtfunken zu verstehen und ihn
über dessen Natur und Schicksal belehrt.

Die christliche Verkündigung bricht gerade die fundamentale
Lehre von der Präexistenz des Selbst als eines Lichtfunkens aus dem
gnostischen Aufriß heraus und muß deshalb auch die gnostische Auffassung von der durch die Erlösung vollzogenen *Entweltlichung* der
Erlösten ablehnen. Die Entweltlichung besteht nicht in der eindeutigen Abkehr von der Welt, die als Askese oder als Libertinismus
Gestalt gewinnen kann, die als Zuständlichkeit nach dem Tode verwirklicht werden wird, und die im Kulminationsphänomen der
Ekstase schon jetzt vorweggenommen werden kann. Sie kann nur
durch die Vergebung der Sünde erfolgen, die im Menschen das
tilgt, was die Welt zur feindlichen Macht werden ließ, so daß die
Welt nun wieder als Gottes Schöpfung sichtbar werden kann. Freilich ist sie auch so ein Vorläufiges, aber sein Verhältnis zur Welt ist
ein dialektisches, jenes Sein im $\dot{\omega}\varsigma\ \mu\dot{\eta}$ von 1. Kor. 7, 29–31. Der
Mensch wandelt im Glauben, nicht im Schauen (2. Kor. 5, 7), in dem
eigentümlichen Zwischenstadium von „Nicht mehr" und „Noch
nicht": „Nicht daß ich es schon ergriffen hätte oder schon vollendet
wäre; ich jage ihm aber nach, ob ich es ergreifen möchte, weil ich
von Jesus Christus ergriffen ward" (Phil. 3, 12). Hier gibt es kein
Kulminationsphänomen des Ekstase; und wer nach der Schau Gottes verlangt, der wird an den verwiesen, in dem Gottes „Wort"
Fleisch geworden ist: „Wer mich gesehen hat, der hat den Vater gesehen" (Joh. 14, 9). Die Befreiung von der Welt wird nicht in Askese oder Libertinismus demonstriert, sondern in der Liebe: „Gott
ist die Liebe; und wer in der Liebe bleibt, der bleibt in Gott, und
Gott bleibt in ihm" (1. Joh. 5, 16). „Wir wissen, daß wir aus dem
Tode ins Leben hinübergeschritten sind; denn wir lieben die Brüder" (1. Joh. 3, 14).

Humanismus und Christentum *
1948

I.

Im Folgenden ist „Humanismus" nicht im Sinne des historischen
Begriffes gemeint, in dem das Wort die geistige Bewegung auf dem
Gebiet der Wissenschaft und Bildung im 15./16. Jahrhundert bezeichnet, sondern als Sachbegriff, wie er in den heutigen Diskussionen ge-
läufig ist. Er bezeichnet so die Gesinnung, die das eigentliche Leben
des Menschen im Geistigen erblickt, die die geistige Bildung als die
Macht versteht, die den Menschen eigentlich zum Menschen macht.
So ist der Begriff des Humanismus auch am Anfang des 19. Jahrhunderts geprägt worden, indem die humanistische Bildung der vom
Nützlichkeits-Standpunkt geleiteten Realbildung entgegengesetzt
wurde. Diese Gesinnung des Humanismus sieht ihren eigenen Ursprung in der griechisch-römischen Antike, und daher ist für sie die
Pflege der antiken Tradition ein wesentliches Bildungsmittel.

Wir können *Humanismus* als den *Glauben an den Geist* bezeichnen und gleichbedeutend damit als den *Glauben an den Adel des
Menschen*. Denn dieser Adel beruht nach humanistischer Überzeugung eben darauf, daß das Wesen des Menschen Geist ist. Kraft dieses Geistes gehört der Mensch der Welt des Geistes an, d. h. der
Welt des Wahren, Guten und Schönen; sie ist aber auch die Welt der
Gottheit, die sich im Geiste und dem Geiste offenbart. Geist steht
als das Unsichtbare dem Sichtbaren, mit den Sinnen Erfaßbaren gegenüber, – im Menschen selber der Leiblichkeit mit ihrer Sinnlichkeit, ihren Trieben. Aber der Geist manifestiert sich im Sichtbaren
als die gestaltende Kraft, der alles Sichtbare, nur Gegebene als Stoff
dient. In der Nachahmung des Weltgeistes, der in der Natur die Materie nach seinen Gesetzen zum Kosmos gestaltet, soll die mensch-

---

* Studium Generale I (1948), S. 70–77.

liche Gemeinschaft in der Kultur nach den Ideen des Geistes geformt
werden und der Einzelmensch zur Persönlichkeit. Wie die Geschichte,
so ist das Leben des Einzelnen ein Ringen zwischen Geist und Stoff,
in dem der Geist dem Stoff sein Gepräge gibt. Nicht in der Ausrot-
tung, aber in der Bändigung und Adelung seiner Triebe soll der
Mensch zur Person werden, und die menschliche Gemeinschaft soll
zu einer Gemeinschaft von Personen gebildet werden. Der Mensch
findet die Erfüllung seines Lebens nicht dadurch, daß er einem praktischen Zweck im Getriebe, in der Organisation der sichtbaren Welt
dienstbar gemacht wird, sondern er trägt seinen Sinn und Zweck in sich
selbst als Person und soll durch Bildung eben diesen Zweck verwirklichen. Die Gemeinschaft wird nicht durch Organisation schon zu
ihrem eigentlichen Sinn gebracht; vielmehr kann alle Organisation,
die unmittelbar dem Nutzen, wirtschaftlichen und politischen Zwek-
ken dient, letztlich nur im Dienste echter menschlicher Gemeinschaft,
d. h. einer Gemeinschaft von Personen stehen, und von daher ist
auch alle für das Gemeinschaftsleben unentbehrliche Organisation
zu gestalten.

Der Geist, aus dem der Humanismus seine Gestalt gewinnt, entfaltet sich in den Reichen des Wahren, des Guten, des Schönen. *Die
Idee der Wahrheit* leitet das Denken, und es baut die Welt der Wissenschaft, um die Welt zu erhellen, sie dem Geiste zu unterwerfen,
sie zu gestalten. *Die Idee des Guten* erzieht den Willen zur Selbst-
beherrschung und zur inneren Harmonie; in der Gemeinschaft wirkt
sie als die Idee des Rechtes und gibt der Gemeinschaft die Ordnung
des Rechtsstaates. *Die Idee des Schönen* leitet Anschauung und Gestaltung und treibt die Kunst empor, die eine ideale Welt entwirft,
in der die Kräfte des Unsichtbaren, die im Sichtbaren verhüllt sind,
anschaulich werden und den anschauenden Geist zu Maß und Harmonie bilden.

Wissenschaft, Recht und Kunst, getragen von den Ideen des Wahren, des Guten und des Schönen, machen *die Welt zur Heimat des
Menschen* und lassen ihn sich selbst verstehen als ein Glied des Kosmos, den der menschliche Geist als eine vom Geist durchwaltete
Einheit schaut.

> „Alle Tag' und alle Nächte
> Rühm' ich so des Menschen Los.
> Denkt er ewig sich ins Rechte,
> Ist er ewig schön und groß."

II.

Wie ist demgegenüber das *Christentum* zu bestimmen? Zunächst jedenfalls als Gegensatz. Für den christlichen Glauben ist *die Welt die Fremde*, die auch das Walten des Geistes nicht zur Heimat machen kann. Trotz der kosmischen Ordnung, des geregelten Ganges der Natur nach dem Gesetz des Geistes, trotz der Gesetze, die auch das geschichtliche Geschehen regieren, und die der menschliche Geist forschend und bewundernd nachdenkt, ist der Kosmos nicht die Heimat des Menschen. Er wird es auch nicht dadurch, daß der Mensch in ihm das Reich der Kultur aufrichtet im Dienst der Ideen des Wahren, Guten und Schönen. Denn, so meint der christliche Glaube sagen zu müssen, das eigentliche Leben des Menschen ist nicht der Geist, sondern ein noch tiefer liegendes Inneres, – dementsprechend, daß auch Gott nicht der Inbegriff und Ursprung jener Welt des Geistes ist, von der der Humanismus redet. Gott ist der schlechthin Jenseitige, der Ewige, und seine Ewigkeit ist qualitativ verschieden von allem Diesseitigen, zu dem auch die Welt des Geistes gehört. Gottes wird der Mensch nicht schon inne im Streben nach dem Wahren, Guten und Schönen, sondern nur, wenn er sich von der Welt frei machen und sich zum Ewigen als seiner Heimat emporschwingen kann.

Solche *„Entweltlichung"*, als welche man die christliche Haltung bezeichnen kann, ist freilich nicht gemeint im Sinne der Mystik als eine Lösung der Seele aus allen geschichtlichen Bindungen, als Flucht in ein Jenseits, das im mystischen Erlebnis der Ekstase, in der Unio mit der Gottheit, präsent würde. Vielmehr weist das Christentum den Menschen ausdrücklich in sein geschichtliches Leben mit seinen Begegnungen und Verpflichtungen, seinem Schicksal und seinem Ruf zur Tat hinein. Nur im „Glauben", nicht im „Schauen", d. h. nicht im seelischen Erlebnis, kann die göttliche Welt „präsent" sein. Das Weltverhältnis des Glaubenden ist ein *„dialektisches"*, jenes „haben als hätte ich nicht", von dem Paulus redet (1. Kor. 7, 29–31).

Doch der Sinn der christlichen Entweltlichung kann noch verdeutlicht werden durch die Besinnung, welchen Sinn die Ideen des Wahren, des Guten und des Schönen im Christentum annehmen.

Ist die *Wahrheit*, um die es im Humanismus geht, die durch das Denken, durch die Vernunft und ihre Konkretisierung in der Wissenschaft, aufgedeckte Wirklichkeit des Seienden so gut wie des

Sein-Sollenden, – besteht die Erkenntnis der Wahrheit in der Erkenntnis der Gesetze, die dem Kosmos als Natur seine Einheit geben und die die menschliche Gemeinschaft zur Gemeinschaft machen, – so ist die Wahrheit, um die es sich im Christentum handelt, die Wirklichkeit Gottes, und ihre Erkenntnis ist *die Erkenntnis Gottes.* Das bedeutet aber nicht Erkenntnis Gottes als eines für sich und an sich in einer transzendenten Sphäre jenseits der Welt Seienden. Vielmehr ist die Erkenntnis Gottes existentiell gemeint als die Erkenntnis des Augenblicks, – des Augenblicks, in dessen Begegnung Gottes Gabe und Forderung, Gottes Gericht und Gnade begegnen als Ruf zur Tat, wie als Ruf zur Übernahme des Schicksals im Guten wie im Bösen. Die Erkenntnis Gottes kann deshalb nie besessen werden wie eine Erkenntnis der Vernunft, ein Satz der Wissenschaft, sondern sie kann immer nur neu gewonnen werden. Sie steht immer vor mir als künftige. „Entweltlicht" ist der Glaubende darin, daß er in keiner besessenen Erkenntnis die Wahrheit zu haben meint, sondern vergessend, was hinter ihm liegt, sich immer neu nach dem ausstreckt, was vor ihm liegt.

Das *Gute* ist im Sinne des christlichen Glaubens nicht ein Ideal vom Menschen oder von der menschlichen Gemeinschaft. Gottes fordernder Wille ist nicht schon in der Erkenntnis des ethischen Imperativs erfaßt, nicht gegeben in der Idee der harmonischen menschlichen Persönlichkeit und in der Idee einer nach der Form des Rechtes gestalteten Gemeinschaft. Er begegnet immer neu und in neuer Gestalt in den Begegnungen des menschlichen Miteinander, in denen jeweils meine Entscheidung gefordert wird, – meine Entscheidung für den Begegnenden als den jeweils „Nächsten" zu sein. Dieses Sein für den Nächsten heißt *Liebe,* es ist eine Liebe, die nicht gründet in der gemeinsamen Bezogenheit auf eine Sache, die die beiden sich Begegnenden verbindet, sondern in der Offenheit für das, worin der „Nächste" jeweils meiner bedarf. Die Forderung der Liebe läßt sich deshalb nicht einfangen in ein Bildungsideal oder in das Idealbild einer Polis, sondern erscheint in stets neuer Gestalt und muß in stets neuer Form erfüllt werden, eben in der Entscheidung des Augenblicks, in der der Mensch „entweltlicht" ist, d. h. verlassen von jedem Halt, jedem durch die Vernunft gegebenen Orientierungspunkt, völlig einsam auf seine Entscheidung gestellt. Es gibt also das Gute nur als das Geschehen in der Entscheidung des Augenblicks; es

verwirklicht sich im Hören des konkreten Anspruchs, der mir in der
Begegnung des Nächsten begegnet.

Die Idee des *Schönen* hat für den christlichen Glauben keine das
Leben gestaltende Bedeutung, er sieht im Schönen die Versuchung
einer falschen Weltverklärung, die den Blick vom „Jenseits" abzieht.
Aber die Frage stellt sich von selbst: gilt, was von der Wahrheit und
vom Guten gesagt ist, auch vom Schönen, daß es nämlich einen christlichen Sinn des Schönen gibt, wonach es ständig vor dem Menschen
liegt und sich ihm in der Entscheidung des Augenblicks erschließt?
Wenn das Schöne das Bild ist, in dem gewissermaßen die rätselhaft
wirre Bewegung des Lebens zum Stillstand gebracht und für den
distanzierten Blick überschaubar geworden ist, ihm ihren tieferen
Sinn erschließend, so gilt für den christlichen Glauben, daß ihm nicht
die Kunst die Tiefe der Wirklichkeit erschließt, und daß diese nicht
erfaßt wird im distanzierten Sehen, sondern im *Leiden*. Die Antwort
auf die im Schicksal gestellte Frage kann nie im Kunstwerk objektiviert werden, sondern nur stets im Bestehen des Leidens selbst neu
gefunden werden. Das „Schöne" — wenn wir es in diesem Sinne fassen wollen — ist also im Sinne des christlichen Glaubens ein stets
Jenseitiges, d. h. jeweils im Schicksal vor mir Stehendes; und ob ich
den Sinn des Schicksals erkenne, ist wiederum die Frage der Entscheidung des Augenblicks.

Solcher „Entweltlichung" als dem Existieren aus dem Augenblick
entspricht es, daß sich die christliche Existenz *nicht im „Werk", sondern im „Glauben"* vollzieht. Der Geist, von dem der Humanismus
redet, manifestiert sich in der Welt des Sichtbaren im Werk, in der
Gestaltung der Welt; er verwirklicht sich in den Werken der Wissenschaft, in den Ordnungen des Gemeinschaftslebens, in den Schöpfun-
gen der Kunst. Er verwirklicht sich ebenso in der Bildung des Menschen zur Persönlichkeit. Die jenseitige Welt Gottes aber, der „Geist"
Gottes, ist nicht ein gestaltendes Prinzip in der Welt des Sichtbaren.
Es gibt weder eine christliche Wissenschaft noch eine christliche
Ethik. Es gibt weder ein politisches Programm noch ein Sozialpro-
gramm des christlichen Glaubens. Es gibt keine christliche Kunst,
keine christliche Bildung, keine christliche Pädagogik, keinen „christlichen Humanismus". Natürlich gibt es das alles insofern als Christen
es betreiben, oder insofern als es — wie etwa Wissenschaft und Kunst
— seine Stoffe aus dem Bereich der Gedankenwelt und Geschichte des
Christentums wählt. Aber es ist mißbräuchlich, dann von „christ-

licher" Wissenschaft oder „christlicher" Kunst zu reden; denn eine „christliche" Methode gibt es auf all diesen Gebieten des Geisteslebens nicht. Es gibt wohl christliche Schuster, aber keine christliche Schuhmacherei.

Christliches Leben ist immer ein Leben aus dem Jenseitigen als dem Zukünftigen, – nicht im Sinne der Verwirklichung einer Idee, sondern aus dem immer nur augenblicklich in der Entscheidung zu Ergreifenden. Und die Tat der Entscheidung nimmt nie die Gestalt eines Werkes an; sie objektiviert sich nie in einem Werk, das in seiner Christlichkeit ausweisbar ist; sie ist mit dem Augenblick schon entschwunden. Nicht die zeitlose Ewigkeit der Idee bestimmt den Augenblick, sondern die jetzt auf mich zukommende Forderung, die Begegnung. Nicht soll Ewiges, soll die Idee im Sichtbaren Erscheinung und Gestalt gewinnen, sondern als ewig Künftiges entreißt Gottes Ewigkeit den Menschen aller dauernden Gestalt.

Im Sinne des Humanismus ist *Gottes Jenseitigkeit* seine Geistigkeit, seine Geschiedenheit von allem sichtbar Gegebenen. Der Humanismus weiß: „Alles Vergängliche ist nur ein Gleichnis". Aber der menschliche Geist kann doch, nach humanistischem Glauben, im Vergänglichen als dem Gleichnis das Wesen des Ewigen schauen und ihm Gestalt geben. Der christliche Glaube meint Gottes Ewigkeit radikaler zu verstehen, indem er Gott versteht als den jetzt immer Verborgenen, als den immer Zukünftigen. Diesseits und Jenseits sind für ihn nicht zur Einheit eines Kosmos zusammengeschlossen. Gottes Jenseitigkeit ist sein ständiges Vorausssein, und die Anerkennung Gottes ist die Bereitschaft, in die Finsternisse hineinzugehen.

Einige Sätze aus *Luthers* Vorlesung über den Römerbrief 1515/16 mögen diesen Sinn des christlichen Gottesglaubens veranschaulichen. „Semper ita fit, ut opus nostrum intelligamus, antequam fiat. Dei autem opus non intelligimus, donec factum fuerit" („Immer begreifen wir unser Werk, bevor es getan wird. Gottes Werk aber begreifen wir nicht, bevor es geschehen ist"). „Es bedarf hier der höchsten Klugheit, nämlich nicht weise zu sein im Blick auf das, was sichtbar ist (denn dann müßten wir verzweifeln), sondern im Blick auf das Zukünftige und Unbekannte und Unsichtbare". „Die Hoffnung richtet den Blick auf das Erhoffte; aber das Erhoffte kommt nicht in die Sichtbarkeit. Also richtet sie den Blick auf das Unbekannte, Verborgene, auf die inneren Finsternisse, derart, daß sie nicht weiß, was sie erhofft, jedoch weiß, was sie nicht erhofft". „Das ist sicher ein hartes

Angehen und zerschlägt (den Menschen) gewaltig. Denn daß die
Seele ohne eine Regung des Begreifens und Wollens sein soll, bedeutet, daß sie in die Finsternis eingeht und gleichsam in Verderben und
Vernichtung, und davor schrickt sie gewaltig zurück" (aus den Scholien, hrsg. von Joh. Ficker, S. 205, 5 f.; 206, 28 ff.; 202, 5 ff.;
206, 10 ff.).

Gewiß, das Leben im Geist im Sinne des Humanismus ist in gewissem Sinne auch ein Leben aus der Zukunft im Wissen um das
Ungenügen des Hier und Jetzt, des bloß Gegebenen und schon Er-
reichten; ein ständiger Kampf gegen alles Satte und Gemeine, ein
ständiges Streben zum unendlich Fernen; jene Bewegung des „Zeu-
gens im Schönen" (Platon); ein Leben, das sich nur verwirklicht in
ständiger Selbstüberwindung, im Gehorsam gegen das „Stirb und
Werde!" – Worin liegt der Unterschied?

Der Humanist nimmt sein Leben gleichsam in die Hand; er bildet
sich, er schreitet fort, er entwickelt sich, er wird immer mehr der,
der er sub specie der Idee schon ist. Der Glaubende bildet und entwickelt sich nicht zum immer vollkommener Glaubenden, sondern
ist, was er als Glaubender ist, entweder ganz oder gar nicht. Die
Augenblicke der Entscheidung, durch die er hindurchgeht, mögen,
menschlich gesehen, wohl im Zusammenhang einer Charakterent-
wicklung verständlich sein; vom Gesichtspunkt des Glaubens aus
stehen sie nicht im Zusammenhang einer Entwicklung, eines Fortschritts; denn sie verlangen, daß sich der Glaubende in ihnen jedesmal ganz aufs Spiel setzt, um sich ganz zu gewinnen oder zu verlieren. Die Begegnung des Augenblicks will ihn je neu machen, ihn
von sich selbst, so wie er in das Jetzt kommt, frei machen. Der Augenblick bietet ihm sozusagen sich selbst als Neuen dar, und die Frage
der Entscheidung des Augenblicks ist die, ob sich der Mensch diesem
Geschenk öffnet oder verschließt. Sein Sein steht vor ihm; und er
wird, wenn er sich in der Entscheidung von sich selbst abwendet und
sich dem Geschenk des Augenblicks öffnet, der, der er ist – nicht
sub specie der Idee, sondern realiter.

Die Begegnung des Augenblicks will den Menschen je neu machen,
ihn von sich selbst, so wie er je in sein Jetzt kommt, d. h. von seiner
Vergangenheit, frei machen. Will das der Humanismus nicht auch?
Ja! – aber an der *Stellung zur Vergangenheit* zeigt sich der Unterschied. Auch der Humanist, der das „Stirb und werde!" bejaht, sieht,
daß der Mensch so, wie er aus seiner Vergangenheit in sein Jetzt

kommt, immer noch nicht der ist, der er werden soll. Auch er weiß, daß sich der Mensch immer wieder in Schuld verstrickt und mit sich kämpfen muß, um das Bild dessen, was er sein soll, rein heraus zu gestalten. Aber wo der Gedanke der Bildung die Anschauung vom Sein des Menschen bestimmt, da hat die Schuld den Charakter des bloß Negativen, des Mangels, des Noch-nicht. Und der Mensch wird ihrer Herr durch seine Selbsterziehung, sein ständig strebendes Sich-bemühen. Er bringt seine unvollkommene, unreine Vergangenheit hinter sich als eine Stufe der Entwicklung; und so nähert er sich in unendlichem Fortschritt dem Ideal, und wenn er es auch nie erreicht, so gibt ihm doch dieses strebend Sich-bemühen seinen Charakter.

Nach christlichem Glauben bringt der Mensch seine Vergangenheit nie hinter sich in der Kraft des Strebens, sondern sie haftet ihm unvertilgbar an, und er bringt sie jeweils in seine Gegenwart mit. Er ist durch sie unentrinnbar qualifiziert und kann sich nicht ihr gegenüber distanzieren, um mit ihr fertig zu werden. Denn eben er, der mit ihr fertig werden will, ist ja der durch sie Qualifizierte, Gezeichnete! Das aber beruht darauf, daß er die Schuld nicht als ein bloßes Negativum, als Unvollkommenheit, als Mangel, als ein Noch-nicht verstehen muß, sondern als ein Positivum, als Böses, als Empörung gegen Gott, als *Sünde*. So wenig ein Mensch, der sich gegenüber dem Mitmenschen verfehlt hat, das Verhältnis zu ihm dadurch wieder ins reine bringen kann, daß er sittlich reifer wird, – so wenig Gott gegenüber, sofern Schuld eben Verfehlung gegen Gott ist. Wie zwischen Mensch und Mensch das durch die Schuld zerstörte Verhältnis nur wiederhergestellt werden kann durch das offene Bekenntnis der Schuld von der einen Seite und durch das vergebende Wort von der andern, – ebenso kann das Verhältnis von Mensch und Gott nur wiederhergestellt werden dadurch, daß der Mensch seine Sünde vor Gott bekennt und daß Gottes Gnade ihm die *Vergebung* schenkt.

Dadurch, daß Gottes Gnade die Vergebung schenkt! – d. h. nun nicht: dadurch daß der Mensch seine Zuflucht nimmt zu einer Idee von der Gnade Gottes. Denn sowenig der, der das Vertrauen seines Freundes getäuscht hat und an ihm schuldig geworden ist, dadurch von seiner Schuld entlastet wird, daß er sich das Bild von der adeligen und gütigen Gesinnung des Freundes vergegenwärtigt, sondern nur dadurch, daß er das vergebende Wort des Freundes vernimmt (das natürlich auch ein wortlos gesprochenes sein kann), so wenig

wird seiner Sünde ledig, wer sich das Bild des gnädigen Gottes vergegenwärtigt; er wird befreit nur durch das *ihm zugesprochene Wort
der Vergebung.*

Das aber ist der Sinn der christlichen Botschaft: Gott hat sich im
Kreuze Christi als der Gott der vergebenden Gnade geoffenbart;
Christus ist das Wort der vergebenden Gnade. Und das ist der Sinn
der *Kirche*, und darum gibt es Kirche, daß dieses Wort von der vergebenden Gnade weitergesprochen, zugesprochen wird. Wo dieses
Wort gehört wird und der Mensch sich ihm öffnet, da ist er ganz
rein, ganz befreit von seiner Sünde, ganz „gerecht“, – „gerechtfertigt“ – d. h. nicht: in seiner sittlichen Qualität gebessert, in seiner
Entwicklung ein Stück weiter gekommen auf dem Wege zum Ideal,
sondern am Ziel. Nicht seine sittliche Reife wird ihm bescheinigt
oder gar auf mysteriöse Weise zugeeignet. Der Sinn der christlichen
Lehre von der Rechtfertigung des Sünders ist gerade der, daß der
Sünder gerechtfertigt ist, daß Gott den Menschen, der *nicht* ist, wie
er sein soll, als den nimmt, der er sein soll, und der, da Gott ihn als
solchen nimmt, es wirklich ist. *So* befreit die vergebende Gnade Gottes den Menschen von sich selbst, von seiner Vergangenheit, von
dem, was er selbst aus sich gemacht hat. *So* macht sie ihn zu einem
„neuen Geschöpf“.

Das wird aber nur richtig verstanden, wenn verstanden wird, daß
das vergebende Wort nicht eine allgemeine Wahrheit ist, sondern
daß es in das geschichtliche Sein des Menschen hineingesprochen ist,
d. h. daß es *jeweils in den Augenblick gesprochen* ist und diesen unter das Licht der göttlichen Gnade stellt. Der Sinn des Augenblicks
ist ja der, daß er dem Menschen sich – den Menschen – selbst als Geschenk entgegenbringt, das in der Entscheidung angeeignet werden
soll. Ist der Mensch zu solcher Entscheidung imstande? Ist er, der in
sein Jetzt kommt, nicht eben der Alte, mit seiner Vergangenheit Be-
lastete, durch sie Gezeichnete? Nun! Das Wort der Vergebung qualifiziert gerade den Augenblick in der Weise, daß sein – des Augenblicks – Anspruch als das Wort der Vergebung gehört werden soll.
In ihm – dem Augenblick – konkretisiert sich die vergebende Gnade
Gottes, die mir mich selbst je jetzt als neues Geschöpf entgegenbringt
und mir damit die Zukunft öffnet.

III.

Wie ist nach alledem *das Verhältnis von Humanismus und Christentum* genauer zu bestimmen? Handelt es sich um ein Entweder-Oder? Humanismus oder christlicher Gottesglaube?

In der Tat: Gott ist nur entweder hier oder dort richtig verstanden; und vom christlichen Glauben aus ist der humanistische Gottesgedanke als Irrtum, als Wahn zu bezeichnen, – sofern er Glaube an Gott sein will. Heißt das aber auch, daß alles das, was in der humanistischen Gottesidee gesehen und gesagt ist, Wahn ist? Ist die humanistische Idee nicht vielleicht der Ausdruck einer an sich richtigen und wesentlichen Erkenntnis, die nur dadurch in ein falsches Licht gerät, daß sie als Erkenntnis Gottes ausgegeben wird?

Was lehrt die Geschichte? Sie lehrt auf der einen Seite, daß es so etwas wie eine „Synthese" zwischen Humanismus und Christentum nicht geben kann, und daß sie, wo sie scheinbar hergestellt wird, alsbald wieder auseinander bricht. Sie lehrt aber auf der andern Seite, daß es nicht möglich ist, die Frage „Humanismus und Christentum" durch ein einfaches Entweder-Oder zu entscheiden.

Die geistige Macht der im Humanismus verwahrten Tradition der Antike läßt sich aus unserer Geschichte nicht austilgen, wenn sie nicht in die Barbarei zurücksinken soll, – mag es auch, dank der Technisierung der Welt, eine moderne Barbarei sein. Das humanistische Verständnis des Menschen ist nicht eine Anschauung, die grundsätzlich widerlegt oder „überholt" werden könnte. In ihr ist vielmehr eine Grundmöglichkeit menschlichen Selbstverständnisses ausgebildet, die als solche ständige Möglichkeit ist, so lange es Menschen gibt, die mit Vernunft begabt sind und an den Adel und die Verpflichtung des Geistes glauben. Das Christentum aber ist seinerseits nicht an die Barbarei oder überhaupt an eine bestimmte Stufe oder Form der Kultur gebunden, so daß es den Verzicht auf Wissenschaft, Bildung, Recht und Kunst fordern müßte, – wenngleich ängstliche Gemüter immer wieder solchem Wahn verfallen. Die „Entweltlichung", die der christliche Glaube meint, ist nicht die Flucht aus der Welt mittels einer asketischen Methode. Im Sinne des christlichen Glaubens ist das Weltverhältnis vielmehr jenes dialektische des „Habens als hätte ich nicht".

Und hat nicht der Humanismus dem Christentum die Mittel gegeben, in der Welt wirksam zu werden, – d. h. eine ständige Möglich-

keit zu bleiben? Kann es ein Verständnis der Bibel, in der der christliche Glaube das Wort Gottes zu hören meint, ohne Wissenschaft
geben? Kann ohne kritisches wissenschaftliches Denken der Glaube
zur Klarheit über sich selbst kommen? Kann es menschliches Gemeinschaftsleben, innerhalb dessen der Glaube in der Liebe wirksam
sein soll, ohne die Rechtsordnung des Staates geben? Und ist die
Kunst nur die Verführerin zur Verklärung der diesseitigen Welt?
Kann sie nicht auch die Verkündigerin der jenseitigen im Bilde sein?

Gewiß! Der christliche Glaube bedarf des Humanismus nicht zu
seiner Ergänzung, und der Mensch kann der Gnade Gottes gewiß
werden ohne humanistische Bildung. Nicht der christliche Glaube
als solcher, wohl aber der einzelne Christ im konkreten geschichtlichen Dasein bedarf — direkt oder indirekt — des Humanismus.
Denn er soll seinen Glauben im tätigen Leben in der Welt bewähren
im Wirken in der Liebe; er soll im Dienste Gottes die Welt beherrschen. Und dazu bedarf er des Humanismus, der die Welt beherrschbar macht, indem er sie durch die Wissenschaft erhellt, ihre Kräfte
erkennen und sie in den Dienst der menschlichen Arbeit stellen lehrt,
indem er die Ordnungen der menschlichen Gemeinschaft durch das
Recht ausbildet, indem er durch die Kunst den Menschen die Ruhe
der Besinnung, die Erquickung der Freude und geistige Zucht schenkt.

Wie es sinnlos ist, im Namen des Christentums die Preisgabe des
Humanismus zu fordern, so ist es auch sinnlos, im Namen des Humanismus den Verzicht auf das Christentum zu fordern. Mit dem Christentum ist eine Grundmöglichkeit des Verständnisses menschlicher
Existenz in die Geschichte eingetreten, die nicht wieder aus ihr
verschwinden darf, wenn sie nicht eine wesentliche Kraft ihrer Bewegung, ihres Reichtums und ihrer Tiefe verlieren soll.

Man mißverstehe nicht! Ich rede hier keineswegs als Apologet des
christlichen Glaubens! Dieser hat gar kein Interesse daran, um den
Reichtum der Geschichte besorgt zu sein! Es handelt sich hier um die
einfache Besinnung vom Blickpunkt des Humanismus aus: Hat dieser Grund, um seiner selbst willen das Verschwinden des Christentums aus unserer Geschichte zu fordern?

Es ist ja auch dem Humanisten deutlich, daß das Christentum neue
Tiefen der menschlichen Seele erschlossen hat, so daß alle Probleme
des menschlichen Lebens, die die Antike schon gesichtet hat, in eine
neue Dimension erhoben wurden. Eine der Antike noch unbekannte
Kraft der Reflexion ist im Christentum entbunden worden, deren

Symptom etwa die Ausbildung der Autobiographie – von Augustins Konfessionen an – ist. Auf fast allen Gebieten der Kultur, in der bildenden Kunst wie in der Literatur, in der Wissenschaft, zumal der Geschichtswissenschaft, und in der Philosophie hat das Christentum das Geistesleben befruchtet. Die große Bewegung des modernen Individualismus und Subjektivismus, die im Nominalismus und der Mystik des Mittelalters entspringt und über Leibniz und Shaftesbury, Hamann und Herder zur Romantik führt, ist – ohne als solche christlich zu sein! – nur innerhalb einer Geschichte denkbar, zu deren gestaltenden Kräften die christliche Tradition gehört.

Der Humanismus bedarf freilich des Christentums nicht zu seiner Ergänzung, so wenig wie der christliche Glaube des Humanismus bedarf. Er mag das Christentum sogar als unbequeme *Störung der Selbstsicherheit des Geistes* empfinden. Aber – und nun reden wir freilich nicht mehr vom Gesichtspunkt des Humanismus aus, sondern von dem des Menschen, für den der Humanismus sich als die Möglichkeit, seine Existenz zu verstehen, darbietet – aber ist das Christentum nicht gerade in dieser Rolle für den Humanisten notwendig?

Der Humanismus, der in der Wissenschaft die Mittel zur Erkenntnis und Beherrschung der Welt ausbildet, der in der staatlichen Rechtsordnung die Gemeinschaft organisiert, der in der Kunst der Welt den Schein des Schönen verleiht, – bedeutet er nicht immer die Gefahr, dem Menschen vorzutäuschen, daß er der Herr der Welt und seines Lebens ist? – die Gefahr, ihn die unheimliche Macht des Schicksals, des Leidens, des Todes vergessen zu lassen? Nicht der Geist allein gestaltet das Leben, sondern auch das Schicksal. Seine Rätsel, seine unheimliche Tiefe kann keine Wissenschaft enträtseln, und letztlich muß der Mensch allein mit ihm, mit *seinem* Schicksal, fertig werden; Wissenschaft, Recht und Kunst können ihm auf die Frage seiner eigensten Rätsel keine Antwort geben.

Verleitet der Humanismus den Menschen nicht vor allem zu der Illusion, daß er Herr über sich selbst sei? Wenn er ehrlich ist, – muß er sich nicht eingestehen, daß er sich oft aus der Hand verliert, daß es unheimliche Tiefen auch in der Seele des Menschen gibt, über die Geistesbildung allein nicht Herr wird, – Tiefen, aus denen Leidenschaften ausbrechen können, die den Menschen in Schuld verstricken, aus der eigene Kraft ihn nicht wieder befreit?

Kommt nicht im Christentum *die Fragwürdigkeit des menschlichen Lebens* zum ehrlichen Eingeständnis? Die Fragwürdigkeit, die schon bei Homer in leisen Tönen anklingt, lauter dann in der griechischen Tragödie und bei Platon? Die in Shakespeares Werk inmitten der Renaissance unüberhörbar laut wird, und die Goethe nur bewußt zum Schweigen brachte, wenn er es sich verbot, Tragödien zu schreiben, da er daran zerbrechen würde? Tritt nicht die Problematik des Humanismus in Jacob Burckhardts — des großen Hüters der humanistischen Tradition — Geschichtsbetrachtung deutlich ins Licht, wenn er es ablehnt, eine Geschichtsphilosophie zu entwerfen, — eine Geschichtsphilosophie, die über Sinn und Ziel der Geschichte Auskunft zu geben hätte? Und ist die Fragwürdigkeit menschlicher Geschichte und menschlichen Lebens uns nicht heute so erschreckend zum Bewußtsein gebracht, daß wir spüren: die Welt bedarf der Botschaft vom Kreuz; sie bedarf der Gnade und der Liebe, wenn sie den Mut fassen soll, aus den Trümmern wieder eine Stätte würdigen menschlichen Zusammenlebens, — eine Stätte gerade auch für das Reich des Geistes zu bauen?

Es ist unser geschichtliches Schicksal, daß es humanistisches Existenzverständnis nur noch in der Bezogenheit auf christliches gibt und umgekehrt. Das Verhältnis der beiden Mächte ist das einer lebendigen, fruchtbaren *Spannung*. Einen Ausgleich zu finden ist jeweils der *Verantwortung des Einzelnen* zugemutet. Aber es ist auch jeweils einer Epoche zugemutet. Gibt es Zeiten, in denen der christliche Glaube um seiner Klarheit und Reinheit willen Grund hat, den Gegensatz zum Humanismus hervorzukehren, so gibt es auch Zeiten, in denen Christentum wie Humanismus Grund haben, sich auf Anliegen zu besinnen, die ihnen gemeinsam sind, und das scheint mir heute der Fall zu sein.

Die Entwicklung des 19. und 20. Jahrhunderts führte — zum mindesten in Deutschland; wieweit darüber hinaus, das mögen die bedenken, die es angeht — in einen völligen *Relativismus* hinein, der schließlich im Nihilismus endete, d. h. in der Leugnung der Möglichkeit objektiver Wahrheitserkenntnis, in der Leugnung der Verbindlichkeit sittlicher Forderungen und eines von der Idee der Gerechtigkeit getragenen Rechtes. Hat man dafür — und leider ist es gerade von kirchlicher Seite mehrfach geschehen — den Humanismus verantwortlich gemacht, so beruht das auf einem fundamentalen Mißverständnis, als sei der Humanismus der Glaube an die Selbstherrlichkeit des Menschen in *dem* Sinne, daß er diesen aus der Bindung an die ewigen Normen der Wahrheit, der Gerechtigkeit, des Guten und

des Schönen befreite zur Willkür des Subjektivismus. In seinem Ursprung im Griechentum ist der Humanismus vielmehr gerade der
Kampf gegen die entfesselte Willkür des Subjektivismus, gegen jene
Sophistik, die das „aller Werte Maß ist der Mensch" im Sinne des
radikalen Subjektivismus deutete. Die mit der Entdeckung der durch
das Gesetz konstituierten Einheit des Kosmos gegebene Entdeckung
des objektiven Geistes bedeutete für den Griechen ursprünglich zugleich die Entdeckung der dem Individuum das Gesetz gebenden
göttlichen Macht. Erst wenn diese Erkenntnis preisgegeben wird,
wenn die Erkenntnis des den Kosmos beherrschenden Gesetzes in
den Dienst des sich selbst vom Gesetz lösenden Menschen gestellt
wird, wirkt die dem Menschen mit der Erkenntnis des kosmischen
Gesetzes gegebene Herrschaft über die Welt selbstzerstörerisch.
Dann aber kann von Humanismus nicht mehr die Rede sein; dann
ist der Glaube an den Geist, der den Humanismus konstituiert,
preisgegeben.

*In dem Kampf gegen die Willkür des Subjektivismus aber sind
Humanismus und christlicher Glaube einig.* Denn wenn dieser auch
darauf bestehen muß, daß die Erkenntnis der Normen des Wahren,
Guten und Schönen noch nicht Erkenntnis Gottes ist, so bestreitet
er damit nicht die Gültigkeit dieser Normen. Sie sind für ihn nichts
anderes als das Gesetz Gottes, und das Verhältnis von Humanismus
und Christentum erscheint als das Verhältnis von „Gesetz und Evangelium". Gilt im Evangelium: „Christus ist des Gesetzes Ende"
(Röm. 10, 4), so hat das den Sinn, daß das Gesetz sein Ende gefunden
hat als der Heilsweg, als das Mittel, durch seine Erfüllung das echte
Gottesverhältnis zu finden. Es bleibt aber in Kraft als Gottes unverbrüchliche, heilige Forderung; und die Liebe, zu der der Glaubende
durch die vergebende Gnade Gottes befreit ist, ist nichts anderes als
die Erfüllung des Gesetzes (Röm. 7, 12; 13, 8—10; Gal. 5. 14). So stehen Humanismus und Christentum zusammen gegen den modernen
Relativismus und Nihilismus und gegen alle Inhumanität.

Dazu kommt aber noch ein Letztes. *Die humanistische Bildung* unterscheidet sich von der realistischen Bildung, einer Ausbildung für
die Berufe des praktischen Lebens, in erster Linie für die technischen
Berufe. Sie unterscheidet sich von ihr, und der Unterschied wird zum
Gegensatz, wenn ihr Recht vom Standpunkt des Realismus aus be-
stritten wird, was ja in der modernen Welt häufig genug der Fall
war. Man kennt die so oft gegen das humanistische Gymnasium ge-

richtete Frage: „Was kann man im Leben damit anfangen, daß man die alten Sprachen lernt, die alte Literatur liest?" Für das praktische Leben hat das doch keinen Wert!" – Nun, es hat zwar auch das Erlernen der alten Sprachen einen nur dem oberflächlichen Blick verborgenen Wert; aber das ist nicht das Entscheidende. Das Entscheidende ist vielmehr dieses: die humanistische Bildung beansprucht gar nicht, eine unmittelbare praktische Lebensbedeutung zu haben, sondern beruht auf der Anschauung, daß die jenseits der praktischen Lebenszwecke liegende geistige Welt einen selbständigen Wert für den Menschen hat, weil sie sein inneres, sein geistiges Leben ausbildet und ihm einen Reichtum, eine Freude und ein Glück gibt, das höher ist als die Befriedigung der praktischen Lebensbedürfnisse. Sie *formt den Charakter, die Person.*

Das aber ist nun das Entscheidende, daß der Mensch nicht angesehen wird und daß er sich selbst nicht ansieht als ein den Zwecken des praktischen, des leiblich-natürlichen, des wirtschaftlichen und politischen Lebens verhaftetes und ihnen dienendes Wesen, sondern als Person, d. h. als ein Wesen, das etwas für sich ist und seinen Sinn und Wert in sich selbst trägt, das unabhängig ist von seiner Verwendbarkeit für irgendwelche praktischen Lebenszwecke. In einer immer mehr technisierten und durchorganisierten Welt wird der Mensch immer mehr als Mittel zu Zwecken mißbraucht und zu einem Glied in der Lebensmaschine herabgewürdigt und damit um den Sinn seines Lebens betrogen. In einem Aufsatz in der „Neuen Auslese" (II, 2, Febr. 1947, S. 4–11) weist Edwin Muir darauf hin, wie „die Geschichte des modernen Romans die Geschichte vom Verschwinden des Menschen ist, wie ihn Religion und Humanismus aufgefaßt haben", – nämlich des Menschen, der im seelischen Ringen zwischen Leib und Geist, Böse und Gut wächst, der aus Konflikten zu seinem Wesen gelangt, des Menschen, wie ihn Dante und Shakespeare, Balzac und Tolstoi gezeichnet haben. Statt dessen der Mensch als Geschöpf einer natürlichen Entwicklung, die im wesentlichen politischen Charakter hat, und die durch berechnende Politik gelenkt werden kann.

Der so entwürdigte Mensch sträubt sich im Innersten gegen die ihm zugewiesene Rolle, und sein Sträuben – ihm selbst unbewußt – findet seinen Ausdruck in seinem Geltungsbedürfnis und Geltungsdrang. Finden dieses Bedürfnis und dieser Drang nicht ihre Befriedigung, so entsteht das den Charakter vergiftende *Ressentiment.*

10*

Nun kann wohl kein Zweifel daran sein, daß darin ein Hauptgrund, wenn nicht der Hauptgrund dafür liegt, daß so viele deutsche Menschen der Ideologie des Nationalsozialismus verfielen. Dem modernen Menschen fehlte – in Deutschland zum mindesten – das sichere Selbstbewußtsein, das in dem selbstverständlichen Glauben ruht, daß der Mensch für sich als Person seinen Sinn und Wert hat. Es ist deutlich, daß sich der Nationalsozialismus eben dieses zunutze gemacht hat. Wie er aus dem Ressentiment erwuchs, so appellierte er an das Ressentiment und war bestrebt, den letzten Rest von Personenbewußtsein systematisch zu töten, um die Menschen völlig als Mittel für seine Zwecke zu benutzen und in seine Organisationsmaschine einzubauen. Daher auch sein Kampf gegen beide, Humanismus und Christentum. *Denn auch darin stehen diese beiden zusammen, daß sie den Menschen wieder zum Bewußtsein seiner selbst als Person zurückrufen* und ihn aus dem Bann des Ressentiments befreien wollen, das sein Selbstbewußtsein knickt und vergiftet.

Gnade und Freiheit *

1948

Das Problem „*Gnade und Freiheit*", d. h. das Problem des Verhältnisses der göttlichen Gnade zur menschlichen Freiheit, hat immer wieder das christliche Denken bewegt, erregt oft durch das Pau-
luswort Phil. 2, 12 f., in Luthers Übersetzung:

> „Schaffet, daß ihr selig werdet, mit Furcht und Zittern;
> Denn Gott ist es, der in euch wirkt beides,
> Das Wollen und das Vollbringen,
> Nach seinem Wohlgefallen."

Ist der Mensch von Gottes Gnade, von dem, was Gott in ihm wirkt,
ganz abhängig, wie kann dann noch von seinem freien Tun, seiner
freien Entscheidung die Rede sein? Wie kann dann noch sein Glaube
selbst in seiner Freiheit stehen? Sind dann nicht Glaube wie Unglaube in gleicher Weise von Gott gewirkt? Verliert dann nicht der
Mensch jede Verantwortung dafür, ob er glaubt oder nicht glaubt?
Wollen wir dem Problem nachsinnen, so müssen wir den Umweg
gehen, daß wir uns zunächst den Sinn von Gnade und Freiheit deutlich machen; und zwar werden wir damit beginnen, den Sinn des
Glaubens zu klären, denn um dessen Freiheit handelt es sich ja. Es
wird sich dann zeigen, daß wir den Begriff der göttlichen Gnade gar
nicht explizit zu entwickeln brauchen; er wird indirekt aus dem erhellen, was über den Glauben zu sagen ist.
Nach der Lehre des Paulus, die von den Reformatoren als das
eigentliche Evangelium angesehen worden ist, wird der Mensch vor
Gott gerechtfertigt nicht durch seine Werke, sondern *allein durch
den Glauben*. „So halten wir nun, daß der Mensch gerecht werde
ohne des Gesetzes Werk, allein durch den Glauben" (Röm. 3, 28).

---

* Glaube und Geschichte, Festschr. für Gogarten 1948, S. 7–20.

Der Glaube richtet sich auf die in Christus offenbar gewordene *Gnade Gottes*. „(Sie) werden ohne Verdienst gerecht aus seiner Gnade, durch die Erlösung, so durch Christus Jesus geschehen ist" (Röm. 3, 24). „Denn aus Gnaden seid ihr selig geworden durch den Glauben; und dasselbe nicht aus euch; Gottes Gabe ist es" (Eph. 2, 8).

Aber in der *Doppelheit der Antithese* steckt das Problem: Nicht Werke, sondern *Glauben!* und: Nicht Werke, sondern *Gnade!* Wie verhalten sich Glaube und Gnade? Es scheint zunächst leicht zu sagen: der Glaube richtet sich auf die Gnade Gottes. Aber dann erhebt sich doch die Frage: ist dafür, daß die Gnade an mir wirksam werde, nicht der Glaube die Bedingung, die ich zu erfüllen habe? und bedeutet „aus Gnade" nicht „bedingungslos"? Ist der Glaube die Bedingung, die ich zu erfüllen habe, ist er dann nicht auch eine Leistung, ein Werk?

Wie verhalten sich Glaube und Werke? Die Frage wird dadurch noch verstärkt, daß Paulus den Glauben auch als Gehorsam bezeichnen kann (z. B. Röm. 1, 5). Gehorsam ist es aber doch auch, was sich in der Leistung der Werke vollzieht! Also noch einmal: wie verhalten sich Glaube und Werke? Wie unterscheidet sich der Glaube vom Werk, wenn auch er eine Gehorsamstat, eine zu erfüllende Bedingung ist?

Eine scheinbare Antwort ließe sich leicht geben: Werke sind Leistungen des Menschen, die von ihm gefordert sind, und die er aus eigener Kraft zu erfüllen hat. Die Werke, die den Gegensatz zum Glauben (und zur Gnade) bilden, sind die Erfüllung der Forderungen Gottes, wie sie dem Juden im Mose-Gesetz, dem Heiden in seinem Gewissen offenbar werden (Röm. 1, 32; 2, 14 f.). Solche Erfüllung des Willens Gottes, solche Werke also, sind vom Menschen allezeit und überall gefordert; und sie sind es nicht, die den Menschen vor Gott zu einem Gerechten machen. Der Glaube dagegen ist erst durch und seit Christus möglich geworden; denn er meint ja nicht ein allgemeines, allezeit und überall mögliches Gottvertrauen, sondern er ist der Glaube an Gottes gnädiges Handeln in Christus. Er kann also erst gefordert werden auf Grund dieses besonderen Gnadenerweises Gottes; er wird durch diese Gnade Gottes und ihre Verkündigung überhaupt erst möglich.

Diese Erwägung sagt zwar Richtiges, aber sie ist keine Antwort auf unsere Frage. Denn auch dann könnte der Glaube immer noch als ein Werk verstanden werden, als ein besonderes. von Gott gnädig ermöglichtes Werk, als das Minimum, mit dem sich Gott begnügt, aber doch eben als Werk. Wir müssen weiter fragen.

Was Paulus unter „*Werk*" verstanden hat, geht aus Röm. 3, 27 hervor. Nachdem er gesagt hat, daß der Mensch ohne Gesetzeswerke gerechtfertigt wird, umsonst, durch Gnade, aus Glauben, erhebt er die Frage: „Wo bleibt nun das Rühmen?" Und die Antwort heißt: „Damit ist es aus! Durch welches Gesetz? Durch der Werke Gesetz? Nein! Sondern durch des Glaubens Gesetz!" Und darauf fährt er fort: „So urteilen wir nun, daß der Mensch gerecht werde ohne des Gesetzes Werk, allein durch den Glauben" (3, 28).

Es gehört also zusammen die Gerechtigkeit aus den Werken und *das Rühmen*. Indem die Werke ausgeschlossen werden, wird auch der Selbstruhm des Menschen ausgeschlossen. Die Haltung des Menschen, der durch Werke gerechtfertigt werden will, ist also die Haltung des Menschen, der sich rühmen will. Entsprechend sagt Paulus gleich darauf: „Wenn Abraham durch Werke gerechtfertigt ward, so hat er Ruhm; aber so steht es bei Gott nicht!" (4, 2).

Was ist mit dieser Haltung des Menschen, der sich rühmen will, getroffen? Es zeigt sich, wenn wir bedenken, daß der Jude, der durch seine Werke seinen Ruhm sucht, eben durch diese Werke seine „*Gerechtigkeit*" erlangen will. Denn was ist mit dieser „Gerechtigkeit" gemeint? Sie ist nicht eine moralische Qualität, sondern sie ist die ihm in Gottes Urteil zugesprochene Gerechtigkeit, sein Recht, das ihm zuerkannt wird, seine Ehre, die anerkannt wird, seine Geltung, die ihm zugestanden wird. Wenn der fromme Jude durch Werke seine Gerechtigkeit gewinnen will, so will er damit seine Geltung vor Gott gewinnen, die ihm Gott auf Grund seiner Leistungen nicht vorenthalten kann. Deshalb ist es für Paulus identisch, durch Werke seine Gerechtigkeit erstreben und seinen Ruhm suchen.

Die menschliche Haltung, die getroffen werden soll, ist also nichts anderes, als was wir heute das *Geltungsbedürfnis* nennen. Dieses Geltungsbedürfnis, das jedem Menschen eigen ist, das wir schon beim Kinde beobachten, und das die verschiedensten Formen annehmen kann, kann sich zu seiner Befriedigung auch die Forderung Gottes dienstbar machen. Wie es in der modernen Welt den – von Ibsen vielfach dargestellten – Moralisten aus Geltungsbedürfnis gibt, so im Judentum den „Pharisäer", wie Jesus ihn Luk. 18, 9–14 gezeichnet hat. So mißbraucht der Jude – dem, wie Ibsens Brand, edles Wollen abzusprechen, ein Mißverständnis wäre – das Gesetz, um sich vor

Gott zu rühmen, um vor Gott aus eigener Kraft zu stehen, um einen
Anspruch an Gott erheben zu können.

Ein solcher Mensch erfüllt die Forderung Gottes nicht in echtem,
rein sich hingebendem Gehorsam, sondern er versteht seinen Gehorsam als eine Leistung, auf die er stolz sein kann. Er gehorcht wohl,
aber nicht im Innersten; denn er will im Gehorsam gerade nicht abhängig, sondern selbständig sein. Er will sich gleichsam seine Leistung bescheinigen und beansprucht auf Grund ihrer seine Geltung.

Im tiefsten bedeutet solcher Geltungsdrang aber immer: *gelten
wollen vor Gott*. Denn er bedeutet ja immer: gelten wollen vor der
höchsten, letzten Instanz – nenne ich sie, wie ich wolle –, die mir
Recht geben muß, die mich bestätigt gegenüber aller Selbstunsicher-
heit und allen Zweifeln an mir selbst, die mich immer wieder anfal-
len. Auch das Geltenwollen vor anderen Menschen hat ja immer nur
den Sinn, mich meiner selbst sicher zu machen. Der Mensch nun, der
einsieht, daß das Urteil anderer Menschen ihm letzte Selbstsicherheit
nie geben kann, und der sich doch durch seine Leistung seiner selbst
versichern will, der so sein Selbstbewußtsein, seine Geltung vor einer
letzten – für ihn vielleicht namenlosen – Instanz gewinnen will, das
ist der Mensch, der sich vor Gott rühmen, der durch seine Werke gerechtfertigt werden will. Und eben diesen Menschen, diese Haltung
will Paulus treffen, wenn er sagt: Nicht aus Werken, sondern aus
Glauben!

Was es heißt: *aus Glauben!* das ist damit schon geklärt. Der Glaube
ist die jenem Geltungsdrang entgegengesetzte Haltung, die radikale
Preisgabe des Sich-rühmens, des Geltenwollens aus eigener Kraft
und Leistung. Er ist die Erkenntnis, daß dem Menschen die Geltung,
die ihn seiner selbst und vor Gott sicher macht, nur geschenkt werden kann. Der Glaube spricht das Wort: „Was hast du aber, das du
nicht empfangen hast. Wenn du es aber empfangen hast, was rühmst
du dich, als hättest du es nicht empfangen?" (1. Kor. 4, 7). Im Glauben empfängt der Mensch die Gerechtigkeit, die Ehre, die Geltung
von Gott.

Paulus weiß wohl, *daß der Mensch gar nicht existieren kann ohne
Geltung*, ohne daß andere ihn gelten lassen, ohne daß er sich selbst
seiner Geltung – bewußt oder unbewußt – erfreut. Das Geltungsbedürfnis ist als solches nichts Perverses, sondern dem Menschen, der
mit anderen und vor anderen leben muß, angemessen. Aber es ist
ein Grundmißverständnis, wenn er meint, seine Geltung erzwingen

zu können, den Anspruch auf Geltung durch Leistung begründen zu
können, – durch sein Werk statt durch sein Sein. Im Grunde des Geltungsbedürfnisses liegt das Wissen um das Angewiesensein auf das
Urteil anderer, auf die Abhängigkeit von ihnen; letztlich das Wissen
um eine dem Urteil aller anderen Menschen überlegenen Instanz, um
Gott. Aber dieses Wissen wird pervertiert, wenn der Mensch die Geltung erzwingen will, wenn er einen durch eigene Leistung begründeten Anspruch auf sie erhebt, wenn er nicht versteht, daß sie ihm nur
geschenkt werden, daß er in Wahrheit nur aus Gnade leben kann.

Schon unter uns Menschen ist uns ein Mensch mit einem aufdring-
lichen Geltungsbewußtsein unerträglich. Wir wissen: er erreicht in
Wahrheit nur das Gegenteil von dem, was er erstrebt. Die Geltung,
die wir einem anderen schenken, die schenken wir *nur frei und nicht
gezwungen,* vielleicht aus Respekt vor seinen Leistungen; jedoch
dünken uns gerade seine Leistungen um ihren Wert gebracht, wenn
jener auf sie seinen Anspruch auf unser Urteil gründet. Ein Mensch
ist der Geltung in den Augen der anderen um so sicherer, je freier,
ungezwungener, unbefangener er sich gibt, er sich vertrauend hingibt.
So kann auch die Geltung vor Gott nicht erzwungen werden durch
noch so große Leistungen von Selbsterziehung und Selbstüberwindung, durch Einsatz und Opfer; sondern sie wird nur der schlichten
Hingabe zuteil, dem Verzicht auf jeglichen Geltungsanspruch; sie
kann nur das Geschenk Gottes selbst sein. Begnügen sich vielleicht
die meisten Menschen, Geltung vor den Menschen ihrer Umwelt zu
beanspruchen, wobei dann aus dem Mißlingen Neid und Eifersucht,
Mißtrauen und Haß erwachsen, so sieht man doch auch immer wieder
andere, die daran scheitern, daß sie sich vor Gott rühmen wollen,
d. h. die sich ihres Wertes, ihrer Geltung vor sich selbst versichern
wollen. Mit Zeiten erhobenen Stolzes wechseln dann Zeiten der De-
pression oder gar der Verzweiflung, bis es ein solcher Mensch über
sich gewinnt, den Stolz fahren zu lassen und aus der Gnade zu leben.

Diese schlichte Hingabe an Gottes Gnade im Verzicht auf das Geltenwollen ist der *Glaube.* Und *Gottes Gnade* ist nichts anderes als
seine Güte, die den Menschen so gelten läßt, wie er ist; die nicht
verlangt, daß er sich zu einem besseren, geltungswürdigeren mache,
sondern ihn dadurch, daß sie ihn nimmt, wie er ist, zu einem neuen,
besseren macht.

Aber wenn der Glaube die schlichte Hingabe an Gottes Gnade ist,
inwiefern ist er zugleich *Glaube an Christus?* Freilich, versteht man

unter Glaube an Christus das Fürwahrhalten bestimmter dogmatischer Sätze, Sätze etwa über Christi Gottessohnschaft, über seine Präexistenz, seine Naturen und dergleichen, so ist in der Tat nicht verständlich, wie solcher Glaube den Werken entgegengesetzt sein solle. Und das echte Verständnis des Glaubens wurde und wird in der Kirche oft dadurch verdunkelt, daß er als das Fürwahrhalten solcher Dogmen gilt. Demgegenüber aber gilt Melanchthons Wort: „Christum cognoscere hoc est: beneficia eius cognoscere, non eius naturas, modos incarnationis intueri."

Was aber sind *die „beneficia" Christi?* Sie bestehen darin, daß seine im Worte der Verkündigung begegnende Gestalt und sein Werk von dem Wahne befreit, daß der Mensch aus eigener Kraft die Geltung vor Gott erringen kann. *Er ist das Geschenk Gottes an die Welt,* in dem seine allen unseren Werken zuvorkommende, schenkende Gnade sichtbar wird. Und zwar verkündigt Paulus – den Juden ein Ärgernis und den Griechen eine Torheit – den gekreuzigten Christus. *Am Kreuz wird Gottes Gnade offenbar.* Den, der nichts für sich war und kein Geltenwollen kannte, den Hingabe und Liebe ans Kreuz gebracht haben, den hat Gott zum Herrn erhöht und damit das Gesetz des Kreuzes über der Welt errichtet, das befreiende Gesetz des Kreuzes. Deshalb sagt Paulus: „Es sei aber ferne von mir, mich zu rühmen, denn allein des Kreuzes unseres Herrn Jesu Christi, durch das mir die Welt gekreuzigt ist und ich der Welt" (Gal. 6, 14). Und deshalb sagt er zu den Korinthern, die sich ihrer Weisheit rühmen wollen, daß er unter ihnen Christus als den Gekreuzigten verkündigt hat, „damit sich kein Fleisch vor Gott rühme" (1. Kor. 1, 18 ff.). Der Wahn der Korinther ist der gleiche wie der der Juden: rühmen sich diese ihrer Werke, so jene ihrer Weisheit. Beides kommt auf das gleiche hinaus; denn hier wie dort handelt es sich um die Selbstbefriedigung des Geltungsdranges. Im Kreuz hat Gott darüber das Nein gesprochen, und die Predigt vom Gekreuzigten – für den natürlichen Menschen Ärgernis und Torheit – ist die Predigt von Christus als Gottes Kraft und Weisheit.

Wenn so der Glaube die reine Hingabe an Gottes Gnade ist, die den Menschen von allem krampfhaften Ringen des Geltungsdranges erlöst, wenn ihm im Glauben die Last abgenommen wird, unter der sich die Menschen quälen, – wie kann der Glaube dann zugleich *Gehorsam* heißen?

Der Glaube ist Gehorsam, weil in ihm der Stolz des Menschen gebrochen wird. Das eigentlich Selbstverständliche wird dem Menschen in seinem Stolz das Schwerste. Er *will* die Last, unter der er sich quält, nicht abwerfen; sie ist ein Teil seines Selbst geworden, ja zu seinem Selbst. Er meint, sich zu verlieren, wenn er sich preisgibt, – wenn er sich als den preisgibt, den er aus sich selbst gemacht hat. Aber er *soll* sich verlieren, um sich so erst wirklich zu finden. Er soll sich beugen, sich demütigen, seinen Stolz fahren lassen, um so zu sich selbst zu kommen.

Und diese Zumutung kommt ihn hart an; aber sie kann ihm nicht erspart bleiben. Paulus hat den Entschluß, den es kostet, selbst beschrieben: „Aber was mir Gewinn war, das habe ich um Christi willen für Schaden geachtet. Ja, ich achte es alles für Schaden angesichts der überschwenglichen Erkenntnis Christi Jesu, meines Herrn, um deswillen ich alles habe für Schaden geachtet; und ich achte es für Dreck, auf daß ich Christus gewinne und in ihm erfunden werde; daß ich nicht *meine* Gerechtigkeit habe auf Grund des Gesetzes, sondern die, die aus dem Glauben an Christus kommt, die Gerechtigkeit, die von Gott dem Glauben zugerechnet wird" (Phil. 3, 7–9). Die Bekehrung des Paulus war ja nicht aus Zerknirschung und Reue über ein verfehltes Leben hervorgewachsen, sondern sie war die Preisgabe, das Opfer alles dessen, worauf er stolz gewesen war.

Wir wissen schon aus dem menschlichen Miteinander – sei es von uns selbst, sei es durch Beobachtung anderer –, wie schwer dem Menschen *reine Hingabe* ist. Viele Menschen sehnen sich nach Freundschaft, nach Liebe und sehnen sich damit im Grunde nach Hingabe ihrer selbst, in der sich ihr Sein erfüllen soll. Und doch vermögen sie in den Begegnungen des Lebens nicht den Entschluß zu rückhaltloser Hingabe zu fassen, einfach zu vertrauen, ohne sich an eine Stütze halten zu können, ohne Garantie. Daß ein Mensch das nicht über sich gewinnt, daran scheitert manche Freundschaft, manche Ehe. Und eben daran scheitert auch das Gottesverhältnis so vieler Menschen. Denn nur für solche Hingabe wird Gottes Gnade wirksam. Gehorsam ist der Glaube deshalb, weil er die Preisgabe des Stolzes, das Sichlosreißen des Menschen von sich selbst ist, – weil er Hingabe ist in reinem Vertrauen, einem Vertrauen ohne Garantie, in dem Vertrauen auf den Gott, „der die Toten lebendig macht und das Nichtseiende ins Sein ruft" (Röm. 4, 17).

Gehorsam und Vertrauen sind im tiefsten eines. Gehorsam ist nicht die kraftvolle Überwindung zur Leistung eines Werkes, sondern die Preisgabe aller Kraft, die Beugung vor Gott und die Bereitschaft, von ihm alle Kraft geschenkt zu erhalten. Glaube ist nicht ein allgemeines Gottvertrauen, d. h. das Vertrauen, daß Gott mir hier und dort, bei diesem und jenem, helfen wird, sondern die radikale Hingabe an Gottes Willen, den ich nicht kenne, bevor er geschieht, wie Luther in den Scholien zu Röm. 8, 26 sagt: „Semper ita fit, ut opus nostrum intelligamus, antequam fiat, Dei autem opus non intelligimus, donec factum fuerit." Solcher Gehorsam und Vertrauen umfassender Glaube ist also die *Entscheidung* des Menschen gegen sich und für Gott, und als solche Entscheidung ist der Glaube Tat.

Ja, so wenig der Glaube ein Werk ist, so sehr ist er Tat; und es wird jetzt wohl klar sein, worin der Unterschied besteht. Beim Werk bleibe ich der, der ich bin; ich setze es aus mir heraus, ich trete neben es, kann es abschätzen, er verurteilen oder stolz darauf sein. In der Tat *werde* ich überhaupt erst; ich finde mein Sein in ihr, ich lebe in ihr und stehe nicht neben ihr. Wollte ich auf mich und meine Tat blicken, so machte ich eben die Tat als Tat zunichte und degradierte sie zum Werk.

Auch das ist ja im menschlichen Miteinander deutlich: eine Tat der Freundschaft, der Liebe ist nur echt, wenn ich dabei wirklich im Tun *bin* und nicht daneben stehe; nur dann, wenn ich nicht an mich und meine Leistung denke, nur wenn die linke Hand nicht weiß, was die rechte tut; nur wenn ich an gar nichts denke als an den, dem ich sie erweise. *Werke* der Liebe sind grundsätzlich leicht, auch wenn ich sie mir unter Umständen mit Anstrengung abnötige; denn in ihnen bleibe ich der alte. Die echte *Tat* der Liebe ist grundsätzlich schwer und durch keine Gewalt zu erzwingen, da ich mich selbst in ihr verschenke und mein Sein in ihr verlierend erst gewinne.

Glaube ist der Verzicht auf Werke; aber er ist Tat der Entscheidung. Er ist die *paradoxe Tat* des Verzichtes auf jedes Werk in der Einsicht, daß Gnade nur in solchem Verzicht empfangen wird. Karl Immermann hat die christliche Gnadenlehre echt verstanden, wenn er die Gnade im heiligen Gral verkörpert sieht, an dessen Pforte die Inschrift steht:

> „Ich habe mich nach eignem Recht gegründet,
> Vergebens sucht ihr mich.
> Der Wandrer, welcher meinen Tempel findet,
> Den suchte ich."

Und hier wird das Bekenntnis laut:

> „Was wär' das Heil'ge, ständ' es zu erringen?
> Unendliches, was wär' es, wenn das Endliche
> Zu ihm gelangte mit der Sehnsucht Schwingen?
> Nein, mich umfängt das Unabwendliche!
> Es fassen mich die Ketten, die gestählten!
> Des Menschen Tat, die einzig kenntliche,
> Ist: Fühlen sich im Stande der Erwählten."

Mit dieser Formulierung ist das eigentliche Problem gegeben: *Gnade und Freiheit*; aber durch alles bisher Gesagte ist es schon wesentlich geklärt. Der Glaube ist als freie Tat der Entscheidung die Hingabe an Gottes Gnade in dem radikalen Sinne, daß er auch nicht auf sich selbst blicken, sich nicht von sich selbst Rechenschaft ablegen kann, sich nicht seiner selbst rühmen kann. Der Glaube ist die Bedingung für den Empfang der Gnade; jedoch nicht so, daß der Glaubende meinen könnte, er habe diese Bedingung erfüllt und könne daraufhin auf die Gnade Anspruch machen. Alles dies würde ja den Glauben gerade zunichte machen: das Blicken auf sich selbst, das Sich-rühmen, das Anspruch-erheben. Damit hätte der Glaube sich selbst aufgehoben und wäre zum Werk geworden. Der Glaube ist gerade darin echte Tat, daß er sich bewußt ist, nichts sich selbst, sondern alles der ihm begegnenden Gnade zu verdanken. Der Glaubende weiß sich durch die Begegnung der Gnade *erwählt*.

Aber gerade dieser paradoxe Charakter des Glaubens: er ist freie Tat, und er weiß sich erwählt, enthält das Problem. Wie ist beides zugleich möglich?

Aber wer fragt so? So fragt nur, wer die Sache, den Akt des Glaubens, von außen sehen möchte, – wer neben seinen Glauben treten möchte, um sich seiner zu versichern. Und dieser gerät in unlösbare Schwierigkeiten. Denn es ist in der Tat unmöglich, beides zugleich zu denken, den Glauben als freie Tat und als Erwähltheit, wenn man die Behauptung der Erwähltheit nicht rein als Bekenntnis des Glaubens selbst versteht, sondern wenn man über Gottes Erwählung spekulativ denkt im Sinne einer *Prädestinationslehre*. Denn wenn meine Entscheidung nicht meine freie Tat ist, wenn Gott eben diese Entscheidung zum Glauben oder zum Unglauben schon vor Zeiten verfügt hat, wenn meine Entscheidung also prädestiniert ist, so ist sie keine Entscheidung mehr, und es kann dann auch von Glaube oder Unglaube im Ernste gar nicht mehr die Rede sein. Glaube ist

nur Glaube als Entscheidung, und Entscheidung ist nur Entscheidung, wenn sie frei ist.

Es ist nun nicht zu leugnen, daß sich Paulus selbst in prädestinatianischen Gedanken ergeht, wenn er Röm. 9 sagt, daß sich Gott
erbarmt, wessen er will und verstockt, wen er will (V. 18), wenn er
den Menschen mit dem willenlosen Ton in der Hand des Töpfers
vergleicht. Es ist aber auch klar, daß Paulus dadurch dem Menschen
nicht die Entscheidung gegenüber der im Worte der Verkündigung
begegnenden Gnade ersparen will; er ruft vielmehr zur Entscheidung auf. Was Paulus durch die prädestinatianischen Sätze zum
Ausdruck bringen will, ist der Gedanke der absoluten Freiheit Gottes, die nicht durch menschlichen Anspruch gebunden ist, – also der
Gedanke der Freiheit der Gnade, die jedes Verdienst des Menschen
ausschließt.

Der Glaube weiß, daß, wenn er glaubt, d. h. wenn er sich frei für
Gott entscheidet, – daß er dann Gott an sich handeln läßt. Er weiß
von solchem Handeln Gottes aber *nur, sofern er glaubt,* und er hat
nicht die Möglichkeit, auch außerhalb des Glaubens über Gottes Handeln zu spekulieren. Er kann von seiner Erwählung auch nicht reden
mit dem Seitenblick auf andere, die nicht erwählt sind. Er weiß sich
erwählt; und das Rätsel für ihn ist nicht das, daß gerade er im Unterschied von anderen erwählt ist, sondern daß gerade er, der dessen
nicht wert war, erwählt wurde. Es kann auch kein Mensch sagen:
„Ich glaube nicht, also bin ich nicht erwählt." Denn das kann er gar
nicht wissen; vielmehr wird ja auch zu ihm das Wort von der auch
für ihn geltenden Gnade gesprochen, und er ist zur Entscheidung
gerufen, ob er glauben will oder nicht. Der aber, der sich als Glaubender erwählt weiß, hat auf den anderen nur zu blicken mit dem
Bewußtsein der Verantwortung, ihm durch Wort und Wandel die
Gnade Gottes so anschaulich werden zu lassen, daß ihm die Glaubensfrage wirklich gestellt wird.

Jede spekulative oder mythologische Fassung des Erwählungs-
gedankens ist also zu verwerfen. Im Glauben vollzieht sich die Erwählung, nicht dahinter und nicht davor.

Ist *die paradoxe Einheit von Freiheit und Gnade* wirklich so
schwer zu verstehen? Sie hat ihre Analogie *in dem Verhältnis von
Person zu Person.* Auch im Verhältnis der Freundschaft und Liebe
zwischen Menschen ist es so, daß die vertrauende Hingabe an den
anderen nur echt ist, wenn sie freie Tat der Entscheidung ist; und

doch weiß der sich vertrauend Hingebende, daß er ganz vom anderen her ist. Er weiß, daß er seine Freundschaft, seine Liebe nicht als ein Werk zuwege bringt, vermöge dessen er die Freundschaft oder Liebe des anderen gewinnt, sondern daß der andere in der Erwiderung ebenso frei ist, wie er selbst, und daß er ihm seine Freundschaft, seine Liebe nur *schenken* kann.

Um in das Verhältnis eines Angestellten oder Beamten zu gelangen, leistet man als Probe ein Werk; man erfüllt gewisse Bedingungen und erhält daraufhin eine „Berechtigung", einen Anspruch. In Freundschaft und Liebe ist das unsinnig. Alles, was ich dem anderen zu Liebe tun kann, hat nur den Sinn, mich ihm zu zeigen, nicht den Sinn, seine Liebe zu verdienen. Wird meine Liebe erwidert und kommt es zur freien Tat der Hingabe, so weiß ich, daß eben diese meine Hingabe das Geschenk des anderen ist, daß ich „erwählt" bin, und daß ich damit eben vom anderen her *bin*, daß ich mein Sein vom Freunde, vom Geliebten her habe. Denn echte, tiefe Freundschaft und Liebe verwandelt den Menschen, gibt ein neues Sein. Indem der Freund mich nicht als den nimmt, der ich in der sichtbaren Wirklichkeit bin mit meinen Schwächen und Fehlern, sondern als den, der ich sein soll und sein möchte, macht er mich dazu; er befreit mich von mir selbst und schenkt mir ein neues Sein.

Im Verhältnis von Freundschaft und Liebe gibt es auch *Vergebung*, und ohne sie kann das Verhältnis nicht sein. Und gerade solche Vergebung hat reinigende Kraft. Ich kann sie nur in freier Hingabe empfangen, indem ich mich überwinde, mich zu zeigen in meiner Unreinheit, in meinem Angewiesensein auf tragende und vergebende Güte und mich in rückhaltlosem Vertrauen der freien Güte des Freundes preiszugeben. Aber so sehr das nur in Freiheit geschehen kann, so gut weiß ich doch, daß mir diese Freiheit geschenkt wird in der Begegnung mit dem Freund, und daß das neue Sein, das ich von ihm empfange, ganz Gabe, Geschenk ist. Freiheit und Abhängigkeit von der Güte des anderen sind eines.

Solches Geschehen zwischen Mensch und Mensch ist ein Abbild dessen, was zwischen Gott und Mensch geschieht. Aber was zwischen Mensch und Mensch geschieht, umfaßt nie das Ganze unserer Existenz. Ein Freund kann dem Freunde nur *die* Schuld vergeben, durch die dieser an ihm persönlich schuldig geworden ist. Das Verhältnis zu Gott umfaßt die menschliche Existenz als ganze, und seine vergebende Gnade schenkt Reinheit und Neuheit schlechthin.

Jesus sagt bei Johannes, daß nur der zu ihm kommt, den der
Vater zieht (6, 44); und er sagt zu den ungläubigen Juden, daß sie
nicht glauben *können*, da sie vom Teufel stammen (8, 43 ff.). Wer
„aus der Wahrheit" ist, der hört seine Stimme (18, 37). Ist etwa
damit die Determiniertheit von Glaube und Unglaube behauptet?
Dem Wortlaut nach freilich; doch ist das nicht die Meinung des Textes; denn gleichzeitig ruft Jesus zum Glauben, zur Entscheidung. Es
soll vielmehr dieses gesagt sein: kein Mensch kann anders handeln
als aus seinem Sein heraus; aber im Handeln konstituiert sich das
Sein, und eben *durch die Glaubensfrage wird das Sein in Frage gestellt*, in die Entscheidung gerufen; hier wird er gefragt, was – oder
wer – er sein will. Der Mensch steht nicht hinter seiner Glaubensentscheidung, sondern in ihr.

Es ist bei der *Glaubensentscheidung* also nicht so, wie es in der
Regel in anderen Entscheidungen des Leben ist (die freilich auch
jeweils den Charakter von Glaubensentscheidungen erhalten können), nämlich nicht so, daß der Mensch dabei der gleiche bleibt und
auf Grund von Erwägungen, die außerhalb der Entscheidung bleiben, die Entscheidung fällt, – auf Grund von Erwägungen, die ihre
Kraft für ihn, wie er immer schon ist, haben. Vielmehr werden in
der Glaubensentscheidung alle Erwägungen, die sonst für einen
Menschen motivierende Kraft haben, selbst entwurzelt, fraglich gemacht, in die Entscheidung gerufen, so daß der Mensch ganz frei ist,
gleichsam im Freien steht. Der Glaube vollzieht sich in der Preisgabe aller Sicherheit, und eben das unterscheidet ihn vom Werk.
Der Mensch kann die Tat seines Glaubens nicht als ein begründetes
Werk seines eigenen zweckvollen Tuns verstehen, sondern nur als
gottgeschenkte freie Tat.

Menschliche Freiheit und göttliche Gnade schließen sich also nicht
aus; sie werden auch nicht gleichsam addiert oder wirken als zwei
Faktoren zusammen, sondern sie sind eine Einheit. Ja, man muß
sagen: *die göttliche Gnade schafft erst die echte Freiheit des Menschen*. Denn echte Freiheit besteht nicht schon in der Freiheit von der
Determination des Willens durch die äußeren Lebensbedingungen,
unter denen Entschluß und Handeln stehen, vielmehr in der Freiheit
von uns selbst, – von uns selbst, so wie wir in jedem Jetzt sind als
solche, die aus ihrer Vergangenheit kommen und durch sie bestimmt
sind. Durch dies unser Sein, das wir immer schon mitbringen, gewinnen die äußeren Lebensbedingungen erst die Kraft von Motiven

für unseren Willen. Je freier wir uns selbst gegenüberstehen, desto
geringer ist der Zwang der äußeren Bedingungen. Alle Menschen
haben eine relative Freiheit, die sie freilich verkümmern lassen können; und auch außerhalb des Glaubens gibt es natürlich Verantwortung und Entscheidung. Wir können ja schon im Verhältnis von
Freundschaft und Liebe erfahren, daß wir freier von uns selbst werden, daß die Motivationskraft, die Verführungskraft der äußeren
Lebensbedingungen geringer wird, daß der Kreis unserer Entschei-
dungsfreiheit wächst, indem wir gelöster, freier von uns selbst werden. Eben das geschieht radikal in der Begegnung mit der Gnade
Gottes. Indem sie unsere ganze Existenz erneuert, befreit sie uns in
radikalem Sinne; und nun erhalten wir Distanz von den Motiven,
Distanz von uns selbst im Sinne des Pauluswortes:

„Die da Weiber haben, daß sie seien, als hätten sie keine,
Und die da weinen, als weinten sie nicht,
Und die sich freuen, als freuten sie sich nicht,
Und die kaufen, als besäßen sie es nicht,
Und die dieser Welt brauchen, als hätten sie nicht davon" (1. Kor. 7, 29—31).

So macht die Abhängigkeit von der Gnade Gottes, das Ausgelie-
fertsein an sie, – weit entfernt, daß sie unsere Freiheit beschränkte! –
uns gerade in echtem Sinne frei.

Damit aber *gibt sie unserem Handeln erst den Charakter des Wesentlichen.* Alles Tun außerhalb des Glaubens ist im Grunde unwe-
sentlich, insofern wir dabei die alten bleiben, auch wenn wir jeweils
relativ neu werden. Wir können nicht über den Kreis unseres Wesens
hinaus, auch wenn dieser Kreis ein relativ weiter ist. Erst in der Abhängigkeit von der Gnade gewinnen wir die Freiheit, die unser Tun
wesentlich macht. Denn jetzt ist uns die Möglichkeit geschenkt, stets
in der Bestimmtheit durch die Gnade und damit stets in Freiheit zu
handeln. Oder anders ausgedrückt: jetzt erst hat der Imperativ, als
neue Menschen zu handeln, für uns Sinn gewonnen. Die Freiheit
bleibt in der Abhängigkeit, d. h. das Stehen in der Gnade ist kein
abgeschlossener Zustand, sondern ein stets in Freiheit ergriffenes
Geschenk. Und es wird stets darin aufs neue wieder ergriffen, daß
wir uns unter dem Imperativ wissen, als neue Menschen zu handeln.
Jetzt hat es einen Sinn, zu sagen:

„Schaffet, daß ihr selig werdet, mit Furcht und Zittern;
Denn Gott ist es, der in euch wirkt beides,
Das Wollen und das Vollbringen,
Nach seinem Wohlgefallen!"

Weissagung und Erfüllung*

1949

I.

Die urchristliche Gemeinde lebt in der Überzeugung, daß sich in ihrer Zeit – d. h. im Auftreten Jesu Christi, in seinem Tod und seiner Auferstehung und ebenso in ihrer eigenen Existenz und ihren Schicksalen – die Weissagungen des Alten Testaments erfüllt haben oder, soweit die Erfüllung noch aussteht, sich demnächst erfüllen werden mit der Parusie Christi.

Nach der im Neuen Testament wie in der kirchlichen Tradition herrschenden Auffassung ist *die Weissagung* verstanden *als die Voraussage eines künftigen Geschehens*, und *die Erfüllung* ist *das Eintreffen des Vorausgesagten*. Ist die Weissagung von Gott autorisiert, so ist sie gewissermaßen ein Versprechen Gottes, das im späteren Geschehen seine Erfüllung findet.

Für das Neue Testament versteht sich dabei ein Doppeltes von selbst: 1) Die Zukunft, auf welche die Weissagungen des Alten Testamentes gehen, ist *die Endzeit*, die messianische Zeit, und diese ist für die christliche Gemeinde, die ἐκκλησία Gottes, *Gegenwart geworden*. So schreibt Paulus: ταῦτα δὲ τυπικῶς συνέβαινεν ἐκείνοις, ἐγράφη δὲ πρὸς νουθεσίαν ἡμῶν, εἰς οὓς τὰ τέλη τῶν αἰώνων κατήντηκεν (1. Kor. 10, 11). Die Weissagungen des Alten Testaments sind also alle in diesem Sinne messianische Weissagungen. – 2) Das Alte Testament enthält Weissagung nicht nur in den Stücken, die in seinem eigenen Sinne Weissagungen sind, also in den prophetischen Verheißungen und Drohungen; es ist vielmehr *als Ganzes ein Buch der Weissagung*, dessen Aussagen, seien es Berichte, Klagen

---

* Studia Theologica II 1949, S. 21—44, ebenfalls Zeitschr. für Theologie und Kirche 1950, S. 360—383.

oder was auch immer, jetzt von der Erfüllung aus als Weissagungen kenntlich werden. In diesem Sinne sagt Paulus: ὅσα γὰρ προεγράφη, εἰς τὴν ἡμετέραν διδασκαλίαν ἐγράφη (Röm. 15, 4), nämlich (nach V. 3): weil wir aus ihm ersehen können, daß das, was mit Christus geschah, der Weissagung entspricht.

Folgt das Neue Testament im ersten Falle, nämlich im Verständnis der prophetischen Weissagungen als Weissagungen auf die eschatologische Heilszeit, der *alttestamentlich-jüdischen Tradition*, so im zweiten Falle der *hellenistisch-stoischen Tradition*. Diese hat die Methode ausgebildet, alte, von autoritativer Geltung bekleidete Texte nach Wahrheiten zu befragen, die den Verfassern jener Texte selbst ferngelegen haben, und die in den Texten auch faktisch gar nicht enthalten sind, sondern durch mehr oder weniger künstliche Deutung bzw. Umdeutung, durch *Allegorese*, aus ihnen heraus- oder besser: in sie hineingelesen werden müssen. Diese Methode war vom hellenistischen Judentum übernommen und auf das Alte Testament angewandt worden. Benutzt Philon die Methode der Allegorese, um aus dem Alten Testament zeitlose Wahrheiten der Theologie, der Kosmologie, der Anthropologie und der Ethik herauszulesen, so benutzt das Neue Testament diese Methode, um messianische Weissagungen zu finden. In jedem Falle ist es klar, daß man aus den Texten herausliest, was man vorher schon weiß. Man will es aber in den alten Texten finden, damit es als autoritative Wahrheit gelten kann. Der Unterschied des Neuen Testaments von Philon ist nur der, daß es jenem durchweg nicht darum geht, allgemeinen Wahrheiten Geltung zu verschaffen, sondern Ereignisse der Gegenwart als in Gottes Heilsplan begründet bzw. vorausbestimmt nachzuweisen und so diesen Ereignissen ihren etwaigen Anstoß zu nehmen, ja, den Anstoß in sein Gegenteil zu verwandeln, in eine Bestätigung der Heilsgewißheit. Aber die Methode ist die gleiche.

Einige Beispiele mögen das Gesagte illustrieren.

Die erste Form, die Erfüllung *prophetischer Weissagungen* in der Geschichte Jesu eingetroffen zu sehen, ist die für Matth. typische, wie es in der oft wiederholten und variierten Formel seinen Ausdruck findet: τοῦτο δὲ ὅλον γέγονεν ἵνα πληρωθῇ τὸ ῥηθὲν διὰ τοῦ προφήτου λέγοντος ... (1, 22), einer Formel, die er freilich auch anwendet, wenn er einen Psalmtext als Weissagung interpretiert (13, 35).

Die Weissagung der Jungfrauengeburt findet er 1, 23 in Jes. 7, 14:

ἰδοὺ ἡ παρθένος ἐν γαστρὶ ἕξει καὶ τέξεται υἱὸν κτλ.

Die des Kindermordes 2, 17 f. in Jer. 31 (38), 15:

φωνὴ ἐν Ῥαμὰ ἠκούσθη, κλαυθμὸς καὶ ὀδυρμὸς πολύς·
Ῥαχὴλ κλαίουσα τὰ τέκνα αὐτῆς κτλ.

Jesu Heilungswunder sind nach 8, 17 in Jes. 53, 4 geweissagt:

αὐτὸς τὰς ἀσθενείας ἡμῶν ἔλαβεν καὶ τὰς νόσους ἐβάστασεν.

Jesu Parabelrede nach 13, 35 in Ps. 78 (77), 2:

ἀνοίξω ἐν παραβολαῖς τὸ στόμα μου κτλ.

Als Weissagung für den Einzug in Jerusalem (21, 5) muß Sach. 9, 9 dienen:

εἴπατε τῇ θυγατρὶ Σιών· ἰδοὺ ὁ βασιλεύς σου ἔρχεταί σοι
πραῢς καὶ ἐπιβεβηκὼς ἐπὶ ὄνον κτλ.

Der Verrat des Judas für 30 Silberlinge (27, 9 f.) ist Sach. 11, 9 f. geweissagt:

καὶ ἔλαβον τα τριάκοντα ἀργύρια . . .
καὶ ἔδωκαν αὐτὰ εἰς τὸν ἀγρὸν τοῦ κεραμέως κτλ.

Wie *beliebige Stellen des Alten Testaments* als Weissagungen verstanden werden, zeigen folgende Beispiele:

a) aus den *Psalmen* (außer der schon angeführten Stelle Matth. 13, 35): Nach Rm. 10, 18 ist die Heidenmission Ps. 19, 5 geweissagt:

εἰς πᾶσαν τὴν γῆν ἐξῆλθεν ὁ φθόγγος αὐτῶν,
καὶ εἰς τὰ πέρατα τῆς οἰκουμένης τὰ ῥήματα αὐτῶν.

Die Vollendung der eschatologischen Herrschaft Christi findet Paulus (1. Kor. 15, 27) in Ps. 8, 7 geweissagt:

πάντα (γὰρ) ὑπέταξεν ὑπὸ τοὺς πόδας αὐτοῦ.

b) Aus dem *Gesetz:*

Rm. 10, 6–8 interpretiert Paulus Deut. 30, 11–14 als Weissagung der Gerechtigkeit aus dem Glauben:

μὴ εἴπῃς ἐν τῇ καρδίᾳ σου· τίς ἀναβήσεται εἰς τὸν οὐρανόν; . . .
. . . τίς καταβήσεται εἰς τὴν ἄβυσσον; . .
ἐγγύς σου τὸ ῥῆμά ἐστιν κτλ.

Deut. 25, 4 muß 1. Kor. 9, 9 als Weissagung der Vorschrift dienen, daß der Verkünder des Evangeliums das Recht beanspruchen kann, von den Gemeinden erhalten zu werden:

οὐ κημώσεις βοῦν ἀλοῶντα.

c) Aus der *Geschichte Israels* ist 1. Kr. 10, 1–4 die Weissagung der christlichen Sakramente entnommen: Der Durchzug durch das Rote Meer und der Zug unter der Wolke sind Vorabbildungen der Taufe; das Manna und der wunderbare Trunk aus dem Felsen sind Vorabbildungen des Herrenmahles. Insofern dann V. 5–7 Israels Schicksal in der Wüste der christlichen Gemeinde als Warnung dienen muß, ist die Situation Israels auf seiner Wanderung eine Vorabbildung der Situation der christlichen Gemeinde.

Diese Art von Weissagung und Erfüllung zu reden, ist in einer Zeit, in der das Alte Testament als geschichtliches Dokument verstanden und nach der Methode historischer Wissenschaft interpretiert wird, *unmöglich geworden.* Wohl ist das neutestamentliche Verständnis in solchen Fällen im Recht, in denen es eschatologische Verheißungen des Alten Testaments als Weissagungen der Heilszeit versteht. Jedoch ist auch in diesen Fällen klar, daß der Prophet nicht an die Vorgänge gedacht hat, in denen das Neue Testament die Erfüllung findet, z. B. die Erfüllung von Sach. 9, 9 in Matth. 21, 5, oder die von Jes. 59, 20 f. in Rm. 11, 26 f. oder die von Jer. 31 (38), 31–34 in Hbr. 8, 8–11.

Vollends aber ist die Unmöglichkeit des neutestamentlichen und traditionellen Verständnisses deutlich in den zahlreichen Fällen, in denen der alttestamentliche Text nur dadurch als Weissagung brauchbar wird, daß er gegen seinen ursprünglichen Sinn verstanden wird, vor allem wenn er gar gegen den ursprünglichen Wortlaut angeführt wird nach dem Text der Septuaginta in Fällen, in denen der hebräische Wortlaut unbrauchbar wäre.

Jes. 7, 14 (Matth. 1, 23 s. o.) ist nur im LXX-Text als Weissagung der Jungfrauengeburt zu verwenden, weil in ihm das hebr. 'almā (junges Weib) als παρθένος übersetzt ist.

Rachels Klage (Matth. 2, 17 f. s. o.) ergeht Jer. 31, 15 über die in die Gefangenschaft geführten Juden, denen übrigens die Rückkehr verheißen wird.

Der Gottesknecht von Jes. 53, 4 ist beladen mit Plagen und nimmt sie nicht wie der heilende Jesus (Matth. 8, 17, s. o.) hinweg.

Ps. 78, aus dem Matth. 13, 35 Jesu Gleichnisrede als Erfüllung der Weissagung erwiesen wird (s. o.), ist überhaupt keine Weissagung. Der Sänger will Weisheit verkündigen, nämlich Gottes wunderbare Taten in der Vergangenheit des Volkes. Die Weisheitslehre wird als māšāl und ḥidā bezeichnet; da als Übersetzung von māšāl in LXX παραβολή dient, ist die Deutung auf die Parabelrede möglich.

Auch die Prophetenstelle Sach. 11, 12 f. ist keine Weissagung, als welche sie Matth. 27, 9 f. dienen muß, sondern eine allegorische Schilderung der Zustände im Volk. Der die Rolle des Hirten spielende Prophet wirft den schäbigen Lohn von 30 Silberlingen, als er seinen Vertrag mit den Herdenbesitzern löst, in den Tempelschatz: 'el hā'ôṣār, wie nach Targ., Syr. zu lesen ist, während der MT 'el hajjôṣēr „zum Töpfer" bietet. Die Deutung bei Matth. setzt die beiden Varianten voraus: Judas bringt das Geld in den Tempel, und die Priester kaufen dafür den Töpferacker.

Die Rm. 10, 18 zitierten Psalmworte (s. o.) weissagen nicht die Heidenmission, sondern sagen, daß Himmel und Erde bei Tag und bei Nacht Gottes Herrlichkeit preisen.

Ps. 8 redet nicht von der eschatologischen Herrschaft Christi (1. Kr. 15, 27 s. o.), sondern von der Hoheit des Menschen, die ihm Gott verliehen hat.

Paulus bezieht Rm. 10, 6–8 (s. o.) auf die Predigt von der Glaubensgerechtigkeit, was Deut. 30, 11–14 vom Gesetz gesagt ist.

Deut. 25, 4 (1. Kr. 9, 9, s. o.) schreibt angemessene Behandlung des dreschenden Ochsen vor und kann nur durch Allegorese auf die Verkünder des Evangeliums bezogen werden.

Wenn Paulus 1. Kr. 14, 21 die Weissagung von Jes. 28, 11 f. (ἐν ἑτερογλώσσοις καὶ ἐν χείλεσιν ἑτέρων λαλήσω τῷ λαῷ τούτῳ, καὶ οὐδ᾽ οὕτως εἰσακούσονταί μου) als Weissagung der Glossolalie deutet, so verkehrt er ihren Sinn so ziemlich ins Gegenteil, da der ursprüngliche Sinn der ist, daß Gott das Volk Israel fremdsprachigen Völkern preisgeben wird.

Hebr. 2, 6–8 bringt Ps. 8, 5–7 als Weissagung der zeitweiligen Erniedrigung des präexistenten Christus:

> τί ἐστιν ἄνθρωπος ὅτι μιμνήσκῃ αὐτοῦ;
> ἢ υἱὸς ἀνθρώπου ὅτι ἐπισκέπτῃ αὐτόν;
> ἠλάττωσας αὐτὸν βραχύ τι παρ᾽ ἀγγέλους κτλ.

Im Urtext beschreiben diese Worte die Würde des Menschen.

Ps. 40 (39), 7–9, in Hbr. 10, 5–7 als Weissagung der Selbsthingabe
Christi zum Opfer verstanden, ist nur im Text der LXX zu diesem
Zweck brauchbar:

θυσίαν καὶ προσφορὰν οὐκ ἠθέλησας, σῶμα δὲ κατηρτίσω μοι.

In seiner ursprünglichen Absicht redet der Psalm davon, daß Gott
keine Schlacht- und Speiseopfer verlangt, sondern Gehorsam, und
in diesem Sinne heißt es: „Ohren hast du mir gegeben." Statt des
'oznajim kārītā lî liest aber LXX: σῶμα δὲ καταρτίσω μοι.
Hbr. 12, 26 zitiert Hag. 2, 6 als Weissagung der eschatologischen
Katastrophe:

ἔτι ἅπαξ ἐγὼ σείσω (οὐ μόνον) τὴν γῆν (ἀλλὰ) καὶ τὸν οὐρανόν.

Im Urtext ist es bildlich gemeint: alle Völker sollen in Bewegung
geraten und ihre Schätze nach Jerusalem bringen. Benutzbar wird es
für Hbr. erst in der Fassung der LXX, auf die das ἔτι ἅπαξ zurück-
geht.

Es ist klar, daß in allen diesen Fällen die neutestamentlichen
Schriftsteller nicht neue Erkenntnisse aus den alttestamentlichen
Texten gewinnen, sondern aus ihnen heraus- bzw. in sie hineinlesen,
was sie schon wissen. Folgt man ihrer Intention, so muß man sagen,
daß für sie von der Erfüllung aus das Alte Testament als Weissagung
durchsichtig wird. Von der Erfüllung aus wird also Weissagung erst
als solche erkannt! Welches wäre aber der Sinn eines solchen Verfahrens Gottes? Den Zwecken der urchristlichen Gemeinde wäre damit
freilich gedient. Denn in der antijüdischen Polemik sowohl wie in
der Heidenmission vermag sie Anstöße zu überwinden, Fragen zu
beantworten, Beweise beizubringen, indem sie anstößige oder ver-
wunderliche Fakten als vorausbestimmte und geweissagte nachweisen kann. Aber ist das theologisch haltbar? Darf der Anstoß des Kreuzes
Jesu dadurch überwunden werden, daß man es als längst von Gott
beschlossen und geweissagt erkennt? oder nicht nur dadurch, daß
man seinen Sinn, seine Bedeutung erfaßt?
Und ferner: welches ist denn das Kriterium, mittels dessen es
möglich wird, im Alten Testament Weissagungen zu finden? welche
Sicherung besteht, daß man nicht willkürlich den Sinn, den man finden möchte, einträgt? In Wahrheit gibt diese Methode, Weissagung
zu finden – sei es ohne, sei es mit Allegorese –, den alttestamentlichen

Text der Willkür preis, und die grotesken Beispiele bei den Aposto-
lischen Vätern sind nur die Konsequenz des Verfahrens der neutestamentlichen Autoren. So wenn 1. Klem. 17, 7 das rote Seil, das
die Hure Rahab aus ihrem Hause heraushing, als Weissagung der
Erlösung durch das Blut Christi gedeutet wird, oder wenn Barn. 9, 8
in den 318 Knechten Abrahams eine Weissagung des Kreuzes Christi
findet. Wird die Willkür der Deutung auch dadurch gebändigt, daß
der Exeget nichts Beliebiges aus dem Text herauslesen kann, sondern
ihm nur Wahrheiten des christlichen Kerygmas und Dogmas entnehmen darf, so ist das nicht nur ein völlig überflüssiges Bemühen, da
man diese Wahrheiten ja ohnehin schon kennt, sondern es wird dadurch auch der eigentliche Anstoß, den der Glaube zu überwinden
hat, verdeckt und ebenso der rechte Weg zur Überwindung.

II.

1841/44 erschienen die beiden Bände des Werkes „Weissagung
und Erfüllung" von *Joh. Chr. Konr. Hofmann.* Seine These ist die,
daß nicht die *Worte* des Alten Testaments eigentlich Weissagung sind,
sondern die *Geschichte* Israels, von der das Alte Testament zeugt.
Diese Geschichte ist *weissagende Geschichte,* die in der Geschichte
Christi und seiner Gemeinde zur Erfüllung kommt. Dann ist also
Weissagung nicht Voraussage künftiger Ereignisse, auf deren Eintreffen man warten müßte. Vielmehr ist Weissagung die Geschichte
selbst, sofern diese eine Bewegung ist, die auf ein Ziel hinführt und
dieses Ziel ständig als Weissagung oder Verheißung in sich trägt.
Von der Erfüllung aus wird die Geschichte als Weissagung verständ-
lich, indem der Sinn ihrer Bewegung deutlich wird. Das ist natürlich
etwas ganz anderes, als wenn nach der traditionellen Auffassung die
Weissagung von der Erfüllung her verständlich wird, indem plötzlich
ein geheimer Sinn von Worten zutage tritt, die ursprünglich in ihrem
Zusammenhang etwas ganz anderes bedeutet hatten. Nein, jedes
Wort wie jedes Ereignis, von dem das Alte Testament berichtet, hat
an seiner geschichtlichen Stelle seinen eindeutigen Sinn und gewinnt
Weissagungscharakter nur dadurch, daß der Gesamtverlauf der Geschichte, in der es steht, Weissagung ist. Da für Hofmann Christus
das Ziel der Geschichte ist, so ist die Geschichte Weissagung auf Christus [1], – und zwar im Grunde nicht nur die Geschichte Israels, son-

---

[1] Auch *H. Schlier* vertritt in seinem Artikel „Weissagung und Erfüllung" (Die

dern die Weltgeschichte überhaupt. „Wenn es wahr ist, daß alle
Dinge, groß und klein, dazu dienen, die Einigung der Welt unter
ihr Haupt, Christus, herbeizuführen: so gibt es gar nichts in der
Weltgeschichte, dem nicht etwas Göttliches innewohnt, nichts also,
das der Weissagung notwendig fremd bleiben muß" (Weiss. u. Erf. I,
S. 7).

Hofmann gibt ein Beispiel dafür: „Es kann sich auch ein künftiger
Vorgang in einem früheren abbilden und im voraus darstellen. Jeder
Triumphzug, welcher durch die Straßen Roms ging, war eine Weissagung auf den Caesar Augustus: denn was dieser immerzu, das
stellte der Triumphator an seinem Ehrentage vor: den Gott im Menschen, Jupiter im römischen Bürger. Darin, daß Rom seinen Siegern
gerade diese Ehrenbezeigung zuerkannte, gab sich seine Zukunft zu
erkennen, daß es die Welt durch den göttlich verehrten Imperator
beherrschen werde. Nachdem der Apostel Johannes erzählt hat, wie
es gekommen, daß Jesu am Kreuze die Beine nicht zerschlagen wurden, fügte er hinzu, damit sei das Wort erfüllt worden: „man soll
dem Passalamm kein Bein zerbrechen". Im Passalamm sieht er also
Jesum vorgebildet; und in dem, was Jesu widerfährt, erfüllt sich ihm
eine im Passamahle gegebene Weissagung oder Weisung auf Künftiges. Die Bedeutung des Triumphes ist in den vielen sich wieder-
holenden Triumphzügen, die Bedeutung des Passas in den alljähr-
lichen Passamahlzeiten nicht erfüllt, sondern der wesentliche Inhalt
des einen und des andern, in welchem die Wahrheit des einen und
des andern besteht, soll sich erst künftig herausstellen, und somit
die darin enthaltene Weissagung sich erst noch bestätigen" (Weiss.
u. Erf. I, S. 15 f.).

Übrigens findet Hofmann auch innerhalb des Alten Testaments
bzw. innerhalb der Geschichte Israels selbst Weissagung und Erfüllung. Wenn es Gen. 15, 6 heißt: „Abraham glaubte Gott, und es
wurde ihm zur Gerechtigkeit gerechnet", so ist das eine Weissagung,
die ihre Erfüllung in dem Gen. 22 berichteten Ereignis fand, darin
nämlich, daß Abraham seinen Sohn gehorsam zu opfern bereit war.
Glaube ist Gehorsam; Abrahams Glaube ist aber Gen. 15 noch nicht
als Gehorsam sichtbar, sondern wird es erst Gen. 22.

Religion in Geschichte und Gegenwart² V, Sp. 1813 f.) diese Auffassung, wenn er
sagt, daß erst, als in Christus das Ende der Zeiten gekommen, als die alttestamentliche Geschichte vollendet war, das vorige Geschehen als ein von Christus
redendes und damit erfülltes offenbar wurde.

Hofmanns Weise, von Weissagung und Erfüllung zu reden, ist offenbar eine durch Hegel beeinflußte *Geschichtsphilosophie,* die ihren christlichen Charakter nur dadurch gewinnt, daß für ihn *Christus das Ziel der Geschichte* ist. Auch sonst unterliegt die rein geschichtsphilosophische Betrachtung gewissen Hemmungen. Ein Beispiel dafür ist die Deutung des Ausrufs Adams über Eva Gen. 2, 23: „Diese ist nun endlich Gebein von meinem Gebein und Fleisch von meinem Fleisch. Sie soll Männin heißen, denn vom Mann ist sie genommen." Dies ist nach Hofmann die erste Weissagung. Denn da das in diesem Ausruf ausgesprochene Verhältnis von Mann und Weib infolge des Sündenfalles (der ja eigentlich nicht in die Hofmannsche Konzeption hineinpaßt) nicht ungestört blieb, bedurfte es einer Wiederherstellung in höherer Vollkommenheit. „Was nun der Mann dem Weibe gewesen, aber nicht geblieben ist, das ist in ewiger Weise Christus dem Menschengeschlechte. Er ist das Haupt der Gemeinde, wie der Mann des Weibes Haupt. In seiner Gemeinschaft erkennt und also auch beherrscht sie alles" (Weiss. u. Erf. I, S. 71). Auch hier hält sich Hofmanns Grundauffassung insoweit durch, als nach seiner Deutung die Intention des Beginns der Geschichte ihre Verwirklichung durch ihr Ende findet. Die Weissagung besteht auch hier darin, daß in dem Ausruf Adams die auf ihr Telos vorweisende Intention der Geschichte vom Telos aus sichtbar wird.

Der Hofmannschen Auffassung gegenüber wird man aber die Frage erheben müssen, *welche theologische Relevanz sie denn hat.* Einen Beweis für die Geltung Christi kann sie natürlich nicht erbringen, da Christus ja schon als das Ziel der Geschichte erkannt sein muß, ehe die Deutung der Geschichte Israels sub specie Christi möglich wird. Wollte man aber sagen, daß eine Bestätigung Christi eben *damit* gegeben ist, *daß* eine solche Deutung möglich wird, so heißt das doch nichts anderes, als daß Christus durch eine geschichtsphilosophische Betrachtung bestätigt wird. Verlangt der Glaube nach einer solchen? Bedarf er ihrer? Ist die Hofmannsche Betrachtung nicht eine zwar interessante, aber theologisch doch irrelevante Beschäftigung mit der Geschichte Israels? Aber sollte vielleicht doch *in Hofmanns Fragestellung etwas Richtiges* stecken? Darin nämlich zunächst, daß er nicht die einzelnen Worte des Alten Testaments, sondern die Geschichte, von der es erzählt, als Weissagung verstehen will? und sodann darin, daß er diese Geschichte von Christus, ihrem Ende, her als Weissagung verstehen will? Liegt sein Fehler nicht darin, daß er

dieses Verständnis mit Hülfe des philosophischen Gedankens von der
Geschichte als eines Entwicklungsganges erreichen will, in dem ursprünglich im Geschehen wirksame Tendenzen im Gang des Geschehens zu ihrer Verwirklichung gelangen? Nach dem Neuen Testament ist Christus das Ende der Heilsgeschichte nicht in dem Sinne,
daß er das Ziel der geschichtlichen Entwicklung bedeutet, sondern
weil er ihr eschatologisches Ende ist. Läßt sich von daher die alttestamentliche Geschichte vielleicht in einem legitimen Sinne als Weissagung verstehen? Der Versuch, diese Frage zu beantworten, soll in
der Weise unternommen werden, daß drei Begriffe untersucht werden, mit denen das Neue Testament entscheidend wichtige Begriffe
des Alten aufnimmt und sie doch in neuem, nämlich eschatologischem
Sinne interpretiert.

III.

1. Der Begriff des Bundes

Der Begriff des Bundes ist im Alten Testament ein Hauptbegriff,
der das Verhältnis zwischen Gott und Volk bezeichnet. Und zwar ist
die Rede vom Bunde Gottes mit dem Volke ganz real gemeint, im
Unterschied etwa vom Begriff der Ehe, der dieses Verhältnis im Bilde
beschreibt. Natürlich sind Gott und Volk im Bunde nicht gleiche Partner; aber doch ist ihr Verhältnis ein Bund, der auf gegenseitiger
Treue beruht und zu gegenseitiger Treue verpflichtet: Gott fordert
die Treue des Volkes, und das Volk darf sich auf die Treue Gottes
verlassen, der dieses empirisch-geschichtliche Volk erwählt hat. Der
Bund hat ursprünglich seine Gültigkeit durch Opfer gewonnen und
wird durch den rechten Opferkult ständig erhalten bzw. erneuert [2].
Gilt er der populären Meinung daher als unerschütterlich, wenn nur
das Volk seinem Gott den von ihm verlangten Kult darbringt, so
protestiert dagegen die prophetische Predigt. Sie protestiert zunächst gegen die Bindung Gottes an das Land, in dem das Volk seine
Heimat gefunden hat und mit dem es mehr und mehr verwächst. Sie
protestiert ebenso dagegen, die Bindung Gottes an das Volk als eine
unwiderrufliche aufzufassen, indem sie sagt, daß die Gültigkeit des
Bundes vom Gehorsam des Volkes abhängt, indem sie diesen Gehorsam aber nicht (oder nicht nur) als die treue kultische Verehrung

---

[2] Vgl. *Nils A. Dahl,* Das Volk Gottes 1941, S. 9.

Gottes versteht, sondern als den Gehorsam gegen seine sittlichen
Forderungen, die Recht und Gerechtigkeit verlangen. Gott kann das
Volk, das er erwählt hat, verwerfen, wenn er will. Israel hat keinen
Anspruch auf den Vorzug vor anderen Völkern:

> „Seid ihr mir nicht wie der Neger Volk,
> ihr Kinder Israels? ist der Spruch Jahwes,
> Hab ich nicht Israel aus Ägypten geführt,
> die Philister aus Kaphtor, die Aramäer aus Kir?“   (Am. 9, 7).

Das ist freilich kein Protest gegen den Erwählungsgedanken als solchen. Dieser wird festgehalten, wenn es heißt:

> „Nur euch habe ich erwählt von allen Geschlechtern der Welt,
> darum suche ich heim an euch all eure Schuld!“   (Am. 3, 2).

Der Protest richtet sich nur dagegen, daß Israel seine Vorzugs-
stellung vor anderen Völkern als sicheren Besitz ansieht und nicht
mit der Möglichkeit des Widerrufs rechnet. Der Bund ist gebrochen,
wenn einer der Partner seine Bundespflichten nicht erfüllt.

Wenn es sich nun um den Bund Gottes mit einem Volk als einer
realen, empirisch-geschichtlichen Größe handelt, so kann die Gültigkeit des Bundes nur auf Bedingungen gestellt sein, die ein solches
Volk als Volk erfüllen kann, also auf die Darbringung des offiziellen
Kultus und – im späteren Judentum – auf die Einhaltung einer bestimmten Ordnung des Lebens. Ein Bund mit einem Volke, der auf
die Erfüllung sittlicher Forderungen als Bundesbedingung gestellt
wäre, ist in der geschichtlichen Wirklichkeit eine Unmöglichkeit. Es
ist schon ein innerer Widerspruch, von einem Bunde zu reden, der
ein empirisch-geschichtliches Volk auszeichnet und ihm Gottes Hülfe
zusichert, wenn die Gültigkeit des Bundes gar nicht an die Existenz
des empirisch geschichtlichen Volkes als Volkes, sondern an die sittliche Haltung der Einzelnen im Volke gebunden ist. Worauf ruht
nun für den Einzelnen, der zum Volke gehört, die Sicherheit? Darauf, daß er zum erwählten Volke gehört? Das ist freilich die naive,
natürliche, aus dem Erwählungsgedanken fließende Vorstellung: das
Volk ist von Gott als Ganzes erwählt, und der Einzelne gewinnt seine
Sicherheit aus seiner Zugehörigkeit zu diesem Bundesvolke. So das
naive Bewußtsein in Israel, gegen das sich der Protest der Propheten
erhebt und gegen das später Johannes der Täufer protestiert:

> „Bildet euch nicht ein, ihr könntet denken: wir haben Abraham zum Vater.
> Denn ich sage euch: Gott kann aus diesen Steinen dem Abraham Kinder
> erwecken!“ (Matth. 3, 9).

Aber wenn das so steht, wenn die Gültigkeit des Bundes auf der sittlichen Haltung der Einzelnen beruht, so ist im Grunde der Gedanke
des Bundes Gottes mit dem Volk aufgelöst. Nichts anderes sagt in der
Tat Jesu Wort:

> „Ich sage euch: viele werden von Osten und von Westen kommen und wer-
> den zu Tische liegen mit Abraham, Isaak und Jakob im Himmelreich, die
> Söhne des Reiches aber werden hinausgeworfen werden in die Finsternis
> draußen." (Matth. 8, 11 f.).

Der Bund Gottes mit einem Volke, dessen Einzelne als Volksange-
hörige der sittlichen Forderung Gottes genügen, ist ein eschatologischer Begriff, weil ein solches Volk keine reale empirisch-geschichtliche, sondern eine eschatologische Größe ist.

So wird denn auch der Begriff des Bundes in der Prophetie *zu
einem eschatologischen Begriff*. Gott wird, da der alte Bund durch die
Schuld des Volkes zerbrochen ist, in der kommenden Heilszeit einen
neuen Bund schließen. Dieser Bund aber hat, wie die Heilszeit überhaupt, wunderbaren Charakter:

> „Da schließe ich mit dem Hause Israel und mit dem Hause Juda einen
>   neuen Bund.
> Nicht einen Bund, wie ich ihn schloß mit ihren Vätern.
> Damals, als ich sie bei der Hand nahm, sie aus Ägyptenland zu führen.
> Haben sie doch meinen Bund gebrochen,
> und ich habe sie verworfen.
> Nein! Das ist der Bund, den ich mit dem Hause Israel schließen will
> nach dieser Zeit, spricht Jahwe:
> Ich lege mein Gesetz in ihr Inneres,
> und in ihr Herz will ich es schreiben.
> Dann werde ich ihr Gott sein, und sie werden mein Volk sein.
> Dann brauchen sie nicht mehr zu lehren
> der Eine den Andern: Erkenne Jahwe!
> Denn sie alle werden mich dann kennen
> vom Kleinsten bis zum Größten, spricht Jahwe.
> Ja! Ich vergebe ihnen ihre Schuld,
> und an ihre Sünde denke ich nicht mehr" (Jer. 31, 31—34).
> „ Dann schließe ich einen Heilsbund mit ihnen,
> ein ewiger Bund ist es.
> Dann lasse ich sie viel werden
> und stelle mein Heiligtum in ihre Mitte für ewige Zeit.
> Dann wird meine Wohnung über ihnen sein,
> dann will ich ihr Gott sein, und sie sollen mein Volk sein.
> Und die Völker werden erkennen,
> daß ich Jahwe es bin, der Israel heilig macht,
> Wenn mein Heiligtum für immer in ihrer Mitte bleibt" (Ez. 37, 26—28).

Ist ein solcher Bund noch eine reale geschichtliche Möglichkeit?
Ist der Gedanke eines eschatologischen Bundes nicht ein Zeichen dafür, daß der Bund Gottes dem Wesen nach eine eschatologische, innerweltlich nicht zu realisierende Größe ist? Sind nicht Jeremia und
Ezechiel noch inkonsequent, wenn sie diesen eschatologischen Bund
immer noch als einen Bund Gottes mit einem künftigen empirischen
Volke Israel auffassen?

Jedenfalls zieht *das Neue Testament* die Konsequenz aus dem Gedanken des eschatologischen Bundes, wenn es glaubt, daß jene Verheißung des Jeremia jetzt erfüllt sei für die christliche Gemeinde
(Hebr. 8, 8–12; 10, 16 f.). Diese Gemeinde aber ist kein Volk als Gebilde der innerweltlichen Geschichte. Und so ist auch *die Stiftung des
neuen Bundes* nicht mehr wie die des alten ein Ereignis der Volksgeschichte. Gestiftet ist er im Tode Christi, und der Einzelne wird in ihn
aufgenommen durch die Taufe und die Teilnahme am Herrenmahl,
in dem unter Brot und Wein der Leib und das Blut Christi zugeeignet
werden. Als stiftendes Ereignis steht der Tod Christi nicht wie das
Sinai-Ereignis in der Volksgeschichte, in der er höchstens eine Episode
ist. Er ruft vielmehr aus der Volksgemeinschaft heraus und stiftet
eine Gemeinde, die keine weltliche Gebundenheit hat. „Darum hat
auch Jesus, um durch sein Blut das Volk zu heiligen, draußen vor dem
Tore gelitten. So laßt uns denn hinausgehen zu ihm aus dem Lager,
indem wir seine Schmach tragen" (Hebr. 13, 12 f.). Sammelt sich die
Gemeinde zum Herrenmahl, so ist sie Kultusgemeinde. Aber der
Kultus ist nicht mehr die Sache eines Volkes, wie die Feier des Pa-
schalammes es war. Das Paschalamm ist durch Christus ersetzt, der
„als unser Pascha" geschlachtet worden ist (1. Kor. 5, 7). Die synop-
tische Überlieferung bringt das dadurch zum Ausdruck, daß sie das
letzte Mahl Jesu, in dem sie das Herrenmahl begründet sieht, auf den
Abend der Paschafeier legt, während Johannes, um den gleichen
Gedanken auszudrücken, die Kreuzigung auf diese Zeit legt.

Nach Paulus ist der Gegensatz zwischen dem alten und dem neuen
Bund der Gegensatz von „Buchstaben" und „Geist" (2. Kor. 3, 6.
7–18). Der neue Bund als der „bleibende", der Bund des „Geistes"
($\pi\nu\varepsilon\tilde{v}\mu\alpha$) und der „Gerechtigkeit" ($\delta\iota\varkappa\alpha\iota\sigma\sigma\acute{v}\nu\eta$), überstrahlt den alten
an „Glorie" ($\delta\acute{o}\xi\alpha$). Diese Glorie ist aber weltlich nicht sichtbar wie
die alte, und wird nicht einem Volke als solchem zuteil, wie etwa bei
Deut.-Jesaja (z. B. 60, 19 f.), sondern nur denen, die sich zum Herrn
bekehren. Und diese werden verwandelt „von Glorie zu Glorie".

indem sie die Erkenntnis seiner Glorie aus der Predigt des Evangeliums empfangen. Sie haben aber „diesen Schatz" nur in „irdenen Gefäßen" (2. Kor. 4, 7 ff.), d. h. sichtbar ist an ihnen nur Not und Tod, und nur darin erweist sich das „Leben Jesu" innerhalb dieser Welt. Es ist also klar: *der neue Bund ist eine radikal eschatologische Größe*, d. h. eine außerweltliche Größe, und die Zugehörigkeit zu ihm entweltlicht die Genossen des Bundes.

Kultus und Ritus des alten Bundes haben ihre Gegenbilder im neuen. Vom Paschafest war eben schon die Rede: Christus ist als das Paschalamm des neuen Bundes geschlachtet; „also laßt uns feiern nicht im alten Sauerteig und nicht im Sauerteig der Gemeinheit und Schlechtigkeit, sondern im Ungesäuerten der Lauterkeit und Wahrhaftigkeit" (1. Kor. 5, 8). Der Hebräerbrief entwickelt die Theorie, daß der jüdische Kult eine nunmehr erledigte Vorabbildung der christlichen Heilsveranstaltung ist, ein „Schatten der künftigen Güter" (Hebr. 10, 1; vgl. 8, 5).

Das Bundeszeichen des alten Bundes, die Beschneidung, ist erledigt; „denn nicht, wer im Sichtbaren ein Jude ist, ist wirklich einer; und nicht die im Sichtbaren vollzogene fleischliche Beschneidung ist wirklich Beschneidung; sondern wer im Verborgenen ein Jude ist, ist wirklich einer, und die Beschneidung des Herzens, die im Geist und nicht nach dem Buchstaben vollzogen wird, (ist wirklich Beschneidung)" (Röm. 2, 28 f.; vgl. 1. Kor. 7, 19; Gal. 5, 6; 6, 15). Die Christen sind beschnitten nicht mit einer Beschneidung, die mit der Hand vorgenommen wird (Kol. 2, 11). Es gilt: „Die Beschneidung, das sind ja wir, die wir im Geiste Gott verehren und uns Christi Jesu rühmen und nicht auf das Fleisch unser Vertrauen setzen" (Phil. 3, 3).

Damit ist auch der Gegensatz des Bundesvolkes zu anderen Völkern weggefallen, „denn es gibt keinen Unterschied zwischen Juden und Griechen; denn Einer ist der Herr über alle, der reich macht alle, die ihn anrufen" (Röm. 10, 12). „Denn alle die ihr in Christus getauft wardet, habt ihr Christus angezogen,

> da gilt nicht Jude noch Grieche,
> da gilt nicht Sklave noch Freier,
> da gilt nicht Mann noch Weib,
> denn alle seid ihr Einer in Christus Jesus".

(Gal. 3, 27 f.; vgl. 1. Kor. 12, 12 f.; Kol. 3, 11).

2. Der Begriff der Königsherrschaft Gottes

Wie in anderen semitischen Völkern, so ist auch in Israel Gott als König vorgestellt worden; seit wann, ist umstritten; sicher nachweisbar ist es Jes. 6, 5, jedoch ist es für die frühere Zeit mit großer Sicherheit zu erschließen. Der Sinn des Königtums Jahwes ist der, daß Jahwe der Herr des Volkes ist, der dem Volke seinen Willen auferlegt durch seine Anordnungen chuqqîm und Gebote (miṣwôth). Als der Richter (šôphēt) schlichtet er durch seinen Schiedsspruch Streitigkeiten und ist so der Rechtshelfer innerhalb des Volkes, wie er es nach außen ist, indem er Israels Kriege führt und sich überhaupt als Schützer und Helfer erweist. Wie realistisch Gottes Königtum vorgestellt ist, zeigt die alsbald genauer zu besprechende Konkurrenz mit dem weltlichen Königtum.

Es scheint in Israel ein Fest der Thronbesteigung Jahwes als Neujahrsfest gegeben zu haben. „Jahwe ward König", ist der Ruf des Festes (Ps. 47. 93. 96. 97. 99.). Er wird als erhaben über alle anderen Götter und als Herr der Welt gepriesen. In der kultischen Feier erlebt die fromme Gemeinde seine Königsherrschaft. Aber wie die Königspsalmen zu eschatologischen Psalmen wurden, so wird auch *der Begriff der Königsherrschaft Gottes zum eschatologischen Begriff*. In der Zeit des Exils, als Gott sein Volk preisgegeben hat, erwartet man die Errichtung seiner Königsherrschaft von der Zukunft, die das Heil bringen wird. So schaut Deut.-Jesaja die Befreiung Israels aus dem Exil als den Anbruch der Heilszeit. Der Freudenbote, den der Prophet im Geiste sieht, meldet: „Dein Erlöser kommt, dein Gott ward König!" (Jes. 52, 7).

In der Zeit nach dem Exil gehen die Aussagen über Gottes gegenwärtige und zukünftige Königsherrschaft nebeneinander her, und sie gilt auch in der weiteren Entwicklung nie als ausschließlich zukünftig. In gewissem Sinne ist sie immer gegenwärtig, ein Glaube, der in Gebeten seinen Ausdruck findet, und der auch der rabbinischen Formel „das Joch der Königsherrschaft auf sich nehmen" zugrundeliegt; denn diese bedeutet: das Gesetz auf sich nehmen bzw. das Schema rezitieren [3]. Aber es herrscht doch die Überzeugung, daß Gottes Königsherrschaft in der Welt jetzt nicht aufgerichtet ist. Die Hoffnungen des Deut.-Jesaja und der nachexilischen Propheten hatten getrogen. Von der Herrlichkeit der Heilszeit ist noch nichts zu sehen; fremde Völ-

---

[3] Vgl. *Strack-Billerbeck* I 608.

ker herrschen in der Welt und herrschen auch über Gottes Volk.
Und zumal als die Vorstellung vom Satan als dem Weltherrscher in
das Judentum eindringt, erheben sich aufs neue Sehnsucht und Hoffnung auf die künftige Verwirklichung der Königsherrschaft Gottes.
Der Apokalyptiker träumt von jener Zeit:

> „Dann wird Gottes Herrschaft über all seiner Kreatur erscheinen,
> dann wird der Teufel ein Ende nehmen" (Ass. Mos. 10, 1).

Das Gebet fleht:

> „Es zeige sich deine Herrlichkeit,
> und kund werde die Größe Deiner Pracht! ...
> Jetzt aber eilends zeige sich Deine Herrlichkeit,
> und verzögere nicht das von Dir Verheißene!"
> (Syr. Bar. 21, 23. 25).
> „Und Gott richte auf seine Königsherrschaft
> bei eurem Leben und in euren Tagen
> und bei dem Leben des ganzen Hauses Israel,
> in Eile und in naher Zeit!" (Kaddisch).

Der Anbruch der Königsherrschaft Gottes, mit der die Satansherr-
schaft ein Ende nimmt, ist zugleich der Beginn des neuen Aeons [4].
Die Heilszukunft, von den Propheten als eine neue geschichtliche
Epoche erwartet, wenngleich herbeigeführt und ausgestaltet mit
Wundern, und als eine definitive Heilszeit, – sie wird jetzt zur schlecht-
hin supranaturalen Heilszeit. Ihr geht das Weltgericht voraus, das
sich nicht mehr, wie in der prophetischen Erwartung, innerhalb der
Völkergeschichte abspielt, sondern ein forensischer Gerichtsakt ist,
bei dem sich die ganze Welt vor dem Richter zu verantworten hat.
Bei ihm erfolgt die Auferstehung der Toten, und voraus geht die
Endzeit des alten Aeons, die „Wehen des Messias", da alle teuflische
Bosheit und alle Not ihren Höhepunkt erreichen.
    Auch in der *Verkündigung Jesu* ist die Königsherrschaft Gottes
nicht mehr im Sinn der alttestamentlichen Theokratie verstanden als
die Herrschaft des Gottkönigs im befreiten Lande über das zu Macht
und Glück erhobene Volk Israel, sondern als das vom Himmel her
hereinbrechende Wunder einer neuen Weltzeit. Diese erscheint nicht
mehr als das ideale Bild vom Leben eines Volkes, das, mit Jerusalem

---

[4] Von den variierenden Ausgestaltungen der eschatologischen Hoffnung, ins-
besondere von der vielfach begegnenden Unterscheidung der messianischen Zeit
(als eines Vorspiels) und des neuen Aeons, darf ich hier absehen, wo es nur auf
den Grundgedanken ankommt.

in seiner Mitte, friedlich auf seinen Feldern unter seinen Feigen-
bäumen und Weinstöcken wohnt. Auch kein Wunschbild malt, wie bei
den Apokalyptikern, den Glanz und die Genüsse des kommenden
Aeons aus. Es bleibt nur das Wort „Herrschaft Gottes", und es bleibt
der Gedanke einer Gemeinschaft, in der Gottes Name geheiligt wird
und sein Wille geschieht. Daß diese Gemeinschaft nicht mehr an die
Grenzen des Volkes gebunden ist, zeigt das schon angeführte Wort
von den Vielen, die von Osten und Westen kommen werden (Matth.
8, 11 f.); das zeigt ebenso die Geschichte vom barmherzigen Samariter (Luk. 10, 30–37). Die Forderungen der Bergpredigt, das Liebesgebot, – sie zeigen keinerlei Interesse an Volk und Volksordnung;
das Recht wird durch die Liebe überboten, und der Richter wird einst
im Gericht nur nach dem fragen, was „ihr einem dieser geringsten
meiner Brüder erwiesen habt" (Matth. 25, 31–46).

Aber ist solche Gottesherrschaft noch innerweltlich realisierbar?
Ist sie nicht ihrem Wesen nach schlechthin eschatologisch, so daß ihre
Realisierung auch nicht von einer zeitlichen Zukunft erwartet werden
kann?

Das Neue Testament hat sich den *Gedanken der eschatologischen
Gottesherrschaft* in der Weise zu eigen gemacht, daß es *die Existenz
der Gemeinde als die Realisierung der Gottesherrschaft*, als das In-
krafttreten des neuen Aeons versteht, indem es die Gemeinde als
eine zugleich innerweltliche und außerweltliche Größe versteht. Die
Gottesherrschaft ist damit freilich nicht als eine Idee verstanden, die
sich im Lauf der Geschichte fortschreitend und annähernd verwirklicht, sondern sie vollzieht sich als Gottes Tat in der Geschichte, sie ist
Gegenwart. Jedoch nicht in dem alten Sinne, nicht innerhalb der
Volksgeschichte und in den Formen der Volksgemeinschaft, sondern
jenseits ihrer. Sie ist dadurch verwirklicht, daß Jesus durch seine
Auferstehung zum König gemacht worden ist, und sie ist dort Wirklichkeit, wo er als der König anerkannt wird. Mag der Titel „Kyrios"
(wie wahrscheinlich) aus dem hellenistischen Kult stammen, so ist
doch bei Paulus klar, daß die Kultfrömmigkeit eschatologischen Sinn
gewonnen hat, und daß der Kyrios der eschatologische Herr ist. Er
regiert schon jetzt und zwar bis zu seiner Parusie, bei der er, wenn
mit der Auferstehung der Toten der Tod vernichtet ist, seine Herrschaft an Gott abgeben wird, damit dann Gott Alles in Allem sei
(1. Kor. 15, 23–28). Bis dahin vertritt Christus gleichsam Gott, indem er an seiner Stelle vorläufig die Herrschaft ausübt.

Die Heilszeit ist als die Zeit der Königsherrschaft Christi für Paulus Gegenwart (vgl. 2. Kor. 6, 2). Ihre Glorie ist in den Glaubenden und Gerechtfertigten schon wirksam. Von Gott wird Paulus „in Christus" durch die Welt geführt, um überall „den Duft seiner Erkenntnis" und damit Tod und Leben zu verbreiten (2. Kor. 2, 14–16). Gerechtigkeit und Leben brauchen nicht erst vom Spruch des Richters im künftigen Weltgericht erwartet zu werden, sondern sie werden schon jetzt denen zuteil, die Christus als ihren Herrn bekennen.

Die Herrschaft Gottes bzw. Christi ist also etwas völlig anderes, als die alttestamentliche Prophetie erwartet hatte. Sie ist völlig eschatologisch-überweltlich; und der Mensch, der an ihr teilhat, ist gleichsam schon entweltlicht, so daß er, wiewohl noch „im Fleisch", doch nicht mehr „nach dem Fleische" lebt (2. Kor. 10, 3). Und wenn bei Paulus das eschatologische Geschehen noch inkonsequent auf Gegenwart und Zukunft verteilt ist, so ist es *bei Johannes radikal vergegenwärtigt.* Hier ist es grundsätzlich formuliert, wenn der johanneische Jesus spricht: „Meine Herrschaft ist nicht von dieser Welt" (18, 36). Das Weltgericht ist nicht als ein künftiges zu erwarten, sondern es vollzieht sich darin, daß Jesus als das „Licht" in die Welt gekommen ist, und daß dieses sein Kommen für jeden die Entscheidung über Tod und Leben bedeutet. Wer an ihn glaubt, der wird nicht gerichtet; wer nicht glaubt, der ist schon gerichtet. Wer an ihn glaubt, der ist schon auferstanden, der ist schon aus dem Tode in das Leben hinübergeschritten (3, 16–19; 5, 24 f.; 8, 51; 11, 25 f.; 12, 31; 14, 6).

Die Welt ist der Sünde überführt, der Messias ist der „Gerechte", d. h. der Sieger; der „Fürst dieser Welt" ist gerichtet (16, 8–11). Daß Jesus die Welt besiegt hat (16, 33), ist innerweltlich nicht sichtbar, sondern erweist sich gerade darin, daß die Welt sich selbst überlassen bleibt. Aber der Sieg Jesu setzt sich fort im Sieg des Glaubens über die Welt (1. Joh. 5, 4).

3. Der Begriff des Gottesvolkes

Mit dem Königtum Gottes steht das weltliche Königtum in eigentümlicher Konkurrenz[5]. Ein Volk, dessen König Gott ist, kann eigentlich keinen irdischen König dulden, wie es in dem Worte deutlich zum Ausdruck kommt, das nach Jdc. 8, 23 Gideon zu den Israeliten spricht: „Weder ich will über euch herrschen, noch soll mein Sohn über euch

---

[5] Vgl. *Joh. Hempel*, Das Ethos des Alten Testaments, S. 175 ff.

herrschen. Jahwe soll über euch herrschen". Nur gegen Widerstände
ist das weltliche Königtum in Israel eingeführt worden, und nach dem
Urteil des Propheten hat die Schuld Israels ihren Anfang in Gilgal
genommen, wo Saul (nach 1. Sam. 11, 14 f.) zum König gesalbt wurde
(Hos. 9, 15). Wenn das weltliche Königtum auch, nachdem es durch
David populär geworden war, von der Prophetie fortan nicht als solches bekämpft wird, so kommt doch alsbald der innere Widerspruch
zwischen dem Gedanken des Volkes Gottes und dem weltlichen Königtum zutage [6]. Das weltliche Königtum ist eine Form staatlicher
Organisation. Mit ihm sind, wie es 1. Sam. 8, 10 ff. zum Bewußtsein
gebracht wird, bestimmte Notwendigkeiten gegeben: Beamtentum
und Armee, Geldmittel und daher Steuern. Die äußere Politik erfordert unter Umständen Bündnisse mit heidnischen Staaten, – alles
Dinge, die mit dem Gedanken eines Gottesvolkes nichts zu tun haben;
sie können nur Mittel für die Organisation eines weltlichen Volkes
sein. Die an sie gesetzten Interessen und Kräfte können nur ablen-
ken vom Fragen nach dem Willen Gottes, und das mit dem Staatsbe-
wußtsein erwachende Machtbewußtsein führt dazu, die Begrenzung
von Mensch und Volk durch die Macht Gottes zu vergessen. Dazu
kommen die sittlichen Folgen, die durch die Umgestaltung der alten
patriarchalischen Stammesorganisation entstehen: Rechtsunsicher-
heit, Klassengegensätze, Entfesselung von Ehrgeiz und Egoismus.

Die prophetische Reaktion wendet sich gegen die Formen und Folgen der neuen staatlichen Organisation [7]. Aber es ist klar, daß die
Könige, wollen sie die Verantwortung für den Staat tragen, gar nicht
die Möglichkeit haben, ihr Regiment im Sinne der prophetischen
Ideale zu führen. Sie müssen für Rüstung und Stadtbefestigung sorgen; sie müssen sich um Bündnisse bemühen usw. Umgekehrt vermögen die Propheten es nicht, den Gedanken des Gottesvolkes in
einer Form zu vertreten, in der er unter dem weltlichen Königtum
durchgeführt werden könnte. Sie fordern die Durchführung von
Recht und Gerechtigkeit, binden diese Forderung aber an das Ideal
der vorstaatlichen patriarchalischen Stammesorganisation, und so
muß ihre Forderung scheitern. Wo ihre Ideale zu einer Gesetzgebung
führen, entwirft diese das Bild einer Utopie. Denn Utopien sind das
Verfassungsbild des Deuteronomium wie das der Priesterschrift;
d. h. sie verkennen die realen Notwendigkeiten staatlicher Organisa-

---

[6] Vgl. *Walther Eichrodt*, Die Theologie des Alten Testaments I, S. 237.
[7] Vgl. *Hempel* l. c. S. 88 f., 121, 179 ff.

tion und sind nur um den Preis durchführbar, daß das nach diesen
Idealen verfaßte Volk keine selbständige staatliche Existenz führt.

Nach dem Exil ist denn das Ideal der Theokratie auch durchgeführt
worden, aber Israel, das Gottesvolk, ist jetzt kein Staat mehr. Es lebt
unter Fremdherrschaft und kann auch nur so leben, wenn es als
empirisches Volk das Gottesvolk sein will. Klar zeigt sich das wieder
daran, daß die Frommen sich von der hasmonäischen Dynastie abwenden, sobald diese, nachdem sie das Land von der syrischen Herrschaft befreit hat, die Notwendigkeit staatlichen Handelns ergreift.
Und ebenso zeigt die freiwillige Beugung der Frommen unter die
römische Herrschaft, als Pompeius in Jerusalem einzieht. Das Gottesvolk hat also erkannt, daß es, wenn es sich als solches realisieren will,
nicht mehr als Staat existieren kann, sondern nur als religiöse Gemeinschaft, als eine Art Kirche.

Aber kann im Ernste die jüdische „Kirche" der persischen und römischen Zeit als Realisierung des Gottesvolkes bezeichnet werden? Sie
ist einerseits eine Gemeinschaft, die nicht durch die Kräfte und Formen eines Volkslebens zusammengehalten und gestaltet wird, sondern durch die Gesetze eines theoretisch ausgedachten Kultus und
Ritus, der seine sinnvolle Bedeutung für das wirkliche Leben mehr
und mehr verliert. Sie ist andererseits gebunden an das empirische
jüdische Volk und schließt sich gegen andere Völker ab, gerade auch
mit Hilfe jenes Ritus. Jetzt erst gewinnen Beschneidung und Sabbat
ihre historische Bedeutung. So ist das Judentum, das zugleich Gottesvolk und Volksgemeinschaft sein will, ein in sich widerspruchsvolles
Gebilde.

Symptomatisch ist der Widerspruch in der Hoffnung. Man betet:

„Stoß in die große Posaune zu unserer Befreiung,
und erhebe Panier zur Sammlung unserer Exulanten!
Bringe zurück unsere Richter wie zuerst,
und unsere Berater wie im Anfang!
Erbarme dich, Jahwe, unser Gott, über Jerusalem, deine Stadt,
und über Zion, die Wohnung deiner Ehre
und über das Königtum des Hauses David,
den Messias deiner Gerechtigkeit!" (18-Bitten-Gebet).

Man erwartet also die Wiederherstellung der staatlichen Selbständigkeit des Volkes und verwünscht die Römerherrschaft, deren man
doch bedarf. Aber man ist ferne davon, die Wiederherstellung durch
politisches und kriegerisches Handeln herbeiführen zu wollen, son-

dern man erwartet sie durch Gottes wunderbares Eingreifen, und man erwartet ein selbständiges jüdisches Weltreich ohne eigentlich staatliche Formen seiner Existenz. Soweit das Hoffnungsbild der nationalen Ideale überhaupt verblaßt und durch die Hoffnung auf den neuen Aeon verdrängt wird, in dem die Formen staatlicher Existenz überhaupt ihren Sinn verloren haben, ist es das Charakteristische, daß widerspruchsvolle Hoffnungsbilder nebeneinander im Judentum lebendig sind.

Symptomatisch ist auch das widerspruchsvolle Bild der „messianischen" Hoffnung im engeren Sinne. Mag es Weissagungen eines kommenden „Messias", eines Königs der Heilszeit aus dem Stamme Davids, auch aus der Zeit vor dem Exil geben, so fällt doch die eigentliche Ausbildung dieser messianischen Hoffnung in die nachexilische Zeit; und dem entspricht auch die in sich unmögliche Vorstellung eines Davidkönigs der Heilszeit, der ja nicht als eigentlicher Herrscher gedacht werden kann, sondern eine schemenhafte Figur, ein Symbol, bleiben muß. Grundsätzlich muß seine Gestalt mit dem Gedanken des Königtums Gottes konkurrieren, und praktisch muß sie konkurrieren mit der Priesterherrschaft als der praktisch einzig möglichen Form der Theokratie. In der Tat fehlt die Messiasgestalt ja vielfach in den Zukunftsbildern, und sie hat im Grunde ihren Sinn verloren. So wird der messianische Davidide durch die mythische Gestalt des „Menschensohnes" verdrängt, und die messianische Zeit wird zu einem Vorspiel der eigentlichen Heilszeit degradiert.

Die skizzierte Entwicklung zeigt den Widerspruch zwischen dem Gedanken eines Gottesvolkes und einem staatlich verfaßten Volk; sie zeigt die Illusion einer Identifizierung des Gottesvolkes mit einem empirisch-geschichtlichen Volk. Der Gedanke eines der Königsherrschaft Gottes entsprechenden Gottesvolkes läßt sich nicht mit dem Gedanken eines nationalen, staatlich verfaßten Volkes zur Deckung bringen, sondern sprengt ihn. Daß das Judentum beides zur Deckung bringen will, ist sein eigentümlicher Selbstwiderspruch. Es muß einerseits dem empirischen Volk die Form eines Kirchenstaates geben und andererseits die Königsherrschaft Gottes und das Gottesvolk zu einem eschatologischen Begriff machen, es muß beide von der messianischen Zeit bzw. vom neuen Aeon erwarten.

Im Neuen Testament ist alles dadurch in ein neues Licht gerückt worden, daß behauptet wird, der neue Aeon sei mit dem Christusgeschehen angebrochen. Wie die eschatologische Königsherrschaft als

Herrschaft Christi gegenwärtig ist, so ist auch *das Volk Gottes,* das wahre Israel, *gegenwärtig in der christlichen Gemeinde.* Das Volk Gottes ist dann also nicht mehr eine empirisch-geschichtliche Größe; es existiert nicht als ein Volk, das institutioneller Ordnungen zu seiner Organisation bedarf. Daher wird auch der Staat, sofern er wirklich Staat, d. h. Rechtsordnung ist, frei gegeben (Röm. 13); er wird sozusagen aus dem Interessenbereich des Gottesvolkes entlassen (vgl. 1. Kor. 6, 1 ff.). Daraus erwächst dann freilich auch die eigentümliche Doppelexistenz des Christen in Kirche und Staat mit ihrer Problematik, die aber im Neuen Testament noch nicht Gegenstand der Reflexion geworden ist.

Das wahre Gottesvolk ist die Ekklesia, die eine eschatologische Einheit ist und als solche ebenso in der einzelnen Ortsgemeinde wie in der Gesamtheit der Gemeinden zur Erscheinung kommt. Man gelangt in sie nicht durch Geburt und Volkszugehörigkeit, sondern getroffen durch den Ruf des Evangeliums, herausgerufen aus der Welt und geheiligt durch die Taufe, die den Getauften in Christus als den „Leib" der Ekklesia hineinfügt. So sind die Angehörigen des Gottesvolkes die „Berufenen" ($\varkappa\lambda\eta\tau o\iota$), die „Erwählten" ($\dot{\varepsilon}\varkappa\lambda\varepsilon\varkappa\tau o\iota$), die „Heiligen" ($\ddot{\alpha}\gamma\iota o\iota$), sie gehören Christus zu ($\varepsilon\tilde{\iota}\nu\alpha\iota$ $X\varrho\iota\sigma\tau o\tilde{\nu}$), sie sind in Christus ($\dot{\varepsilon}\nu$ $X\varrho\iota\sigma\tau\tilde{\omega}$). Als Gottesvolk ist die Ekklesia das „Israel Gottes" (Gal. 6, 16; vgl. Phil. 3, 3; Röm. 9, 6–8; Jak. 1, 1) im Gegensatz zum „fleischlichen" Israel (1. Kor. 10, 18). Ihr gehören die „Väter", die Verheißungen, und die Juden können sogar als die „Versammlung des Satan" ($\sigma\upsilon\nu\alpha\gamma\omega\gamma\dot{\eta}$ $\tau o\tilde{\upsilon}$ $\sigma\alpha\tau\alpha\nu\tilde{\alpha}$) gescholten werden (Apok. 2, 9).

IV.

Inwiefern ist nun *die alttestamentlich-jüdische Geschichte Weissagung,* die in der Geschichte der neutestamentlichen Gemeinde erfüllt ist? Sie ist es *in ihrem inneren Widerspruch, in ihrem Scheitern* [8]. Ein innerer Widerspruch durchzieht das Selbstbewußtsein wie die Hoffnung Israels und seiner Propheten. Es will sich ja nicht einfach als innerweltlich-empirische Größe, sondern als Gottesvolk verstehen; es will in seiner Geschichte Gottes Handeln und Führen sehen

---

[8] Aus dem Referat L. Goppelts (Typos 1939, S. 14) über das Werk *Patrick Fairbairns* (The Typology of Scripture, 2 Bde., Edinb. 1857), das mir nicht zugänglich ist, meine ich entnehmen zu können, daß sich Fairbairns Auffassung in der gleichen Richtung bewegt.

und nicht einfach das Produkt menschlichen Planens, menschlicher
Willkür und blinder Notwendigkeit. Die Intention geht also auf den
überweltlichen Gott und sein Handeln. Aber der Widerspruch liegt
darin, daß Gott und sein Handeln nicht im radikal jenseitig-eschato-
logischen Sinne verstanden werden, sondern mit der empirischen
Volksgeschichte zur Deckung gebracht werden sollen. An ihrem Widerspruch scheitert die Geschichte. Die Idee des Bundes Gottes mit
einem Volk erweist sich als unmöglich für die innergeschichtliche
Entwicklung und wird zur eschatologischen Idee. Die Idee der Königsherrschaft Gottes erweist sich als innerweltlich unrealisierbar,
und der Versuch der Realisierung wird ad absurdum geführt durch
die groteske Gestalt einer priesterlich-gesetzlichen Theokratie. Die
Idee des Gottesvolkes erweist sich als unrealisierbar in einer empirischen Volksgemeinschaft, da diese zu ihrer geschichtlichen Existenz
der staatlichen Formen, des Rechtes und der Gewalt, bedarf und daher ständig mit der Idee eines Gottesvolkes in Widerstreit geraten
muß, wenn das Gottesvolk mit dem empirischen Volk identisch sein
soll.

Das Scheitern erweist die Unmöglichkeit, und deshalb ist das Scheitern die Verheißung. Für den Menschen kann nichts Verheißung sein
als das Scheitern seines Weges, als die Erkenntnis der Unmöglichkeit, in seiner innerweltlichen Geschichte Gottes direkt habhaft zu
werden, seine innerweltliche Geschichte direkt mit Gottes Handeln
zu identifizieren.

Als Verheißung ist das Scheitern freilich erst *von der Erfüllung
aus zu verstehen*, d. h. aus der Begegnung mit der Gnade Gottes, die
sich dem öffnet, der seine Situation als eine Situation der Unmöglichkeit begreift. Die Erfüllung kann deshalb nicht als das Ergebnis
der geschichtlichen Entwicklung angesehen werden; denn deren Ergebnis ist nichts anderes als eben das Scheitern. Und damit wäre es
zu Ende, hätte nicht Gott in Christus einen neuen Anfang gemacht,
der nun allerdings nicht der Anfang einer neuen geschichtlichen Entwicklung ist, sondern „neue Schöpfung" im eschatologischen Sinne,
– ein „Anfang", der nunmehr jederzeit offensteht für denjenigen,
der dessen inne wird, daß sein Weg ins Scheitern führte, – sein Weg,
auf dem er den ewigen Sinn seines Lebens innerweltlich realisieren
wollte. Die Begegnung der Gnade Gottes lehrt den Menschen, Gottes
Handeln als eschatologisches Handeln im echten Sinne, d. h. als ent-
weltlichendes Handeln, zu verstehen, und schenkt ihm die Möglich-

keit des Glaubens als die Möglichkeit der eschatologischen Existenz in Welt und Zeit.

Von da aus ergibt sich das Recht, die alttestamentliche Geschichte des Scheiterns als Verheißung zu verstehen, nämlich als den Weg, den Gott das Volk des Alten Testaments geführt hat. Von da aus das Recht, jenen Widerspruch nicht als den Widerspruch zweier menschlicher Ideen zu interpretieren, sondern als den Widerspruch, der der menschlichen Existenz als solcher eigen ist: auf Gott hin geschaffen zu sein, zu Gott gerufen zu sein und doch der weltlichen Geschichte verhaftet zu sein.

Interpretieren wir die alttestamentliche Geschichte in diesem Sinne, so *folgen wir der paulinischen Interpretation des Gesetzes.* Das Gesetz ist der „Zuchtmeister bis zu Christus" (Gal. 3, 24), weil es den Menschen ins Scheitern führte. „Die Schrift hat alles unter die Sünde eingeschlossen, damit die Verheißung auf Grund des Glaubens an Jesus Christus für die Glaubenden verwirklicht werde. Ehe aber der Glaube kam, waren wir im Gefängnis unter dem Gesetz, eingeschlossen bis zu dem Glauben, der offenbart werden sollte" (Gal. 3, 22 f.). „Denn Gott hat alle eingeschlossen unter den Ungehorsam, um sich aller zu erbarmen" (Röm. 11, 32).

Das Gesetz in seiner Begegnisweise als Mosegesetz ist der Weg des Scheiterns in der Sünde; Christus ist sein Ende (Röm. 10, 4). Und doch ist das Gesetz Gottes heiliger und guter Wille (Röm. 7, 12). So sind der Gedanke des mit Gott als seinem König verbündeten Gottesvolkes und die damit gegebenen Hoffnungen verführerisch zur Identifikation des eschatologischen Handelns Gottes mit dem weltlich-geschichtlichen Geschehen, zur Identifikation des Gottesvolkes mit einem empirischen Volk, – und deshalb der Weg ins Scheitern.

So findet auch die Frage eine Antwort: welche *theologische Relevanz* diese ganze Betrachtung hat; warum wir, wenn wir den naiven, traditionellen Sinn von Weissagung und Erfüllung preisgeben, überhaupt noch weiterfragen, ob in einem legitimen Sinne von Weissagung und Erfüllung geredet werden dürfe. Wozu dieses Reden? Ist es nicht eine überflüssige Spekulation? eine religiöse Geschichtsphilosophie?

Es ist das so viel und so wenig wie das Reden des Paulus vom Gesetz: Was der Glaube als Heilsweg bedeutet, versteht nur der ganz, der den falschen Heilsweg des Gesetzes kennt. Die Gesetzeslehre des

Paulus ist nicht eine notgedrungene Apologie, die die Sätze ausglei-
chen möchte, daß das Gesetz nicht rechtfertigt, und daß es doch von
Gott gegeben ist. Vielmehr: der Glaube bedarf, um seiner selbst
sicher zu sein, des Wissens um den Sinn des Gesetzes; er würde sonst
ständig der Verführung durch das Gesetz – in welcher Form auch
immer – unterliegen. Ebenso bedarf der Glaube des Rückblicks in die
alttestamentliche Geschichte als eine Geschichte des Scheiterns und
damit der Verheißung, um zu wissen, daß sich die Situation des Gerechtfertigten nur auf dem Grunde des Scheiterns erhebt. Wie der
Glaube den Gesetzesweg als überwundenen ständig in sich enthält,
um wirklich Rechtfertigungsglaube zu sein, so enthält er ebenfalls
auch jenen Versuch der Identifikation weltlichen und eschatologischen Geschehens ständig als überwundenen in sich, um eschatologische Haltung zu sein.

Das Christentum
als orientalische und als abendländische Religion*
1949

I.

Im vorderen Orient, in Palästina, liegt der Ursprung des Christentums. Jesus und seine ersten Anhänger waren Juden; Jude war Paulus, und das Neue Testament ist trotz seines griechischen Sprachgewandes ein orientalisches Buch. Für den Historiker erhebt sich die Frage, wie es zugehen konnte, daß eine orientalische Religion in das Abendland vordringen und es erobern konnte, und ferner, welche Gestalt diese Religion im Abendlande gewann. Es erhebt sich aber auch die andere Frage nach der sachlichen Bedeutung des historischen Faktums, daß eine orientalische Religion zur Religion des Abendlandes werden konnte. Sind Religionen nur Produkte je eines bestimmten „Volksgeistes", eines Klimas und Temperamentes, einer speziellen historischen und kulturellen Entwicklung? Oder sprechen sich in allen Religionen, so verschieden sie sind, Möglichkeiten eines Verständnisses von Welt und Mensch aus, die allgemein menschliche Möglichkeiten sind? Brechen in jeder Religion Fragen auf, die auf dem Grunde jedes Menschenherzens ruhen, und werden in ihr Antworten gegeben, die überall und stets mögliche Antworten sind auf die Rätsel, von denen das Menschenleben bewegt wird? Nur daß zu verschiedenen Zeiten und in verschiedenen Völkern verschiedene Seiten der Problematik des menschlichen Lebens zuerst ins Bewußtsein erhoben werden und bestimmte Möglichkeiten der Antwort zuerst in den Blick treten, – wobei dann Temperament, Klima und spezielle Geschichte ihre Rolle spielen werden?

* Schriften der Wittheit zu Bremen XVIII, 4.

Ist es nicht mit der bildenden Kunst auch so, daß sie freilich hier und dort in verschiedener Gestalt erscheint, jeweils eine ganz bestimmte Eigenart hat und Ausdruck eines bestimmten Volksgeistes oder einer bestimmten geschichtlichen Sphäre ist, und daß dennoch alle diese verschiedenen Gestalten eben *die* Kunst repräsentieren, daß in ihnen allen *ein* Geist Ausdruck gewinnt? Wie würden wir sonst die ägyptische und die griechische Kunst, die Kunst der Gotik und der Renaissance gemeinsam als Kunst bezeichnen und verstehen können? Wie würde sich sonst z. B. moderne abendländische Kunst an der fernöstlichen oder auch an primitiver Kunst orientieren können, wenn nicht überall in unendlichen Variationen der gleiche gestaltende Wille wirksam wäre, Phänomene der äußeren wie der inneren Welt, die überall begegnen, in ihrer Bedeutsamkeit im Bilde zu objektivieren? Und wäre es möglich, daß z. B. der moderne Mensch der westlichen Kultur die Welt der indischen Religion als Offenbarung erleben könnte oder etwa auch die Mystik der orthodoxen Kirche Rußlands, wenn er nicht zu entdecken meinte, daß hier Möglichkeiten, das Leben zu verstehen, mit seinen Rätseln fertig zu werden, seinen Reichtum auszuschöpfen oder auch den Schein der Welt zu durchschauen, exemplarisch ausgebildet wären, – Möglichkeiten, die in der abendländischen Kultur verschüttet sind und wieder freigelegt werden müssen?

Wenn das Christentum, in seinem Ursprung eine orientalische Religion, zur Religion des Abendlandes, ja darüber hinaus weithin zur Weltreligion wurde, ist der Grund dafür nicht vielleicht der, daß in ihm Grundmöglichkeiten des Verständnisses der menschlichen Existenz aufgedeckt sind, die überall und zu jeder Zeit, und so auch im Abendland, die gleichen sind? Danach zu fragen, ist der Sinn unseres Themas.

Die Frage steht für das Christentum zunächst nicht anders als für eine Reihe anderer vorderasiatischer Religionen, mit welchen das Christentum bei seinem Eindringen in die Welt der Oikumene in Konkurrenz stand. Auch die ägyptische Religion des Osiriskultus und der Isisfrömmigkeit, die syrischen Religionen des Adonis und der Sonnengottheiten, der phrygische Attiskult und ähnliche Religionen waren ursprünglich die Religionen bestimmter Nationen und ihrer Kulturen gewesen, Ausdruck bestimmter Klimate und Temperamente. Sie alle sind in einer entnationalisierten Form in den Westen vorgedrungen; sie alle haben zu Gemeindebildungen geführt

die nicht mehr durch Nation und Staat, durch die Bindung an den
Boden und seine Kultur bedingt waren, sondern durch den freien
Zusammenschluß einzelner Individuen jedes Volkes, jeder sozialen
Schicht, jedes Geschlechtes entstanden, wie die christlichen Gemeinden auch. Sie alle, weithin als sogenannte Mysterienkulte organisiert,
appellierten an allgemein menschliche Bedürfnisse und Sehnsüchte;
sie alle waren in gewissem Sinne Erlösungsreligionen, die dem Menschen Befreiung aus dem Bann von Schicksal und Tod verhießen. Sie
waren Religionen des Menschen, in dem das Bewußtsein der Abhängigkeit seiner Existenz von fremden Gewalten, die Empfindung des
Verhängnisses, der Verfallenheit unter das Vergehen lebendig geworden war, ja auch das Bewußtsein, nicht nur im äußeren Leben,
sondern auch im eigenen Inneren nicht Herr seiner selbst, sondern
dem Willen fremder Mächte preisgegeben zu sein.

Wenn sich solches Bewußtsein im Westen verbreitete und seinen
Ausdruck eben in der Verbreitung orientalischer Religionen fand, –
bedeutet das den Import fremder Motive? Oder hoben die orientalischen Religionen nur ins Bewußtsein, was schon in ihm schlum-
merte? Haben sie nicht – wie sie sich selbst auf dem Wege in den
Westen entnationalisierten – Möglichkeiten des Menschen ans Licht gebracht, die in der antiken Kultur der Oikumene nur verdeckt waren?
Stellen sie nicht, wenn sie als Erlösungsreligionen an die Stelle der
alten Polisreligionen treten, die Frage, was denn der eigentliche Sinn
der Religion sei: Begründung und Sanktionierung des diesseitigen
Volks- und Staatslebens oder Erlösung des Individuums aus der
Problematik des Diesseits oder vielleicht gar ein Drittes? Und wie
steht es in dieser Hinsicht mit dem Christentum?

II.

Daß das Christentum in seinem Ursprung eine orientalische Religion ist, zeigt zunächst *die Sprache des Neuen Testaments*, die in
dessen charakteristischen Dokumenten ein orientalisches oder zum
mindesten ein orientalisch gefärbtes Griechisch ist, – unbeschadet der
Tatsache, daß manche Partien, namentlich der Briefliteratur, im vul-
gären Koine-Griechisch reden, und einige wenige Stücke eine etwas
mehr literarische Sprache sprechen.

Jesu Worte mit ihrer Ferne von der Abstraktion und mit ihrer Erfassung des Allgemeinen durch das typische Konkret-Individuelle, mit

der Anschaulichkeit und Plastik ihrer Formulierung, mit ihrer Nei-
gung zum Hyperbolischen und Paradoxen, – sie haben gewiß auch
Parallelen, sei es in der griechischen Literatur, sei es in der Edda.
Aber der Gesamtcharakter der Worte Jesu ist doch der der orientalischen Redeweise.

Durch direkte Rede werden Stimmungen oder Gesinnungen veranschaulicht, z. B. die Sorge durch die Fragen:

> „Was sollen wir essen? Was sollen wir trinken? Womit sollen wir uns
> kleiden?" (Matth. 6, 31).

Die selbstgerechte Überheblichkeit wird gefragt:

> „Wie kannst du zu deinem Bruder sagen: ‚Halt, ich will dir den Splitter
> aus deinem Auge ziehen‘ und siehe: du hast den Balken in deinem
> Auge ... (Matth. 7, 4).

Ein schrankenloses Vergeben heißt „siebenzigmal siebenmal vergeben" (Matth. 18, 22). Seine Begierde zähmen, heißt: „das Auge
ausreißen und die Hand abhacken" (Matth. 5, 29 f.). Die Forderung,
ohne Eitelkeit wohlzutun, wird konkret formuliert: „deine linke
Hand soll nicht wissen, was deine rechte tut" (Matth. 6, 3). Und ebenso konkret wird dem Rachsüchtigen die Wiedervergeltung verboten:
„wenn dich einer auf die eine Wange schlägt, so halte ihm auch die
andere hin" (Matth. 5, 39). Die Pharisäer werden charakterisiert als
Leute, die „Mücken seihen und Kamele verschlucken" (Matth. 23, 24),
und in ähnlich paradoxer Form wird der Habgierige gewarnt: „Eher
geht ein Kamel durch ein Nadelöhr, als daß ein Reicher in die Gottesherrschaft hineinkommt" (Mark. 10, 25). Ebenso paradox die andere Mahnung „Wer hat, der bekommt; wer nicht hat, von dem wird
genommen" (Mark. 4, 25).

Die Sprache ist ein Spiegel der *Art des Denkens*, und in der Sprache des Neuen Testaments zeigt sich die orientalische Art des Denkens, die ihm mit dem Alten Testament gemeinsam ist. Auch dieses
gilt es hier mit in den Blick zu nehmen, denn als heiliges Buch ist es
ja vom Christentum übernommen und in das Abendland hinüber-
geführt worden. Im Alten wie im Neuen Testament zeigt sich die
gleiche Abneigung gegen die Abstraktion und die große Kraft an-
schaulicher, plastischer Formulierung. Wissenschaft und Philosophie
sind in dieser Sphäre nicht entwickelt worden; es gibt nicht, oder
doch nur in Ansätzen, die abstrakte Formulierung eines Themas, die
Exposition eines Problems, die schrittweise, methodische Führung des

Gedankens zu seiner Lösung; es gibt nicht den systematischen Aufbau einer Schrift und den Organismus der Gliederung. Damit ist nicht gesagt, daß es keine Empfindung von Problematik, keine Tiefe des Gedankens gäbe. Aber die Gedanken werden als Gebote, als Imperative, lapidarisch formuliert und einfach aneinandergereiht in der Gesetzes- und Weisheitsliteratur, oder sie werden in der prophetischen Predigt in leidenschaftlichen Scheltworten und Drohungen, in Befehl und Verheißung eingehämmert. In stürmischen Fragen und Klagen werden – etwa in den Psalmen – die Probleme laut. Es gibt auch Hin- und Widerrede; aber man braucht nur das Buch Hiob mit platonischen Dialogen zu vergleichen, um zu sehen, daß dem Alten Testament der griechische Geist des διαλέγεσθαι ganz fremd ist; nicht anders dem Neuen, auch wenn Paulus mit anderen Stilmitteln der Diatribe auch das Spiel von Frage und Antwort gelegentlich übernommen hat, und wenn das Johannesevangelium Streitgespräche bringt.

Ähnlich *die Dichtung* des Alten Testaments, gleichermaßen die der Propheten wie die der Psalmen! Die Architektonik der Form, die der griechischen Dichtung eigen ist und die durch deren Einfluß die Dichtung des Abendlandes weitgehend bestimmt hat, ist dem Alten wie dem Neuen Testament fremd. Natürlich hat auch die hebräische wie die urchristliche Dichtung gewisse Gesetze des Aufbaus; sie sind jedoch mit der strengen Fügung der griechischen Dichtung nicht zu vergleichen. Ein Kunstwerk wie das Drama ist in dieser Sphäre überhaupt nicht entwickelt worden. Primitive Kunstmittel wie der Parallelismus der Glieder und der Vergleich, reich variiert und immer wieder eindrucksvoll, charakterisieren die poetische Sprache, die im übrigen durch jene Konkretheit und Plastik ausgezeichnet ist, durch eine quellende Phantasie, eine leuchtende Farbenkraft der Bilder, eine stürmische Leidenschaft. Als Beispiel mag die visionäre Schilderung des Untergangs Jerusalems dienen, von Jeremia grausig dargestellt als der Lustmord, den die Buhlen an der Dirne verüben (Jer. 4, 29–31; die Übersetzung verdanke ich meinem Kollegen Balla):

> Vor dem Ruf:
>> Reiter und Schützen!
>>> ist das ganze Land geflohen.
>> Sie sind in die Höhlen gerannt,
>>> in die Wälder gelaufen,
>>>> in die Felsen geklettert.

Alle Städte sind leer,
niemand weilt mehr
in ihnen.

„Wozu kleidest du dich denn in Purpur,
schmückst dich mit Goldschmuck?
Wozu schminkst du deine Augen?
du machst dich unnütz schön!
Deine Buhlen verschmähen dich ja,
Sie wollen dein Leben haben!"

Geschrei wie einer Gebärenden höre ich,
Stöhnen wie einer, die zum ersten mal Mutter wird.
Die Tochter Zion schreit, röchelt,
greift mit ihren Händen um sich:
„Weh mir! Ich erliege
Mördern!"

Aus dem Neuen Testament denke man an die Vision von den apokalyptischen Reitern (Apok. 6, 1–8); und wenn man das bekannte
Dürersche Bild als sachgemäße bildliche Darstellung dazu gelten läßt,
wie weit ist es von der Tradition griechischer Kunst entfernt! Oder
man denke an die Visionen von den sieben Posaunen (Apok. 8, 2–11,
19) und den sieben Zornesschalen (15, 1–16, 21)! Man vergegenwär-
tige sich das Bild von dem Weibe im Gewande der Sonne, den Mond
zu den Füßen, bekränzt von zwölf Sternen, in den Wehen des Gebä-
rens; der Drache, der das neugeborene Kind verschlingen will, und
der Kampf des Erzengels Michael mit seinem Engelsheer gegen ihn,
wie er vom Himmel herabgeschleudert wird, und wie im Himmel das
Siegeslied angestimmt wird (Apok. 12)! Rom als die große Hure, auf
dem roten Tiere reitend, das Gericht über sie, die Klagelieder der
Könige, der Händler und der Seefahrer und der Jubel im Himmel
(Apok. 17, 1–19, 10)! Und endlich die Bilder vom neuen Jerusalem,
das sich vom Himmel herabsenkt, geschmückt wie eine Braut (21,
1–5), die Stadt mit den Mauern und Toren aus Edelsteinen und den
Straßen aus Gold (21, 9–22, 5)! Welch üppige, ja groteske Phantasie, die Phantasie der Orientalen! Aber merkwürdig! So sehr das
orientalisch ist und in der griechischen Dichtung nichts Vergleichbares
hat, – es ist dem Abendländer doch nicht nur intellektuell verständlich, sondern auch höchst eindrucksvoll.

III.

Geht man nun von der Form zum Inhalt und versucht sich ein genaueres Bild vom orientalischen Charakter des Urchristentums zu machen, beginnt man etwa, die *Verkündigung Jesu* daraufhin zu befragen, wieweit sie von spezifisch orientalischem Geist getragen sei, so macht man zunächst die überraschende Beobachtung, daß *Wesentliches in ihr gar nicht spezifisch orientalisch* ist. Wenn sich der Laie auf das Charakteristische der Verkündigung Jesu besinnt, so wird er an die Bergpredigt und an das Liebesgebot denken, an manche Gleichnisse, an die Worte gegen Heuchelei und Halbheit und Verwandtes.

In der Tat: jenes Phänomen, daß sich nationale Religionen entnationalisieren können, ist zum Teil schon dadurch begründet, daß sie selbst in ihrer konkreten individuellen Form aus einem Urgrund erwachsen sind, der allgemein menschlich ist und kraft dessen von vornherein ein gewisser gemeinsamer Besitz aller Religionen gegeben ist. Denn auf primitiver Stufe zeigt das menschliche Leben in allen Völkern und Kulturen eine große Verwandtschaft. Das Verhältnis des Menschen zur umgebenden Natur und das Gemeinschaftsleben enthält überall zunächst gleiche Fragen. Und daß in allen Rassen und Völkern, in allen Klimaten und Temperamenten der gleiche Geist des Menschentums lebendig ist, zeigt sich daran, daß überall die gleichen Lebensregeln in Worte gefaßt werden, seien es utilitaristische Klugheitsregeln, seien es sittliche Forderungen und primitive Rechtssätze. Das prägt sich weithin im Sprichwort aus; und wenn sich die Sprichwortliteratur auch im Laufe der Entwicklung charakteristisch differenziert, so ist doch ein großer Schatz ihrer Weisheit international. Überall weiß man: „Ohn' Fleiß kein Preis" oder wie es bei Hesiod heißt: $\tau\tilde{\eta}\varsigma$ $\dot{\alpha}\varrho\varepsilon\tilde{\eta}\varsigma$ $\dot{\iota}\delta\varrho\tilde{\omega}\tau\alpha$ $\vartheta\varepsilon o\grave{\iota}$ $\pi\varrho o\pi\dot{\alpha}\varrho o\iota\vartheta\varepsilon\nu$ $\ddot{\varepsilon}\vartheta\eta\varkappa\alpha\nu$ (Op. D. 289). Überall weiß man: „Hochmut kommt vor dem Fall", „Lügen haben kurze Beine" und dergl. Die gleiche Weisheit spricht sich weithin in der Märchenliteratur aus. Beruht die Internationalität mancher Märchenmotive auch auf der Wanderung der Märchen, so ist doch eben diese Tatsache der Wanderung ein Zeichen dafür, daß die Märchen mit ihren Wunschträumen und Ängsten, mit ihrer Moral und Frömmigkeit, mit ihrem Witz und ihrer Weisheit überall verstanden wurden.

So sind denn auch manche bekannten Worte Jesu Worte, in denen solche allgemein menschliche Weisheit ihren Ausdruck findet, neu und

originell aus eigener Kraft formuliert im Gegensatz zu einer Ver-
bildung des Denkens, durch die solche Wahrheiten verdeckt worden
waren. Nur wenige Beispiele:

„Aus der Fülle des Herzens redet der Mund" (Matth. 12, 34 b).

„Jeder Tag hat genug an seiner Plage" (Matth. 6, 34 b).

„Nichts ist verborgen, was nicht offenbar wird, und nichts geheim, was
nicht an den Tag kommt" (Mark. 4, 22).

„Der Arbeiter ist seines Lohnes wert" (Luk. 10, 7 b).

„Nicht die Gesunden bedürfen des Arztes, sondern die Kranken"
(Mark. 2, 17).

„Niemand kann zwei Herren dienen; denn entweder wird er den einen
hassen und den andern lieben, oder er wird dem einen anhangen und
den andern verachten" (Matth. 6, 24).

„Wer im Kleinsten treu ist, der ist auch im Großen treu, und wer im
Kleinsten ein Schurke ist, ist auch im Großen ein Schurke" (Luk. 16, 10).

Nichts spezifisch Orientalisches ist in solchen Worten enthalten;
nichts spezifisch Orientalisches etwa in der Zeichnung des reichen
Kornbauern, der meint, er könne es sich viele Jahre wohl sein lassen,
und nicht ahnt, daß er noch in dieser Nacht sterben wird (Luk. 12,
16–20). Nichts spezifisch Orientalisches in der Mahnung: „Richtet
nicht, damit ihr nicht gerichtet werdet" (Matth. 7, 3–5); wie denn
der Hinweis auf den Balken, den der Kritiker im Auge hat, der dem
Andern den Splitter aus dem Auge ziehen will, seine Parallele in der
griechischen Fabel von den zwei Ranzen hat, die jeder trägt: den
kleineren vorne gefüllt mit fremden Fehlern, den schweren hinten
mit den eigenen. Nichts spezifisch Orientalisches enthält die Mahnung
zum Bittgebet, die auf Gott weist als auf den Vater, der dem bitten-
den Sohne nicht einen Stein statt des Brotes geben wird (Matth. 7,
7–11). Und wenn einst im Gericht der himmlische Richter sprechen
wird: „Was ihr für einen dieser meiner geringsten Brüder getan habt,
das habt ihr für mich getan" (Matth. 25, 40), – ist das etwa spezifisch
orientalische Frömmigkeit? Oder ist die Geschichte vom barmherzigen Samariter (Luk. 10, 30–35) von spezifisch orientalischer Moral
bestimmt?

Natürlich tragen die Gleichnisse Jesu die Farben der palästinischen Welt. Aber einmal ist die Sphäre des Landmanns und des klei-
nen Bürgers, in der sie durchweg spielen, überall wesentlich die gleiche, so daß die Bilder dieser Gleichnisse ohne weiteres verständlich
sind; und sodann ist ihr Inhalt keineswegs spezifisch orientalisch.
Setzen etwa die Parabeln vom „Schalksknecht" (Matth. 18, 23–34)

oder vom „verlorenen Sohn" (Luk. 15, 11–32) oder von den beiden Söhnen (Matth. 21, 28–31) nicht ein Empfinden und ein Urteilen voraus, wie es allgemein menschlich ist? Entspricht nicht das Gleichnis vom Hausbau auf den Sand oder auf den Felsen (Matth. 7, 24–27) dem, was menschliche Lebensweisheit allgemein über das Verhältnis von Hören und Tun denkt? Ist es anders mit den Gleichnissen vom Turmbau und vom Kriegführen (Luk. 14, 28–32)? Entspricht der Gottesgedanke der Parabel von den Arbeitern im Weinberg, die trotz verschieden langer Arbeitszeit doch den gleichen Lohn empfangen (Matth. 20, 1–15), nicht dem Gottesgedanken, wie er sich überall in reifem menschlichen Denken herausgestaltet? Und ist die Forderung der Opferbereitschaft in den Gleichnissen vom Schatz im Acker und von der kostbaren Perle (Matth. 13, 44–46) ein spezifisch orientalischer Gedanke? [1]

IV.

Indessen ist mit solchen Erwägungen das Problem keineswegs erschöpft; die Hauptsache steht noch aus. Denn über den Gedanken allgemein menschlicher Weisheit, Moral und Frömmigkeit erheben sich nun die alt- und neutestamentlichen Gedankenbildungen, die, gemessen an der Tradition der griechisch-römischen Antike – und sie werden wir zum Maßstab nehmen müssen, wenn wir nach einer vom Christentum noch unbeeinflußten abendländischen Denkweise fragen –, als spezifisch orientalische beurteilt werden müssen. Als besonders bedeutsames Beispiel greife ich den *messianischen Glauben* bzw. die eschatologische Weltanschauung heraus [2].

Das Neue Testament ist von der, teils aus dem Alten Testament, teils aus vorderorientalischer Mythologie erwachsenen, Anschauung

---

[1] Natürlich habe ich in diesem Zusammenhang davon abgesehen, daß uns bei vielen Gleichnissen Jesu die beabsichtigte Anwendung auf die konkrete Situation unbekannt ist, und ebenso davon, daß die Pointe einzelner Gleichnisse nicht mehr ersichtlich ist, eben weil uns die Situation, in der sie gesprochen wurden, nicht mehr bekannt ist.

[2] Andere Beispiele wären der Absolutheitsanspruch des Offenbarungsglaubens, der als sein Korrelat die Idee der Toleranz hervorgebracht hat, oder die Auffassung der religiösen Gemeinschaft als „Kirche", oder das Verständnis der moralischen Schuld als „Sünde" und die damit gegebene Auffassung des Bösen. — Über die Bedeutung des AT und NT für die abendländ. Philosophie vgl. *Karl Jaspers*, Der philosoph. Glaube 1948, passim, bes. S. 75 ff.

beherrscht, daß das gesamte Weltgeschehen ein einheitliches, von
Gott geleitetes Drama ist, dessen Ende jetzt bevorsteht. Die apoka-
lyptische Berechnung gliedert den Weltlauf in verschiedene Epochen,
die gerne durch Metalle symbolisiert werden wie in jenem Traumgesicht des Nebukad Nezar (Dan. 2), das ihm den Lauf der Weltgeschichte im Bilde einer Statue darstellt, deren Haupt aus Gold besteht, während Brust und Arme aus Silber, Bauch und Lenden aus
Erz, die Schenkel aus Eisen und die Füße teils aus Eisen, teils aus
Ton geformt sind. Der Weltlauf ist jetzt – das ist die Überzeugung –
zu seinem Ende gelangt, welches durch allerlei Vorzeichen in Natur-
und Völkergeschehen angekündigt wird, die der Apokalyptiker zu
deuten sucht. Als ein gewaltiges kosmisches Drama wird sich das
Ende entfalten: die Toten werden auferstehen, das Weltgericht wird
gehalten werden; die Verdammten werden ewiger Qual überantwor-
tet werden, während die Gerechten, mit himmlischer Glorie bekleidet, auf einer neuen Erde und unter einem neuen Himmel die end-
lose Zeit des Heiles genießen werden.

Dieses Zukunftsbild, dessen Züge im Einzelnen natürlich variieren
können, ist vom Urchristentum aus der jüdischen Hoffnung übernommen worden, und im Rahmen dieses Bildes wurde auch die
Person Jesu als die Gestalt des eschatologischen Richters und Heilbringers, des „Menschensohnes", verstanden.

Wie weit alte Zusammenhänge zwischen solcher mythologischen
Eschatologie und griechischen Spekulationen über die Weltzeitalter,
wie sie etwa bei Hesiod begegnen, bestehen, braucht hier nicht berück-
sichtigt zu werden. Jedenfalls ist der orientalische Messianismus der
Welt des griechischen Geistes ganz fremd. Nicht nur durch das Judentum und das Christentum wurde die seltsame messianische Botschaft
in das Abendland getragen; auch andere Propheten verbreiteten sie,
und mit messianischen Ideen wurde die griechisch-römische Welt
auch außerhalb des Weges der religiösen Propaganda bekannt. Aber
in der Weise, wie solche Ideen rezipiert wurden, zeigt sich schon der
Gegensatz zwischen Westen und Osten. Denn in der aristotelischen
und stoischen Lehre von den Weltperioden und der ἐκπύρωσις als
dem Ende jeder Periode ist die orientalische Mythologie zur naturwissenschaftlichen Theorie geworden, und im Carmen saeculare des
Horaz und in der 4. Ekloge des Vergil, die die Geburt des Weltheil-
landes besingt, zum dichterischen Bild für eine historisch-politische
Wende. Auch in der Ausgestaltung des Christentums auf dem Boden

der Oikumene wird der Gegensatz sofort erkennbar. Die Gestalt
Christi verliert zwar nicht ihren Charakter als den des eschatologischen Richters und Heilbringers, sie gewinnt aber primär den Charakter einer Kultgottheit. Der Titel „Messias" (der Gesalbte), der
den König der Heilszeit bezeichnete, wird zum Eigennamen „Christus", und der spezifisch mythologisch-eschatologische Titel „Menschensohn" verschwindet schnell. Statt dessen heißt Jesus Christus
der „Kyrios", d. h. er ist der im Kultus der Gemeinde angerufene
„Herr".

Freilich ist auch *die kultische Gestalt Christi* nicht eine griechische
Gestalt, wie auch der Kyriostitel kein griechischer Gottestitel ist.
Gewiss, Christus war der griechisch-römischen Welt als Kultgottheit
verständlicher denn als der eschatologische „Menschensohn". Aber
die Ausbildung des Christuskultes mit den Sakramenten der Taufe
und des Herrenmahles erfolgte unter dem Einfluß der Mysterienreligionen, in deren Mittelpunkt die in den Tod gegebene und wieder
zum Leben erweckte Gestalt eines jugendlichen Gottes steht, an
dessen Schicksal die Mysten teilgewinnen, indem sie durch Sakramente in mysteriöse Vereinigung mit ihm gebracht werden. So erleben sie seinen Tod, um auch an seinem neuen unvergänglichen
Leben teil zu bekommen.

Das Wesentliche ist nun nicht, daß Christus – wie andere orientalische Gottheiten – in der griechisch-römischen Welt hellenisiert
wurde. Natürlich geschah das mehr oder weniger, und es spiegelt sich
wider, wie in der künstlerischen Darstellung etwa der Isis, des Adonis, des Attis, so auch in der Darstellung Christi; an die Stelle orientalischer Typen treten solche der griechischen Tradition, bis dann
später in der byzantinischen Kunst die orientalische Auffassung der
Gottheit durchdringt. Das Wesentliche ist vielmehr, welche geistige
Gabe, welche geschichtliche Kraft der Orient und das Christentum als
orientalische Religion dem Abendland mit dem Messianismus und
dem Christuskult brachten, welche neuen Möglichkeiten des Verstehens der menschlichen Existenz dadurch dem Abendland erschlossen wurden.

V.

Das erste ist *ein neuer Sinn für die Geschichte und für die geschichtliche Existenz des Menschen.*

Für den Griechen ist die Geschichte nicht als eigenständige Welt neben der Welt des als Natur aufgefaßten Kosmos in den Blick getreten [3]. Wohl hat natürlich der bunte Verlauf des konkreten geschichtlichen Geschehens und die Differenziertheit der geschichtlichen (mit den geographischen zunächst in eins gesehenen) Phänomene das Interesse des Griechen früh geweckt; und dieses Interesse hat bei Herodot zu einer schildernden Darstellung der griechischen und vorderasiatischen Geschichte geführt. In ihr meint der Historiker hin und wieder ein Gesetz der Entsprechung menschlicher Hybris und göttlicher Nemesis wahrzunehmen, im Ganzen wie im einzelnen Menschenleben, und er mißt die Geschichte oder das Handeln des Menschen in ihr nach moralischen Maßstäben. In der Geschichtsschreibung des Thukydides werden dann als die die Geschichte bewegenden Kräfte die psychologisch erkennbaren Triebe und Leidenschaften der Menschen und die politischen und ökonomischen Machtfaktoren aufgedeckt. Aber daß die Geschichte den Menschen und die Gemeinschaft der Menschen in ein eigenes Lebensgebiet hineinstellt, indem sie die Gegenwart zu einer Entscheidungszeit macht, in der die Verantwortung vor der Zukunft und damit auch für die Vergangenheit ergriffen werden soll, – das ist verborgen geblieben. Das heißt aber: die geschichtliche Bewegung ist nicht anders als die Bewegung des kosmischen Geschehens verstanden worden, in der in allem Wechsel immer das Gleiche geschieht und das Gleiche wird. Geschichtliche Erkenntnis ist hier, wenn sie nicht ästhetische Schau, sondern wissenschaftliche Erkenntnis ist, bemüht, das Gleiche, das ewig Gültige in der Geschichte zu sehen, seien es die jenseits des menschlichen Wollens wirkenden natürlichen Kräfte, innerhalb deren sich das menschliche Tun abspielt, durch sie begrenzt und sie benutzend, – sei es die menschliche Vernunft, wenn sie in richtiger Erkenntnis des Guten den Willen und die Tat bestimmt, sei es die menschliche Leidenschaft, wenn sie blind gegen die Vernunft ist [4].

---

[3] Vgl. *Ernst Howald*, Vom Geist antiker Geschichtsschreibung 1944.

[4] Vgl. U. v. Wilamowitz-Möllendorf: „Die Griechen haben eine wirkliche Geschichtswissenschaft nicht erzeugt; ihr Denken war darauf gerichtet, aus der

So kann man aus der Geschichte lernen; sie ist Paradigma, aber nur dieses. Sie ist Paradigma im Sinne des Realismus, der in ihr nur das Feld der Machtkämpfe sieht (Thukydides), oder auch im Sinne eines Idealismus, der in ihr die Gesetze der ethischen Forderung bestätigt findet, sei es im Erfolg oder im Verfall (Herodot, Platon).

Wenn *Platon* auf die Urgeschichte reflektiert, so geschieht es, um an der Entstehung des Staates das Wesen des Staates deutlich zu machen; und wenn er auf den weiteren Gang der Geschichte reflektiert, so, um zu illustrieren, daß infolge des Fehlens echter Erziehung und Bildung der konkrete Staat zugrunde gehen muß. Das geschichtliche Geschehen ist für ihn nicht eine Geschichte, in der menschliche Möglichkeiten sich entfalten und Aufgaben menschlichen Handelns entspringen, sondern eine Geschichte des Verfalls. Und sofern es die Absicht Platons ist, durch echte Erziehung den wahren Sinn des Staates zur Geltung zu bringen, meint er nicht dem geschichtlichen Geschehen einen positiven Sinn zu geben, sondern will es zum Stillstand bringen. Wäre kraft der Erziehung der ewig gleiche Logos die beherrschende Macht in der menschlichen Gemeinschaft, so würde das das Ende der μεταβολαί (des Wechsels), die die Geschichte als die Sphäre der γένεσις (des Werdens) ausmachen, bedeuten. Die Geschichte hat kein Ziel; sie führt zu nichts, und die geschichtliche Besinnung ist nicht Aufruf zu geschichtlicher Tat [5].

Daher ist *alle Betrachtung der Geschichte bei den Griechen an der Vergangenheit orientiert*, sei es, um den Ruhm der großen Taten zu bewahren, sei es, um die Ursachen der Vorgänge zu entdecken, – was beides Herodot als die Motive seines Geschichtswerkes nennt. Dem gegenüber ist *die dem orientalischen Messianismus zugrunde liegende Auffassung von der Geschichte und die aus ihr fließende Betrachtung der Vergangenheit an der Zukunft orientiert.*

Das Christentum hat die in der alttestamentlichen Prophetie und der jüdischen Apokalyptik ausgebildete Anschauung von der *Geschichte als einem weltgeschichtlichen Gesamtverlauf* übernommen, der nach dem Plane Gottes zu einem bestimmten Ziele führt, von welchem her sich auch der Sinn der geschichtlichen Vergangenheit

---

Beobachtung Regeln zu abstrahieren und diesen den absolut verbindlichen Wert von Naturgesetzen beizulegen.“ (Die griech. Lit. des Altert. in „Kultur der Gegenwart“ I 83, 1912, S. 4).

[5] Vgl. *H. G. Gadamer*, Deutsche Literaturzeitung 1932, Sp. 1979 ff.

enthüllt [6]. Das Bedeutsame ist dabei nicht schon, daß jenes danielische Schema von den vier Weltreichen der christlichen Geschichtsschreibung des Mittelalters als Aufriß diente. Auch nicht, daß die
Weltgeschichte überhaupt zum Gegenstand der Geschichtsschreibung
wurde; denn der universalhistorische Gesichtspunkt war schon von
Herodot und von hellenistischen Geschichtsschreibern gewählt worden. Das Entscheidende ist dieses, daß *die Weltgeschichte als ein
sinnvoller Zusammenhang* verstanden wurde, daß die Reflexion über
den Sinn der Geschichte geweckt und eine *Geschichtsphilosophie*,
die die Antike noch nicht gekannt hatte, entbunden wurde. Dies
freilich noch kaum bei den Welthistorikern oder Weltchronisten des
Mittelalters, obwohl die geschichtsphilosophische Reflexion schon
in Augustins De civitate Dei großartig entfaltet worden war. Aber
das traditionelle biblische Schema konnte säkularisiert werden, und
so geschah es, und so sind schließlich auch die Konzeptionen der
Weltgeschichte bei Hegel und Marx und bei Nietzsche säkularisierte
Eschatologie [7].

Jetzt erst kann es zur Diskussion der Eigenart des geschichtlichen
Lebens und der Methode der historischen Interpretation kommen,
in der die Traditionen des biblischen und des antiken Geschichtsverständnisses ringen, wie das z. B. bei Ernst Troeltsch anschaulich wird.
Wird im Positivismus die griechisch-antike Tradition vom Typus des
Thukydides in gewisser Weise erneuert, so ist das idealistische Ge-
schichtsverständnis Hegels ein säkularisiertes christliches, während
in Diltheys historischer Methode der verstehenden Psychologie andere Motive christlichen Geschichtsverständnises – ebenfalls säkularisiert – zur Geltung kommen, wie sie dann in einer durch Kierkegaard
bestimmten existentialen Interpretation der Geschichte erst recht
wirksam sind [8].

---

[6] Vgl. *Ad. Bauer*, Vom Judentum zum Christentum (Wissensch. u. Bildung 142)
1917.

[7] Vgl. *Karl Jaspers*, Nietzsche und das Christentum (1946), S. 43 f.
Karl Löwith, Church History Vol. XIII, No. 3 (1944), S. 18 f. — *Ders.: Meaning in History* 1949.

[8] Vgl. *Fritz Kaufmann*, Geschichtsphilosophie der Gegenwart (Philosoph. For-
schungsberichte 10) 1931.

VI.

In solcher Diskussion zeigt es sich nämlich, daß mit der Auffassung der Geschichte *ein Verständnis der menschlichen Existenz als solcher* zusammenhängt. Die Frage nach dem Sinn der Geschichte ist abhängig von der Frage nach dem Sinn der menschlichen Existenz. Nach griechischer Auffassung ist die Wirklichkeit, das eigentlich Seiende, das durch die Vernunft erfaßte zeitlos Allgemeine, das in allem Wechsel als dasselbe Bestehende, der Geist, die Ideen, die ewigen Formen und Gesetze, oder auch dieselben Urbestandteile, die als die gleichen sich in allen Kombinationen durchhalten, – gegenüber dem in der Zeit Werdenden und Vergehenden. Das eigentliche Wesen des Menschen ist dementsprechend Geist, die denkende, erkennende Vernunft. Der Mensch findet deshalb den Sinn seiner Existenz in der Vergeistigung seines Lebens, d. h. darin daß er die Idee des Menschen durch Bildung, durch Selbstvervollkommnung, verwirklicht. Nach biblischem Verständnis gewinnt der Mensch sein eigentliches Sein im konkreten geschichtlichen Leben, in seinen Entscheidungen gegenüber den Begegnungen – den Begegnungen mit den Menschen wie mit dem Schicksal. Nicht im Allgemeinen, sondern gerade im Individuellen erfüllt sich sein Sein. Seine Vergangenheit ist *seine* Vergangenheit, die ihn unentrinnbar qualifiziert mit ihrem Segen oder mit ihrem Fluch. Seine Zukunft ist *seine* Zukunft, die nicht als das Bild eines Ideals vor ihm steht, zu dem er sich mehr und mehr emporbildet, sondern die in verantwortlicher Entscheidung zu wählen ist mit dem Wagnis, sich zu gewinnen oder zu verlieren. Und wie sein Leben nicht ein Fall von menschlichem Leben überhaupt ist, eine spezielle Ausprägung der Gattung Mensch, in der das Individuum nebensächlich und das Allgemeine wesentlich ist, so ist auch sein Tod *sein* Tod, – nicht ein Naturvorgang, bei jedem der gleiche, – auch nicht ein letzter Bildungsakt im καλῶς ἀποϑνήσκειν, sondern das extreme Ereignis der Individuation, der Moment der letzten radikalen Einsamkeit, in der er vor Gott steht.

Diese *Individualisierung* ist von einem Individualismus grundsätzlich verschieden, wie ihn die griechische Aufklärung und der Hellenismus auch gekannt und machtvoll – teils imponierend, teils erschreckend – vertreten haben, – von einem Individualismus, der nicht den Eigencharakter der geschichtlichen Existenz, sondern die Freiheit des individuellen Subjekts von bindenden Normen meint.

Die geschichtliche Individualisierung ist auch nicht schon die seelische, charakterliche Differenziertheit der Individuen. Diese, die an sich natürlich immer in irgendeinem Maße vorhanden ist, gewinnt vielmehr ihre Eigenbedeutung und ihre Wirkung erst da, wo jener geschichtliche Individualismus eine Macht geworden ist, der in dem Wissen oder in der Empfindung von der radikalen Einsamkeit des Ich besteht.

Dieser Individualismus ist mit dem Christentum ins Abendland gebracht worden, teils durch das Alte, teils durch das Neue Testament vermittelt. Im alten Israel erwacht er allmählich und findet in manchen Psalmen und unter den Propheten bei Jeremia gewaltigen Ausdruck. Dieser Individualismus hat dann eine Kraft der Reflexion entbunden, da er ein primär religiöses Phänomen ist, nämlich das Bewußtsein einsam vor Gott zu stehen und vor ihm Rechenschaft ablegen zu müssen. Als Bekenntnis, d. h. als Rechenschaftsablage vor Gott, ist in Augustins Konfessionen die erste wirkliche Autobiographie geschrieben worden, zu der es in der griechischen Antike wohl Vorbereitungen, aber keine Analogie gibt [9].

Kann man etwa sagen, daß das Wirksamwerden solchen orientalischen Motivs im Abendland ein fremder Import, eine Entfremdung des Abendlandes von seinem eigenen Wesen ist? Oder liegt es nicht vielmehr so, daß durch das Eindringen des Christentums in das Abendland allgemein menschliche Möglichkeiten erschlossen wurden, und daß das Christentum als orientalische Religion im Abendland ein geschichtliches Leben von ungeheurem Reichtum entbunden hat? Der Beweis dafür, daß es so liegt, ist doch wohl dadurch gegeben, daß dieser Individualismus, dieses Bewußtsein geschichtlicher Existenz, im Abendland säkularisiert d. h. von seiner christlichen Wurzel gelöst und zu einer selbständigen geistigen Kraft wurde [10]. Moderne Autobiographien wie die von Jung-Stilling und K. Ph. Moritz sind doch erst auf dem Grunde der christlichen Tradition möglich; und ist ohne sie Goethes „Dichtung und Wahrheit" möglich? Doch wohl so wenig wie Goethes Lyrik nicht zu denken ist ohne die vorausgehende Lyrik des Andreas Gryphius und des Christian

---

[9] Vgl. *Georg Misch*, Geschichte der Autobiographie I 1907.

[10] Das Problem der Säkularisierung christlicher Glaubensgedanken tritt deutlich hervor in dem Buch von *Erich Frank*, Philosophical Understanding and Religious Truth (1945), dessen Thema die philosophische Relevanz religiöser Gedanken ist.

Günther. Und sind diese gewaltigsten Erscheinungen der Barock-
lyrik denkbar ohne die christliche Tradition? Wer aber wollte bestreiten, daß es allgemein menschliche Möglichkeiten sind, die hier
aktiviert worden sind?

Natürlich wäre es gänzlich fehlgegriffen, Goethe eine Christlichkeit zuschreiben zu wollen, die ihm gewiß nicht eigen war! Es handelt
sich nur um die Frage nach der Bedeutung des Christentums als einer
orientalischen Religion für das Abendland. Und wenn der Reichtum
des abendländischen Geisteslebens aus der Spannung, aus der Diskussion zwischen der antiken griechisch-römischen und der christlichen
Tradition erwachsen ist, wenn es eine Besinnung auf die Grundlagen
unserer Existenz bedeutet, sich das Verhältnis der Motive, etwa bei
Goethe oder Hölderlin, aber auch bei Hebbel oder Ibsen, bei Nietzsche oder Rilke, zu besinnen, so ist damit doch eben dieses gesagt,
daß das Christentum seinem Wesen nach eine Menschheitsreligion ist.

VII.

Der christliche Individualismus ist aber noch weiter zu charakterisieren! Der geschichtlich existierende, seiner Einsamkeit vor Gott
bewußt gewordene Mensch steht *der Welt in einer eigentümlichen,
der griechischen Antike noch fremden Weise gegenüber.* Nach griechischer Anschauung ist der Mensch ein organisches Glied des Kosmos, ein ζῷον wie andere ζῷα, vor ihnen ausgezeichnet durch den
Besitz der Vernunft und durch diesen mit der Gottheit als der den
Kosmos durchwaltenden, ihm immanenten Vernunft verwandt. Er
ist also ein kosmisches Wesen, in dem als einem Mikrokosmos der
ganze Kosmos repräsentiert ist. Nach der Anschauung des Alten
Testaments steht der Mensch der Welt gegenüber; sie ist für ihn einmal das ihm von Gott überwiesene Herrschaftsgebiet, und sie ist
ferner die ihm begegnende Welt, die ihm Schicksal entgegenbringt.
So aus der Welt herausgehoben, gehört er gleichwohl Gott gegenüber
mit ihr zusammen; sie ist Gottes Schöpfung und er ist ein Geschöpf
unter Geschöpfen, und gerade als Schöpfung ist die Welt seine
Heimat.

Ein neues Verständnis ist am Ende der Antike im vorderen Orient
erwachsen und hat sich ebenso im Christentum durchgesetzt wie auch
in der in Konkurrenz mit dem Christentum, aber auch in mannig-
facher Kombination mit ihm in den Westen vordringenden *Gnosis.*

Nach gnostischer Anschauung ist die Welt nicht die Schöpfung des höchsten Gottes, sondern einer untergeordneten göttlichen Gestalt, eines beschränkten Demiurgen oder gar eines satanischen Wesens bzw. einer Gemeinschaft böser dämonischer Mächte. Für den Menschen ist die Welt deshalb nicht Heimat, sondern Fremde, ja Gefängnis. Die Auffassung der Welt als eines Gefängnisses gestattet es der Gnosis sogar, den griechischen Gedanken des kosmischen Gesetzes zu übernehmen, um mittels seiner – freilich ihn radikal umwertend – das Verhängnishaft-Unentrinnbare des Weltgehäuses zum Ausdruck zu bringen [11].

Das Christentum hat die Radikalität dieses Gedankens vermieden und die alttestamentliche Anschauung von der Welt als der Schöpfung des höchsten Gottes nie preisgegeben; es meint jedoch, daß die Welt in der augenblicklichen Gegenwart dem Satan und seinen dämonischen Scharen als Herrschaftsgebiet preisgegeben sei. So ist auch *für das Christentum die Welt zur Fremde geworden*, in der der Mensch nur zu Gaste ist. „Wir haben hier keine bleibende Stadt, sondern trachten nach der künftigen" (Hebr. 13, 14). „Unser Bürgertum ruht im Himmel" (Phil. 3, 20).

Das aber bedeutet einmal: hier wie in der Gnosis ist *der Gedanke der Transzendenz* in radikalem Sinne entwickelt worden, wie er dann auch z. B. im Neuplatonismus ausgestaltet wurde trotz des Bemühens Plotins, der das Kosmosverständnis der griechischen Tradition festhalten möchte. In Korrelation damit ist im Christentum wie in der Gnosis *die Nichtweltlichkeit des menschlichen Seins* in radikalem Sinne entdeckt worden: radikal verschieden von allem außermenschlich-weltlich Seiendem steht das Selbst des Menschen der Welt als ein grundsätzlich transzendentes gegenüber; und dieser Gedanke ist mit solcher Konsequenz gedacht, daß das Selbst noch als jenseits aller konkreten erlebbaren seelischen Inhalte stehend gilt. Denn auch solche Inhalte, psychische Zustände und Willensregungen, sind „Welt", insofern in ihnen das Ich der Welt verhaftet und selber welthaft ist. Deshalb wird dieses Ich, die „Seele", von dem eigentlichen Selbst geschieden, das als das schlechthin Unweltliche im grunde nur negativ bestimmt werden kann, ebenso wie die transzendente göttliche Welt aus der es stammt und zu der es gehört. Die Einsamkeit des Menschen erscheint hier in einer ungeheuren Weise

---

[11] Vgl. *Hans Jonas*, Gnosis und spätantiker Geist I 1933, S. 147 ff.

gesteigert. Die Folge ist entweder eine Mystik, die in der Ekstase das unweltliche Jenseits zur Gegebenheit bringen möchte, oder ein dialektisches Weltverhältnis, wie es Paulus in den bekannten Worten beschreibt:

„Die da Weiber haben, sollen sein, als hätten sie keine,
die da weinen, als weinten sie nicht,
die sich freuen, als freuten sie sich nicht,
die da kaufen, als besäßen sie nicht,
die diese Welt gebrauchen, als hätten sie nichts davon" (1. Kor. 7, 29—31).

Gnosis und Christentum haben sich vielfach gegenseitig beeinflußt, und schon im Neuen Testament haben gnostische Gedanken und Begriffe die Gestaltung der christlichen Gedanken beeinflußt, besonders bei Paulus und Johannes [12]. So wurde durch Christentum und Gnosis dem Abendland jenes Welt- und Menschenverständnis übermittelt, und die Konsequenzen erstrecken sich nach verschiedenen Richtungen: Die Folge ist einmal eine Entgötterung, *eine radikale Profanisierung der Welt*, wie sie im Gegensatz zur griechischen Auffassung des Kosmos als eines göttlichen Gebildes steht, wie sie aber auch der alttestamentlichen Anschauung von der Welt als der Schöpfung Gottes widerspricht, wenn die Welt nunmehr als pures Objekt erscheint, als Material, das dem Menschen zur freien Verfügung steht und das er durch die profane Wissenschaft und die aus ihr erwachsende Technik beherrscht. – Die Folge ist sodann *ein neues Verhältnis zur transzendenten Welt*, das sich innerhalb des kirchlichen Christentums in Askese und Mönchtum ausbildet und der katholischen Frömmigkeit ihren besonderen Charakter gibt, während es im Protestantismus zu jenem dialektischen Weltverhältnis der Beteiligung am Handel und Wandel der Welt bei innerer Distanz führt. Innerhalb wie außerhalb des Christentums wird das neue Weltverhältnis in der Mystik wirksam, die zu neuem Range und zu neuer Ausprägung gelangt. – Die Folge ist endlich, daß *eine neue Problematik*, zunächst für das theologische, dann auch für das philosophische Denken erwächst, die durch das Neben- und Durcheinander der Motive monistischer (griechischer) und dualistischer (christlich-gnostischer) Kosmologie und Anthropologie gegeben ist.

Gilt von dieser Haltung der *Entweltlichung*, die das abendländische Christentum charakterisiert, und die dem abendländischen Gei-

---

[12] Vgl. *R. Bultmann*, Das Urchristentum im Rahmen der antiken Religionen, 1949.

stesleben seine Prägung gegeben hat, eine eigentümliche Unruhe und
Problematik, – gilt von dieser Haltung der Entweltlichung, die bald
undialektisch verstanden und radikal durchgeführt wird, bald
dialektisch oder auch in Kompromissen verstanden und prakti-
ziert wird, – gilt von ihr, daß sie eine allgemein menschliche Möglichkeit ist? Und eine solche vielleicht nur als allgemein menschliche Versuchung, eine Verirrung, gegen welche gesunde Menschlichkeit Protest erhebt – wie er praktisch und theoretisch immer wieder erhoben
wurde? Daß durch das Christentum auch hierin eine allgemein
menschliche Möglichkeit aufgedeckt wurde, daß die Fragwürdigkeit
menschlichen Seins radikal aufgedeckt und damit zugleich der Entscheidungscharakter jeden Selbstverständnisses entdeckt wurde, das
beweist wiederum die mögliche und faktische Säkularisierung der
Entweltlichung, etwa in einem philosophischen Pessimismus oder auch
in einer vom Christentum gelösten Mystik, in der modernen Welt
z. B. bei Rilke. Und kann man übersehen, daß in einer radikal pro-
fanierten, der Technik als einer gleichsam dämonischen Macht preis-
gegebenen Welt die Frage nach dem eigentlichen Sein des Menschen
und die Frage nach der Transzendenz neu erwacht?

VIII.

Endlich ist noch eine Auswirkung des christlichen Selbstverständnisses zu nennen: *das neue Verständnis des Leidens.* Schon das späte
Griechentum kennt die Frage der Theodizee, die Frage nach dem
Sinn des Leidens. An ihr muß sich ja die Durchführbarkeit des Verständnisses des Kosmos als einer sinnvollen, rational verständlichen
Einheit, eines σύστημα, das eben κόσμος ist, entscheiden. Dem Alten
Testament mußte die Frage in diesem Sinne fern liegen; sie konzentriert sich hier auf die Frage nach dem Sinn des Leidens für den Leidenden, und die Versuche einer Antwort, die immer wieder die gerechte Korrespondenz von Schuld und Leiden behaupten möchte,
konnten nur scheitern, wie das Buch Hiob und das Buch des „Predi-
gers", jedes in seiner Weise, zeigen. Sofern jedoch vom erzieherischen
Sinn des Leidens gesprochen wird, stimmt die Antwort mit der überein, die auch im Griechentum gegeben werden konnte, wenn hier
nach dem Sinn des Leidens für den Leidenden gefragt wurde: πάϑει
μάϑος ist ein alter griechischer Spruch. Daß die Bestehung des Leidens eine Übung, eine ἄσκησις sei im Kampfe um die Tugend, lehrt

auch die Stoa und begründet das damit, daß das Leiden dem Menschen sein eigentliches Wesen als Geist zum Bewußtsein bringe in
seiner Unabhängigkeit von allem äußeren Glück und Unglück. Indem
der Mensch diese Unabhängigkeit im Ertragen des Leidens bewährt,
wird er seiner eigenen Kraft inne.

Das Christentum lehrt ein neues Verständnis des Leidens. Im Leiden wird der Mensch zu sich selbst gebracht, indem alles Fremde,
Welthafte an ihm, in dem er fälschlich sein Wesen sucht, von ihm abgetan wird, indem die Fesseln, die ihn an das Diesseitige binden, zer-
rissen werden, indem jener Prozeß der Entweltlichung, als welcher
das Leben des Glaubenden verlaufen soll, sich an ihm vollzieht. Indem er aber so zu sich selbst gebracht wird, wird er nicht seiner eigenen Kraft inne, sondern wird sich selbst deutlich als der seiner selbst
nicht Mächtige, als der Nichtige. So aber, alle Illusionen der Selbstmächtigkeit fahren lassend, soll er sich vor Gott erkennen als den,
der schlechthin nur aus der Gnade Gottes existiert. Und gerade so
gefällt er Gott, und so steht er offen für die Gnade Gottes, dessen
„Kraft in der Schwachheit zur Vollendung kommt“; denn – wie
Paulus sagt – „wenn ich schwach bin, dann bin ich stark“ (2. Kor.
12, 9 f.). Aus dem Leiden wächst dem Menschen eine innere Kraft
zu, in der er jedem Schicksal überlegen ist; das Leiden ist für ihn
eine Quelle der Kraft. Darin beruht aber gerade das innerste Wesen der christlichen Religion: Gott ist offenbar im Gekreuzigten, den
er als den Auferstandenen zum Herrn gemacht hat. „Er ward gekreuzigt aus Schwachheit, aber er lebt aus der Kraft Gottes“ (2.
Kor. 13, 4). Seine Kreuzigung ist, wie das Johannes-Evangelium sagt,
seine Erhöhung, seine Verherrlichung.

So ist denn *das Kreuz* das Zeichen, unter dem das Christentum
seinen Siegeslauf in das Abendland angetreten hat, und in der Gestalt des Gekreuzigten wurde dem Abendland eine Verkörperung
der Gottheit gebracht, die aller abendländisch-antiken Anschauung
widersprach: Die Passion als Offenbarung göttlicher Kraft und
Gnade! Wie dieses Thema das abendländische Geistesleben bewegt
und befruchtet hat, das zeigt etwa die Kunst der Gotik und des Barock. Rein formal-stilistisch haben Gotik und Barock ihre Parallelen
in primitiver wie in der hellenistischen Kunst. Aber auf den Inhalt
gesehen ist die künstlerische Darstellung des leidenden Gottes und
des leidenden Menschen ein Neues. Ist die Problematik, die damit
dem Abendland zu eigen gegeben wurde, die Problematik, die etwa

bei Hölderlin in dem Thema Christus und Dionysos oder Christus und Herakles erscheint, und die Nietzsche bedrängt hat, – ist sie etwas Künstliches, Fremdes, oder ist sie die Problematik menschlicher Existenz überhaupt? Bezeugt nicht die Wirkung, die die Dichtung Dostojewskis, Tolstois und Ljeskoffs im Westen gehabt hat und immer noch hat, daß das letztere gilt?

Kann man auch hier von Säkularisierung reden? Daß das in der Tat der Fall ist, dafür ist jetzt ein eindrucksvolles Zeugnis das Buch von Erich Auerbach, „Mimesis". Es stellt an der Hand ausgezeichneter Interpretationen ausgewählter Texte die Geschichte des abendländischen Realismus als Ausdruck der Wandlungen in der Selbstanschauung des Menschen dar [13]. Die Darstellung zeigt, wie es in der abendländischen Literatur dazu kommt, daß Alltäglichkeit und tragischer Ernst, die nach antik-klassischer Regel je ihren eigenen Stil erfordern, sich vereinen, zunächst in der mittelalterlichen Literatur. Wie aber ist die Entstehung der mittelalterlichen Kunstgesinnung zu begreifen? „Es war die Geschichte Christi, mit ihrer rücksichtslosen Mischung von alltäglich Wirklichem und höchster erhabener Tragik, die die antike Stilregel überwältigte" (S. 495). „Daß der König der Könige wie ein gemeiner Verbrecher verhöhnt, bespien, gepeitscht und ans Kreuz geschlagen wurde – diese Erzählung vernichtet, sobald sie das Bewußtsein der Menschen beherrschte, die Ästhetik der Stiltrennung vollkommen; sie erzeugt einen neuen hohen Stil, der das Alltägliche keineswegs verschmäht, und der das sinnlich Realistische, ja das Häßliche, Unwürdige, körperlich Niedrige in sich aufnimmt; oder, wenn man es lieber umgekehrt ausdrücken will, es entsteht ein neuer „sermo homilis", ein niederer Stil, wie er eigentlich nur für Komödie und Satire anwendbar wäre, der aber nun weit über seinen ursprünglichen Bereich ins Tiefste und Höchste, ins Erhabene und Ewige übergreift" (S. 76).

Mit einer Frage möchte ich schließen. Hat sich nicht die eigentümlich *abendländische Art des Humors* unter dem Einfluß des Christentums gebildet, und ist sie nicht als eine Säkularisierung des christlichen Leidensverständnisses zu verstehen? Ich will davon absehen,

---

[13] *Erich Auerbach*, Mimesis. Dargestellte Wirklichkeit in der abendländischen Literatur. Bern, A. Francke AG 1946. — Vgl. auch *Jul. Schwietering*, Der Tristan Gottfried von Straßburgs und die bernhardinische Mystik (Abh. d. Preuß. Akad. d. Wiss. 1943, Phil.-Hist. Kl., Nr. 9), über die Säkularisierung der Christus- und Passionsmystik in der profanen Liebespoesie.

wie sich etwa bei Fritz Reuter und Wilhelm Raabe christliche und stoische Motive in der positiven Wertung des Leidens verbinden. Natürlich gibt es Humor nicht erst seit dem Christentum und – wie z. B. die indische Literatur zeigt – nicht nur innerhalb seiner. Dem alten Christentum ist er sogar fremd, und das Neue Testament zeigt keine Züge von Humor. Worin besteht er? Er ist jedenfalls ein eigentümlich distanziiertes Verhältnis des Menschen zur Welt, zu den Menschen und zu sich selbst, eine Haltung, für die das Leben und Treiben der Welt und das Schicksal ihren letzten Ernst verlieren und als ein Spiel erscheinen. Nach Kierkegaard ist der Humor eine spezifisch menschliche Haltung, und zwar ein ganz extremes Phänomen, der „terminus a quo für die Religion", der Durchgangspunkt für das Verhältnis zu Gott als das Ende einer rein weltimmanenten Haltung. „Humor schließt innerhalb der Immanenz die Immanenz ab; in ihm ist noch wesentlich, daß man sich aus der Existenz heraus in das Ewige zurückerinnert, und erst dann kommt der Glaube als das Verhältnis zu den Paradoxen. Humor ist das letzte Stadium in Existenz-Innerlichkeit vor dem Glauben" [14].

Nun bedeutet der Glaube offenbar nicht das Ende des Humors; dieser gewinnt aber, ohne damit aufzuhören, eine menschliche Haltung zu sein, ein eigentümliches Gepräge. Christlich ist der Humor offenbar dann, wenn die heitere Distanz zur Welt nicht bloße Resignation ist, sondern das Bewußtsein der Freiheit, das aus der Erfahrung des Scheiterns erwachsen ist, aus der Erfahrung, daß der Ernst und die angstvolle Sorge, mit der der Mensch seine eigenen Lebensentwürfe verwirklichen will, sinnlos sind, daß in solchem Scheitern der Mensch erst wirklich zu sich selbst gebracht und zur Liebe befreit wird, in der sein Tun und Treiben wirklichen Ernst gewinnt. Hat nicht der christliche Glaube die Kraft der Reflexion entbunden, in der der Mensch die Distanz zu sich selbst gewinnt und im Verzicht auf die Eigenmächtigkeit den Weg zu sich selbst findet, damit aber auch die heitere Weisheit und das gütige Verstehen der Anderen, um hinter den Masken, die sie im Spiele des Lebenstheaters tragen, das Wesentliche und Ernste zu sehen? Der Humor des Matthias Claudius und des Joh. Peter Hebel gibt sich schon durch die ausgesprochene Beziehung zur christlichen Tradition als ein christ-

[14] Philosoph. Brocken etc. (deutsche Ausg. bei Diederichs, Jena) S. 334 f.

licher zu erkennen. Aber ohne die christliche Tradition ist auch der Humor des Cervantes und Shakespeares nicht denkbar und ebensowenig der der großen englischen Romandichter, von denen ja auch Dickens jenen Bezug nicht verleugnet. Ausgesprochen ist er wiederum bei Jeremias Gotthelf, während man freilich bei Gottfried Keller nicht von ihm reden wird. Aber sind nicht Melvilles „Moby Dick" und der „Egoist" von Meredith in ihrem Humor ganz durch die christliche Welthaltung bestimmt?

Das Problem der Hermeneutik *

1950

I.

Nach *Wilhelm Dilthey* verschafft sich die Hermeneutik, d. h. die „Kunstlehre des Verstehens schriftlich fixierter Lebensäußerungen", immer nur Beachtung „unter einer großen geschichtlichen Bewegung". Eine solche macht nämlich das „Verständnis des singularen geschichtlichen Daseins" bzw. die „wissenschaftliche Erkenntnis der Einzelperson, ja der großen Formen singulären menschlichen Daseins überhaupt" zu einer dringenden Angelegenheit der Wissenschaft" [1]. Stehen wir heute „unter einer großen geschichtlichen Bewegung", so wäre die Erörterung des Problems der Hermeneutik motiviert. Und in der Tat bildet heute die Auseinandersetzung mit der geschichtlichen Tradition ein wesentliches Stück der Selbstbesinnung, die ja zugleich die Besinnung auf die „großen Formen singulären menschlichen Daseins" ist.

Das Problem, um das sich die Hermeneutik bemüht, ist nach *Dilthey* die Frage: „Ist eine solche Erkenntnis (nämlich eben die der großen Formen singulären menschlichen Daseins) möglich, und welche Mittel haben wir, sie zu erreichen?" Oder bestimmter die Frage, „ob das Verständnis des Singulären zur Allgemeingültigkeit erhoben werden kann". „Wie kann eine Individualität eine ihr sinnlich gegebene fremde individuelle Lebensäußerung zu allgemeingültigem objektiven Verständnis sich bringen?" [2]. Es ist also die Frage nach der Möglichkeit, *Objektivität im Verstehen singulären geschichtlichen Da-*

---

* Zeitschr. für Theologie und Kirche 47 (1950), S. 47—69.

[1] *Wilh. Dilthey*, Die Entstehung der Hermeneutik (1900), veröffentlicht mit den Zusätzen aus den Handschr. im 5. Band der Ges. Schriften 1924, S. 317 bis 383. — Die oben gegebenen Zitate aus den Seiten 332 f., 317.

[2] A. a. O. 317, 334.

seins, sc. der Vergangenheit, zu gewinnen. Diese Frage fragt im Grunde nach der Möglichkeit des Verstehens geschichtlicher Phänomene überhaupt, sofern sie Zeugnisse singulären menschlichen Daseins sind; Hermeneutik wäre dann die Wissenschaft des Verstehens von Geschichte überhaupt. Faktisch schränkt *Dilthey* die Hermeneutik ein auf die Interpretation von „dauernd fixierten Lebensäußerungen", nämlich von den Denkmälern der Kultur, und zwar primär von literarischen Dokumenten, neben denen die Werke der Kunst aber auch von wesentlicher Bedeutung sind [3].

II.

Für die Interpretation literarischer Texte sind seit Aristoteles *hermeneutische Regeln* entwickelt worden, die traditionell geworden sind und durchweg mit Selbstverständlichkeit befolgt werden [4]. Wie schon

---

[3] A. a. O. 319.

[4] Die Darstellung der Hermeneutik, die in dem inhaltreichen Artikel *G. Heinrici* im 7. Band der Realenc. f. prot. Theol. u. Kirche (1899), S. 718—750 zu Worte kommt, beschränkt sich auf die Entwicklung der traditionellen hermeneutischen Regeln. Das gleiche gilt von *Fr. Torms* Hermeneutik des NT (1930), während *Er. Fascher* (Vom Verstehen des Neuen Testaments 1930) darüber hinauskommen möchte, ohne freilich m. E. eine klare Richtung des Weges zu finden. — *Joachim Wach* hat in seinem großen Werk „Das Verstehen" die „Grundzüge einer Geschichte der hermeneutischen Theorie im 19. Jahrhundert" gezeichnet (3 Bände 1926/29/33); eine außerordentlich sorgfältige Bestandsaufnahme, in einer m. E. allzugroßen Zurückhaltung eigener Stellungnahme, die die Geschichte kritisch durchleuchten könnte. Die hermeneutischen Prinzipien, die er im Journal of Bibl. Lit. 55, 1 (1936), S. 59—63 skizziert, sind auch nur die alten hermeneutischen Regeln, vermehrt nur um die „necessity of psychological understanding", durch die offenbar *Schleiermachers* Forderung zur Geltung gebracht werden soll, jedoch ohne daß diese Forderung in der Konsequenz der *Dilthey*schen Anregungen weiter entfaltet würde. Auch sein Artikel „Verstehen" in Rel. in Gesch. u. Gegenw. V (1931), 1570—1573 bleibt begreiflicherweise zu skizzenhaft. — Eine kritische Auseinandersetzung mit der Diskussion des hermeneutischen Problems in der protestantischen Theologie der Gegenwart gibt *Fritz Buri* in Schweizerische Theologische Umschau, Festgabe für *Martin Werner* zum 60. Geburtstag 1947. Ich weiß mich mit ihm einig ebenso in seinem Kampf für das historisch-kritische Schriftverständnis wie in seiner Ablehnung eines „pneumatisch-übergeschichtlichen Schriftverständnisses" und einer sog. theologischen Hermeneutik, vermöge deren eine „christologische Exegese" des AT getrieben wird. Daß er meine Versuche nicht richtig verstanden hat, liegt sicher z. T. daran, daß ich bisher nicht deutlich das wissenschaftliche Verstehen der Schrift von dem Gehorsam gegenüber dem Kerygma unterschieden habe. Es liegt aber vor allem daran, daß er den Unter-

Aristoteles sah, ist die erste Forderung die *formale Analyse* eines literarischen Werkes hinsichtlich seines Aufbaus und seines Stiles [5]. Die Interpretation hat die Komposition des Werkes zu analysieren, das Einzelne aus dem Ganzen, das Ganze vom Einzelnen aus zu verstehen. Die Einsicht, daß sich jede Interpretation in einem „hermeneutischen Zirkel" bewegt, ist damit gegeben. Sobald die Interpretation alt- oder fremdsprachlicher Texte aktuell wird, kommt die Forderung einer Interpretation *nach den Regeln der Grammatik* zum Bewußtsein. Schon bei den Alexandrinern wird die Forderung der grammatischen Kenntnis der Sprache durch die der Kenntnis des individuellen *Sprachgebrauchs des Autors* ergänzt, so daß z. B. ein Kriterium für die Entscheidung von Echtheitsfragen in der Homerinterpretation gewonnen wird. Mit der Entwicklung der historischen Arbeit in der Zeit der Aufklärung wird die Frage nach dem individuellen Sprachgebrauch des Autors fortgebildet zur Frage *nach dem Sprachgebrauch der jeweiligen Zeit des Textes.* Aber mit der Einsicht in die geschichtliche Entwicklung der Sprache geht Hand in Hand die Erkenntnis der geschichtlichen Entwicklung überhaupt, die Erkenntnis also der *geschichtlichen Bedingtheit* aller literarischen Dokumente durch die Umstände von Zeit und Ort, und deren Kenntnis muß nunmehr als Voraussetzung jeder sachgemäßen Interpretation gelten.

Die Wissenschaft, die die Interpretation literarischer Texte zu ihrem Gegenstand hat und die sich dafür der Hermeneutik bedient, ist *die Philologie.* An ihrer Entwicklung aber ist sichtbar, daß die Hermeneutik als die Kunst wissenschaftlichen Verstehens keineswegs durch die traditionellen hermeneutischen Regeln schon hinreichend bestimmt ist. *Harald Patzer* hat vor kurzem gezeigt, wie die Philologie, die sich zunächst 'der Geschichtswissenschaft zum Zwecke der Interpretation bedient, allmählich in den Dienst der Geschichtswissenschaft gerät bzw. zu einem Zweige der Geschichtswissenschaft wird, für welche die Texte nur noch „Zeugnisse", „Quellen", sind, aus denen ein Geschichtsbild zu entwerfen, d. h. eine vergangene Zeit zu rekonstruieren ist [6]. Ein verständlicher Vorgang, da zwischen phi-

---

schied von existentiell und existential nicht erfaßt hat, wie er denn von meinem Versuch einer „existentiellen Exegese" redet, wogegen ich nur protestieren kann. Er zitiert meinen Satz (aus „Offenbarung und Heilsgeschehen" S. 41), daß die Mythologie des NT „existential" zu interpretieren sei, indem er schreibt „existentiell"!   [5] S. *Dilthey* a. a. O. 321, und für das folgende 321 ff.

[6] *Harald Patzer,* Der Humanismus als Methodenproblem der klassischen Philologie, Studium Generale I (1948), S. 84—92.

lologischer und historischer Erkenntnis natürlich auch ein Zirkel besteht. Aber die Folge war eben, daß die Philologie ihren eigentlichen
Gegenstand, die Interpretation der Texte um des Verstehens willen,
verlor. Der tiefere Grund für diese Entwicklung ist aber doch der,
daß die Aufgabe des Verstehens nicht tief genug erfaßt war und schon
mit der Befolgung jener hermeneutischen Regeln erledigt werden zu
können schien, – daß die Einsicht in den *Vorgang des Verstehens,* um
die sich *Schleiermacher* einst bemüht hatte, verlorengegangen war.

Denn schon *Schleiermacher* hatte gesehen, daß ein echtes Verständnis nicht schon mit der Befolgung der hermeneutischen Regeln
gewonnen werden kann. Zu der durch sie geleiteten Interpretation –
nach seiner Terminologie: der „grammatischen" – muß die „psychologische" treten. Er sieht, daß die Komposition und Einheit eines
Werkes nicht allein durch die Kategorien einer formalen logischen
und stilistischen Analyse erfaßt werden kann. Vielmehr muß das
Werk als Lebensmoment eines bestimmten Menschen verstanden
werden. Zur Erfassung der „äußeren Form" muß die der „inneren
Form" kommen, was die Sache nicht einer objektiven, sondern subjektiven, „divinatorischen" Interpretation sei[7]. Das Interpretieren ist
daher „ein Nachbilden", ein „Nachkonstruieren" in seiner lebendigen
Beziehung zu dem Vorgang der literarischen Produktion selbst. Das
Verstehen wird zur „eigenen Nacherzeugung der lebendigen Gedan-
kenverknüpfung"[8]. Solche „Nacherzeugung" aber ist deshalb möglich, weil „sich die Individualität des Auslegers und die seines Autors
nicht als zwei unvergleichbare Tatsachen gegenüberstehen". Vielmehr: „Auf der Grundlage der allgemeinen Menschennatur haben
sich beide gebildet, und hierdurch wird die Gemeinschaftlichkeit der
Menschen untereinander für Rede und Verständnis ermöglicht[9].
Dilthey eignet sich diese Gedanken an und sucht sie weiter aufzu-
klären: „Alle individuellen Unterschiede sind letzlich nicht durch
qualitative Verschiedenheiten der Personen von einander, sondern
nur durch Gradunterschiede ihrer Seelenvorgänge bedingt. Indem
nun aber der Ausleger seine eigene Lebendigkeit gleichsam probie-

---

[7] Außer *Dilthey* vgl. bes. *Wach* a. a. O. I S. 83 ff., 102 ff., 143, 148 f.

[8] Die Formulierungen im Anschluß an *Diltheys* Charakteristik a. a. O 327 f.,
vgl. ebda. 328, 335.

[9] *Dilthey* a. a. O. 329. Vgl. *Wach* a. a. O. I S. 141: *Schleiermacher* begründet das
divinatorische Verfahren damit, daß jeder Mensch außerdem, daß er selbst ein
eigentümlicher ist, eine „Empfänglichkeit" für alle anderen hat.

rend in ein historisches Milieu versetzt, vermag er von hier aus momentan die einen Seelenvorgänge zu betonen und zu verstärken, die anderen zurücktreten zu lassen und so eine Nachbildung fremden Lebens in sich herbeizuführen". Die Bedingung des Verstehens „liegt darin, daß in keiner fremden individuellen Äußerung etwas auftreten kann, das nicht auch in der auffassenden Lebendigkeit enthalten wäre". So kann es heißen: „Die Auslegung ist ein Werk der persönlichen Kunst, und ihre vollkommenste Handhabung ist durch die Genialität des Auslegers bedingt; und zwar beruht sie auf *Verwandtschaft*, gesteigert durch eingehendes Leben mit dem Autor, beständiges Studium" [10].

Schleiermachers Auffassung vom Verstehen steht natürlich in geschichtlichem Zusammenhang mit „Winckelmanns Interpretation von Kunstwerken" und mit Herders „kongenialem Sich-Einfühlen in die Seele von Zeitaltern und Völkern" [11]. Sie ist orientiert an der Interpretation philosophischer und dichterischer Texte. Aber gilt sie auch für andere Texte? Erwächst etwa die Interpretation eines mathematischen oder eines medizinischen Textes aus dem Nachvollzug der seelischen Vorgänge, die sich im Autor vollzogen haben? Oder werden die Inschriften der ägyptischen Könige, die von ihren Kriegstaten berichten, oder die historisch-chronistischen altbabylonischen und assyrischen Texte oder die Grabinschrift des Antiochus von Kommagene oder die Res Gestae Divi Augusti erst aus der Versetzung in den inneren schöpferischen Vorgang, in dem sie entstanden sind, verständlich?

Nein, – wie es scheint! Und in der Tat nicht, insofern die Interpretation darauf abgestellt ist, die durch die Texte *direkt* vermittelten Sachverhalte zu verstehen, – also z. B. ihre mathematischen oder medizinischen Erkenntnisse oder ihren Bericht von weltgeschichtlichen Tatsachen und Vorgängen. Eben das aber ist doch wohl das primäre Interesse derer, die solche Texte lesen. Freilich lassen sich diese auch in einem anderen Interesse lesen, wie z. B. die Interpretation jener Inschriften durch *Georg Misch* zeigt [12], nämlich als „Lebensäußerungen", als „Formen singularen geschichtlichen Daseins", ob nun als Lebensäußerungen einzelner Personen oder als Äußerungen des „Lebensgefühls" oder des Daseinsverständnisses bestimmter Epochen. Es zeigt sich also, daß die *Schleiermacher-Dilthey-*

---

[10] *Dilthey* a. a. O. 329 f., 334, 332.   [11] *Dilthey* a. a. O. 326 f.
[12] *Georg Misch*, Geschichte der Autobiographie I 1907.

sche Auffassung einseitig ist, insofern sie durch eine bestimmte Fragestellung geleitet ist.

Ein Verstehen, eine Interpretation, ist – das ergibt sich – *stets an einer bestimmten Fragestellung, an einem bestimmten Woraufhin, orientiert.* Das schließt aber ein, daß sie nie voraussetzungslos ist; genauer gesagt, daß sie immer *von einem Vorverständnis der Sache geleitet* ist, nach der sie den Text befragt. Auf Grund eines solchen Vorverständnisses ist eine Fragestellung und eine Interpretation überhaupt erst möglich [13].

Die Sache, nach der *Dilthey* die Texte befragt, ist das „Leben", nämlich das geschichtlich-persönliche Leben, das in den Texten als „dauernd fixierten Lebensäußerungen" Gestalt gewonnen hat; das „seelische Leben", das aus „sinnlich gegebenen und sinnlich auffaßbaren Äußerungen" durch die Interpretation zur objektiven Erkenntnis gebracht werden soll. Diese Sache ist aber nicht die einzige, auf die die Interpretation abgestellt sein kann; also ist auch wohl der in diesem Interesse charakterisierte Vorgang des Verstehens nicht der einzige, der sich in einer Interpretation vollziehen kann. Vielmehr wird der Vorgang des Verstehens verschieden sein, je nachdem wie das Woraufhin der Interpretation bestimmt ist.

Offenbar genügt es nicht zu sagen: je nach der Art der Texte, d. h. je nach der im Texte jeweils direkt zu Worte kommenden Sache, nach dem in ihm jeweils leitenden Interesse. Denn in der Tat können ja alle Texte unter der *Dilthey*schen Fragestellung interpretiert, d. h. als Dokumente geschichtlich-persönlichen Lebens verstanden werden. Das Gegebene ist freilich zunächst, daß sich die Befragung der Texte an der in ihnen in Rede stehenden, durch sie direkt vermittelten Sache orientiert. Einen Text der Musikgeschichte werde ich z. B. unter der Frage interpretieren, was er für mein Verständnis der Musik und ihrer Geschichte einträgt usw.

---

[13] Die Formel, daß das Verständnis des Schriftstellers und seines Werks das eigentliche Ziel der Exegese sei (*Herm. Gunkel*, Monatsschr. f. d. kirchl. Praxis 1904, S. 522) ist richtig, sofern sie ablehnt, daß die Exegese durch dogmatische oder praktische Interessen geleitet sein solle (oder dürfe). Im übrigen besagt sie zum hermeneutischen Problem gar nichts. Denn jetzt fängt das Problem erst an! Denn welches Verständnis des Schriftstellers ist gemeint: ein psychologisches? ein biographisches? usw.! Und wie soll das Werk verstanden werden: problemgeschichtlich? ästhetisch? usw.!

III.

Die Fragestellung aber erwächst aus einem Interesse, das im Leben des Fragenden begründet ist, und es ist die Voraussetzung aller verstehenden Interpretation, daß dieses Interesse auch in irgendeiner Weise in den zu interpretierenden Texten lebendig ist und die Kommunikation zwischen Text und Ausleger stiftet. Sofern *Dilthey die Verwandtschaft zwischen Autor und Ausleger* als die Bedingung der Möglichkeit des Verstehens bezeichnet, hat er in der Tat die Voraussetzung aller verstehenden Interpretation aufgedeckt. Denn diese Bedingung gilt nicht nur für die spezielle *Schleiermacher-Diltheysche* Fragestellung, sondern für jede Interpretation, die nie schon durch die Befolgung der traditionellen „hermeneutischen Regeln" geleistet werden kann. Es handelt sich nur darum, jene Voraussetzung genauer zu bestimmen. Statt der Reflexion auf die Individualität von Autor und Ausleger, auf ihre Seelenvorgänge und auf die Genialität oder Kongenialität des Auslegers bedarf es der Besinnung auf die einfache Tatsache, daß *Voraussetzung des Verstehens das Lebensverhältnis des Interpreten zu der Sache ist, die im Text – direkt oder indirekt – zu Worte kommt* [14].

Die Interpretation kommt nicht dadurch zustande, daß „sich die Individualität des Auslegers und seines Autors nicht als zwei unvergleichbare Tatsachen gegenüberstehen", sondern dadurch, daß beide den gleichen Lebensbezug zu der in Rede bzw. in Frage stehenden Sache haben (bzw. insoweit als sie ihn haben), weil sie (bzw. sofern sie) im gleichen Lebenszusammenhang stehen. Dieses Verhältnis zur Sache, um die es im Text geht bzw. auf die hin er befragt wird, ist die Voraussetzung des Verstehens [15]. Eben daher ist es auch verständlich,

[14] Intendiert ist diese Einsicht offenbar in der „idealistischen Metaphysik des Verstehens, derzufolge geschichtliches Verstehen nur möglich ist auf Grund einer Identität des menschlichen Geistes in seinen verschiedenen Objektivationen und dieser mit dem absoluten Geist" (*Buri* a. a. O. 25). — Aber auch *J. Chr. K. von Hofmann* hat das Entscheidende in seiner Weise gesehen, wenn er sagt, daß sich die biblische Hermeneutik nicht für eine selbständige und in sich geschlossene Wissenschaft geben wolle, sondern die allgemeine Hermeneutik voraussetze, daß sie aber nicht einfach in der Anwendung dieser auf die Bibel bestehe, sondern ein Verhältnis zum Inhalt der Bibel voraussetze (Biblische Hermeneutik 1880, S. 1 ff.). Über *Hofmann* s. auch *Wach* a. a. O. II 365, 369 f.

[15] In diesem Sinne ist auch die von dem Historiker geforderte „Kongenialität" bei *Wilh. v. Humboldt*, bei *Boeckh* und bes. bei *Droysen* verstanden. Darüber *Hildegard Astholz*, Das Problem „Geschichte" untersucht bei Joh. Gust. Droysen

daß jede Interpretation durch ein bestimmtes Woraufhin geleitet ist;
denn nur aus den Bedingungen eines Lebenszusammenhangs ist eine
irgendwie orientierte Frage möglich. Und ebenso ist daher verständlich, daß jede Interpretation ein bestimmtes Vorverständnis ein-
schließt, eben das aus dem Lebenszusammenhang, dem die Sache zugehört, erwachsende.

Die Tatsache, daß jeder Interpretation ein Lebensverhältnis zur
Sache, um die es im Texte geht, bzw. nach der er befragt wird, zugrunde liegt, läßt sich leicht durch die Besinnung auf den *Vorgang des
Übersetzens aus einer fremden Sprache,* verdeutlichen. Der Sinn dieses Vorgangs ist in der Regel nur dadurch verdeckt, daß uns die
Kenntnis der antiken Sprachen unseres Kulturkreises durch die Tradition vermittelt ist und nicht neu gewonnen zu werden braucht. Neu
gewinnen läßt sich die Kenntnis einer fremden Sprache (falls nicht
mehrsprachige Texte vorliegen) nur dann, wenn die durch die Wör-
ter bezeichneten Sachen (Dinge, Verhaltungen usw.) vertraut sind, –
vertraut eben aus dem Gebrauch und Umgang im Leben. Ein Gegenstand oder ein Verhalten, das in meinem Lebenszusammenhang, in
meiner Umwelt und Lebensführung schlechthin sinnlos ist, ist auch
in seiner sprachlichen Benennung unverständlich und unübersetzbar,
– oder doch nur so, daß für das betr. Ding ein Wort gewählt wird,
das es für die äußere Anschauung beschreibt, wie z. B. die Wiedergabe „Schwirrholz" für das „Tjurunga" der Australneger [16]. Die Beobachtung des Gebrauchs kann, sofern oder soweit dieser verständlich ist, zu weiteren Umschreibungen führen, so daß „Tjurunga" als
ein „machthaltiges Zauberinstrument" beschrieben werden kann, da
die Vorstellung von Zauberinstrumenten mir aus dem eigenen Lebenszusammenhang begreiflich ist. Grundsätzlich der gleiche Vorgang liegt dann vor, wenn Texte in oder mit bildlichen Darstellun-
gen gegeben sind, die ihrerseits aus dem eigenen Lebenszusammenhang verständlich sind. Faktisch vollzieht sich ja auch das Verstehen
und Sprechenlernen des Kindes in eins mit seinem Vertrautwerden
in seiner Umwelt, seinem Umgang, kurz in seinem Lebenszusammenhang.

Also: die Interpretation setzt immer ein *Lebensverhältnis zu den*

1933; sie zitiert u. a. den charakteristischen Satz Droysens: „Zwar ist jeder Mensch
ein Historiker. Wer aber das ἱστορεῖν zu seinem Berufe macht, der hat etwas
in besonderem Maße Menschliches zu tun" (S. 97 f.).
[16] *Nathan Söderblom,* Das Werden des Gottesglaubens 1916, S. 41 ff.

Sachen voraus, die im Text – direkt oder indirekt – zu Worte kommen. Ich verstehe einen über Musik handelnden Text nur, wenn und
soweit ich ein Verhältnis zur Musik habe (weswegen denn in *Thomas
Manns* „Doktor Faustus" manche Partien für manche Leser unverständlich sind), einen mathematischen Text nur, wenn ich ein Verhältnis zur Mathematik habe, eine Geschichtsdarstellung nur, sofern
mir geschichtliches Leben vertraut ist, sofern ich aus meinem eigenen
Leben weiß, was ein Staat, was das Leben im Staat und seine Möglichkeiten sind, einen Roman nur, weil ich aus dem eigenen Leben
weiß, was z. B. Liebe und Freundschaft, was Familie und Beruf ist
usw. Eben daher ist manche Literatur manchen Menschen je nach
Alter oder Bildung verschlossen.

Mein Lebensverhältnis zur Sache kann natürlich ein ganz naives,
unreflektiertes sein, und im Verstehen, in der Interpretation, kann
es ins Bewußtsein erhoben und geklärt werden. Es kann ein ober-
flächliches und durchschnittliches sein, und durch das Verstehen des
Textes kann es vertieft und bereichert, modifiziert und korrigiert
werden. In jedem Falle ist ein Lebensverhältnis zu der betr. Sache
Voraussetzung, und diese Erkenntnis schaltet falsche Probleme von
vornherein aus, wie die Frage nach der Möglichkeit, „fremdseeli-
sches" Sein zu verstehen. Diese ist einfach gegeben in dem gemeinsamen Bezug von Autor und Ausleger zu der jeweiligen Sache. Wenn
Dilthey als die Bedingung der Möglichkeit des Verstehens die
„Grundlage der allgemeinen Menschennatur" statuiert, bzw. die Tatsache, daß „in keiner fremden individuellen Äußerung etwas auftreten kann, das nicht auch in der auffassenden Lebendigkeit enthalten
wäre", so dürfte das dahin zu präzisieren sein, daß Bedingung der
Auslegung die Tatsache ist, daß Ausleger und Autor als Menschen in
der gleichen geschichtlichen Welt leben, in der menschliches Sein sich
abspielt als ein Sein in einer Umwelt, im verstehenden Umgang mit
Gegenständen und mit Mitmenschen. Natürlich gehört zu solchem
verstehenden Umgang auch das Fragen, die Problematik, der Kampf
und das Leiden, die Freude wie die entsagende Flucht.

IV.

Das Interesse an der Sache motiviert die Interpretation und gibt
ihr *die Fragestellung*, ihr *Woraufhin.* Unproblematisch ist die Orien-
tierung der Interpretation, wenn sie durch die Frage nach derjenigen

Sache geleitet ist, deren Mitteilung die Absicht des Textes selbst ist, also z. B. die Interpretation eines mathematischen oder musiktheoretischen Textes, wenn ich daraus Erkenntnisse über Mathematik oder Musik schöpfen will. Ebenso die Interpretation eines erzählenden Textes, wenn ich das in ihm Erzählte kennen lernen will, also z. B. die Interpretation von Chroniken, aber auch von Herodot oder Thukydides, wenn ich nichts weiter will, als die von ihnen berichteten geschichtlichen Verhältnisse und Vorgänge kennen lernen. Das gleiche gilt z. B. von einem hellenistischen Roman, der zwar von erdichteten Vorgängen erzählt, den ich aber als unterhaltende Geschichte lese. In jenen Fällen ist historische Belehrung, in diesem Unterhaltung das Woraufhin des Verstehens. In allen diesen Fällen ist die Fragestellung ganz naiv; sie wird in ihrer Eigenart deutlich, wenn es sich um das Verstehen eines dichterischen Textes von Rang handelt, also z. B. Homers, wenn solche Texte nämlich nicht als Dichtung, sondern einfach als Erzählung gelesen werden, was ja weithin zunächst der Fall ist, wie denn auch Werke der bildenden Kunst von naiven, zumal kindlichen Betrachtern unter diesem Gesichtspunkt, was sie erzählen, befragt werden. Und die bildende Kunst hat selbst ja z. T. diesen Sinn als Illustrationskunst, etwa in den „illuminierten" Bibelhandschriften oder in Mosaikzyklen wie im Dom von Monreale. Und grundsätzlich ist es das gleiche, wenn in der modernen Welt etwa ein Goethe-Album mit Abbildungen zum Leben Goethes herausgegeben wird.

Aber die Sache kompliziert sich freilich bald: denn die naive Befragung der Texte überdauert nicht lange das kindliche Stadium, wenngleich dieses sein Recht nie verliert als die Frage nach dem, was der Text direkt mitteilen will. Die naive Befragung behält zumal Dauer gegenüber *wissenschaftlichen Texten*, die Erkenntnis direkt vermitteln wollen. Denn auch dann, wenn die Befragung dazu fortschreitet, die Texte als Zeugnisse der Geschichte der betr. Wissenschaft zu verstehen, ist ja ein vorgängiges Verständnis dessen nicht auszuschalten, was sie direkt an Erkenntnis übermitteln. Auch bleibt ja das Interesse z. B. an der Geschichte der Mathematik normalerweise an der mathematischen Erkenntnis selbst orientiert, also an der in den betr. Texten intendierten Sache, und ordnet ihre Interpretation nicht einem fremden Interesse unter, etwa dem kulturgeschichtlichen, – was z. B. dadurch illustriert wird, daß der Kulturhistoriker seinerseits die Geschichte der Mathematik ignorieren kann, wie *Jac.*

Burckhardt es in seiner „Kultur der Renaissance" tut. Immerhin, das Woraufhin ist ein anderes geworden, wenn wissenschaftliche Texte als Zeugnisse für die Geschichte der Wissenschaft gelesen werden.

Eine ähnliche Modifikation tritt in der Interpretation *erzählender, zumal historischer Texte* ein, und zwar in doppelter Weise: 1. indem sie nicht primär als Zeugnisse für das, über das sie berichten, gelesen werden, sondern als Zeugnisse ihrer eigenen Zeit, aus der sie berichten. Nicht das Berichtete, sondern der Berichterstatter interessiert dann primär. Das kann sich noch innerhalb der Intention des Berichterstatters selbst bewegen, insofern die historische Erkenntnis des Berichterstatters den kritischen Maßstab für das Verständnis seines Berichtes liefert. 2. wenn der historische Text als Zeugnis für die Geschichte der Historie, der Wissenschaft von der Geschichte, interpretiert wird. Hier wird von der Absicht des Textes gänzlich abgesehen; denn er will ja nicht Wissenschaft von der Geschichte mitteilen, sondern Geschichte selbst erzählen. Jetzt ist er selbst in die Geschichte eingereiht und wird nicht mehr als der Vermittler geschichtlicher Kenntnis, sondern als ihr Objekt interpretiert.

Wie aber liegt es beim *Roman?* Schon der naive Leser liest wohl nicht nur mit dem neugierigen Interesse an dem, was passiert; und in der Spannung, zu vernehmen, was passieren wird, steckt mehr als nur die Neugier, nämlich die innere Teilnahme am Schicksal des Helden, in den sich der Leser versetzt. Er nimmt nicht zur Kenntnis, sondern er erlebt mit, er wird „ergriffen", seine Stimmung gerät in Bewegung, seine Leidenschaften werden erregt. Und ist damit nicht auch erst die Absicht des Autors erfüllt?

In der Tat ist diese Weise des Verstehens die sachgemäße gegenüber den *Werken echter Dichtung.* Sie erschließen sich dem teilnehmenden Verstehen, wie das schon Aristoteles in seiner Weise durch die Lehre von Furcht und Mitleid als der Wirkung der Tragödie zum Ausdruck bringt. Und sie erschließen solchem teilnehmenden Verstehen *das menschliche Sein in seinen Möglichkeiten als den eigenen Möglichkeiten des Verstehenden.*

Solcher Art ist aber nicht nur das sachgemäße Verstehen und die in ihm entbundene Wirkung der Dichtung, sondern der *Kunst* überhaupt. Darf man das Schöne als „das Wahre im Sichtbaren" bezeichnen [17], und faßt man das „Wahre" in einem radikalen Sinne als die

---

[17] *Patzer* a. a. O. 90.

Aufgedecktheit des menschlichen Seins – aufgedeckt durch die Kunst als die Macht, im Schönen das Wahre zu zeigen, so gilt es, daß die Interpretation die in der Dichtung wie in der Kunst aufgedeckten *Möglichkeiten des menschlichen Seins* zum Verständnis bringen soll.

Ist das „Wahre" in Dichtung und Kunst für die Anschauung dargestellt und wird es hier im ergriffenen Verstehen zu eigen, so ist es als Objekt des reflektierenden und forschenden Denkens der Gegenstand der Philosophie. Die Interpretation *philosophischer Texte* muß daher, will sie eine echt verstehende sein, selbst von der Frage nach der Wahrheit bewegt sein, d. h. sie kann nur in der Diskussion mit dem Autor vor sich gehen. Platon versteht nur, wer mit ihm philosophiert. Die Interpretation verfehlt das echte Verstehen, wenn sie den Text nach Lehrsätzen als den Ergebnissen wissenschaftlicher Forschung befragt, und wenn sie demzufolge den jeweiligen Text als „Quelle" für ein jeweiliges Stadium der Geschichte der Philosophie nimmt und damit diese Geschichte als ein in der Vergangenheit liegendes Geschehen auffaßt, statt sie in die Gegenwärtigkeit zu erheben. Denn wohl ist es noch keine Preisgabe echten philosophischen Verstehens, die Geschichte der Philosophie zu beschreiben, aber es hat so zu geschehen, daß das Verstehen ihrer Geschichte zum Verstehen ihrer selbst wird, indem in dieser Geschichte die Problematik des Seins- und damit des Selbstverständnisses deutlich wird.

V.

Die echte Fragestellung der Interpretation muß für die Texte und Denkmäler der Dichtung und Kunst, der Philosophie und der Religion zurückgewonnen werden, nachdem sie durch die im Zeitalter des sog. *Historismus* herrschend gewordene Fragestellung verdrängt worden war. Eben diesem Interesse gelten *Diltheys* Bemühungen und sein Rückgriff auf *Schleiermacher*. In verschiedener Weise wurden unter der Herrschaft des Historismus *die Texte und Denkmäler als „Quellen" verstanden*, zumeist als Quellen, aus denen das Bild einer vergangenen Zeit oder eines Zeitverlaufs zu rekonstruieren ist. Als Zeugnisse einer geschichtlichen Epoche oder als Glieder oder Etappen eines geschichtlichen Prozesses wurden sie interpretiert, wobei es grundsätzlich nichts ausmacht, in welcher Weise dabei der geschichtliche Prozeß verstanden wurde, als politische oder als Sozial-

Geschichte, als Geistesgeschichte oder als Kulturgeschichte im weitesten Sinne.

Nicht als ob Texte und Denkmäler nicht auch *als „Quellen"* verstanden werden könnten, ja auch müßten! Einmal gibt es in der Tat Texte, die es ihrem Gehalt nach nur verdienen, daß ihnen der Rang von Quellen zugesprochen wird. Von ihnen sind die „klassischen" Texte und Denkmäler zu unterscheiden, auch wenn die Grenzen nicht festliegen können. Sollen solche Dokumente als Quellen interpretiert werden, so müssen sie dafür immer schon im Sinne ihrer eigenen Intention verstanden sein, – wenigstens vorläufig; und oft sind sie es in einer unreflektierten, oberflächlichen Weise. Soll z. B. Platon als Quelle für die Kultur Athens im 5. Jahrhundert benutzt werden, so muß der Gehalt seines Werkes ja irgendwie schon verstanden sein, damit er überhaupt als Quelle dienen kann. Indessen frägt die an ihn als an ein Dokument der Kulturgeschichte gerichtete Frage an seinem eigentlichen Anliegen vorbei und wird dieses schwerlich in seiner Ganzheit und Tiefe zu Gesicht bekommen. Die Fragestellung, die den Text als Quelle nimmt, hat nun ihr Recht gerade im Dienste einer echten Interpretation. Denn jede Interpretation bewegt sich notwendig in einem Zirkel: das einzelne Phänomen wird einerseits aus seiner Zeit (und Umgebung) verständlich und macht andererseits sie selbst erst verständlich. Das Verständnis des Platon aus seiner Zeit steht im Dienste einer echten Platon-Interpretation und gehört in den Bereich jener traditionellen hermeneutischen Regeln.

Analog stehen andere in der Zeit des Historismus ausgebildete Frageweisen ihrem legitimen Sinne nach im Dienste des echten Verstehens, wie etwa *Heinr. Wölfflins stilgeschichtliche Interpretation* von Kunstwerken oder die zahlreichen Untersuchungen zur *Typen- und Motivgeschichte* ebenso in der Literatur wie in der bildenden Kunst. Freilich können alle solche Untersuchungen auch die eigentliche Frage der Interpretation verdecken. Das gleiche gilt für *die formale, am Gesichtspunkt des Ästhetischen vollzogene Analyse* von Werken der Literatur und Kunst; mit ihrem Vollzug ist das eigentliche Verstehen noch nicht vollzogen, wohl aber kann es durch sie vorbereitet werden, wie etwa in dem Sophoklesbuch *Karl Reinhardts* und in dem Platonwerk *Paul Friedländers* [18]. Wie verschieden die

---

[18] *Karl Reinhardt*, Sophokles, 2. Aufl. 1943. — *Paul Friedländer*, Platon II die platonischen Schriften 1930. — Ich weise auch auf *Reinhardts* Vorträge und Aufsätze hin, die 1948 unter dem Titel „Von Werken und Formen" erschienen sind.

Interpretation des gleichen Kunstwerkes sein kann, je nachdem, ob
sie durch das Interesse an der Form oder durch das am Inhalt des
Werkes geleitet ist, wird sichtbar, wenn man die Interpretationen des
Jüngsten Gerichtes von Michelangelo durch Jac. Burckhardt und
durch den Grafen Yorck von Wartenburg vergleicht, wie sie *Karl Löwith* nebeneinander gestellt hat [19]. Ganz meisterhaft weiß *Erich Auerbach* in seinem Buch „Mimesis" die formale Analyse von Werken der
Dichtung für die Interpretation ihres Gehalts fruchtbar zu machen [20].

Das echte Verstehen von Dichtung und Kunst wie von Werken der
Philosophie und Religion ist nach *Dilthey* – wie wir sahen – an der
Frage nach dem Verständnis singularen geschichtlichen Daseins orientiert, und dieser Fragestellung können – wie auch schon gezeigt
wurde – alle geschichtlichen Dokumente unterworfen werden. Läßt
sich diese Interpretationsabsicht noch bestimmter und treffender fassen? Sie wurde schon dahin modifiziert, daß es darauf ankomme, die
in der Dichtung und in der Kunst – und für philosophische und religiöse Texte gilt das Gleiche – aufgedeckten *Möglichkeiten menschlichen Seins* aufzuzeigen (S. 222). Ich versuche, das noch etwas deutlicher zu machen.

In einem Aufsatz über *J. J. Winckelmanns* Griechenbild [21] hat *Fritz
Blättner* sehr instruktiv die „*intentio recta*" und die „*intentio obliqua*" in der Aufnahme von religiösen Kunstwerken einander gegen-
übergestellt. Jene setzt den Glauben des Betrachters voraus, der im
Kunstwerk das geglaubte Göttliche als ein Objektives dargestellt
sieht; sie sieht das Kunstwerk gar nicht als Kunstwerk, und für ihre
Bedürfnisse würde z. B. ein Öldruck der Madonna den gleichen Dienst
tun wie ein Gemälde Raffaels oder wie eine Pietà Michel Angelos. Die
„*intentio obliqua*" dagegen fragt nicht nach der gegenständlichen Bedeutung des Kunstwerkes, und ihr gilt es gleich, „ob ein Apoll oder
ein heiliger Sebastian vor Augen stand, ob objektiv ein Christus oder
ein Moses oder ein Sklave gemeint war"; sie fragt nach der „Menschlichkeit", nach dem „Geist, aus dem das Kunstwerk hervorgegangen
und von dem es ein Zeugnis war".

[19] Theol. Rundschau, N. F. II (1930), 44—46.

[20] *Erich Auerbach*, Mimesis. Dargestellte Wirklichkeit in der abendländischen
Literatur 1946. — In seinen „Bildnisstudien" (1947) versucht *Ernst Buschor* die
stilistische Analyse einer man darf wohl sagen: existentialen Interpretation dienstbar zu machen, wenngleich schwerlich in hinreichend klaren Kategorien.

[21] *Fritz Blättner*, Das Griechenbild J. J. Winckelmanns. Jahrbuch ‚Antike und
Abendland" I (1944), S. 121—132.

Diese Wendung hat sich mit *Winckelmann* vollzogen; er hat „den Blick gewonnen, der hinter dem objektiv Gemeinten und Gesagten den *Geist*, den *Genius* des Schöpfers und seines Volkes erkennt und als das Wesentliche im Werk herausempfindet" *(Blättner)*. So fragten auch die großen Philologen *Friedrich Ast* und *August Boeckh* nach dem „Geist" des Altertums als dem Ganzen, aus dem das einzelne Werk verstanden werden müsse [22]. Es ist die Weise des Verstehens, die von *Herder* entwickelt wurde, und die in der *Romantik* zur Herrschaft gelangte. Natürlich kann sich diese Betrachtungsweise auch mit dem Historismus verbinden, wie denn *Winckelmann* die Epochen der griechischen Kunstgeschichte entdeckte; indem er deren Abfolge für eine gesetzmäßige hielt, könnte er sogar als Vorläufer *Oswald Spenglers* angesehen werden. In der Zeit des Nationalsozialismus ist solche Fragestellung – geprägt freilich durch den Biologismus – ins Absurde getrieben worden, aber in ihrem Grundgedanken ist sie auch in den kunstgeschichtlichen Essays *Hermann Grimms* lebendig, dessen Ziel es war eine Geschichte der nationalen bildenden Phantasie zu schreiben [23].

Natürlich hat diese Betrachtungsweise ihr bedingtes Recht, und der ihr eigene Relativismus (der seinen Hintergrund in einem phantheistischen Glauben an das Göttliche in allem Menschlichen haben kann) braucht nicht zur Herrschaft (oder zum Bewußtsein) zu kommen. Wie denn für *Winckelmann* der Geist, den er in der griechischen Kunst Gestalt gewinnen sah, die exemplarische Repräsentation des menschlichen Geistes überhaupt war, an der sich der Mensch jederzeit zu bilden habe.

Offenbar ist es *Diltheys* Bestreben, über die letztlich ästhetizistische Betrachtungsweise der Romantik hinauszukommen. Er bleibt freilich in ihr befangen, wenn er das Interesse an dem „Nachfühlen fremder Seelenzustände" in dem daraus entspringenden Glück begründet sieht und von dem „Zauber" redet, den derjenige „genießt", der über alle Schranken der eigenen Zeit hinaus in die vergangenen Kulturen blickt. Indessen genießt ein solcher nicht nur den Zauber, sondern er „nimmt auch die Kraft der Vergangenheit in sich auf". Indem der Verstehende „in aller Geschichte Geschichte der Seele findet", „ergänzt" er durch das verstehende Anschauen die eigene Individualität

---

[22] Vgl. *Wach* a. a. O. I S. 106, 185.
[23] Vgl. das Vorwort *Reinh. Buchwalds* zu den unter dem Titel „Deutsche Künstler" erschienenen Essays *Hermann Grimms*.

und lernt „verstehend zu sich selber zu kommen" [24]. In solchen Sätzen
zeigt sich doch, daß das echte Verstehen nicht auf die beglückende
Anschauung einer fremden Individualität als solcher geht, sondern im
Grunde auf die in ihr sich zeigenden Möglichkeiten des menschlichen
Seins, die auch die des Verstehenden sind, der sie sich eben im Verstehen zum Bewußtsein bringt. Echtes Verstehen wäre also *das Hören
auf die im zu interpretierenden Werk gestellte Frage, auf den im
Werk begegnenden Anspruch*, und die „Ergänzung" der eigenen Individualität bestünde in der reicheren und tieferen Erschließung der
eigenen Möglichkeiten, im Fortgerufen werden von sich selbst (d. h.
von seinem unfertigen, trägen, stets der Gefahr des Beharrens ver-
fallenden Selbst) durch das Werk [25].

     Graf Yorck dürfte klarer noch als *Dilthey* gesehen haben, wenn er
in der Abgrenzung gegen Rankes Geschichtsschreibung sagt: „Wenn
aber irgendwo, so sind in der Geschichte Himmel und Erde eins".
Denn dahinter liegt die Anschauung, daß das Verstehen der Geschichte nicht im ästhetischen Anschauen besteht, sondern ein religiöser Vorgang ist, weil die Wirklichkeit der Geschichte gar nicht für den
persönlich unbeteiligten Zuschauer sichtbar wird. „Ranke ist ein großes Okular, dem nicht, was entschwand, zu *Wirklichkeiten* werden
kann" [26]. Wie geschichtliches Verstehen das Vernehmen des Anspruchs der Geschichte und kritische Selbstbesinnung ist, zeigen
Yorcks Worte: „Die Renaissance der Moral predigte in gewaltigster
Einseitigkeit Michel Angelo in der sixtinischen Capelle. Die stummen
einfachen Kreuze, von Christen in die Steine des carcer Mamertinus
geritzt, sie kamen durch Luther zu Worte. Wenn etwas gewaltiger ist
als M. Angelos jüngstes Gericht, so sind es jene Kreuze, die Licht-
punkte an einem unterirdischen Himmel, die Zeichen der Transzendenz des Bewußtseins" [27].

     Zu entscheidender Klarheit ist das Problem des Verstehens durch

---

[24] Die Formulierungen nach *Dilthey* a. a. O. 317, 328 und nach dem Referat
von *Fritz Kaufmann*, Geschichtsphilosophie der Gegenwart (Philosoph. For-
schungsberichte 10) 1931, S. 109—117.

[25] Vgl. *Kaufmann* a. a. O. 54 f. in der Auseinandersetzung mit *Simmel* über das
persönliche Verhältnis zum Geschehen der Geschichte. — Über das Vernehmen
des Anspruchs der Geschichte bei *Droysen* s. *Astholz* a. a. O. 106; ebenda 120 f.
über das Verstehen als ein Anliegen des Lebens, als Tat.

[26] Briefwechsel zwischen *Wilhelm Dilthey* und dem *Grafen Paul York von Wartenburg* 1877—1897 (1923), S. 60.

[27] Ebenda S. 120.

Heideggers Aufweis des Verstehens als eines Existentials gebracht worden und durch seine Analyse der Auslegung als der Ausbildung des Verstehens, vor allem aber durch seine Analyse des Problems der Geschichte und seine Interpretation der Geschichtlichkeit des Daseins [28]. In der Verfolgung der Gedanken *Heideggers* hat *Fritz Kaufmann* eine kritische Übersicht über die Geschichtsphilosophie der Gegenwart gegeben, aus der der Sinn verstehender Interpretation historischer Dokumente deutlich herausspringt [29].

VI.

Fassen wir zusammen!

Voraussetzung jeder verstehenden Interpretation ist *das vorgängige Lebensverhältnis zu der Sache*, die im Text direkt oder indirekt zu Worte kommt und die das Woraufhin der Befragung leitet. Ohne ein solches Lebensverhältnis, in dem Text und Interpret verbunden sind, ist ein Befragen und Verstehen nicht möglich, ein Befragen auch gar nicht motiviert. Damit ist auch gesagt, daß jede Interpretation notwendig von einem gewissen *Vorverständnis* der in Rede oder in Frage stehenden Sache getragen ist.

Aus dem Sachinteresse erwächst *die Art der Fragestellung, das Woraufhin der Befragung*, und damit das jeweilige hermeneutische Prinzip. Das Woraufhin der Befragung kann identisch sein mit der Intention des Textes, und dieser vermittelt dann die erfragte Sache direkt. Es kann aber auch aus dem Interesse an Sachverhalten erwachsen, die an allen möglichen Lebensphänomenen und demzufolge in allen möglichen Texten zur Erscheinung kommen können. Das Woraufhin der Befragung fällt dann nicht mit der Intention des Textes zusammen, und dieser vermittelt die erfragte Sache indirekt.

Das Woraufhin der Interpretation kann also z. B. gegeben sein durch das Interesse an der *Rekonstruktion des Zusammenhangs vergangener Geschichte*, – an der politischen Geschichte, an der Geschichte der Probleme und Formen des sozialen Lebens, an der Geistesgeschichte, an der Kulturgeschichte in weitestem Umfang, und

---

[28] *Martin Heidegger*, Sein und Zeit I 1927, speziell §§ 31, 32. Über Heidegger *Fritz Kaufmann* a. a. O. 118 ff.

[29] Vgl. *Kaufmann* a. a. O. 41: das Verständnis eines geschichtlichen Lebenszusammenhangs ist das Verständnis dafür, „wie Dasein einst seine eigene Problematik verstand oder mißverstand, aushielt oder floh". Vgl. auch *Droysen* bei *Astholz* a. a. O. 121.

dabei wird die Interpretation stets bestimmt sein von der Auffassung die der Interpret von Geschichte überhaupt hat.

Das Woraufhin der Interpretation kann gegeben sein durch das *psychologische Interesse,* das die Texte etwa der individualpsychologischen, der völkerpsychologischen oder der religionspsychologischen Fragestellung unterwirft, der Frage nach der Psychologie der Dichtung, der Technik usw. In all diesen Fällen ist die Interpretation von einem vorausgesetzten Vorverständnis psychischer Phänomene geleitet.

Das Woraufhin kann gegeben sein durch *das ästhetische Interesse,* das die Texte einer formalen Analyse unterwirft und ein Werk als Kunstwerk in Bezug auf seine Struktur, seine „äußere" und „innere" Form befragt. Das ästhetische Interesse vermag sich mit einem romantisch-religiösen Interesse zu verbinden, es vermag aber auch in der Sphäre einer stilistischen Betrachtung zu bleiben.

Das Woraufhin der Interpretation kann endlich gegeben sein durch *das Interesse an der Geschichte als der Lebenssphäre, in der menschliches Dasein sich bewegt,* in der es seine Möglichkeiten gewinnt und ausbildet, und in Besinnung auf welche es das Verständnis seiner selbst, der eigenen Möglichkeiten, gewinnt. Mit anderen Worten: das Woraufhin kann gegeben sein durch *die Frage nach dem menschlichen als dem eigenen Sein.* Die nächstliegenden Texte für solche Befragung sind die Texte der Philosophie und Religion und der Dichtung; grundsätzlich aber können ihr alle Texte (wie die Geschichte überhaupt) unterworfen werden. Solche Befragung ist immer von einem vorläufigen Verständnis menschlichen Seins, von einem bestimmten Existenzverständnis, geleitet, das sehr naiv sein kann, aus dem aber überhaupt erst die Kategorien erwachsen, die eine Befragung möglich machen, – z. B. die Frage nach dem „Heil", nach dem „Sinn" des persönlichen Lebens oder nach dem „Sinn" der Geschichte, nach den ethischen Normen des Handelns, der Ordnung der menschlichen Gemeinschaft und dgl. Ohne solches *Vorverständnis* und die durch es geleiteten Fragen sind die Texte stumm. Es gilt nicht, das Vorverständnis zu eliminieren, sondern es ins Bewußtsein zu erheben, es im Verstehen des Textes kritisch zu prüfen, es aufs Spiel zu setzen, kurz es gilt: in der Befragung des Textes sich selbst durch den Text befragen zu lassen, seinen Anspruch zu hören.

Mit solcher Einsicht ist auch die Antwort auf die zweifelnde Frage gefunden, *ob Objektivität der Erkenntnis geschichtlicher Phänomene,*

Objektivität der Interpretation, zu erreichen sei. Wird der Begriff
der objektiven Erkenntnis von der Naturwissenschaft her genommen
(in der er übrigens im traditionellen Sinne heute auch problematisch
geworden sein dürfte), so ist er für das Verstehen geschichtlicher
Phänomene nicht gültig; denn diese sind anderer Art als die Phänomene der Natur. Sie bestehen als geschichtliche Phänomene überhaupt nicht ohne das sie auffassende geschichtliche Subjekt. Denn zu
geschichtlichen Phänomenen werden Tatsachen der Vergangenheit
erst, wenn sie für ein selbst in der Geschichte stehendes und an ihr
beteiligtes Subjekt sinnvoll werden, wenn sie reden, und das tun sie
nur für das Subjekt, das sie auffaßt. Nicht so freilich, als hefte ihnen
dieses nach subjektiven Belieben einen Sinn an, sondern so, daß sie
für den, der im geschichtlichen Leben mit ihnen verbunden ist, eine
Bedeutung gewinnen. In gewissem Sinne gehört also zum geschichtlichen Phänomen seine eigene Zukunft, in der es sich erst zeigt in
dem, was es ist.

Es wäre mißverständlich zu sagen, daß jedes geschichtliche Phänomen vieldeutig ist. Denn mag es freilich schutzlos der Willkür belie-
biger Deutung ausgesetzt sein, so ist es doch für das wissenschaftliche
Verstehen grundsätzlich eindeutig. Wohl aber ist *jedes geschichtliche
Phänomen vielseitig, komplex;* es unterliegt verschiedener Fragestellung, sei es der geistesgeschichtlichen, sei es der psychologischen,
der soziologischen, oder welcher auch immer, sofern sie nur aus der
geschichtlichen Verbundenheit des Interpreten mit dem Phänomen
erwächst. Jede solche Fragestellung führt, wenn die Interpretation
methodisch durchgeführt wird, zu eindeutigem, objektivem Verständnis. Und natürlich ist es kein Einwand, daß sich das echte Verstehen
in der Diskussion, im Streit der Meinungen, herausbildet. Denn die
simple Tatsache, daß jeder Interpret in seinem subjektiven Vermögen beschränkt ist, hat keine grundsätzliche Relevanz.

Die methodisch gewonnene Erkenntnis ist eine „objektive", und
das kann nur heißen: eine dem Gegenstand, wenn er in eine bestimmte Fragestellung gerückt ist, angemessene. Die Fragestellung
selbst „subjektiv" zu nennen, ist sinnlos. Sie mag so heißen, wenn
man darauf blickt, daß sie natürlich jeweils von einem Subjekt gewählt werden muß. Aber was heißt hier „wählen" [30]? Als solche erwächst die Fragestellung ja nicht aus individuellem Belieben, sondern

---

[30] Sofern es sich nicht um die Verlegenheits- und Zufallswahl eines Themas für
eine Dissertation handelt.

aus der Geschichte selbst, in der jedes Phänomen, seiner komplexen
Natur entsprechend, verschiedene Aspekte darbietet, d. h. nach verschiedenen Richtungen Bedeutung gewinnt oder besser: beansprucht,
– und in der jeder Interpret, entsprechend der in der Mannigfaltigkeit des geschichtlichen Lebens wirkenden Motive, die Fragestellung
gewinnt, in der gerade für ihn das Phänomen redend wird.

Die Forderung, daß der Interpret seine Subjektivität zum Schweigen bringen, seine Individualität auslöschen müsse, um zu einer objektiven Erkenntnis zu gelangen, ist also die denkbar widersinnigste.
Sie hat Sinn und Recht nur, sofern damit gemeint ist, daß der Interpret seine persönlichen Wünsche hinsichtlich des Ergebnisses der Interpretation zum Schweigen bringen muß, – etwa den Wunsch, daß
der Text eine bestimmte (dogmatische) Meinung bestätigen oder für
die Praxis brauchbare Anweisungen hergeben soll, – was natürlich oft
genug in der Geschichte der Exegese der Fall war und ist. Gewiß!
Voraussetzungslosigkeit hinsichtlich der Ergebnisse ist wie für alle
wissenschaftliche Forschung, so auch für die Interpretation selbstverständlich und unabdinglich gefordert. Sonst aber verkennt jene Forderung das Wesen echten Verstehens schlechterdings. Denn diese setzt
gerade *die äußerste Lebendigkeit des verstehenden Subjekts, die
möglichst reiche Entfaltung seiner Individualität* voraus. Wie die Interpretation eines Werkes der Dichtung und der Kunst nur dem ge-
lingen kann, der sich ergreifen läßt, so das Verstehen eines politischen
oder soziologischen Textes nur dem, der von den Problemen des politischen und sozialen Lebens bewegt ist. Das Gleiche gilt endlich auch
von jenem Verstehen, an dem *Schleiermacher* und *Dilthey* ihre hermeneutische Theorie orientieren, und das als das Verstehen geschichtlicher Phänomene im letzten und höchsten Sinne bezeichnet werden
darf, von der Interpretation, die die Texte auf die Möglichkeiten des
menschlichen als des eigenen Seins hin befragt. Die „subjektivste"
Interpretation ist hier die „objektivste", d. h. allein der durch die
Frage der eigenen Existenz Bewegte vermag den Anspruch des Textes
zu hören. Die Denkmäler der Geschichte „sprechen zu uns aus der
Wirklichkeitstiefe, die sie gezeugt hat, nur dann, wenn wir selbst aus
eigener Erfahrungsbereitschaft von der Problematik, von der zuletzt
unüberwindlichen Bedürftigkeit und Bedrohtheit wissen, die Grund
und Abgrund unseres in der Welt Seins ausmachen" [31].

---

[31] *Kaufmann* a. a. O. 41.

VII.

Die Interpretation der biblischen Schriften unterliegt nicht anderen Bedingungen des Verstehens als jede andere Literatur. Zunächst gelten für sie unbezweifelt die alten hermeneutischen Regeln der grammatischen Interpretation, der formalen Analyse, der Erklärung aus den zeitgeschichtlichen Bedingungen. Sodann ist klar, daß auch hier die Voraussetzung des Verstehens die Verbundenheit von Text und Interpret ist, die durch das Lebensverhältnis des Interpreten, durch seinen vorgängigen Bezug zur Sache, die durch den Text vermittelt wird, gestiftet wird. Voraussetzung des Verstehens ist auch hier ein Vorverständnis der Sache.

Diese Behauptung begegnet heute dem *Widerspruch:* die Sache, von der die Hl. Schrift, zumal das Neue Testament, redet, ist das Handeln Gottes, von dem es schlechterdings kein Vorverständnis geben kann, da ja der natürliche Mensch nicht einen vorgängigen Bezug zu Gott hat, sondern von Gott nur durch die Offenbarung Gottes, d. h. eben durch sein Handeln, von ihm wissen kann.

Dieser Widerspruch hat nur scheinbar recht. Denn freilich kann der Mensch von einem im Ereignis Wirklichkeit werdenden Handeln Gottes sowenig ein Vorverständnis haben wie von anderen Ereignissen als Ereignissen. Ehe ich aus der Überlieferung vom Tode des Sokrates gehört habe, kann ich nichts von ihm wissen, so wenig wie von der Ermordung Caesars oder vom Thesenanschlag Luthers. Aber um diese Ereignisse als geschichtliche Ereignisse zu verstehen und nicht als bloße beliebige Begebenheiten, muß ich allerdings ein Vorverständnis von den geschichtlichen Möglichkeiten haben, innerhalb derer diese Ereignisse ihre Bedeutsamkeit und damit ihren Charakter als geschichtlicher Ereignisse gewinnen. Ich muß wissen, was ein Leben im philosophischen Fragen ist, was Begebenheiten zu politischen Ereignissen macht, was katholisches und protestantisches Selbstverständnis als Möglichkeiten sind, in denen menschliches Sein als ein sich für sich selbst entscheidendes Sein steht. (Es wird kaum nötig sein, zu bemerken, daß dieses Wissen natürlich nicht ein explizites zu sein braucht).

Ebenso setzt *das Verstehen von Berichten über Ereignisse als Handeln Gottes* ein Vorverständnis dessen voraus, was überhaupt Handeln Gottes heißen kann, – im Unterschied etwa vom Handeln des Menschen oder von Naturereignissen. Und wenn entgegnet wird, der

Mensch könne vor der Offenbarung Gottes auch nicht wissen, wer Gott sei, und folglich auch nicht, was Handeln Gottes heißen könne, so ist zu antworten, daß *der Mensch sehr wohl wissen kann, wer Gott ist, nämlich in der Frage nach ihm.* Wäre seine Existenz nicht (bewußt oder un*bewußt*) von der Gottesfrage bewegt im Sinne des Augustinischen „Tu nos fecisti ad Te, et cor nostrum inquietum est, donec requiescat in Te", so würde er auch in keiner Offenbarung Gottes Gott als Gott erkennen. Im menschlichen Dasein ist ein existentielles Wissen um Gott lebendig als die Frage nach „Glück", nach „Heil", nach dem Sinn von Welt und Geschichte, als die Frage nach der Eigentlichkeit des je eigenen Seins. Mag das Recht, solches Fragen als die Gottesfrage zu bezeichnen, erst vom Glauben an die Offenbarung Gottes aus gewonnen sein, – das Phänomen als solches ist der Sachbezug auf die Offenbarung.

Das existentielle Wissen um Gott ist, wo es ins Bewußtsein tritt, *in irgendeiner* Ausgelegtheit da. Kommt es z. B. zum Bewußtsein als die Frage: „Was soll ich tun, daß ich selig werde?" (Act. 16, 30), so ist in ihr irgendeine Vorstellung von „Seligkeit" (oder wenn wir uns am griechischen Text orientieren, von „Rettung") vorausgesetzt. Die an das Neue Testament gerichtete Frage muß im Hören auf das Wort des Neuen Testaments zur Korrektur der mitgebrachten Vorstellung bereit sein, kann aber solche Korrektur nur erhalten, wenn die Grundintention der Frage, die in den Begriff der „Seligkeit" (oder „Rettung") gefaßt ist, mit der Intention der im Neuen Testament gegebenen Antwort zusammentrifft.

Es kommt nun – zum mindesten für die wissenschaftliche Exegese – entscheidend auf die sachgemäße Ausgelegtheit der Frage, und das bedeutet zugleich: auf *die sachgemäße Ausgelegtheit der menschlichen Existenz,* an. Diese zu erarbeiten, ist Sache der menschlichen Besinnung, konkret die Aufgabe der philosophischen, der existentialen Analyse des menschlichen Seins. Selbstverständlich ist solche Arbeit nicht die Voraussetzung für das schlichte Hören auf das Wort des Neuen Testaments, das sich direkt an das existentielle Selbstverständnis richtet und nicht an ein existentiales Wissen. Anders aber, wenn es sich um die wissenschaftliche Interpretation der Schrift handelt. Sie findet ihr Woraufhin in der Frage nach dem in der Schrift zum Ausdruck kommenden Verständnis der menschlichen Existenz. Daher hat sie sich um die sachgemäßen Begriffe, in denen von menschlicher Existenz geredet werden kann, zu bemühen.

Diese gründen im Lebensbezug des Exegeten zu der Sache, die in der Schrift zu Worte kommt und schließen ein Vorverständnis der Sache ein. Es ist ein Wahn, ohne ein solches und die aus ihm fließenden Begriffe ein Wort des Neuen Testaments verstehen zu können, wenn es als Gottes Wort verstanden werden soll. Der Interpret bedarf der kritischen Besinnung auf die sachgemäßen Begriffe, gerade wenn er die biblischen Schriften nicht als ein Kompendium dogmatischer Sätze lesen will oder als „Quellen", um ein Stück vergangener Geschichte zu rekonstruieren, oder um ein religiöses Phänomen oder das Wesen von Religion überhaupt zu studieren, oder um den psychischen Verlauf und die theoretische Objektivierung religiöser Erlebnisse zu erkennen, sondern wenn er die Schrift selbst zum Reden bringen will als eine in die Gegenwart, in die gegenwärtige Existenz, redende Macht. Wird das Woraufhin der Interpretation als die Frage nach Gott, nach Gottes Offenbarung, bezeichnet, so bedeutet das ja, daß es die Frage nach der Wahrheit der menschlichen Existenz ist. Dann aber hat sich die Interpretation um die Begrifflichkeit existentialen Verstehens der Existenz zu bemühen.

VIII.

Karl Barth verwirft die Meinung, daß ein theologischer Satz nur dann gültig sein könne, wenn er sich als echter Bestandteil des christlichen Verständnisses der *menschlichen* Existenz ausweisen kann [32]. Hier ist darüber nur insoweit zu reden, als theologische Sätze Interpretationen von Aussagen der Schrift sind, insoweit also, als *Barth* meine Forderung einer existentialen Interpretation der Schrift bestreitet. Er tut es mit folgenden (im Zusammenhang auf die Hauptsätze des christlichen Bekenntnisses bezogenen Worten): „Sie (diese Sätze) beziehen sich wohl alle auf die menschliche Existenz. Sie ermöglichen und begründen deren christliches Verständnis, und so werden sie denn — abgewandelt — auch zu Bestimmungen der menschlichen Existenz. Sie sind es aber nicht von Haus aus. Sie bestimmen von Haus aus das Sein und Handeln des vom Menschen *verschiedenen*, des dem Menschen *begegnenden* Gottes: des Vaters, des Sohnes, des Heiligen Geistes. Sie sind schon darum nicht auf Sätze über das innere Leben des Menschen zu reduzieren."
Der letzte Satz verrät das völlige Mißverständnis dessen, was exi-

---

[32] *Karl Barth*, Die kirchliche Dogmatik III, 2 (1948), S. 534.

stentiale Interpretation, und was der in ihr gemeinte Sinn von Existenz ist. Diese ist ja gar nicht das „innere Leben des Menschen", das unter Absehung von dem von ihm Verschiedenen und ihm Begegnenden (sei es Umwelt, Mitmensch oder Gott) in den Blick gefaßt werden mag – von einer religionspsychologischen Betrachtung etwa, aber jedenfalls nicht von der existentialen. Denn diese will ja die wirkliche (geschichtliche) Existenz des Menschen, der nur im Lebenszusammenhang mit dem von ihm „Verschiedenen", nur in den Begegnungen existiert, in den Blick fassen und verstehen! Um die sachgemäße Begrifflichkeit, in der das geschehen könnte, bemüht sich ja die existentiale Analyse. *Barth* orientiert seine Vorstellung von ihr offenbar an einem von *Feuerbach* entnommenen Begriff der Anthropologie und schiebt diesen schon *Wilhelm Herrmann* unter, statt zu sehen, daß *Herrmann* gerade darum ringt (wenngleich in unzureichender Begrifflichkeit), menschliches Sein als geschichtliches zu begreifen.

An *Barth* ist die Forderung zu stellen, daß er über seine Begrifflichkeit Rechenschaft ablegt. Er gibt mir z. B. zu, daß die Auferstehung Jesu kein historisches Faktum sei, das mit den Mitteln der historischen Wissenschaft festgestellt werden könne. Daraus aber – meint er – folge nicht, daß sie nicht *geschehen* sei: „Kann sich nicht auch *solche* Geschichte wirklich ereignet haben, und kann es nicht eine legitime Anerkennung auch *solcher* Geschichte geben, die „historisches Faktum" zu nennen, man schon aus Gründen des guten Geschmacks unterlassen wird, die der „Historiker" im modernen Sinne gut und gerne „Sage" oder „Legende" nennen mag, weil sie sich den Mitteln und Methoden samt den stillschweigenden Voraussetzungen dieses Historikers in der Tat entzieht?" [33].

Ich frage: Was versteht *Barth* hier unter „geschehen" und „Geschichte"? Was für Ereignisse sind das, von denen gesagt werden kann, daß sie „viel sicherer wirklich in der Zeit geschehen sind als alles, was die „Historiker" als solche feststellen können"? [34] Es ist völlig deutlich, daß *Barth* mittels einer mitgebrachten Begrifflichkeit die Sätze der Schrift interpretiert. Welches ist der Ursprung und der Sinn dieser Begrifflichkeit?

Weiter! Was ist das für eine Weise des „Glauben schenkens", wenn der Glaube gegenüber der Behauptung von Ereignissen aufgebracht

---

[33] Ebenda 535.   [34] Ebenda 535 f.

werden soll, die in Zeit und Geschichte geschehen sein sollen, jedoch nicht mit den Mitteln und Methoden der historischen Wissenschaft festgestellt werden können? Wie kommen diese Ereignisse in das Blickfeld des Glaubenden? Und wie unterscheidet sich solcher Glaube von einem blinden Akzeptieren mittels eines Sacrificium Intellectus? In welchem Sinne appelliert *Barth* an ein Gebot der Wahrhaftigkeit, das höherer oder anderer Art ist als das Gebot der Wahrhaftigkeit, welches gebietet, nichts für wahr zu halten, was im Widerspruch steht zu Wahrheiten, die die faktische Voraussetzung meines all mein Tun leitenden Weltverständnisses sind? [35] Welche Elemente enthielt denn das mythische Weltbild, auf das wir uns als auf ein ganzes zwar nicht festzulegen brauchen, von dem wir uns aber in eklektischem Verfahren einiges aneignen können? [36] Nach einem gültigen Sinn des mythischen Weltbildes zu fragen, ist ja gerade die Absicht meiner existentialen Interpretation des Mythos, und darin versuche ich methodisch zu verfahren, während ich bei *Barth* nur willkürliche Behauptungen wahrnehmen kann. Welches ist denn sein Prinzip der Auswahl?

Offenbar im Sinne *Karl Barths* hält mir *Walter Klaas* [37] den Satz entgegen: „Wer die Schrift allein Maßstab und Richtscheit der Verkündigung sein läßt (wo bestreite ich das?), wer sich das Wort der Propheten und Apostel vorgeordnet weiß und nachspricht, wie er es verantwortlich vernommen hat, der treibt Schriftauslegung." Solche Worte zeigen nur, daß der, der sie spricht, das Problem der Schriftauslegung noch gar nicht in den Blick bekommen hat. Der Exeget soll die Schrift „auslegen", nachdem er ihr Wort verantwortlich „vernommen" hat? Wie soll er denn vernehmen, ohne zu *verstehen?* Und das Problem der Interpretation ist doch gerade das des Verstehens!

---

[35] Ebenda 536.　　　[36] Ebenda 536 f.

[37] *Walter Klaas*, Der moderne Mensch in der Theologie *Rud. Bultmanns* 1947, S. 29. Die Schrift ist ein sachlicher und sympathischer Beitrag zur Diskussion. Nur ist es zu bedauern, daß der Verf. den Sinn der „Entmythologisierung" als eines hermeneutischen Prinzips offenbar nicht verstanden hat und zwischen existentialem und existentiellem Verstehen nicht zu unterscheiden weiß.

Die Bedeutung der alttestamentlich-jüdischen Tradition für das christliche Abendland*

1950

Die Kultur- und Geistesgeschichte des Abendlandes ist durch die beiden großen geistigen Traditionsströme, durch die griechisch-römische Antike und durch das Christentum, bestimmt [1]. Das Christentum seinerseits bewahrt in sich die alttestamentlich-jüdische Tradition und vermittelt sie dem Abendland nicht nur so, daß es die geistigen Güter dieser Tradition einfach weitergibt, sondern in seiner eigenen Gestalt ist es geprägt durch die alttestamentlich-jüdische Tradition. Daß später im Verlauf der abendländischen Geschichte das Judentum im Mittelalter (im 12. Jahrhundert) noch einmal besondere Bedeutung für das Abendland gewinnt, können wir außer acht lassen [2]. Denn dabei spielt das Judentum nicht die Rolle eines selbständig wirkenden geistigen Faktors, sondern ist nur Vermittler. Für unser Thema ist die Reflexion auf den Unterschied der beiden konfessionellen Hauptgestalten, die das Christentum im Abendland hervorgebracht hat, Katholizismus und Protestantismus, relativ gleichgültig. Beide Konfessionen sind ja sowohl von der alttestamentlich-jüdischen Tradition wie von der griechischen Tradition gespeist worden, und das stiftet zwischen ihnen ungeachtet aller Gegensätze einen großen gemeinsamen Bereich geistiger Kräfte und Gedanken. Nach protestantischem Urteil würde man sagen, daß im Katholizismus die

---

* Welt ohne Haß S. 43—54 (Vortrag beim 1. Kongreß über bessere menschliche Beziehungen, München, 30. Mai 1949).

[1] Vgl. *Chr. Dowson*, The Making of Europe 1936, deutsche Übers. „Die Gestaltung des Abendlandes“, Köln, Hegner 1950.

[2] Die Arbeit der jüdischen Religionsphilosophie (Maimonides u. a.) war bedeutsam für die Scholastik.

griechisch-römische Tradition das stärkere Gewicht gewonnen hat, während sie im Protestantismus gegenüber der alttestamentlich-jüdischen Tradition zurückgetreten ist. Eben solche Unterscheidungen könnte man im Protestantismus machen. Im reformierten Protestantismus ist wieder die alttestamentlich-jüdische Tradition ein stärker prägender Faktor als im Luthertum. Aber ich brauche auf diese Differenzen nicht einzugehen; es handelt sich jetzt nur um die Bedeutung der alttestamentlich-jüdischen Tradition für das als Einheit gesehene christliche Abendland.

I.

Vermutlich wird der Laie den Einfluß der alttestamentlich-jüdischen Tradition zuerst im Bereich des Sichtbaren wahrnehmen, d. h. im Bereich der *bildenden Kunst*, und da brauche ich nur anzudeuten, welchen Reichtum an Motiven die Kunst vom Mittelalter bis zur Gegenwart aus dem Alten Testament empfangen hat. Denken wir an die großen Prophetengestalten im Bamberger Dom, an Michelangelos Prophetengestalten in den Fresken der Sixtina, an die Bilder von der Schöpfung in der Sixtina. Aber eine Aufzählung ist unnötig, und ich weise nur noch darauf hin, daß neben den spezifisch alttestamentlichen Motiven auch die spezifisch jüdischen, d. h. die aus den Apokryphen des Alten Testamentes stammenden, hierher gehören, z. B. das Heliodor-Bild in den Raffaelschen Stanzen und die sonst so oft verwendeten Motive aus den Büchern Tobias und Esther, aus der Susanna-Geschichte, vor allem aus dem Buche Daniel: Daniel in der Löwengrube, die drei Jünglinge im Feuerofen, besonders aber das große Bild vom Jüngsten Gericht, das im 7. Kapitel des Buches Daniel zum erstenmal in der uns überlieferten Literatur gezeichnet worden ist und von da aus in vielfachen Variationen nachgewirkt hat.

Solche Übernahme alttestamentlich-jüdischer Motive durch die bildende Kunst hat nicht nur im Ästhetischen ihre Bedeutung, sondern für das Geistesleben überhaupt, zumal im Mittelalter, in dem die Phantasie, das moralische Empfinden und Urteilen durch die bildende Darstellung geweckt und befruchtet wird. Vor allem aber bringt die biblische Kunst die alttestamentlich-jüdische Idee zur Anschaulichkeit, daß das Einzelgeschehen ein Glied ist in einem großen geschichtlichen Zusammenhang, der mit der Schöpfung beginnt und im Weltgericht sein Ende finden wird. Ein großes Beispiel dafür sind die Mosaiken in Monreale bei Palermo. Wenn in diesem Zusammenhang das Erlösungswerk Christi auch kein Motiv der alttestamentlich-jüdischen Tradition ist, so sind doch die Kategorien seiner Deutung dem alttestamentlich-jüdischen Denken entnommen. Damit aber vermittelt die bildende Kunst dem abendländischen Denken ein Geschichtsbewußtsein, das der heidnischen Antike noch fremd war.

In der modernen Kunst seit der Renaissance stehen die Motive aus der Bibel vielfach nur im Dienste der Entfaltung des künstlerischen Vermögens, oder sie dienen gar zum Ausdruck eines ganz neuen Lebensgefühles, das von der heidnischen Antike genährt ist. Aber man darf doch sagen, daß immer wieder alttestamentliche Motive in der bildenden Kunst auch von dem Einfluß des Alten Testaments auf das Verständnis des Verhältnisses des Menschen zu Welt und Gott zeugen, und ich brauche dabei nur an Rembrandt zu erinnern.

Selbstverständlich hat auch die *Dichtung* ihren Reichtum zum Teil von den Motiven aus der alttestamentlich-jüdischen Tradition empfangen. Über die mittelalterliche Dichtung, an deren Anfang die Motive der Weltschöpfung im Wessobrunner Gebet und im Muspilli stehen, brauche ich nicht ausführlich zu reden. Eine Untersuchung von Samuel Singer (1933) „Die religiöse Lyrik des Mittelalters (Das Nachleben der Psalmen)", stellt die Bedeutung der alttestamentlichen Psalmenpoesie für die mittelalterliche Lyrik ins Licht. Ich brauche auch nicht zu reden von der Dichtung der neuen und neuesten Zeit. Ich brauche nur an Namen zu erinnern, sowohl jüdischer Schriftsteller und Dichter, wie Heine und Werfel, andererseits an die Namen derjenigen Dichter, die alttestamentliche Themen zum Gegenstand ihrer Dichtung gemacht haben, wie Barlach, Stefan Andres und allen voran gegenwärtig Thomas Mann mit seiner Josephlegende.

Im Goethe-Jahr denkt man auch daran, wie *Goethe* im 4. Buch von Dichtung und Wahrheit seine Beschäftigung mit der israelitischen Urgeschichte in seinem Knabenalter schildert. Was ihn, wie er dort ausführt, zur Konzentration leitet, was ihm das Gefühl des Friedens gibt, ist offenbar dieses, daß die alttestamentliche, vorstaatliche Geschichte ihm dadurch ein Verständnis der verworrenen Gegenwart mit ihrer den Blick blendenden Fülle der Ereignisse erschließt, daß sie ihm überhaupt die Konzeption einer Welt gibt, in der es bei allem bunten Wechsel natürlich zugeht und aus natürlichen, verständlichen Lebensbedingungen schließlich alle bewegenden Ereignisse erwach-

sen. Es ist auch symptomatisch, daß im vorigen und in diesem Jahr
drei neue Hiob-Übersetzungen erschienen sind [3].

Was die Bedeutung der alttestamentlich-jüdischen Tradition für
die abendländische Literatur und damit für den abendländischen
Geist überhaupt betrifft, so weise ich schließlich noch auf das ausge-
zeichnete Buch „Mimesis" von *Erich Auerbach* hin (1946 bei Francke
in Bern erschienen). Es zeichnet die Geschichte des abendländischen
Realismus an Hand vergleichender Textinterpretationen und beginnt
mit einem Kapitel „Die Narbe des Odysseus". Der Geschichte von
der Wiedererkennung des Odysseus durch die alte Eurykleia (Homer, Od. 19) stellt Auerbach die Erzählung von der Opferung Isaaks
(1. Mose 22) zur Seite, um vergleichend durch die Analyse der Form
der Erzählung das Verständnis von Welt und Mensch herauszuarbei-
ten, das hier und dort die Darstellung prägt. Er zeigt weiter, wie in
der Geschichte der abendländischen Literatur sichtbar wird, welche
Bedeutung die Übernahme der biblischen Tradition gehabt hat, um
einen Realismus der Darstellung und ein Verständnis von Welt und
Mensch mehr und mehr zur Herrschaft gelangen zu lassen, wie es die
griechisch-römische Antike nicht gekannt hatte. In der griechisch-
römischen Literatur erfordert menschliche Größe und Tragik ihren
eigenen hohen Stil. Die große Dichtung spielt nur im Kreis hoher
Persönlichkeiten, während die Darstellung der Realität des täglichen
Lebens dem sogenannten niederen Stil der Komödie und der Satire
vorbehalten bleibt. Unter dem Einfluß biblischer Tradition entsteht
ein neuer Stil, wie ihn Auerbach z. B. an Dantes göttlicher Komödie
aufzeigt. „Ohne Zweifel sind es die antiken Dichter gewesen, die
Dante das Vorbild des hohen Stils gaben . . . Aber zugleich ist es un-
leugbar, daß sich Dantes Bild vom Erhabenen ganz wesentlich von
dem seiner antiken Vorbilder unterscheidet. Die Gegenstände, die
die (Göttliche) Komödie vorführt, sind in einer nach antikischem Maß
ungeheuerlichen Weise aus Erhabenem und Niederem gemischt."
Daß hier nicht nur die alttestamentlich-jüdische, sondern auch die
christliche Literatur einwirkt, versteht sich von selbst. Aber unter
dem von uns eingenommenen Gesichtspunkt spielt diese Differenzie-
rung keine Rolle, da die neutestamentliche Literatur zum größten
Teil auch durch den Geist der alttestamentlich-jüdischen geprägt ist.

---

[3] Von *G. Hölscher* im Inselverlag, von *G. Fohrer* im Scherpe-Verlag (Krefeld),
von *H. W. Hertzberg* bei *J. G. Onken* (Stuttgart).

II.

Wirkte die alttestamentlich-jüdische Tradition auf den Wegen der bildlichen Kunst und Dichtung indirekt für die Ausbildung eines eigentümlichen *Bewußtseins von Geschichte und von Geschichtlichkeit* der menschlichen Existenz im Abendland, so wirkte sie in dieser Richtung direkt durch die *Theologie.* Denn es ist das Eigentümliche der christlichen Theologie, daß in ihr die Rede ist vom Handeln Gottes in der Geschichte, von der Heilsgeschichte, und eben dieses ist ein und vielleicht das bedeutsamste Erbe der alttestamentlich-jüdischen Tradition. Aus dem Judentum stammt der bei den alttestamentlichen Propheten vorgebildete messianische Glaube, die Eschatologie, das bedeutet: die Lehre von den letzten Dingen, der Glaube an ein Ende der Welt mit Gericht, Auferstehung usw. Dieser messianische und eschatologische Glaube ist verbunden mit einer bestimmten Geschichtsanschauung, die ich schon angedeutet habe. Sie sieht das Weltgeschehen als eine einheitliche Geschichte an, eingespannt in die Schöpfung der Welt und ihr Ende. Ihr Ende ist das göttliche Gericht, dem für die Gerechten eine neue geschichtslose Welt, die Welt der messianischen Herrlichkeit, folgen wird. Diese Anschauung sieht die Geschichte als ein großes Drama an, dessen Ende nach jüdischer wie nach urchristlicher Überzeugung nahe bevorsteht. Bis zu diesem Ende, bis zu diesem von Gott gesetzten Ziel der Geschichte, gliedert sich die Geschichte in Epochen. Man kennt das Traumgesicht des Nebukadnezar, das Bild einer Statue, deren Haupt aus Gold, deren Brust und Arme aus Silber bestehen, während Bauch und Lenden aus Erz, die Schenkel aus Eisen und die Füße aus Eisen und Ton geformt sind. Diese Statue stellt das einheitlich geschaute Bild der Weltgeschichte dar, gegliedert in die Epochen der sich ablösenden Reiche (Dan. 2). Die Idee einer einheitlichen Geschichte, ihrer Gliederung, ihres Sinnes und Zieles ist damit gegeben. Die Frage des spezifisch geschichtlichen Geschehens, die Frage nach der Bedeutung des jeweiligen Einzelgeschehens im gesamten Zusammenhang ist damit gestellt. Der griechischen Antike hatte eine Reflexion über das Wesen der Geschichte ferngelegen. Die Griechen hatten wohl ein lebendiges Interesse für die Vielfältigkeit des geschichtlichen Lebens (Herodot). Sie fragten auch nach den Kräften, die im geschichtlichen Geschehen wirksam sind, nach den psychologisch erkennbaren Motiven menschlicher Triebe und Leidenschaften, nach den politischen und wirtschaftlichen Machtfaktoren (Thukydides). Aber solche Kräfte wurden hier nicht anders verstanden denn als kausal wirkende Kräfte, wie sie auch im Naturgeschehen wirksam sind. Die Geschichte ist hiernach analog der Natur aufgefaßt und ist nicht als eigenständige Welt neben der Welt der Natur, dem Kosmos im griechischen Sinne, gesehen. Hier ist nicht gesehen, daß die Geschichte des Menschen und der menschlichen Gemeinschaft ein eigenes Lebensgebiet bedeutet, ein Lebensgebiet, in dem die Gegenwart Entscheidungszeit ist, beladen mit ihrem Erbe, mit ihrer Verantwortung gegenüber der Vergangenheit und der Zukunft. Die geschichtliche Bewegung ist im Griechentum nicht anders verstanden als die kosmische Bewegung, in der in stets neuen Konstellationen doch nichts Neues geschieht, sondern immer nur das Gleiche. Die Geschichte hat hier kein Ziel, daher ist die griechische Betrachtung der Geschichte nur an der Vergangenheit interessiert.

Demgegenüber ist *die jüdisch-christliche Geschichtsbetrachtung* an der Zukunft orientiert, von der aus sich alle Vergangenheit als Einheit, als von einem einheitlichen Plan Gottes geleitet, offenbart. Jetzt erst kommt es zu einer neuen universal-historischen Betrachtung, wie sie zum erstenmal großartig von Augustinus in seinem Werk „De civitate Dei" entworfen wurde und dann von den mittelalterlichen Chronisten und Historikern primitiv und schematisch durchgeführt wurde, weil immer jenes danielische Schema leitend war. Aber das traditionelle Schema konnte preisgegeben werden, und schließlich konnten die in dieser ganzen Anschauung wirkenden Motive auch in einer *profanen, säkularisierten Geschichtsschreibung und Geschichtsphilosophie* wirksam werden, die sich von dem religiösen Ursprung gelöst hat. Jetzt erst entsteht eine Geschichtsphilosophie, wie sie die griechisch-römische Antike noch nicht gekannt hat. Jetzt erst kommt es zur Diskussion, was eigentlich geschichtliches Leben sei und was die rechte Methode historischer Interpretation sei. Das ist ein Erbe der alttestamentlich-jüdischen Tradition. Mit Recht konnte gesagt werden, daß die Konzeption der Weltgeschichte bei Hegel und Nietzsche die säkularisierte Interpretation des alttestamentlich-jüdischen Geschichtsverständnisses, das vom Christentum übernommen worden war, darstellt [4].

Mit dem Verständnis der Geschichte ist nun ein *Verständnis der*

---

[4] Vgl. *Jaspers*, Nietzsche und das Christentum 1946, S. 43 f.; *Karl Löwith*, Meaning in History 1949.

menschlichen Existenz als solcher gegeben. Denn die Frage nach dem
Sinn der Geschichte ist ja nicht zu trennen von der Frage nach dem
Sinn der menschlichen Existenz. Unter dem Einfluß des theologischen
Verständnisses der Geschichte entwickelt sich im Abendland ein *Individualismus,* den man zum Unterschied von dem humanistischen
Individualismus, wie er sich im Griechentum und dort, wo die grie-
chische Tradition wirksam war, ausgebildet hatte, als religiösen Individualismus bezeichnen kann [5]. Hier wird nämlich das Individuum
nicht mehr wie im Griechentum unter dem Gesichtspunkt der Erziehung und Bildung zu einem idealen Menschentum hin betrachtet,
sondern unter dem Gesichtspunkt seiner Verantwortung vor Gott im
Hier und Jetzt. Das jeweilige Jetzt ist nicht verstanden als Stufe des
Entwicklungsweges zum Ideal hin, so daß die vor dem Jetzt liegende
Vergangenheit als das noch nicht Vollkommene, als das noch Unvollkommene erscheint. Vielmehr erscheint die Vergangenheit als Schuld,
für die sich der Mensch vor Gott zu verantworten hat; und die Zukunft steht nicht vor dem Jetzt als das reiche Feld der Bildungsmög-
lichkeiten, sondern als der Ruf zur Entscheidung, durch welche ich
hier und jetzt der Forderung Gottes entweder genüge oder mich ihr
versage und schuldig werde. Es ist so ein Individualismus der radikalen Einsamkeit des Menschen vor Gott, in der dann auch ein neues
Verhältnis zum anderen Menschen begründet ist: an die Stelle der
antiken Kommunikation des Dialogs, der gemeinsamen Bildung, tritt
die Gemeinsamkeit der Liebe unter der göttlichen Gnade. Aus jener
Einsamkeit erwächst dann eine Reflexion, eine Selbstbesinnung des
Menschen vor Gott, wie die heidnische Antike sie noch nicht kannte
und wie sie zum erstenmal in Augustinus Konfessionen entwickelt
worden ist.

Hier bedarf es heute nicht der Besinnung (an sich in der Tat auch
ein Thema der Besinnung), ob und inwiefern humanistischer und
religiöser Individualismus sich ausschließende Gegensätze sind, oder
ob und wieweit sie vereinbar sind, was ich vertreten würde. Auch bedarf es nicht der Erinnerung, daß dieser Individualismus, diese Kraft
der Reflexion, im Alten Testament und im Judentum erst in Ansätzen zu spüren ist, z. B. bei Jeremia, im Buche Hiob und in manchen
Psalmen. Dieser Individualismus hat sich jedenfalls im Abendland
unter dem Einfluß der alttestamentlich-jüdischen Tradition entwickelt.

[5] Vgl. *Erich Frank,* Philosophical Unterstanding and Religious Truth 1945,
S. 157 ff.

Unter ihrem Einfluß entdeckt der Mensch *die radikale Unterschieden-heit des spezifisch menschlichen Seins von allem welthaften Sein.* Nach griechischer Auffassung ist der Mensch ein organisches Glied des Kosmos, seinem System eingegliedert und durch den Besitz sei-nes Geistes, seiner Vernunft, dem göttlichen Geiste verwandt, der diesen Kosmos durchwaltet, gliedert und ordnet. Nach alttestament-lich-jüdischer und auch nach christlicher Anschauung steht der Mensch der Welt gegenüber. Sie ist ihm einerseits als das Feld seiner Arbeit gegeben und begegnet ihm andererseits als verführerische, bedrän-gende, schicksalverhängende Macht. Dieser verführerische Charakter ist im Judentum so stark empfunden worden, daß, obwohl man am alttestamentlichen Schöpfungsglauben festhielt, der Gedanke vom Satan aus der persischen Religion übernommen wurde. Als der Herr-schaftsbereich des Satans und seiner Dämonen wird die Welt zur Fremde, wie es dann im Christentum direkt ausgesprochen wird. Das alttestamentlich-jüdische Erbe wirkt in der Entwicklung des Abend-landes dahin, daß nun auf dem Grund dieses Einmal-Entdecktseins der radikalen Andersheit menschlichen Seins gegenüber dem Welt-sein eine *ständige Spannung* besteht im Weltverhältnis des Menschen: auf der einen Seite erlaubt der Schöpfungsglaube die vertrauende und frohe Zuwendung zur Welt; auf der anderen ruft die eschato-logische Abwertung der Welt eine Weltflucht hervor, und es entsteht eine mannigfach variierte Askese; und die Mystik, die als solche dem Alten Testament und dem genuinen Judentum fremd ist, gewinnt nun unter dem Einfluß der alttestamentlich-jüdischen Tradition eine besondere Bedeutung und einen besonderen Charakter. Es ist eine Spannung im Weltverhältnis, die im Grunde vom einzelnen Indivi-duum ausgetragen werden muß. Paulus gibt ihr in dem berühmten „als ob nicht" charakteristischen Ausdruck: „Die da Weiber haben, sollen sein, als hätten sie keine; die da weinen, als weinten sie nicht; die sich freuen, als freuten sie sich nicht" usw. (1. Kor. 7, 29).

Es hängt damit zusammen, daß *der Gedanke der Transzendenz, der Jenseitigkeit Gottes,* in einer radikalen Weise entwickelt wird. In ge-wissem Sinne kennt natürlich auch das Griechentum die Transzen-denz Gottes, ist sie doch im Grunde vom Begriff der Gottheit gar nicht zu trennen. Das kommt ja schon in der mythologischen Form des Götterglaubens darin zum Ausdruck, daß die Götter nicht nur als machtüberlegen, sondern auch als unsterblich und selig gelten. Und wenn der griechische Kosmosgedanke die Gottheit als eine der Welt immanente Macht versteht, so soll damit natürlich nicht die sichtbare Welt direkt mit der Gottheit identifiziert werden. Über das Verhältnis des Göttlichen zur Welt stehen im einzelnen mannigfache Theorien zur Diskussion, man denke an Platon, an Aristoteles, an die Stoa usw. Wenn als das Göttliche in der Welt ihre rational begreifbare Ordnung, ihre Gesetzmäßigkeit gilt (die eben die Welt zum „Kosmos" macht), so ist das die Erscheinung Transzendierende, in dem die Ordnung ihren Ursprung hat, der Geist (die Vernunft), das Unsichtbare gegenüber dem Sichtbaren, das Ewige gegenüber dem Flüchtigen, dem Wechsel von Werden und Vergehen. Auch wo im Neu-Platonismus der Gedanke der Transzendenz der Gottheit extremer entwickelt wird, so extrem, daß die Gottheit verstanden wird als jenseits auch des rationalen Verstehens, auch da ist, gemessen an der alttestamentlich-jüdischen Tradition, der Gedanke der Transzendenz noch nicht radikal verstanden; denn auch im Neu-Platonismus gilt das menschliche Ich als der Gottheit wesensverwandt, und der Gedanke der Schöpfung, in dem der radikale Transzendenzgedanke seinen Ausdruck findet, ist hier durch den Gedanken der Emanation ersetzt. Radikal verstanden ist die Transzendenz Gottes nach jenem Maßstab nur dann, wenn sie besagt, daß die Gottheit dem Menschen *begegnet* als die Macht, die nicht nur anders ist als alle Mächte der Welt und ihnen überlegen, sondern primär anders als ich selbst. Dadurch aber, daß erstens das Sein des Menschen nicht in einer griechisch verstandenen Seinsweise einer natürlichen Beschaffenheit gesehen wird, sondern im Willen des Menschen, in der Geschichtlichkeit seines Seins, und deshalb zweitens das Verhältnis von Gott zu Mensch aus dem Horizont des substantiell Seienden verlegt ist in den Horizont der Begegnung, des geschichtlich Seienden, dadurch erhält der Gedanke der Transzendenz einen ganz neuen Sinn. Die Transzendenz bedeutet hier nicht die Sphäre des Geistes gegenüber der Materie und der Sinnlichkeit, des Zeitlos-Ewigen gegenüber dem Werden und Vergehen, vielmehr ist die Transzendenz Gottes seine ständige Zukünftigkeit, seine absolute Freiheit, die nicht nur jedes Habhaftwerden Gottes durch den Menschen, jede Gebundenheit oder Verpflichtetheit Gottes durch die Erfüllung von Bedingungen, die die Menschen leisten könnten, jeden Anspruch des Menschen an Gott ausschließt, sondern auch jede rationale Begreifbarkeit des göttlichen Handelns. Von hier aus wird auch der Begriff der Gnade Gottes erst radikal verstanden.

Diese Konsequenzen sind im alten Testament und im Judentum noch nicht ausdrücklich bewußt geworden. Nach protestantischem Urteil sind sie erst bei Luther zu vollem Bewußtsein gekommen. Aber es ist doch deutlich, daß dieser Transzendenzgedanke ein Erbe der alttestamentlich-jüdischen Tradition ist, symptomatisch ist der Gedanke der Schöpfung, der „creatio ex nihilo". Eben diese ist der Ausdruck der Transzendenz Gottes [6]. Ich könnte versuchen, einen Blick auf die moderne Philosophie zu werfen. Aber ich will meine Zeit nicht überschreiten, sondern es Ihrem eigenen Nachdenken überlassen.

---

[6] Vgl. das oben genannte Buch von *Erich Frank* S. 55 ff.

Das christologische Bekenntnis des Ökumenischen Rates * 1

1951/52

I.

Über das christologische Bekenntnis des Ökumenischen Rates der
Kirchen in Amsterdam soll ich sprechen. Es lautet bzw. es ist enthalten in dem Satz: „Der Ökumenische Rat der Kirchen setzt sich zusammen aus Kirchen, die Jesus Christus als Gott und Heiland anerkennen." Mir ist nun die Aufgabe gestellt worden, zu prüfen, ob diese
Bekenntnisformulierung dem Neuen Testament entspricht. Ich kann
auf diese Frage gleich ganz kurz antworten: Das weiß ich nicht! Und
zwar deshalb nicht, weil diese Formel ja keineswegs eindeutig ist.
Ja, ich möchte fragen: Ist es nicht das Fatale bei allen oder doch wenigstens bei den meisten Bekenntnisformulierungen, die von theologischen oder kirchlichen Gremien beschlossen werden, daß sie möglichst viele Bekenner unter einen Hut bringen sollen und deshalb
möglichst allgemein oder mehrdeutig sein müssen? Sind solche Bekenntnisse durch bestimmte kirchengeschichtliche, kirchliche Situationen einmal wirklich gefordert, so werden sie ja in der Negation in
der Tat eindeutig sein wie etwa das Barmer Bekenntnis in der Antithese gegen die deutschen Christen damals, aber im Positiven pflegen
sie der Interpretation Spielraum zu lassen. Man kann nun doch auch
fragen: War denn in Amsterdam wirklich durch die Situation ein
Bekenntnis gefordert, handelte es sich darum, den christlichen Glauben gegenüber einer Irrlehre zu bekennen? Oder war das Bekennt-

---

* Schweizerische Theol. Umschau 1951, S. 25—36, ebenfalls: Evang. Theologie
1951/52 S. 1—13.

1 Vortrag, gehalten am 26. Februar 1951 am schweizerischen freisinnigen Theo-
logentag in Aarau.

nis hier nur ein kirchenpolitischer Akt, ein Versuch, das allen beteiligten Kirchen Gemeinsame zu formulieren, damit eine aktionsfähige Ökumene zustande komme?

Nun, die Aussage, daß Jesus Christus als Heiland anzuerkennen sei, ist offenbar so allgemein, daß natürlich jede Kirche zustimmen wird, denn jede Kirche wird ja den Satz aus der Apostelgeschichte bejahen, οὐκ ἔστιν ἐν ἄλλῳ οὐδενὶ ἡ σωτηρία, „in keinem andern ist das Heil" (4,12); wobei man nun freilich erstens beachten muß, daß damit nur eine ganz formale Charakteristik Christi als des Heilsbringers gegeben ist und es jedem überlassen bleibt, sich von dem Heil, das der σωτήρ, der Heiland, vermittelt, seine eigenen Vorstellungen zu machen und natürlich auch von der Art und Weise, wie dieses Heil vermittelt wird. Sollten denn darin wirklich Lutheraner und Presbyterianer und ostkirchlich Orthodoxe einig sein? Es ist aber auch zweitens zu beachten, daß der Sinn des Wortes „Heiland" im Deutschen ganz besonders unbestimmt ist, so daß sich, nach meinen Eindrücken, die wenigsten etwas Bestimmtes darunter vorstellen und ohne Zweifel den Kindern im Schul- und Konfirmandenunterricht erst mit einiger Mühe beigebracht werden muß, was denn „Heiland" bedeute. Ich weiß nicht, ich könnte mir denken, daß es im Englischen und Französischen in dieser Hinsicht besser steht, weil sie das neutestamentliche σωτήρ direkt durch „Sauveur" oder durch „Saviour" übersetzen. Aber ich verstehe nun wirklich nicht, wie man für die deutsche Fassung eines ökumenischen Bekenntnisses 1950 ein Wort, eben das Wort „Heiland", wählen kann, das aus dem deutschen Sprachgebrauch verschwunden ist und zu einer Chiffre geworden ist.

Aber viel wichtiger ist ja das andere. Was bedeutet es, „Jesus Christus als Gott anerkennen"? Sollte die Formulierung nicht gewählt worden sein, um der Maximalforderung, die erhoben werden konnte, zu genügen? Hätte nicht für viele etwa die Formulierung „Gottes Sohn", „Gottes Wort", „unser Herr" näher gelegen, womit ich nun freilich noch nicht gesagt haben will, daß diese Formulierungen alle eindeutig wären. Nun, wir haben uns an die Formulierung „Gott" zu halten, die doch, auch wenn sie durch Luthers Erklärung des zweiten Artikels als gerechtfertigt gelten könnte, mehrdeutig ist, so daß man ohne Zweifel im Westen und im Osten Verschiedenes darunter versteht. Vor allem ist zu fragen (was im folgenden noch etwas konkreter werden wird): Soll mit der Bezeichnung Christi als „Gottes" seine Natur bezeichnet werden, sein metaphysisches Wesen oder seine Be-

deutsamkeit? Hat die Aussage soteriologischen oder kosmologischen
Charakter oder beides? Nun, jede der im Ökumenischen Rat ver-
einigten Kirchen kann es damit halten, wie sie will.

II.

Nun lassen Sie uns so vorgehen, daß ich zunächst einen Überblick
über die christologischen Titel im Neuen Testament gebe, beginnend
mit der Frage, ob denn im Neuen Testament von Jesus Christus als
von Gott geredet bzw. ob er als Gott bezeichnet wird. Das geschieht
jedenfalls durchweg nicht. Weder in den synoptischen Evangelien
noch in den Paulinischen Briefen wird Jesus Gott genannt; weder in
der Apostelgeschichte noch in der Apokalypse heißt Jesus Gott. Es
gibt erst in der deuteropaulinischen Literatur einige Stellen, deren
Interpretation zudem umstritten ist. Es scheint mir, daß ich bei dieser Gelegenheit nicht sämtliche Einzelheiten vortragen sollte, also
nur ein typisches Beispiel: Titus 2, 13 (ein Satz, der ja vermutlich
den Amsterdamer Leuten vorgeschwebt hat): „Wir erwarten die
selige Hoffnung und Erscheinung der Herrlichkeit τοῦ μεγάλου θεοῦ
καὶ σωτῆρος ἡμῶν Χριστοῦ ᾽Ιησοῦ = unseres großen Gottes und
Heilandes, Christi Jesu." So muß man hier zweifellos übersetzen,
wenn man grammatisch korrekt übersetzen will. Aber es gibt Exegeten, die daran zweifeln, daß man hier korrekt nach der Grammatik
übersetzen darf. Dibelius [2] entgeht sozusagen der Schwierigkeit,
wenn er übersetzt: „Unseres großen Gottheilandes Christus Jesus."
Jeremias [3] übersetzt „des großen Gottes und unseres Heilandes Christi Jesu", um so wenigstens die Verfasserschaft oder zum mindesten
die indirekte Verfasserschaft des Paulus zu retten. So gibt es noch
einige Sätze des Neuen Testamentes, in denen, wenn man korrekt
übersetzt, die Rede ist von unserem „Gott und Heiland" oder unserem „Gott und Herrn" Jesus Christus (2. Petr. 1, 1; 2. Thess. 1, 12).
Aber die Frage ist jedesmal, ob man korrekt übersetzen soll oder ob
zwei Größen, zwei Personen, gemeint sind. Die einzige Stelle, in der
Jesus zweifellos als Gott bezeichnet oder, besser gesagt, angeredet
wird, ist Joh. 20, 28, also am Schluß der Thomas-Geschichte, wo Thomas bekennt: „Mein Herr und mein Gott!" Erst bei den apostoli-
schen Vätern beginnt dann das glatte, eindeutige Reden von Jesus

---

[2] Im Handbuch zum NT.
[3] In „Das Neue Testament deutsch".

Christus als „unserm Gott": „So müssen wir über Jesus Christus denken als (oder wie) über Gott, als über den Richter der Lebenden und
der Toten", so beginnt der sogenannte 2. Clemens-Brief, und Igna-
tius in seinen Briefen redet ganz wie selbstverständlich von Jesus
Christus als „Gott", so daß er sogar von dem „Blute Gottes" redet
oder auffordert, „Nachahmer des Leidens Gottes" zu sein und dergleichen.

Also soweit zunächst über die einfache Frage: Wird im Neuen Testament Jesus Christus Gott genannt? Die einzige sichere Stelle ist
eben jenes Bekenntnis Joh. 20, 28. Die übrigen Titel, die Jesus Christus beigelegt werden, reden immer so von ihm, daß er nicht als Gott,
sondern als Gott untergeordnet erscheint. Wenn man diese Titel
gruppiert, so ergeben sich zwei Gruppen: zunächst die Titel, die, soweit wir erkennen können, auf die palästinische Urgemeinde zurückgehen und sodann die, die in der hellenistischen Urgemeinde ihren
Ursprung haben.

In der alten palästinischen Urgemeinde heißt Jesus – man möchte
sagen selbstverständlich – der „Messias", d. h. „der König der Endzeit", und zwar ist er der König der Endzeit als der künftige, der
demnächst als König kommen wird. Gleichbedeutend damit ist die
Bezeichnung „Sohn Davids", was primär ja nicht einen genealogischen
Sinn hat, sondern ein Titel ist, eben ein Titel des Königs, wenn auch
dann genealogische Spekulationen daran geknüpft wurden. Den gleichen Sinn hat der Titel „Sohn Gottes" in der Urgemeinde; er ist
nämlich hier orientalischer Königstitel. Der Titel „Knecht Gottes"
kann, sofern er in der Urgemeinde Jesus beigelegt wurde, kaum einen
anderen Sinn haben: Jesus ist der „Knecht Gottes", wie David der
„Knecht Gottes" heißt, nicht der leidende Gottesknecht von Jesa-
jas 53, obwohl das heute ja sehr oft behauptet wird. Das also sind die
Titel der Urgemeinde, die Jesus als den eschatologischen Heilbringer, den König der Endzeit, bezeichnen, und zu ihnen gesellt sich in
der Urgemeinde noch der Titel „Menschensohn". In diesem Titel
kommt nun zum Ausdruck, daß der künftige Heilbringer ein Wesen
überirdischer Art ist , eine Art Engelwesen könnte man sagen, wozu
Jesus durch seine Auferstehung und Erhöhung geworden ist. Die
vorhin betrachteten messianischen Titel reden ja nicht von ihm als
einem Engelwesen, einem Wesen überirdischer Art, so sehr selbstverständlich der König der Heilszeit durch supernaturale Züge und
sein Regiment durch supernaturale Geschehnisse ausgezeichnet ist;

als Menschensohn aber ist er offenbar als ein „Wesen göttlicher Art"
– wird man sagen – gedacht; er wird auf den Wolken des Himmels
kommen, um dann das Heil zu bringen bzw. auch das Gericht zu
halten.

Im hellenistischen Christentum ist schon vor Paulus der charakteristische Titel κύριος „Herr". Das heißt: Jesus Christus wird als die im
Kult präsente Gottheit verehrt. Die Christen heißen die ἐπικαλούμε-
νοι τὸ ὄνομα τοῦ κυρίου ἡμῶν Ἰησοῦ Χριστοῦ, sie sind die, die da anrufen den Namen unseres Herrn Jesus Christus. Man wird auch sagen
dürfen, daß Jesus dadurch nicht nur als Kultgottheit bezeichnet wird,
sondern auch als der kosmische Herr, was wohl schon im Kyriostitel
selber ausgedrückt ist, sofern κύριος zwar in Syrien die Kultgottheit,
in Ägypten aber den Weltherrscher bezeichnet, und jedenfalls ist
dieses letztere Verständnis alsbald dadurch gefördert worden, daß
nun die Kyriosstellen der Septuaginta auf Jesus angewendet wurden.
Wird der Kyriostitel Jesus Christus beigelegt, so wird er dadurch, sei
es als Kultgottheit, sei es als Weltregent, in die göttliche Sphäre hin-
aufgerückt, freilich nicht so, daß er damit Gott gleichgesetzt würde;
in den formelhaften Briefgrüßen heißt es ja immer: „Gott unser Vater und der Herr Jesus Christus" – Gott ist der πατήρ des κύριος,
sein Vater (vgl. z. B. auch 2. Kor. 11, 31). Die Gott geltenden Doxologien preisen Gott um deswillen, was er in oder durch Christus gewirkt hat, und zeigen so dasselbe: Die Doxologie gilt ursprünglich
eben Gott, und wenn in dem Christuslied Phil. 2, 6–11 Christus
schließlich erhöht wird zu dem Herrn, vor dem alle Mächte der Erde,
unter der Erde und über der Erde sich beugen, so schließt das mit dem
εἰς δόξαν θεοῦ πατρός, „zur Ehre Gottes, des Vaters". Also wohl ist
er eine Gottheit als κύριος, eine göttliche Gestalt, aber durchaus
nicht Gott.

Der Titel „Sohn Gottes" gewinnt im hellenistischen Christentum
einen anderen Sinn, als er ihn in der Urgemeinde hatte, er ist jetzt
nicht Titel des messianischen Königs, sondern er bezeichnet in der
Tat die göttliche Qualität, die metaphysische Qualität, das göttliche
Wesen Christi in dem Sinne, wie es zu Beginn jenes Christus-Liedes
ja heißt: „Jesus Christus, ὃς ἐν μορφῇ θεοῦ ὑπάρχων, der in Gestalt Gottes da war." Er ist erhaben über die Engel (Hebr. 1, 4),
„ὅσῳ διαφορώτερον παρ' αὐτοὺς κεκληρονόμηκεν ὄνομα", „er ist über
die Engel um so viel erhaben, als er einen ihnen überlegenen Namen
bekommen hat", eben den Sohnesnamen. Sachlich damit gleichbedeu-

tend ist der Titel σωτήρ, der im Hellenismus rettende Götter, Heil-
götter, Mysteriengottheiten bezeichnen kann und auch den als göttlich angesehenen Herrscher. Unter dem Einfluß dieser Anschauung
– Jesus als der Sohn Gottes und als der göttliche σωτήρ – wird nun
in der hellenistischen Sphäre auch das Leben Jesu gesehen, wenn er
geschildert wird als der θεῖος ἀνήρ, der „göttliche Mann", der von
δύναμις, von Kraft erfüllt, Wunder tut. Konnte das noch so verstanden werden, daß Jesus seine Qualität der wunderbaren Erzeugung
durch den Geist aus einer Jungfrau verdankt, so hat sich doch offenbar schon vor Paulus der Gedanke der Präexistenz mit dem Gedanken des Gottessohnes verbunden, wie ja auch jenes Christus-Lied
(Phil. 2, 6 ff.) zeigt. Mit dem Titel „Sohn Gottes" ließ sich auch die
Vorstellung von der Menschwerdung, ja auch die vom Leiden und
Sterben des Menschgewordenen verbinden, denn die Gestalt einer
leidenden und sterbenden und wieder zum Leben erweckten Sohnesgottheit kennen ja auch Mysterienreligionen, und vor allem kennt
die Gnosis die Vorstellung des Mensch gewordenen Gottessohnes, des
Mensch gewordenen himmlischen Erlösers. Die Vorstellung der Präexistenz führt nun aber auch dazu, Christus eine kosmische Bedeutung zuzuschreiben, d. h. in ihm die Verkörperung einer kosmischen
Potenz zu sehen, von der orientalische Mythologie oder Spekulation
redete, sei es die Gestalt der Weisheit, der σοφία, in dem Judentum,
sei es eine Sohnesgottheit. Daher dann Bezeichnungen wie εἰκὼν τοῦ
θεοῦ; Christus ist die εἰκών, das Bild Gottes (2. Kor. 4, 4, oder Kol.
1, 15), oder (Hebr. 1, 3): ἀπαύγασμα τῆς δόξης καὶ χαρακτὴρ τῆς
ὑποστάσεως αὐτοῦ: „Er ist der Abglanz seiner Glorie und die Ausprägung seines Wesens." In dieser Rolle ist Christus – genau wie die
jüdische Weisheit in den Proverbien – Schöpfungsmittler: „Durch
ihn ward das All und wir (sind) durch ihn" (1. Kor. 8, 6), oder im
Hebräerbrief (1, 3): „Er trägt durch das Wort seiner Kraft das All."
Oder Joh. 1, 3: „Alles ward durch ihn, und ohne ihn ward nicht eins."
Und dann erst recht im Kolosserbrief: „In ihm (oder durch ihn) ward
alles geschaffen ... Das alles ist durch ihn und zu ihm geschaffen
worden, und er selbst ist vor allem, und alles hat in ihm Bestand gewonnen." (1, 16 f.) Nun, alle diese Titel zeigen, daß Christus als
göttliche Gestalt – als „θεῖος"würde man griechisch vielleicht am be-
quemsten sagen – beziehungsweise als ein Gott angesehen und verehrt wurde, aber nicht einfach als Gott. Es ist ja klar, daß Christus
als Gott untergeordnet gedacht ist, und zwar ganz selbstverständlich.

Der durchgehende Titel, der stets für die liturgischen und symbol-
haften Formulierungen bestimmend ist, ist ja doch der, daß er der
„Sohn Gottes" ist, dadurch vom Vater – Gott, dem Vater – unterschieden. Wird er von der Gemeinde und von allen kosmischen Mächten als der Herr anerkannt, so geschieht es εἰς δόξαν θεοῦ πατρός,
„zu Ehren Gottes des Vaters" (Phil. 2, 11). Wie der Mann die κεφαλή,
das Haupt, des Weibes ist, so ist Gott die κεφαλή Christi, das Haupt
Christi (1. Kor. 11, 3). Oder denken wir an 1. Kor. 3, 21 ff.: „Denn
alles ist euer: es sei Paulus oder Apollos oder Kephas usw., ihr aber
seid Christi, Christus aber ist Gottes." Und endlich am Schlusse jener
apokalyptischen Skizze (1. Kor. 15, 28): „Wenn ihm, dem Sohn, alles
untertan gemacht worden ist, dann wird auch er untertan gemacht
werden dem, der ihm alles untertan gemacht hat, damit Gott alles
in allem sei."

III.

Die entscheidende Frage dürfte jetzt die sein, ob und wieweit die
Titel jeweils etwas über die Natur Jesu aussagen wollen, wieweit sie
ihn sozusagen in seinem An-sich-Sein objektivierend beschreiben,
oder ob und wieweit sie von ihm reden in seiner Bedeutsamkeit für
den Menschen, für den Glauben. Reden sie – so kann ich es auch formulieren – von seiner φύσις, oder reden sie von dem Christus pro
me? Wieweit ist eine christologische Aussage über ihn zugleich eine
Aussage über mich? Hilft er mir, weil er der Sohn Gottes ist, oder
ist er der Sohn Gottes, weil er mir hilft? So daß der Satz: „Und wir
haben geglaubt und erkannt, daß du der Heilige Gottes bist" (Joh. 6,
69) eben nur ein aktuelles Bekenntnis und kein dogmatischer Satz
wäre. Nun, wir wissen ja alle: In der alten Kirche hat sich die Reflexion auf die φύσις, die Natur Christi, gerichtet; das begreift sich
aus der Tradition des griechischen Denkens. Gäbe es aber eine Erkenntnis seiner φύσις ohne Erkenntnis meiner selbst, so würde doch
von jener gelten müssen, was Jakobus vom Gottesglauben der Dämonen sagt: „Auch die Dämonen glauben und erzittern" (2, 19), wie
denn ja auch in der Darstellung des Markus-Evangeliums die Dämonen Jesus als den ἅγιος τοῦ θεοῦ, den „Heiligen Gottes", und als den
Sohn Gottes erkennen.

Nun, ich glaube: Man darf sagen, daß im Neuen Testament, jedenfalls a parte potiori, die Aussagen über Jesu Göttlichkeit oder Gottheit in der Tat Aussagen sind, die nicht seine Natur, sondern seine

Bedeutsamkeit zum Ausdruck bringen wollen; Aussagen, die bekennen, daß das, was er sagt, und das, was er ist, nicht innerweltlichen
Ursprungs ist, nicht menschliche Gedanken, nicht weltliche Geschehnisse sind, sondern daß darin Gott zu uns redet, an uns und für uns
handelt. Christus ist Gottes Kraft und Weisheit, er ward uns zur
Weisheit von Gott, zur Gerechtigkeit und Heiligung und Erlösung
(1. Kor. 1, 30). Sofern also – würde ich meinen – solche Aussagen in
objektivierende Sätze abgleiten, sind sie kritisch zu interpretieren.

Daß nach dem Glauben des Neuen Testaments in Christus eben
Gott handelt, kommt deutlicher als in den ihm beigelegten Titeln in
sozusagen naiven Aussagen zum Ausdruck, in denen Jesus gleichsam
an Gottes Stelle getreten ist. Neben jenen Titeln, die einen – wie der
technische Ausdruck später heißt – Subordinatianismus vertreten,
stehen naive Aussagen, die in der Tat nun von Jesus Christus als von
Gott reden. Paulus kann z. B. von der Gnade Gottes reden, die uns
geschenkt ist (Röm. 5, 15), aber ebenso von der Gnade des κύριος,
des Herrn (2. Kor. 8, 9). Auch seine spezielle apostolische Amtsgnade
kann er bezeichnen als von Gott, aber ebenso als vom κύριος geschenkte (1. Kor. 3, 10; vgl. Röm. 1, 5). Wie er sich als διάκονος θεοῦ,
als Diener Gottes, bezeichnen kann (2. Kor. 6, 4), so kann er sich
auch Diener Christi nennen (1. Kor. 3, 5). Die alte jüdische Formel,
die es ja auch sonst in der Welt gibt, „was Gott will", „wenn Gott
will", kehrt bei Paulus wieder, einmal in den Wendungen ἐν τῷ
θελήματι τοῦ θεοῦ, διὰ θελήματος θεοῦ (Röm. 1, 10; 15, 32), also:
„nach Gottes Willen", „wenn es Gottes Wille ist, werde ich zu euch
kommen" und dergleichen. Sie kehrt aber auch wieder in dem ἐὰν ὁ
κύριος θελήσῃ oder ἐὰν ὁ κύριος ἐπιτρέψῃ (1. Kor. 4, 19; 16, 7). Genau
dieselbe Aussage wie von Gott kann Paulus also auch vom κύριος machen. Und so können auch im synonymen Parallelismus membrorum
Gott und Christus wechseln (1. Kor. 7, 17): „Nur ein jeder, wie es ihm
der Herr zugeteilt hat, ein jeder, wie ihn Gott berufen hat." Völlig
gleichbedeutend stehen hier κύριος und θεός nebeneinander; es
kann ja auch gelegentlich als Drittes noch der Geist hinzutreten,
etwa 1. Kor. 12, 4–6: „Es gibt verschiedene Zuteilungen von Gnadengaben, doch der Geist ist der eine und gleiche; es gibt verschiedene
Zuteilungen von Dienstleistungen, doch der Herr ist der eine und
gleiche; es gibt verschiedene Zuteilungen von Kraftwirkungen, doch
ist es der eine und gleiche Gott, der alles in allen wirkt." Und dann
die bekannte liturgische Stelle am Schluß des zweiten Korintherbrie-

fes: „Die Gnade unseres Herrn Jesu Christi und die Liebe Gottes und die Hilfe des Heiligen Geistes."

Aber man kann das noch an einigen Themen besonders deutlich illustrieren. Es versteht sich ja von selbst, daß der Weltrichter Gott ist, aber neben Gott erscheint auch Jesus Christus als Weltrichter. Paulus kann von Gott als Weltrichter reden (1. Thess. 3, 13; Röm. 3, 5); daneben stehen Aussagen, in denen er von Christus als Weltrichter redet (1. Tess. 2, 19; 1. Kor. 4, 5). Ist das aber dann mehr als nur ein mythologischer Ausdruck dafür, daß unser Heil oder Verderben abhängt davon, wie wir uns zu Jesus und seinen Worten gestellt haben, ganz entsprechend dem Herrenwort (Mark. 8, 38), „denn wer sich meiner und meiner Worte schämt in diesem ehebrecherischen und sündigen Geschlecht, dessen wird sich der Menschensohn schämen, wenn er kommt in der Herrlichkeit seines Vaters usw."? Eine Stelle in der Apostelgeschichte versucht hier einen Ausgleich zu geben, am Schluß der Areopagrede 17, 31: „Dem entsprechend, daß er (Gott) einen Tag festgesetzt hat, an dem er die Welt richten wird in Gerechtigkeit durch einen Mann, den er bestimmt hat." Das ist sozusagen ein Ausgleich der Vorstellungen vom Weltrichter Gott und vom Weltrichter Christus. Allmählich verfestigt sich das Bewußtsein der Verantwortung gegenüber Christus zu dem dogmatischen Satz, der dann im Symbolum Romanum formuliert ist: „Von wannen er kommen wird zu richten die Lebendigen und die Toten." Aber der ursprünglich undogmatische Charakter solcher Rede erhellt ja gerade aus dem unausgeglichenen Nebeneinander der früheren Stellen. Charakteristisch ist auch, wie auf die Sätze Röm. 14, 8 und 9: „Ob wir nun leben oder ob wir sterben, wir gehören dem Herrn" usw., „denn dazu starb ja Christus und ward lebendig, damit er über Tote und Lebende Herr sei", V. 10 folgt mit dem Satz: „Denn alle werden wir vor das Tribunal Gottes gestellt werden." Oder 1. Kor. 4, 5: „Also", mahnt Paulus die Korinther, „richtet nicht vor der Zeit, ehe der Herr gekommen ist, der ja hellmachen wird das Verborgene der Finsternis und an den Tag bringen wird die Anschläge der Herzen, und dann wird einem jeden das Lob zuteil werden von" – ja, vom Herrn, würde man unwillkürlich ergänzen, nachdem es vorher hieß ἕως ἂν ἔλθῃ ὁ κύριος . . ., aber es heißt: „von Gott". Wer ist nun eigentlich der, vor dem wir als Richter verantwortlich sind? Das gleiche Durcheinander – wenn man es so nennen darf – 2. Kor. 5, 11: Nachdem Vers 10 gesagt hatte: „Wir alle müssen offenbar

werden vor dem Tribunal Christi", fährt Vers 11 fort: „Da wir nun
uns auf die Furcht des Herrn verstehen, überreden wir Menschen,
Gott sind wir offenbar" – das φανερωθῆναι kann also sowohl in
bezug auf Christus wie in bezug auf Gott gesprochen werden. Es
dürfte doch klar sein, daß Paulus nicht gemeint hat, daß wir uns vor
zwei Instanzen oder auch nur zwei Personen zu verantworten haben,
vielmehr daß unsere Verantwortung vor Christus identisch ist mit
unserer Verantwortung vor Gott. Gott als der Richter wird uns
konkret in Christus, in ihm erscheint der Richter der Welt als unser
Richter. Ich möchte sagen, darin zeigt sich schon die Vergeschicht-
lichung der mythologischen Vorstellung vom Weltrichter. Das Weltrichtertum Christi hat sich ja, nach Paulus, an den Gläubigen schon
vollzogen, sie haben ja als schon Gerechtfertigte den Richterspruch
empfangen (von Johannes nun gar nicht zu reden, bei dem ja der
Glaubende durch das Gericht hindurchgeschritten ist). Das Gericht
vollzieht sich in der Verkündigung des Wortes, denn dieses Wort,
die Predigt, verbreitet Tod und Leben (2. Kor. 2, 15 und 16).

Das gleiche, was man an den Aussagen über das Weltrichtertum
Christi ablesen kann, kann man den Aussagen über die Herrschaft
Gottes bzw. Christi entnehmen. Die βασιλεία τοῦ θεοῦ, die Herrschaft Gottes, kann auch die Herrschaft Christi genannt werden, was
im Neuen Testament ja noch relativ selten der Fall ist (Kol. 1, 13;
Tim. 1, 18; 2. Petr. 1, 11). Im Epheserbrief wird beides kombiniert
als die „Herrschaft Christi und Gottes". Nun, es ist klar, daß ein
und die gleiche Herrschaft gemeint ist. Wenn der Begriff der βασιλεία
τοῦ θεοῦ ursprünglich in die eschatologische Mythologie hineingehört,
so ist es nun charakteristisch, daß die Vorstellung in den frühesten
Stellen, in denen von der βασιλεία Christi die Rede ist, entmytholo-
gisiert ist; denn diese βασιλεία Christi ist gegenwärtig, vor allem ist
sie als gegenwärtig gedacht in jener Stelle, auf die ich schon hinwies
(1. Kor. 15, 23–28). Als die Zeit seiner Herrschaft wird hier ja verstanden die Zeit zwischen seiner Auferstehung und seiner Parusie,
also die Gegenwart, in der wir jetzt stehen und in der die Predigt
erklingt. Zugrunde liegt hier bei Paulus jene mythologische Vorstellung des spätern Judentums von dem messianischen Zwischenreich;
eben diese mythologische Vorstellung ist vergeschichtlicht: es ist die
Gegenwart, in der Christus sein Regiment führt und in der er die
widergöttlichen Mächte zur Strecke bringt. Wodurch? Nun, durch
nichts anderes als durch die Verkündigung, in der er als der κύριος

Glauben fordert und dadurch in der Gemeinde der Glaubenden seine Herrschaft aufrichtet. Entsprechend ist die Rede von seiner ἐπιφάνεια (2. Tim. 1, 10) vergeschichtlicht. Denn ἐπιφάνεια ist ursprünglich ein Begriff der eschatologischen Mythologie. Er bleibt ein eschatologischer Begriff; aber das durch ihn bezeichnete eschatologische Ereignis ist ja nun die Erscheinung des irdischen Jesus als des τσωήρ, „der da", wie es heißt, „den Tod zunichte gemacht hat, an das Licht gebracht hat aber Leben und Unvergänglichkeit διὰ τοῦ εὐαγγελίου, durch die Predigt". Ebenso ist die kosmische Rolle Christi vergeschichtlicht. Das σῶμα des kosmischen Alls, dessen κεφαλή Christus ist, ist ja ein gnostisch-kosmologischer Begriff, wird aber schon im Kolosserbrief als die ἐκκλησία gedeutet, erst recht im Epheserbrief.

Nun, was bedeutet das alles? Dieses doch, daß die Göttlichkeit oder Gottheit Christi sich in dem Geschehen erweist, in das wir dadurch gestellt sind, daß die Predigt erklingt, die ihn als die uns erschienene Gnade Gottes verkündigt. Umgekehrt ausgedrückt: die Tatsache, daß diese Predigt als das den Glauben fordernde, uns zur Verantwortung rufende und damit über uns entscheidende Wort an uns herantritt, findet ihren Ausdruck in den Christus beigelegten Attributen; sie besagen also in Wahrheit, daß Gott in ihm und nur in ihm begegnet. So kann Paulus (2. Kor. 5, 20) zu jenem ὑπὲρ Χριστοῦ οὖν πρεσβεύομεν, „an Christi Statt treten wir nun als Gesandte vor euch", hinzufügen: „ὡς τοῦ θεοῦ παρακαλοῦντος δι᾽ ἡμῶν", „in der Weise, daß Gott euch durch uns ruft". Es ist daher begreiflich, daß im Laufe der Zeit nun auch Doxologien, die ursprünglich Gott galten, Christus dargebracht werden; begreiflich, daß sich auch allmählich das Gebet an Christus richtet, was seinen Ursprung offenbar darin hat, daß in der Liturgie Christus als der κύριος bekannt wird, wenngleich die Bekenntnisse noch nicht an ihn gerichtete Gebete sind wie eben jenes κύριος Ἰησοῦς Χριστός (Phil. 2, 11). Die Gebete der Liturgie richten sich an Gott διὰ Χριστοῦ Ἰησοῦ oder ἐν τῷ ὀνόματι Ἰησοῦ Χριστοῦ, „durch Jesus Christus", „im Namen Jesu Christi", so wie es im 2. Kor. 1, 20 heißt: „Durch ihn erklingt ja auch das ἀμήν für Gott zur Ehre durch uns". Nun, die Geschichte des Gebetes zu Christus brauche ich hier nicht weiter zu verfolgen; es gibt ja einige wenige Stellen im Neuen Testament, in denen sich nun zwar nicht ein kirchlich-liturgisches Gebet, aber ein persönliches Gebet, ein Bittgebet, an Christus richtet (2. Kor. 12, 8; 1. Thess. 3, 12; 2. Thess. 3, 3.5.16). Nach dem Johannes-Evangelium ist das eigentliche christliche

Gebet dasjenige, das sich an Gott im Namen Jesu richtet. Was heißt das? Nun, das heißt doch einfach, daß das Gottesverhältnis des Glaubenden durch Jesus vermittelt ist und er eben als durch Jesus zu Gott Geführter Gott anruft.

Blicken wir noch einmal auf die Titel Jesu zurück, so läßt sich also sagen, daß diese ihren Sinn darin haben, zum Ausdruck zu bringen, wie durch die Erscheinung Jesu Welt und Mensch in eine neue Situation gebracht und so zur Entscheidung für oder gegen Gott bzw. für oder gegen die Welt gerufen sind, und wie die Glaubenden, die die Entscheidung gegen die Welt und für Gott vollzogen haben, der Welt entnommen, entweltlicht sind als die Gemeinde der $\varkappa\lambda\eta\tau o\iota$, der $\dot{\varepsilon}\varkappa\lambda\varepsilon\varkappa\tau o\iota$, der $\ddot{\alpha}\gamma\iota o\iota$, der Berufenen, der Auserwählten, der Heiligen, als die eschatologische Gemeinde, der $\lambda\alpha\dot{o}\varsigma$ $\vartheta\varepsilon o\tilde{v}$, das $\sigma\tilde{\omega}\mu\alpha$ $X\rho\iota\sigma\tau o\tilde{v}$, das Volk Gottes, der Leib Christi. Die Titel bezeichnen schließlich alle Christus als das eschatologische Ereignis: er ist der Messias, der Menschensohn, der als der Bringer der Heilszeit dem alten Äon ein Ende macht, so daß, wer zu ihm gehört, $\varkappa\alpha\iota v\dot{\eta}$ $\varkappa\tau\iota\sigma\iota\varsigma$, „neues Geschöpf" ist (2. Kor. 5, 17). Als solcher ist er der $\varkappa\nu'\rho\iota o\varsigma$, in dessen Gehorsam der Glaubende steht, in solchem Gehorsam befreit von allen weltlichen Bindungen.

IV.

Das alles ist wahr nur, wenn es – vom Standpunkt des natürlichen Menschen aus! – als Paradoxie verstanden wird. Jesus Christus ist das eschatologische Ereignis als der Mensch Jesus von Nazareth und als das Wort, das im Munde der ihn verkündigenden Menschen erklingt. Das neue Testament hält ja an der Menschlichkeit Jesu unbeirrt fest, allem gnostischen Doketismus gegenüber, freilich in einer Naivität, der die Problematik jenes „wahrer Gott und wahrer Mensch" noch nicht aufgegangen ist, jene Problematik, die die alte Kirche wohl sah, aber in unzureichender Weise mittels des objektivierenden griechischen Denkens zu lösen suchte, welche Lösung ja im Chalcedonense einen nun für unser Denken unmöglichen Ausdruck fand. In der Amsterdamer Formulierung ist dagegen diese Problematik kurzerhand unterschlagen, wie es im alten Liberalismus nach der andern Seite hin gleichfalls geschehen ist, so daß man also nun die Amsterdamer und die Altliberalen als par fratrum bezeichnen kann.

Christus ist all das, was von ihm ausgesagt wird, sofern er das eschatologische Ereignis ist. Dieses aber nicht so, daß es als ein Weltgeschehen konstatierbar wäre, aber auch nicht als ein Geschehen in supranaturalen Höhen, was ja faktisch auch nur ein Weltgeschehen wäre. Jesus Christus ist als eschatologisches Ereignis nicht objektiv feststellbar, so daß man daraufhin an ihn glauben könnte. Vielmehr ist er es ja, genauer gesagt: wird er es ja in der Begegnung, wenn das Wort, das ihn verkündigt, Glauben findet; ja selbst, wenn es nicht Glauben findet, denn wer nicht glaubt, der ist schon gerichtet (Joh. 3, 18). Ebenso wie die ἐκκλησία, die Kirche, die eschatologische Gemeinde, nur als Ereignis je wirklich ἐκκλησία ist, so ist auch Christi Herr-Sein, seine Gottheit, immer nur je Ereignis. Eben das ist der Sinn dessen, daß er das eschatologische Ereignis ist, das nie zu einem Ereignis der Vergangenheit objektiviert werden kann, auch nicht zu einem Ereignis in einer metaphysischen Sphäre, das vielmehr jeder Objektivation widerstreitet.

In diesem Sinne also läßt sich sagen, daß in ihm Gott begegne. Die Formel „Christus ist Gott" ist falsch in jedem Sinn, in dem Gott als eine objektivierbare Größe verstanden wird, mag sie nun arianisch oder nizäisch, orthodox oder liberal verstanden sein. Sie ist richtig, wenn „Gott" hier verstanden wird als das Ereignis des Handelns Gottes. Aber ich frage: Sollte man dann nicht wegen des Mißverständnisses lieber solche Formeln vermeiden und sich getrost damit begnügen, zu sagen, daß er das Wort Gottes ist? Der falschen Objektivierung entgeht man natürlich nicht dadurch, daß man Jesus als Persönlichkeit oder als Charakter, als Lehrer, als Gestalt der Geistesgeschichte von entscheidender Bedeutung würdigt. Auf diese Weise würde die Offenbarung zum Offenbarten; und sie ist Offenbarung doch nur je als aktuelles Ereignis, nämlich dort, wo er mit dem, was er verkündigte und was er ist, als die Tat Gottes an mir oder an uns, je mir begegnet. Das heißt aber: der Anstoß des σὰρξ γενόμενος, des Fleischgewordenen, des σταυρωθείς, des Gekreuzigten, als des κύριος darf nicht ausgeschaltet werden. Nicht in der Mitteilung von einer Gottesidee und der Idee der göttlichen Gnade geschieht die Offenbarung, sondern sie geschieht in einem konkreten historischen Menschen und erneuert sich jeweils in der Verkündigung konkreter historischer Menschen, die ὑπὲρ Χριστοῦ ὡς τοῦ θεοῦ παρακαλοῦντος „an Christi Statt, in der Weise, daß Gott uns ruft", Gott je als meinen Gott verkündigen. Die Menschlichkeit Jesu gehört zu seiner Göttlichkeit; das ist der Anstoß, daß die Offenbarung nur im konkreten Geschehen da ist und daß ihre Göttlichkeit unausweisbar ist. So wenig

also die sogenannte „Gottheit" als eine $\varphi \acute{\upsilon}\sigma\iota\varsigma$ interpretiert werden
darf, so wenig natürlich die Menschheit.

Ich könnte vielleicht mit dem einverstanden sein, was Herr Kollege
Buri in der „Schweizer Theologischen Umschau" neulich sagte, wenn
er Christus „die Bezeichnung einer besonderen, neuen Schöpfungsmöglichkeit Gottes" nennt. Ich sage, ich könnte damit vielleicht einverstanden sein, wenn ich sicher wäre, daß damit nicht doch Christus
als ein geistesgeschichtliches Phänomen bezeichnet wird. Mein Ver-
dacht, daß dem so ist, wird mir nämlich bestätigt, wenn es heißt,
daß das Wesen dieser Schöpfungsmöglichkeit darin bestehe, „daß"
– ich zitiere wörtlich – „daß im Menschen das Sein um seines Sinnes willen nicht nur in die Krise geraten, sondern aus der Erfahrung der Krise
heraus in besonderer Weise sinngestaltend wirken kann". Ich stelle
dazu den Satz, den Buri im „Freien Christentum" Nr. 5 des vorigen
Jahres geschrieben hat: „Unser Erlöser ist weder ein jüdischer Rabbi
noch ein mythologisches Gottwesen, sondern Christus, verstanden
als ein besonderes schöpferisches Wirken Gottes (Wirken heißt es
hier statt dort Möglichkeit) zur Sinnverwirklichung unserer Existenz,
das als solches (also als das Wirken Gottes) nicht beschränkt ist auf
die historische Persönlichkeit Jesus von Nazareth, wohl aber darin
in einer für uns einzigartigen Weise Gestalt gewonnen hat. Also:
nicht Jesus-gläubig, sondern durch Jesus Christus-gläubig."

Buri hat natürlich recht darin, daß sich Gottes Schöpferwirken
nicht auf die historische Persönlichkeit Jesu von Nazareth beschränkt,
sofern die historische Persönlichkeit hier verstanden ist als ein objek-
tivierbares historisches Phänomen. Anders aber liegt es, wenn die
historische Person Jesu von Nazareth als das eschatologische Ereignis
verstanden wird, das im verkündigenden Worte jeweils präsent wird.
Ich fürchte, Buri versucht von der Theologie aus die Christologie zu
entwerfen, statt umgekehrt vorzugehen; denn mir scheint, daß für
Buri nach solchen Formulierungen Christus nur ein Spezialfall, sei
es auch ein noch so ausgezeichneter, einer allgemeinen Offenbartheit
Gottes sein kann, im besten Fall also der Anlaß, uns die Offenbartheit Gottes zum Bewußtsein zu bringen. Aber weiter! Was ist das für
ein „Sein, das um seines Sinnes willen sinngestaltend wirken kann"?
Darf ich dazu zunächst noch einen Satz aus dem „Freien Christentum" zitieren? „Das Reich Gottes, weder das Resultat menschlichen
Kulturschaffens noch auch eine absolut transzendente Größe und als
solche die bloße Krise aller Kultur, sondern Erkenntnis der Bedingt-

heit all unserer Anstrengungen, um gerade darin den Einbruch des Unbedingten in die Zeit zu erfahren. Also: nicht Kulturgläubigkeit, sondern gläubige Kultur." Nun, ich gestehe, daß ich mir unter einer „gläubigen Kultur" gar nichts vorstellen kann; jedenfalls – meine ich – hat das Reich Gottes nichts mit der Kultur zu tun. Und sollte wirklich mit der Sinnverwirklichung des Seins getroffen sein, was Paulus die δικαιοσύνη τοῦ θεοῦ und Johannes die ζωή αἰώνιος nennt? Der Mensch ist doch überhaupt nicht nach dem Sinn von Sein, nach dem Sinn von Geschichte und Kultur gefragt. Diese Frage ist von vornherein eine unmögliche und unbeantwortbare, da ihre Beantwortung ja voraussetzt, daß der Beantwortende außerhalb von menschlichem Sein, Geschichte und Welt steht. Gefragt ist der Mensch, wie mir scheint, nur nach dem Sinn des Augenblicks, und das heißt, nach der Forderung des Augenblicks. Ist es richtig, daß das eschatologische Geschehen den Glaubenden in die eschatologische Existenz versetzt, ihn entweltlicht, so hat er jedenfalls nicht die Aufgabe, sinngestaltend zu wirken. Auch kommt der Glaubende nie aus der Erfahrung der Krise heraus oder – besser gesagt – aus der Krise, denn diese Krise, um die es sich hier handelt, ist ja überhaupt kein Phänomen der Erfahrung, sondern ist das Wesen der menschlichen Situation überhaupt sub specie des verkündigten Wortes, ob im Glauben erfaßt oder nicht; also kann man diese Krise oder diese Erfahrung nie hinter sich lassen, auch nicht als Glaubender!

Nun, ich komme zum Schluß. Man kann wohl sagen, daß die Paradoxie, nämlich das eschatologische Geschehen als das Ereignis der christlichen Verkündigung, in der jetzt der historische Jesus präsent wird, – daß diese Paradoxie im Markus-Evangelium in primitiver Weise zum Ausdruck kommt in jener Theorie des Messiasgeheimnisses, die ja auf die Frage antwortet, warum die Messianität Jesu zu seinen Lebzeiten verborgen blieb. Nun: weil er sie nicht enthüllt wissen wollte, weil er sie verhüllte. Im Johannes-Evangelium ist diese Theorie des Messiasgeheimnisses sehr merkwürdig weitergebildet oder umgebildet: Jesu Messianität ist hier nicht deshalb verborgen, weil er sie verhüllt hat, sondern weil er sie offenbart hat! Und damit ist der Anstoß, um den es sich handelt, nun scharf herausgebracht: ein konkreter Mensch, in Nazareth geboren, dessen Vater und Mutter man kennt, behauptet, der Sohn Gottes zu sein. Seine Verborgenheit ist gerade die Folge seiner Selbstoffenbarung; diese macht die Blinden zu Sehenden, aber die Sehenden zu Blinden. Hier, im Johannes-

Evangelium, kommt die Paradoxie des Offenbarungsgedankens, die Paradoxie der Behauptung der Göttlichkeit oder Gottheit Jesu zum reinen Ausdruck. Die Widersprüche, die das ganze Evangelium durchziehen, sind überhaupt unverständlich, wenn seine Sätze als objektivierende Feststellungen verstanden werden. Neben den Sätzen, die sagen, daß Jesus gleiche Würde und gleiches Recht wie der Vater hat, ja daß Gott seine Rechte gleichsam an Jesus abgetreten hat, daß Gott ihm seinen Namen gegeben hat, den Namen Gottes, stehen andere Sätze, die sagen, daß Jesus nichts von sich aus redet und tut, daß er nur im Gehorsam gegen den Vater handelt, daß er nur das ihm vom Vater aufgetragene Werk vollbringt. Aber eben deshalb kann es heißen, daß der Vater seine Werke in ihm wirkt, daß er und der Vater eins sind, daß, wer ihn gesehen hat, den Vater gesehen hat. Deshalb geschieht die Verherrlichung des Vaters und des Sohnes in Einem: „Jetzt ward verherrlicht der Sohn des Menschen, und Gott ward durch ihn verherrlicht. Wenn Gott durch ihn verherrlicht ward, wird auch Gott ihn durch sich verherrlichen, und alsbald wird er ihn verherrlichen!" (13, 31 f.). Nun, jenes δοξασϑῆναι, jenes Verherrlichtwerden, ist geschehen und geschieht dadurch, daß Jesus den Namen des Vaters geoffenbart hat (17, 6), indem er den Seinen die Worte gab, die ihm der Vater gegeben hatte (17, 8): „Wenn ihr in meinem Worte bleibt, dann seid ihr wirklich meine Jünger und werdet die Wahrheit erkennen, und die Wahrheit wird euch freimachen!" (8, 32). Gottes Wort, das er gesprochen hat, ist die Wahrheit (17, 17), und durch dieses Wort sind sie gereinigt (15, 3); er teilt aber die Wahrheit nicht mit als einen Komplex von Sätzen, als einen geistigen Inhalt, der von dem Daß des Gesprochenwerdens gelöst werden könnte und dann noch seinen Sinn behielte. Vielmehr er ist die Wahrheit und das Leben (14, 6), er ist das Wort, und als solches ist er Gott (1, 1).

Formen menschlicher Gemeinschaft*

Das Interesse, das die folgende Besinnung leitet, ist nicht das soziologische, sondern das anthropologische, – Anthropologie, verstanden als die Besinnung auf das menschliche Sein – also meinetwegen: das existentialistische. Vier Formen menschlicher Gemeinschaft lassen sich unterscheiden.

1. Die durch die Natur vermittelte Gemeinschaft,
2. die aus der Geschichte erwachsene Gemeinschaft,
3. die durch die geistige Welt von Kunst und Wissenschaft begründete Gemeinschaft,
4. die durch die Religion gestiftete Gemeinschaft.

I.

Durch die *Natur* ist die Gemeinschaft der Liebe zwischen Mann und Weib, die Ehe, begründet, die Gemeinschaft der natürlichen Verwandtschaft der Familie, des Stammes, des Volkes. Und wie durch das „Blut" so wirkt die Natur auch durch den „Boden" Gemeinschaft zwischen Menschen.

Wir haben in Deutschland in der hinter uns liegenden Epoche die durch Blut und Boden gewirkte Gemeinschaft bis zum Überdruß preisen gehört. Nie aber ist der Sinn dieser Gemeinschaft so verkannt und so entsetzlich verstellt worden wie in dieser Epoche. Deshalb nämlich, weil diese durch die Natur dem Menschen geschenkte Gemeinschaft gar nicht als echte *menschliche* Gemeinschaft verstanden, sondern das spezifisch Menschliche aus ihr eliminiert wurde. Wie das gemeint ist, wird sehr einfach durch eine Gegenüberstellung klar. Es gibt wohl kein großartigeres Beispiel für die durch den natürlichen Eros gestiftete menschliche Gemeinschaft als Shakespeares „Romeo

* Unveröffentlicht.

und Julia". Demgegenüber die Auffassung der nationalsozialistischen Weltanschauung! Hier wird menschliche Gemeinschaft zur tierischen degradiert, wenn Liebe und Ehe unter den gleichen Gesichtspunkt gestellt werden wie die Züchtung von Rinder- und Pferderassen, – doppelt entstellt und ins Ekelhafte gezogen, weil nicht einfach der natürliche Trieb sich selbst überlassen wurde, sondern auch noch unter den Zweckgedanken gestellt wurde, der den Sinn echt menschlicher Gemeinschaft von vornherein entstellt.

Was aber ist dieser Sinn? Echt menschliche Gemeinschaft ist, kurz gesagt, die zwischen Mensch und Mensch; d. h. diejenige Gemeinschaft, in der der Mensch durch die Hingabe seiner selbst an den anderen zu sich selbst kommt. Echt menschliche Gemeinschaft gibt es nur zwischen Menschen, die sich einander in ihrem Selbst offenbaren und füreinander und voneinander sie selbst sind. In „Romeo und Julia" ist das unmittelbar anschaulich. Aber diese Gemeinschaft des sich selbst Offenbarens und zu sich selbst gebracht Werdens hat ihre Problematik, die wiederum durch eine Gegenüberstellung deutlich werden mag.

Im „Olympischen Frühling" schildert Karl Spitteler die Entdeckerfahrt des Apollon und der Artemis. Sie gelangen in das „Land der Oberwelt" und schauen die Fülle der Wunder, die die Gärten der Hesperiden darbieten.

> „Doch als sie auch das Tal Eidophane zuletzt
> Entdeckten, wo, der Fesseln ledig, leibentsetzt,
> Vor deinem Blick lustwandelt dein enthülltes Ich:
> Hier stehst du, drüben grüßtest du vom Walde dich —
> Da sprach Apollon: „Artemis, du edle Frau,
> Wenn ich die Seele dein vor mir lustwandelnd schau,
> So ist sie rein von Makel, wie von Golde lauter."
> Darauf versetzte Artemis: „Geliebter, Trauter,
> Von lauterm Golde nicht, es ist ein Kern darinnen,
> Lebendig, warm und weich, der mag dich zärtlich minnen."

Und am Schluß des Gesanges bekennt Apoll:

> „Ich fahre mehr in keine stolze Höh und Weite,
> Du ständest denn mit deinem Glauben mir zur Seite.
> Ja, wahrlich ja! Und hoffe niemand zu entzweien,
> Die einst ins Tal Eidophane geblickt zu Zweien."

Daß dieses strahlende Glück der tiefsten Gemeinschaft zwischen Zweien kein billig zu gewinnendes und kein leicht zu tragendes ist,

zeigt Goethes anklagende Frage an das Schicksal in dem an Frau
von Stein gerichteten Gedicht:

„Warum gabst uns, Schicksal, die Gefühle,
Uns einander in das Herz zu sehn,
Um durch all die seltenen Gewühle
unser wahr Verhältnis auszuspähn?

Ach, so viele tausend Menschen kennen,
dumpf sich treibend, kaum ihr eigen Herz,
Schweben zwecklos hin und her und rennen
Hoffnungslos in unversehnen Schmerz!
Jauchzen wieder, wenn der schnellen Freuden
Unerwarte Morgenröte tagt:
Nur uns armen liebevollen beiden
Ist das wechselseit'ge Glück versagt,
Uns zu lieben, ohn uns zu verstehen,
In dem anderen sehn, was er nie war,
Immer frisch auf Traumglück auszugehen
Und zu schwanken auch in Traumgefahr.

Glücklich, den ein leerer Traum beschäftigt,
Glücklich, dem die Ahnung eitel wär!
Jede Gegenwart und jeder Blick bekräftigt
Traum und Ahnung leider uns noch mehr.
Sag', was will das Schicksal uns bereiten?
Sag', wie band es uns so rein genau? ..."

Der Wille zum Selbst ist die Voraussetzung echter Gemeinschaft;
denn nur Menschen, die Personen, d. h. je ein Selbst sind, können in
echter Gemeinschaft stehen. Das bedeutet aber: Voraussetzung echter
Gemeinschaft ist der Wille zu Freiheit und Verantwortung, zur
Wahrheit und die Bereitschaft zu Opfer und Hingabe, – und der
Humor als die Kraft, Distanz zu sich selbst zu gewinnen.

II.

Auch die *Geschichte* stiftet Gemeinschaft durch das gemeinsame
Erleben, durch die Arbeit an gemeinsamen Aufgaben, durch die gemeinsame Erfahrung guter und böser Zeiten, gemeinsame Freude
und gemeinsames Leid, durch die Tradition, in der die geschichtlichen Erfahrungen bewahrt und vermittelt werden, durch die aus
der Geschichte erwachsende jeweilige Gestalt von Recht und Sitte.
So erwächst etwa die Kameradschaft in der gemeinsam erlebten Stu-

dentenzeit und Soldatenzeit, im gemeinsamen Erleiden der Zeit der Gefangenschaft. So erwächst Volksgemeinschaft in der Geschichte eines Volkes, und so soll – so hoffen wir – eine völkerumspannende Gemeinschaft erwachsen aus den geschichtlichen Erfahrungen der Gegenwart.

Die analoge Problematik wie für die aus der Natur erwachsenen Gemeinschaften besteht auch für die aus der Geschichte erwachsenen. Denn echt ist eine geschichtliche Gemeinschaft nur, wenn in ihr Menschen verbunden sind, die frei sind, sich gegenseitig frei geben und befreien in ihrem Personsein, die zur Wahrheit und Verantwortung, zu Hingabe und Opfer bereit sind.

Bedroht ist die Echtheit der geschichtlichen Gemeinschaft durch die Konvention und durch die Organisation. Am Gegenbilde der entarteten Gemeinschaft kann das Wesen der echten geschichtlichen Gemeinschaft deutlich werden.

In der konventionellen, offiziellen Gemeinschaft, im „man", wie der Philosoph sagt, verliert der Mensch sein Selbst, spielt er nur eine Rolle, trägt er nur eine Maske. Walt Whitman schon war es, der mit dem Pathos eines Propheten den Menschen aus seiner falschen Scheinexistenz in der Gesellschaft herausrief zu sich selbst:

„Heraus aus der dunklen Haft! Hinterm Schirm hervor!
Es hilft nichts, daß du dich wehrst — ich weiß alles und lege es offen dar.
Sieh, durch deine Schuld steht es so schlimm wie durch die der anderen;
Durch das Gelächter, das Tanzen, Mittagessen, Abendessen der Leute,
Hinter den Kleidern und Schmuckgegenständen, hinter jenen gewaschenen
    und geschorenen Gesichtern
Gewahre einen geheimen, stillen Ekel und Verzweiflung.
Nicht Gatten, nicht Weib noch Freund wird vertraut, daß er Beichte höre,
Ein anderes Selbst, ein Doppelgänger aller: schleichend und lauernd geht
    er dahin,
Ohne Gestalt und Sprache durch die Straßen der Städte, höflich und vor-
    nehm in den Sälen,
In den Waggons der Eisenbahnen, auf Dampfschiffen, in der öffentlichen
    Versammlung;
Ist daheim in den Häusern bei Männern und Frauen, bei Tische, im Schlaf-
    zimmer, überall;
Fein gekleidet, mit lächelndem Gesicht, aufrechter Haltung, den Tod unter
    dem Brustknochen, die Hölle unter dem Schädelknochen,
Unter dem feinen Tuch und den Handschuhen, unter Bändern und künst-
    lichen Blumen;
Beachtet Anstandsregeln, spricht nicht eine Silbe von sich selbst,
Spricht von irgend etwas anderem, doch niemals von sich selbst."

Wie mit dem Verlust des Selbst die Gemeinschaft, ja die Welt des
Menschen überhaupt ihre Wahrheit, ihre Wirklichkeit verliert,
kommt in Rilkes Versen zum Ausdruck:

„Die großen Städte sind nicht wahr, sie täuschen
Den Tag, die Nacht, die Tiere und das Kind;
Ihr Schweigen lügt, sie lügen mit Geräuschen
Und mit den Dingen, welche willig sind.
Nichts von dem weiten wirklichen Geschehen,
Das sich um dich, du Werdender, bewegt,
Geschieht ·in ihnen . . ."
„Die Städte aber wollen nur das Ihre
Und reißen alles mit in ihrem Lauf.
Wie hohles Holz zerbrechen sie die Tiere
Und brauchen viele Völker brennend auf.
Und ihre Menschen dienen in Kulturen
Und fallen tief aus Gleichgewicht und Maß,
Und nennen Fortschritt ihre Schneckenspuren
Und fahren rascher, wo sie langsam fuhren,
Und fühlen sich und funkeln wie die Huren
Und lärmen lauter mit Metall und Glas.
Es ist als ob ein Trug sie täglich äffte
Sie können gar nicht mehr sie selber sein . . ."

Die durch die „Städte" geschaffene Pseudogemeinschaft ist eine
solche der Konvention wie der Organisation. Organisation ist unver-
meidlich, zumal im modernen Leben. Die beherrschende Form der
Organisation ist der Staat. Er erfüllt seinen Sinn als Rechtsstaat, d. h.
wenn er die Macht ist, die die Ordnung der geschichtlich gewachsenen
Volksgemeinschaft besorgt durch konkrete Gestaltung und durch
Wahrung des Rechtes. Sein Sinn wird mehr und mehr gefährdet, je
mehr aus dem Rechtsstaat der sogenannte Kulturstaat und gar ein
Versorgungsinstitut wird, so daß alle Individuen und alle Interessen-
und Weltanschauungsgruppen ihre privaten Ansprüche an ihn stel-
len und mit seiner Hilfe gegeneinander durchzusetzen versuchen. Er
verliert völlig seinen Sinn, wenn er sich einbildet, die Gemeinschaft
der Nation, die seine Voraussetzung ist, schaffen zu müssen durch
Organisation. „Das Nationale wird dadurch zu einer politischen
Theorie, die mit Hilfe des Staatsapparates und einer propagandisti-
schen Technik und, wenn die Mittel dazu gegeben sind, durch den
Zwang eines verhüllten oder offenen Terrors durchgesetzt wird. Der
Mensch wird dabei, ganz gleich, ob er Subjekt oder Objekt dieses
Vorgangs ist, zum Werkzeug der Theorie. Aus seiner Freiheit wird

die technische Herrschaft über den ständig komplizierter werdenden politischen Apparat, der das Menschliche der von ihm erfaßten Menschen in immer rapiderem Tempo zerstört. Das Volk, als der natürliche und lebendige Träger des Nationalen ebenso wie die Freiheit des Menschen und mit ihr seine Menschlichkeit, verkümmern elendig. Sie gehen unter in der grauenvollsten, unmenschlichsten und mörderischsten Perversität, die je erdacht worden ist: In der Technik der Menschenführung" (Fr. Gogarten).

Es ist das Verführerische des totalitären Staates, daß er dem Einzelnen die größtmögliche Sekurität zu garantieren scheint. Der dafür gezahlte Preis ist die Freiheit und eigene Verantwortung der Person und damit die echte Volksgemeinschaft, die nur zwischen freien Personen bestehen kann. Anstelle der Gemeinschaft tritt die Organisation, anstelle des Vertrauens die militärische Disziplin, anstelle der Verbundenheit von Mensch und Mensch treten Befehl und Gehorsam. Hier stirbt nicht nur der Humor mit seiner eigentümlichen Kraft des Distanznehmens, sondern es lösen sich auch die Ordnungen von Recht und Sittlichkeit. „Alle individuellen Verbrechen und Untaten, die je begangen worden sind, verblassen zu einer Kleinigkeit gegenüber den Grausamkeiten, Ausrottungen und Verwüstungen, die von organisierten Gemeinschaften und im Namen von Gemeinschaftszielen verübt worden sind" (Franz Böhm).

III.

Zu Natur und Geschichte tritt als 3. gemeinschaftsbildende Macht *die geistige Welt der Kunst und der Wissenschaft*. Die durch die Kunst gestiftete Gemeinschaft findet ihren Höhepunkt im Fest, und eigentlich ist jede musikalische Aufführung ein Fest, und oft empfindet man ihre gemeinschaftsbildende Kraft und hat beim Hören der Klänge das Bedürfnis, sich ins Auge zu blicken oder sich die Hand zu drücken. Begeisterung sucht Gemeinschaft.

Natürlich ist auch die durch die *Kunst* gestiftete Gemeinschaft mit ihrer Problematik belastet. Wie das Kunstleben zum Betrieb, zur gesellschaftlichen Konvention, ja, zum industriellen Unternehmen entarten kann, sei nur angedeutet. Dem Künstler selbst, der, gerade weil er eine Gemeinschaft – eine Gemeinde – der Schaffenden und Genießenden voraussetzt, nur als ein Selbst, eine Person, in Freiheit schaffen kann, droht die Gefahr der Isolierung gegenüber der Ge-

meinde der Aufnehmenden. Ihr tritt er, weil er Neues schafft, oft
genug kritisch und polemisch gegenüber. Ebenso aber auch droht die
Gefahr der Isolierung gegenüber den Mitschaffenden. Verkrampfte
Isolierung ist es, gegen die sich die Verse aus Goethes „Wilhelm
Meister" wenden:

> „Zu erfinden, zu beschließen,
> Bleibe, Künstler, oft allein,
> Deines Wirkens zu genießen,
> Eile freudig zum Verein!
> Hier im ganzen schau', erfahre,
> Deinen eignen Lebenslauf,
> Und die Taten mancher Jahre
> Gehn Dir in dem Nachbar auf ...
> Welch ein Werkzeug ihr gebrauchet,
> Stellet euch als Brüder dar;
> Und gesangweis flammt und rauchet
> Opfersäule vom Altar."

Goethes Loslösung aus dem Weimarer Kreis, seine Flucht nach Ita-
lien, die ihn sich selbst suchen und finden ließ, und seine Rückkehr
nach Weimar, ist die biographische Illustration zu diesen Versen.

Die Gefahr der Isolierung droht aber auch dem, der als Genießen-
der am Leben der Kunst teilnimmt. Es ist die Gefahr, sich aus dem
Leben der Gemeinschaft mit der Last seiner Arbeit und der Qual
seiner Rätsel, aus dem Staub des Alltags zurückzuziehen in eine reine
Atmosphäre der Ruhe, sich von der harten Wirklichkeit des Lebens
abzuwenden in eine ästhetisch verklärte Welt. Die Kunst, die Gemeinschaft stiften soll, wirkt trennend. Die Problematik, die Zweideutigkeit der Wirkung der Kunst ist in dem Goethewort ausgesprochen: „Man weicht der Welt nicht sicherer aus als durch die Kunst,
und man verknüpft sich nicht sicherer mit ihr als durch die Kunst."

Ähnlich ist es mit der *Wissenschaft*. Seien es Fachwissenschaften,
sei es die Philosophie: nur in Gemeinschaft ist ihre Arbeit zu treiben.
Und wieder ist die Frage die, wieweit echte Gemeinschaft durch
sie gestiftet wird, oder wie weit die Gemeinschaft nur die des mehr
oder weniger organisierten Betriebes ist, wie er etwa in Kongressen
seinen Ausdruck findet. Die Gefahr ist gesteigert in einer Welt, die
von der aus der Wissenschaft erwachsenen Technik beherrscht wird.
Denn wohl stiftet auch das technische Interesse Gemeinschaft, aber
nicht die echte Gemeinschaft von Mensch und Mensch. Leicht ergeben
sich heute freilich Gespräche zwischen Menschen, die einander fremd

sind, Gespräche über neue Auto- oder Flugzeugkonstruktionen, aber
es gilt auch hier jenes: „spricht von irgendetwas anderem, doch niemals von sich selbst." Die Kommunikation beschränkt sich auf Gespräche von Chauffeuren oder auch Gespräche über Fußballmatches
und andere Sportereignisse. In alledem ist freilich die Möglichkeit
echter Gemeinschaft stets gegeben. Im Bereich der Technik als die
Möglichkeit von Kameradschaft. Im Bereich der Wissenschaft wird
sie sich umsomehr realisieren, je mehr der Forscher als Mensch
existentiell an der Sache beteiligt ist, der seine Arbeit gilt, d. h. je
mehr er sich dessen bewußt ist, daß alle wissenschaftliche Arbeit
letztlich nicht Teilwahrheiten zutage fördern soll, sondern im
Dienste der Frage nach der Wahrheit der menschlichen Existenz geschieht, im Dienste eines echten Selbstverständnisses. Ich brauche
nur an Namen wie Planck und von Weizsäcker zu erinnern, und ich
darf *Karl Jaspers* zitieren:

„Vernunft fordert grenzenlose *Kommunikation,* sie ist selbst der
totale Kommunikationswille. Weil wir in der Zeit die Wahrheit als
die eine ewige Wahrheit nicht im objektiven Besitz haben können,
und weil das Dasein nur mit anderem Dasein möglich ist, Existenz
nur mit anderer Existenz zu sich selbst kommt, so ist Kommunikation die Gestalt des Offenbarwerdens der Wahrheit in der Zeit"
(Der philosoph. Glaube 1948, S. 40).

Endlich aber ist zu bedenken: der Wissenschaft droht wie der
Kunst nicht nur die Gefahr der Entartung zum Betrieb, sondern
wie die Kunst die Gefahr der Isolierung birgt, so die Wissenschaft
die zu der gleichen Konsequenz führende Gefahr der *Dogmatisie-
rung,* die die Kommunikation sprengt. Wissenschaft und Technik
„sind für den wirklichen Menschen im Ganzen ebensosehr Kampf-
mittel wie Medium der Kommunikation" (Jaspers). Und wenn innerhalb wissenschaftlicher „Schulen" sehr wohl Kommunikation bestehen kann, ja diese sogar eben zu „Schulen" führt, so ist doch die
Echtheit dieser Kommunikation ständig bedroht durch dogmatische
Orthodoxie, und der Austausch zwischen den „Schulen" hat ebenso
die Möglichkeit fruchtbarer Diskussion wie die unfruchtbarer Polemik. Orthodoxie hat keinen Humor. Goethe hat diese Orthodoxie
treffend charakterisiert im Gespräch mit Eckermann vom 30. Dez.
1823: „Es wird aber ... in den Wissenschaften auch zugleich dasjenige als Eigentum angesehen, was man auf Akademien überliefert
erhalten und gelernt hat. Kommt nun einer, der etwas Neues bringt,

das mit unserm Credo, das wir seit Jahren nachbeten und wiederum andern überliefern, im Widerspruch steht und es wohl gar zu stürzen droht, so regt man alle Leidenschaften gegen ihn auf und sucht ihn auf alle Weise zu unterdrücken. Man sträubt sich dagegen, wie man nur kann, man tut, als höre man nicht, als verstände man nicht; man spricht darüber mit Geringschätzung, als wäre es gar nicht der Mühe wert, es nur anzusehen und zu untersuchen: und so kann eine neue Wahrheit lange warten, bis sie sich Bahn macht."

IV.

Schon aus der bisherigen Besinnung konnte deutlich und deutlicher werden, daß alle echte menschliche Gemeinschaft letztlich im *Religiösen* verwurzelt, daß sie eine *Gemeinschaft des Glaubens* ist. „Nur Glaubende können Kommunikation verwirklichen" (Jaspers). Das ist deshalb so, weil echte Gemeinschaft nur zwischen Menschen bestehen kann, die Personen sind, die sie selbst oder auf dem Wege zu sich selbst sind, und weil der Mensch er selbst nie in einem abgeschlossenen Fertigsein ist, weil sein Selbst nicht ein Besitz ist wie erarbeitete Qualitäten, wie erworbene Kenntnisse und Fähigkeiten, sondern weil es immer vor ihm steht und er er selbst nur wird in der ständigen *Offenheit* für das ihm Begegnende, in der ständigen *Bereitschaft* sich selbst, so wie er jeweils in sein Jetzt kommt, preiszugeben, sich an nichts festzuhalten, was er schon hat und ist.

> „Und solang du das nicht hast,
> Dieses: stirb und werde!
> Bist du nur ein trüber Gast
> Auf der dunklen Erde."

Solche Offenheit und Bereitschaft aber ist *Glaube*. Glaube woran? Nun, im Grunde jedenfalls Glaube an Gott, der das Selbst schenkt, der allein es schenken kann. Wie bewußt, wie explizit dieser Glaube jeweils ist, sei zunächst dahingestellt. Jedenfalls eröffnet sich jetzt eine *Paradoxie!* Die Gemeinschaft mit Gott, die echte menschliche Gemeinschaft begründen soll, reißt den Menschen zunächst aus jeder menschlichen Gemeinschaft heraus und stellt ihn in die radikale *Einsamkeit* vor Gott. „Wenn einer zu mir kommt und haßt nicht seinen Vater und seine Mutter, seine Frau und seine Kinder, seine Brüder und seine Schwestern, ja auch sich selbst, der kann mein Jünger nicht sein", – so erklingt das Wort Jesu (Luk. 14, 26).

In der Tat: der Weg zu Gott bedeutet *Entweltlichung;* und solche
Entweltlichung kann für das Auge der Welt die Gestalt des *Nihilismus* gewinnen. Aber was anderes ist es, wenn Luther sagt, daß derjenige, der zum Glauben an Gott als den Schöpfer kommen will,
„allen Dingen gestorben sein müsse, dem Guten und Bösen, dem Tod
und Leben, der Hölle und dem Himmel, und von Herzen bekennen,
daß er aus eigenen Kräften nichts vermag"? Was anderes wiederum
J. P. Sartres sogenannter Nihilismus, wenn er sich in dem Wort ausspricht: „La vie humaine commence de l'autre côté du désespoir"?
Oder wiederum T. S. Eliots „In my end is my beginning"? Was anderes der Weg der Entweltlichung, den die Mystik geht? Was anderes
schließlich der Weg des Philosophen, der den Nihilismus, gehe er von
Kierkegaard aus oder von Nietzsche, als den Weckruf aus der Ruhe
zur Unruhe, aus dem Schlaf zum Wachsein versteht, als den „Weg
zum Ursprung", wie als das „Scheidewasser, in dem das Gold der
Wahrheit sich bewähren muß" (Jaspers)?

Das wissen sie alle, so verschieden sie von Gott, ja auch *gegen*
Gott reden mögen: nur in der radikalen Einsamkeit findet der Mensch
sein Selbst. Und dieses Wissen verbindet; es stiftet eine neue *Gemeinschaft im Transzendenten.* So bezeugt es der Philosoph: „Philosophie
wendet sich an den einzelnen. In jeder Art, in jeder Lage geschieht
im Philosophieren das Zurückwerfen auf sich selbst. Denn nur wer
er selbst ist – und in der Einsamkeit bewähren kann – kann wahrhaft
in Kommunikation treten" (Jaspers).

Gemeinschaft im Transzendenten – ja, dürfen wir so sagen? und
gar sagen: Gemeinschaft in Gott? Dürfen wir ausgesprochene Nihilisten und Atheisten in diese Gemeinschaft mit den Frommen
bringen?

Für den *christlichen Glauben* steht es fest, daß der Mensch sein
Selbst nur von Gott empfangen kann, und daß er es nur dann empfängt, wenn seine Entweltlichung, und das heißt zuletzt: seine Selbsthingabe, eine radikale ist. Es steht ihm fest, daß derjenige, der sein
Leben – und das heißt: sein Selbst – erhalten will, es verlieren wird,
und nur der, der es preisgibt, es erhalten wird (Matth. 16,25, Joh. 12,
25). Aber es steht ihm ebenso fest, daß diese radikale Preisgabe des
Selbst dem Menschen gar nicht eher möglich ist, ehe ihm die göttliche
Liebe selber schenkend begegnet, ehe sie sich ihm offenbart. Denn
nichts anderes ist die *Offenbarung* Gottes als die dem Menschen begegnende Liebe, die ihn, ihn von sich selbst erlösend, zu sich selbst

befreit. Nichts anderes als das in Jesus Christus gesprochene Wort
Gottes, das den Menschen anredet und ihn, indem es ihn gegenüber
Gott zum Du macht, zum Selbst werden läßt.

Die Offenbarung Gottes bringt keine Erkenntnisse über die Ge-
heimnisse jenseitiger Welten; ja sie teilt auch über Gott selbst nichts
mit, was nicht jeder sich besinnende Mensch selbst wissen könnte:
eben dieses, daß sich der Mensch nur in radikaler Einsamkeit vor
Gott aus Gottes Gnade empfangen kann. Keine Offenbarung braucht
mir zu sagen, was Gottes Gnade *bedeutet*. Eines allein sagt sie, und
damit sagt sie alles: „*Dir* gilt diese Gnade!" und indem sie Gestalt
gewinnt in dem Worte: „Dir ist deine Sünde vergeben!", öffnet sie
die Augen dafür, daß es die erste und die letzte Sünde des Menschen
ist, aus eigener Kraft er selbst sein zu wollen, und daß diese Sünde
auch noch in dem Willen zur Selbstpreisgabe steckt, sofern sich das
Selbst durch sie gewinnen will.

Von hier aus erscheinen sie alle, die Nihilisten, die Atheisten, die
Mystiker, die Philosophen, als verbunden auf der Wanderschaft, auf
der Suche nach Gott. Der Glaube aber kennt auch eine *Gemeinschaft
der Berufenen*, die Gemeinschaft der Ekklesia, der Kirche, in der
diejenigen verbunden sind, die das Wort glaubend gehört haben und
bekennend weitergeben. Auch dieser Gemeinschaft droht die Gefahr
der Entartung; dadurch nämlich, daß sich die in ihrem Wesen unsichtbare Kirche institutionell organisiert, während sie doch, sofern
sie in der Sichtbarkeit erscheint, immer nur im *Geschehen* wirklich
ist. Der organisierten Kirche aber droht nicht nur die Gefahr der
Konvention und des Betriebes, sondern vor allem die Gefahr der
Orthodoxie, die das Bekenntnis zum Dogma macht.

Aus dem Glauben aber erwächst nicht nur die kirchliche Gemeinschaft der Berufenen, sondern auch eine Gemeinschaft, die weit über
den kirchlichen Raum hinausreicht, die *Gemeinschaft der Liebe*, die
werbend alle Menschen umspannt, – nicht als eine in der Idee des
Menschen und in einer Utopie von menschlicher Gemeinschaft begründete allgemeine Menschenliebe, sondern als die Nächstenliebe,
das heißt einfach als die Offenheit für den jeweils Begegnenden.
Wiederum steht es nicht so, daß der Mensch außerhalb des Glaubens
nicht unter der Forderung der Nächstenliebe stünde; auch nicht so,
daß er nicht darum wissen und die Forderung hier und da erfüllen
könnte. Aber so, daß derjenige, der glaubend der göttlichen Liebe
gewiß ist, sich und seine Gemeinschaft mit den Menschen schlechthin

aus dieser Liebe versteht, und daß sie so zur herrschenden und tragenden Kraft seines Lebens wird. Indem Gottes Gnade ihn zu sich selbst brachte, indem sie ihn von sich selbst befreite, hat sie ihn zugleich für den Nächsten befreit.

So bringt die durch den Glauben, durch Gott selbst gestiftete Gemeinschaft *zur Erfüllung, was in aller menschlichen Gemeinschaft angelegt und intendiert ist.* Ja, man kann sagen: der Glaube bringt die verborgene Gemeinschaft aller Menschen zur Erscheinung. Denn der Mensch ist geschaffen, er selbst zu sein, und zwar er selbst zu sein im Nehmen und Schenken von Gemeinschaft. Vorsichtig drückt der Philosoph es so aus: „Die Menschen sind nicht, wie sie sind, sondern sich selber immer noch Frage und Antwort ... Kommunikation jeder Gestalt ist dem Menschen als Menschen im Grunde seines Wesens so zugehörig, daß sie jederzeit möglich bleiben muß und man nie wissen kann, wie weit sie noch kommen wird" (Jaspers).

Keine neuen Erkenntnisse werden dem Glauben durch die Offenbarung zuteil, und doch ist für ihn alles neu geworden – neu als die Wahrheit der Existenz. Der damit sich ereignende Wandel darf wohl mit den Schlußversen der Divina Comedia Dantes beschrieben werden:

> „Da ward mein Geist von einem Blitz durchdrungen,
> Der, was die Seel' ersehnt hatt', ihr verlieh.
> Hier war die Macht der Phantasie bezwungen,
> Schon aber folgten Will und Wünschen gerne
> (Gleichwie ein Rad, gleichmäßig umgeschwungen)
> Der Liebe, die beweget Sonn' und Sterne."

Die Bedeutung des Gedankens der Freiheit
für die abendländische Kultur*

Was ist es, das wir aus der Katastrophe, die über unsere abendländische Kultur hereingebrochen ist, unbedingt für die Zukunft retten müssen? Was von den Gütern, die uns unsere Geschichte gebracht hat, müssen wir unbedingt bewahren, wenn unser Leben lebenswert bleiben soll?

Es wäre falsch, diese Fragen mit Hilfe einer Subtraktionsmethode zu beantworten, d. h. durch die Besinnung auf das, was wir allenfalls entbehren und preisgeben können. Schon deshalb, weil niemand im voraus wissen kann, wieviel er entbehren kann, wenn es sein muß; und auch deshalb, weil niemand gegeneinander aufrechnen kann, wieweit durch Entbehrung die Kraft des geistigen Lebens geschädigt, wieweit sie aber auch gerade gestärkt werden kann, indem die Entbehrung Konzentration und Energie erzwingt.

Antwort auf jene Fragen gibt vielmehr die Besinnung auf das, was wir als das höchste Gut, als das edelste Erbe unserer abendländischen Tradition schätzen. Und mir scheint, daß uns unsere Gegenwart zum Bewußtsein bringt: es ist *die Idee der Freiheit*. Lord Acton hat einst die Geschichte des Abendlandes als „History of Liberty" schreiben wollen, – ein sinnvoller Plan; denn die Idee der Freiheit hat in der Tat unserer abendländischen Kultur ihren eigentümlichen Charakter gegeben, – oder wenigstens: sie ist eine der Hauptkräfte, denen diese Kultur ihr Gepräge, diese Geschichte ihre Bewegung, ihren Reichtum, ihre Tragik und ihren Glanz verdankt.

Es ist die Idee der *Freiheit des Geistes*, die in ihren Konsequenzen zur Freiheit im politischen, gesellschaftlichen und sozialen Leben

---

* Unveröffentlicht.

führt, und die in ihrem Kern die Freiheit der Person ist. Es ist die Idee, daß zum Personsein, zum Selbstsein, unabdinglich die Freiheit gehört, ja, daß Frei-sein und ein Selbst-sein identisch sind.

Diese Idee der Freiheit hat ihren *Ursprung* dort, wo die abendländische Kultur überhaupt ihren Ursprung hat, *im Griechentum*. Hier ist sie erfaßt und in bestimmter Weise entwickelt worden. Sie hat dann *im Christentum* eine eigentümliche Ausprägung erhalten, und beide Formen – sagen wir: die humanistische und die christliche Freiheitsidee – haben in der Geschichte des Abendlandes ihre Wirkung entfaltet, bald harmonisch vereint, bald in Spannung und Konkurrenz. Und die entscheidende Krise in der Geschichte des Abendlandes, deren katastrophale Folgen wir heute erleben, darf als eine Krise der Freiheitsidee bezeichnet werden.

Es ist charakteristisch, daß *das Alte Testament* ein dem griechischen Worte ἐλευθερία entsprechendes Wort nicht kennt. Es hat einen Wortstamm (chāphaš) zur Bezeichnung von „frei", aber das davon gebildete Substantivum (chuphšā) begegnet nur ein einziges Mal (Lev. 19, 20) und meint die Freiheit im Gegensatz zur Sklaverei. In dieser Bedeutung wird der Wortstamm durchweg gebraucht, daneben im Gegensatz zur Gefangenschaft und einmal zur Bezeichnung der Steuerfreiheit (1. Sam. 17, 25).

Natürlich hat auch *im Griechentum* das Wort ἐλευθερία (und die dazugehörigen Wortbildungen) ursprünglich den Sinn von Freiheit im Gegensatz zu Sklaverei und Gefangenschaft. Aber darüber hinaus ist die Idee der Freiheit reich entwickelt worden. Zunächst im politischen Bereich, im Bereich der πόλις, als die Freiheit nach außen, für die der Bürger im Kampf sein Leben zu opfern bereit ist, und ebenso als die Freiheit des Bürgers innerhalb der Gemeinschaft der πόλις, die nach Aristoteles eine κοινωνία τῶν ἐλευθέρων ist (Pol. III, 4, p. 1279 a 21). Das Bedeutsame ist aber dieses, daß die Freiheit des Einzelnen nicht seine subjektive Willkür meint, sondern daß sie durch den νόμος der πόλις konstituiert wird, der das Recht aufrichtet, und der, indem er jeden bindet, ihm zugleich seine Freiheit als πολίτης gibt, ihn so als ihn selbst sein läßt. Denn in diesem πολίτης-sein ist ihm zunächst sein Selbst-sein gegeben.

Es kommt darin schon die tiefe Wahrheit zutage, daß „nur das Gesetz uns Freiheit geben kann" (Goethe), daß *echte Freiheit* etwas anderes ist als das willkürliche Belieben, jeweils gerade das zu tun, wozu im Augenblick Lust oder Leidenschaft treiben [1]. Denn solche Freiheit wäre nur Scheinfreiheit, in Wahrheit aber Abhängigkeit von dem, was jeweils die Lust und die Leidenschaft reizt, was jeweils die Tat motiviert. Echte Freiheit ist aber gerade die Freiheit der Distanz gegenüber dem jeweils Motivierenden, die Freiheit im Augenblick als die Freiheit dessen, der als er selbst über dem Andrang der Motivationen steht. Solche Freiheit ist aber nur möglich, wenn das Handeln von einem die jeweiligen Augenblicke überragenden Motiv bestimmt ist, d. h. von einem νόμος, – einem νόμος freilich, den der Mensch in seinem Recht versteht und bejaht, durch dessen Erfüllung er gerade das verwirklicht, was er als er selbst eigentlich sein muß und will in der Einheit und Konstanz seines Wesens, – von einem νόμος also, durch den er zu sich selbst gebracht wird, durch den er er selbst wird. Freiheit, dem ursprünglichen Wortsinn nach primär Freiheit *von*, ist wesenhaft also immer auch Freiheit *zu*, – zu dem, was das Gesetz, das ich als *mein* Gesetz erkenne, fordert, also letztlich Freiheit zu mir selbst.

Die Idee der politischen Freiheit hat sich im Griechentum schon früh erweitert zur Idee der *geistigen Freiheit,* indem die charakterliche Haltung, die dem freien Bürger ziemt und die ihn auszeichnet, gleichfalls als Freiheit bezeichnet wird. Ebenso wie im Deutschen politische oder soziologische Begriffe wie „adelig" und „vornehm", oder wie das englische „Gentleman", zu Bezeichnungen des Charakters werden, ist im Griechentum der ἐλεύθερος der Adlige, Hochgesinnte, dem niedrig-knechtisches Wesen fremd ist, der sich durch Furchtlosigkeit und Offenheit (παρρησία) vom Sklaven unterscheidet [2]. Das Gesetz der Ehre ist es, das hier der Einzelne als sein Gesetz erfaßt und dem gehorsam er er selbst ist, wie es denn charakteristisch ist, daß ἐλευθερία und αἰδώς synonym gebraucht werden können.

Bedeutet Freiheit hier die innere Unabhängigkeit, so ist diese Idee wiederum in bestimmter Richtung entwickelt worden in der *späten Stoa.* Freiheit ist hier die Unabhängigkeit von allem, was dem Menschen von außen begegnen kann, vom Guten sowohl wie vom

---

[1] Diese Seite des griechischen Freiheitsverständnisses ist in dem Artikel ἐλεύθερος von *H. Schlier* im Theol. Wörterbuch leider nicht zur Geltung gebracht worden. — Zur Sache vgl. *Gustav Bally,* Vom Ursprung und von den Grenzen der Freiheit, Basel 1945.

[2] Auch diesen Sinn des griechischen Freiheitsbegriffs hat *Schlier* aaO nicht hervorgehoben.

Bösen; sie ist damit auch die Unabhängigkeit von den Wertmaßstäben der Gesellschaft und von der sozialen Situation – der Sklave kann so gut ein „Freier" sein wie der sogenannte Freie –, ja auch vom eigenen Leibe; denn auch dieser ist meinem eigentlichen Wesen gegenüber ein Fremdes, ausgeliefert an fremde Mächte, und ich bin ich selbst nur in der Konzentration auf mein inneres Leben. Mein inneres Leben aber ist Geist, d. h. für den Stoiker die erkennende Vernunft, die meinem Denken und Wollen die Regel gibt. Das Gesetz meines inneren Lebens ist identisch mit dem Gesetz des Kosmos; und frei, ich selbst, bin ich in der Anerkennung dieses Gesetzes. Auch hier wird also die Freiheit gewonnen in der Gebundenheit an das Gesetz, durch das ich zu mir selbst gebracht werde, – wobei für den Stoiker die Voraussetzung diese ist, daß ich mein Selbst im vernünftigen Denken habe.

Das *Urchristentum*, und zwar zunächst Paulus, hat die Idee der Freiheit vom Hellenismus übernommen (wie vor ihm schon das hellenistische Judentum) nämlich die Idee der inneren Freiheit als der Unabhängigkeit – wie es nun charakteristisch heißt: von der „Welt". Dabei ist „Welt" nicht mehr im Sinne des griechischen κόσμος verstanden, sondern als die Zusammenfassung aller verführerischen und verderblichen Mächte, die den Menschen von sich selbst – christlich gesprochen: von seinem „Leben" – wegziehen wollen. Weithin besteht eine Verwandtschaft mit der Stoa. Denn auch für Paulus ist die Freiheit die Unabhängigkeit von den menschlichen Wertmaßstäben wie von Schicksal und Tod. Paulus kann durchaus wie der Stoiker sagen: πάντα μοι ἔξεστιν, ἀλλ᾽ οὐκ ἐγὼ ἐξουσιασθήσομαι ὑπό τινος (1. Kor. 6, 12). Und der Stoiker könnte seine Anschauung ausgesprochen hören in den Sätzen: πάντα γὰρ ὑμῶν ἐστιν . . . εἴτε ζωὴ εἴτε θάνατος, εἴτε ἐνεστῶτα εἴτε μέλλοντα, πάντα ὑμῶν (1. Kor. 3, 22), – aber er könnte nicht fortfahren: ὑμεῖς δὲ Χριστοῦ, Χριστὸς δὲ θεοῦ. Denn darin kommt zum Ausdruck, daß für Paulus das bindende Gesetz ein anderes ist als für die Stoa und damit auch das Verständnis des Selbst ein anderes.

Für das christliche Denken ist das *Wesen des Selbst* nicht der Geist im griechischen Sinne, das seiner selbst mächtige vernünftige Denken, sondern das Selbst ist als das geschichtlich existierende Ich verstanden, d. h. der Mensch ist verstanden als ein solcher, der er selbst wird in seinen konkreten Entscheidungen gegenüber dem ihm jeweils

Begegnenden, den Menschen wie dem Schicksal. In diesen Entscheidungen *wird* er, gewinnt er seinen Charakter. Aber eben deshalb ist sein Weg auch vorgezeichnet als der Weg dessen, der durch seine bisherigen Entscheidungen schon qualifiziert ist. Insofern ist er nicht wirklich frei, sondern an seine Vergangenheit gebunden. Er kommt daher nie zu seinem eigentlichen Selbst. Um frei zu sein, um zu sich selbst zu kommen, müßte er gerade von sich selbst befreit werden – nämlich von dem Selbst, das er bisher aus sich gemacht hat, von seiner ihn bindenden Vergangenheit, christlich gesprochen: von seiner Sünde. Er müßte eine Begegnung erfahren, die ihm die Möglichkeit der Entscheidung gegen sein altes, für ein neues Selbst schenkt. Diese Begegnung erfährt er, indem er das Wort von der ihm in Christus geschenkten *göttlichen Gnade* hört. Seine wirkliche Freiheit kann nur das Geschenk dieser Gnade sein. Deshalb ist das Gesetz, das ihn zu sich selbst befreit, das Gesetz der Gnade. Diese aber befreit ihn in *der* Weise von sich selbst, daß er, befreit von seiner Vergangenheit, befreit ist zur Offenheit gegenüber der Zukunft, so daß er in solcher Offenheit frei ist zur echten Entscheidung gegenüber allen Begegnungen, – den Begegnungen mit den Menschen, denen gegenüber die Freiheit als die Freiheit von sich selbst nichts anderes ist als die Liebe, – den Begegnungen mit dem Schicksal, dem gegenüber die Freiheit die ständige Bereitschaft für das ist, was Gott im Schicksal fordert und schenkt.

Der Unterschied von der Stoa liegt also in der Motivierung der Freiheit als der inneren Unabhängigkeit und eben damit in der Auffassung des Selbst. Es erwächst hier die Frage, ob Paulus das Selbst des Menschen tiefer, radikaler erfaßt hat; ob nicht, konsequent gedacht, der Stoiker, indem er sich gegen die geschichtlichen Begegnungen neutralisiert, nur ein schematisches Idealbild des Menschen als Vernunftwesen realisieren kann, während das christliche Verständnis für die Fülle der Möglichkeiten des geschichtlichen Lebens offen ist. Es fragt sich weiter, ob die Freiheit radikaler verstanden ist, wenn das sie begründende Gesetz das Gesetz der Vernunft ist, das dem Denken verfügbar ist, so daß der Mensch – wie es der Stoiker ja faktisch versucht – eine eigentümliche Sicherheit gewinnen kann, wie sie dem Christen, der unter dem unverfügbaren Gesetz der Gnade steht, nie erreichbar ist, da Gnade nie besessen, sondern immer nur neu empfangen werden kann. Aber korrespondieren nicht in Wahrheit Ungesichertheit und radikale Freiheit? Und endlich: ist es nicht wirklich so, daß der Mensch immer schon als ein irgendwie Gebundener in sein Jetzt kommt, so daß echte Freiheit nur als Geschenk empfangen werden kann? Es ist nicht meine Absicht, diese Fragen jetzt ausführlich zu besprechen, sondern ich muß mich mit einer kurzen Bemerkung begnügen. Das stoische Verständnis der Freiheit überträgt auf die menschliche Person, was von der Vernunft als solcher gilt, nämlich die Tatsache, daß vernünftiges Denken seinem eigenen Gesetze folgt und grundsätzlich unabhängig ist von den Ereignissen in Natur und Geschichte. Der Stoiker kann diese Übertragung vornehmen, weil für ihn das eigentliche Wesen des Menschen die Vernunft ist. Deshalb ist für ihn Freiheit die Qualität des Menschen, der sich auf sein eigentliches Wesen, d. h. auf die Vernunft, konzentriert, und der alles, was ihm von außen begegnen kann, als Fremdes (ἀλλότρια) ansieht.

Das christliche Verständnis von Freiheit besagt, daß Freiheit als Freiheit der Person, nicht eine *Qualität* ist, sondern nur jeweils *Ereignis* sein kann. Die Möglichkeit der Freiheit wird nur in der Begegnung gegeben, die, indem sie Entscheidung fordert, Freiheit anbietet. Das Problem der Freiheit beginnt daher für das christliche Denken dort, wo es für das stoische Denken aufhört [3]. Für den stoischen Philosophen steht es außerhalb der Diskussion, daß der Mensch frei ist, wenn sein Denken dem Gesetz der Vernunft folgt; für den Christen ist die Frage die, ob der Mensch Herr über sich selbst ist in seinen Entscheidungen.

Es wäre nun eine reizvolle Aufgabe, durch *die Geschichte des Abendlandes* hindurch zu verfolgen, wie sich die Freiheitsideen des Griechentums und des Christentums, bald im Bund, bald in Spannung und im Gegensatz zueinander ausgewirkt haben; wie sich unter ihrer Wirkung das Verständnis des Menschen ausgebildet hat, wie die Auffassung des staatlichen, des gesellschaftlichen, des sozialen Lebens durch sie geformt worden ist [4]. Es wäre also z. B. zu zeigen, wie die philosophischen Konstruktionen des von der Kirche gelösten Rechts-Staates auf die stoische Konzeption des Naturrechts zurückgehen, wie aber die Lösung des Staates von der Kirche auch aus christlichen, in der Reformation aktivierten Motiven erwächst; oder wie in der For-

---

[3] S. *Hans Jonas*, Augustin und das paulinische Freiheitsproblem 1930, S. 8 ff.
[4] S. vor allem *W. Dilthey*, Ges. Schriften II: Weltanschauung und Analyse des Menschen seit Renaissance und Reformation.

derung der Toleranz sich humanistische und christliche Motive verbinden; wie die Bindung des geistigen Lebens durch die mittelalterliche Tradition in gleicher Weise aufgelöst wurde durch die Erneuerung des humanistischen Vernunftglaubens wie durch die reformatorische Auffassung von der „Freiheit eines Christenmenschen"; wie es zur Freiheit der Wissenschaft und der Kunst und zur Idee der humanistischen Bildung gekommen ist.

Diese Aufgabe in Kürze zu lösen, ist unmöglich, und nur weniges Entscheidende kann über die Entwicklung, die schließlich zur Krisis führte, gesagt werden.

Die moderne Freiheit des Geistes hat – so würde sich zeigen – ihren besonderen Charakter gewonnen als die Freiheit von der Tradition, nämlich der kirchlichen Tradition, die eine Lehre über Gott, Welt und Mensch von absoluter Gültigkeit zu vermitteln beanspruchte. Es ist primär eine Freiheit des Zweifels und der Kritik. Sie ist – so darf man wohl sagen – zum Bewußtsein ihrer selbst gelangt in der für die folgende Entwicklung bestimmenden Philosophie des *Descartes* (1596–1650). *Das 17. und 18. Jahrhundert* sind nun durchzogen von den Kämpfen um die Freiheit der Religion und des Gedankens, von Kämpfen, in denen sich das Individuum immer mehr seiner Freiheit gegenüber der Lehrautorität der christlichen Kirchen bewußt wird.

Diese Freiheit gegenüber der Tradition ist *zunächst aber noch durchaus eine Freiheit in der inneren Bindung* und nicht die subjektive Willkür des Individuums, aus der ein völliger Relativismus der Ethik, des Wahrheits- und des Rechtsgedankens folgen würde. Die Lösung von den mittelalterlichen Bindungen ist noch keine Lösung von der christlichen Tradition überhaupt. Auch die Voraussetzung der allen Menschen gemeinsamen Vernunft, in der alle echten Bindungen begründet sind, bleibt zunächst unerschüttert bis ins 19. Jahrhundert. Der Glaube an die Vernunft hatte ja gerade die Legitimation für den Bruch mit der kirchlichen Tradition geliefert! Die Vernunft war ja gerade die Instanz der Kritik! Ebensowenig bedeutet die Relativierung des Konfessionalismus und die konsequente Forderung der Toleranz in der Aufklärung einen radikalen religiösen Relativismus. Denn die Vernünftigkeit und Gültigkeit des Gottesglaubens, die Geltung der ewigen Wahrheiten einer „natürlichen" Religion blieben unbestritten. Lessings „Nathan der Weise" vermag eine Anschauung davon zu geben.

Der Bruch in dieser Entwicklung, vorbereitet im 18. Jahrhundert, vollzog sich *im 19. Jahrhundert,* – der Bruch sowohl mit der antiken wie mit der christlichen Tradition. Er besteht darin, daß *der innere Zusammenhang von Freiheit und Gebundenheit verlorenging,* und daß die Freiheit im Sinne eines bedingungslosen Beliebens, als die Ungebundenheit der menschlichen Subjektivität verstanden wurde. In der Folge kommt es zur Relativierung des Wahrheitsbegriffes in der Wissenschaft wie in der Ethik und Religion.

Die Gründe dafür sind die folgenden:

1) *Die Entwicklung der Naturwissenschaft und der Technik* [5]. Indem unter der Herrschaft der Naturwissenschaft schließlich nur noch das als wirklich anerkannt wird, was dem mathematischen Verständnis erkennbar ist, was nach physikalischen Gesetzen verläuft, und indem der Mensch selbst als Objekt der naturwissenschaftlichen Erkenntnismethode angesehen wird, entschwindet – oder wird gar ausdrücklich abgelehnt – eine jenseits der mathematisch-physikalischen Welt liegende Welt, der der Mensch nach seinem eigentlichen Wesen zugehört und aus der er die Gesetze seines Handelns empfängt. Die mit der Entwicklung der Naturwissenschaft wachsende Entwicklung der Technik unterwirft die Welt – wenigstens scheinbar – immer mehr der Verfügungsgewalt des Menschen, dessen faktische Freiheit (wenngleich nicht philosophisch als solche verstanden) nun eben in der willkürlichen Beherrschung der Kräfte und Güter der Welt besteht; und da das Handeln nicht mehr durch jenseitige Bindungen geleitet wird, wird es durch den Gesichtspunkt des Nutzens bestimmt, – eines Nutzens, der nun nicht mehr das συμφέρον im Sinne der Stoa oder das Heil im christlichen Sinne ist, sondern allein die Wohlfahrt des natürlichen Lebens des Einzelnen oder der Gemeinschaft.

2) Der aus der Romantik erwachsene *historische Relativismus.* Er bestreitet, daß es eine allgemeine Menschenvernunft gebe und allgemeine durch sie erfaßte Wahrheiten; er kennt deshalb keine allgemein verpflichtende Ethik und kein Naturrecht. Nach der Auffassung des konsequenten Relativismus erreicht das Denken nicht – auch nicht in ständiger Annäherung – ewige Wahrheiten, sondern unterliegt selbst einem geschichtlichen Schicksal, so daß jede Wahrheit nur relative Gültigkeit haben kann, – „relativ" aber nicht in der sinnvollen Bezogenheit auf die Idee der Wahrheit, so daß jede Erkenntnis

---

[5] Dieser Vorgang ist oft dargestellt worden; vgl. z. B. *Alexander Rüstow,* Kritik des technischen Fortschritts (Ordo IV 1951, 373—407).

Anteil an der Wahrheit hat, sondern im Sinne einer zufälligen Bestimmtheit durch geschichtliche Umstände, so daß die Wahrheitsfrage
sinnlos wird. Nicht der Geist bestimmt den Gang der Geschichte, sondern die Geschichte bestimmt das Schicksal des Geistes, – soweit hier
überhaupt von „Geist" geredet werden kann. Mit der romantischen
Entdeckung der Geschichte brach die „Fülle der möglichen Welt-
anschauungen herein, durch deren Wandelbarkeit alles menschliche
Fragen nach der Welt und ihren Inhalten mediatisiert wird. Welt,
Natur, Sein und Gott können nicht mehr *vor* der Geschichte Problem
werden, weil uns immer die kritische Vorfrage nach dem geschichtlichen Standort solchen Fragens, nach der Relativität unserer *Auf-
fassungen* von Welt, Natur, Sein und Gott in den Weg tritt, und weil
es nun zweifelhaft werden kann, ob es diese Dinge an sich, abgesehen
von dem, was wir uns da jeweils vorstellen, überhaupt gibt" [6]. Das
Ende ist *der Nihilismus.* „Der souveräne Mensch blieb auf sich allein
angewiesen; und nun steht es wirklich so, daß alles Seiende für uns
nur insoweit *ist*, als wir Menschen uns in der Geschichte dafür entscheiden, es als seiend zu verstehen. Nun stehen wir immer vor dem
Nichts, wenn wir uns nicht für eine bestimmte Weltanschauung –
oder etwa für einen bestimmten Gottesglauben entscheiden" [7].

3) Man muß aber wohl noch ein Drittes hinzufügen, was vielleicht
das Wichtigste ist. Die Entartung der echten Freiheit zur falschen
Freiheit des Subjektivismus stammt im letzten Grunde aus der *Angst
vor der echten Freiheit* [8]. Die echte Freiheit – so sehr sie eine Freiheit in der Gebundenheit ist – ist keine Freiheit der Sicherheit, sondern eine Freiheit, die immer nur in Verantwortung und Entscheidung jeweils gewonnen, jeweils Ereignis wird (im Grunde auch beim
Stoiker, selbst wenn er es nicht durchschaut), also eine Freiheit in
der Ungesichertheit. Die unechte subjektive Freiheit wähnt sich gesichert gerade in ihrer Unverantwortlichkeit gegenüber einer transzendenten Instanz und in ihrem Bewußtsein der Verfügungsmöglich-
keit über die Welt mittels Wissenschaft und Technik. Sie wächst aus
dem Bedürfnis nach Sekurität, sie ist Angst vor der echten Freiheit,
Angst vor dem Selbst-sein [9].

---

[6] S. *Gerh. Krüger*, Die Geschichte im Denken der Gegenwart 1947, S. 15.

[7] *Gerh. Krüger* a. a. O. S. 17.

[8] Nur so konnte Hitler als „Erlöser" verstanden werden, nämlich als der, der
von Selbstverantwortung und Freiheit erlöst.

[9] Ein echtes Verständnis der Freiheit hat *Thornton Wilder* Caesar in den

In dieser Situation ist *die Idee der Freiheit, das Erbe der abendländischen Tradition, gefährdet,* und zwar in doppelter Weise.

1) Die Idee der Freiheit ist gefährdet durch die heute vielfach laut
werdende Anschauung, daß *die Wurzel alles Übels,* aus der die Katastrophe der Gegenwart erwachsen ist, eben die Idee der Freiheit
selbst sei. Die Folgerung ist dann der Ruf: zurück von der Freiheit
des souveränen Menschen zu der Tradition, wie sie bis Descartes oder
bis zur Aufklärung in Geltung war.

Aber solche Repristinierung einer vergangenen Stufe der Entwicklung ist unmöglich. Echte Treue zur Tradition besteht nicht in der
Kanonisierung eines bestimmten Stadiums der Geschichte. Sie ist
freilich immer Kritik der Gegenwart vor dem Forum der Tradition;
sie ist aber ebenso auch Kritik der Tradition vor dem Forum der Gegenwart. Echte Treue ist nicht Wiederholung, sondern Weiterführung. Und solche Weiterführung kann hier nur bedeuten: aus neuer
Erfassung der Idee der Freiheit in ihrem ganzen durch die Geschichte
offenbarten Reichtum zu neuer Bindung zu gelangen. Das Gesetz, in
dem die echte Freiheit begründet ist, kann aber nicht ein Gesetz sein,
zu dem man nur aus Angst vor dem Chaos Zuflucht nimmt, sondern
nur ein selbständig erkanntes und frei bejahtes.

2) Weit mehr aber ist *die Idee der Freiheit gefährdet durch die
politische und soziale Entwicklung der Gegenwart.* Aus ihr erwächst
einerseits die Angst vor einem Chaos, in das die Menschheit verschlungen wird, wenn nicht eine Autorität Ordnungen schafft, und
andererseits das Machtstreben einzelner Individuen und Gruppen (es

Mund gelegt in „The Ides of March" S. 34, deutsche Übersetzung (Suhrkamp-
Verlag 1949) S. 49: „Ich bin es gewohnt gehaßt zu werden. Schon in früher
Jugend entdeckte ich, daß ich der Zustimmung andrer, auch der Besten, nicht
bedarf, um mich in meinen Handlungen bestärkt zu fühlen. Ich glaube, es gibt
nur eine einzige Einsamkeit, die größer ist als die des militärischen Befehlshabers
und des Staatsoberhaupts und das ist die des Dichters — denn wer vermag ihm
zu raten bei dieser ununterbrochenen Folge von Entscheidungen, die ein Gedicht
ist? Gerade (Übers.: „Nur") in diesem Sinn ist Verantwortlichkeit Freiheit; je
mehr Entscheidungen man allein treffen muß, je mehr ist man sich der Freiheit
der Wahl bewußt. Ich bin sogar der Meinung, daß wir nicht behaupten können,
uns unsres Geistes voll bewußt zu sein, es sei denn unter Verantwortlichkeit;
und daß den meinen keine größere Gefahr befallen könnte, als daß er ein Bemühen spiegelte, sich den Beifall irgend eines Mannes, und sei er ein Brutus oder
ein Cato, zu erwerben. Ich muß zu meinen Entscheidungen gelangen, als wären
sie nicht der Kritik andrer unterworfen — als sähe niemand zu".

können auch kirchliche sein), die für sich die Autorität beanspruchen, solche Ordnungen zu schaffen.

Diese Gefahr droht nicht nur hier oder dort, und sie ist (oder war) nicht nur hier oder dort schon Wirklichkeit geworden, sondern sie lastet als ein Verhängnis überall auf der abendländischen Kultur, indem das kulturelle Leben mehr und mehr der *Organisation* unterworfen wird und der Staat mehr und mehr seiner ursprünglichen und eigentlichen Aufgabe, Rechtsstaat zu sein, entfremdet wird, indem er zum Kultur- und Wohlfahrtsstaat wird.

Hier gilt es nun einen Verzicht, wenn das wertvollste Erbe der Geschichte erhalten bleiben soll. Es klingt wohl hart; aber es gilt den *Verzicht auf die Sekurität*, an die das moderne Leben gewöhnt war. Man muß sich klar machen, daß der größtmöglichen Sekurität die größtmögliche Beschränkung der persönlichen Freiheit korrespondiert [10].

Freilich: so einfach hier das Grundsätzliche zu sehen und zu sagen ist, so groß ist die hier bestehende *Problematik!* Bei der Kompliziertheit des modernen Wirtschaftslebens und angesichts der ständigen Verringerung der Möglichkeiten des Ausweichens, der freien Wahl der Lebensbedingungen und -aufgaben, angesichts der rapiden Zunahme der Bevölkerung, wie angesichts der gerade dadurch wieder gegebenen Möglichkeiten des Machtzuwachses und Machtmißbrauches durch einzelne Individuen und Gruppen – ist es ganz unmöglich, daß sich der Staat der Aufgabe einer *Regelung des Wirtschaftslebens* entziehen kann, zumal in kritischen Situationen. Wieweit er jeweils eingreifen muß,wieweit er der Privatwirtschaft Freiheit lassen, wieweit er sozialisieren und damit den freien Wettbewerb ausschalten muß, das läßt sich von vornherein gar nicht sagen. Und was die gegenwärtige Situation betrifft, so kann einer, der nicht sachverständig ist, darüber nichts Maßgebliches sagen. Man muß sich nur darüber klar sein, daß die konsequente Durchführung des einen wie des anderen Prinzips ins Verderben führen würde. Und angesichts der gegenwärtigen Tendenz, den Staat als Garanten der Wohlfahrt zu verstehen und die Organisation des Gemeinschaftslebens immer weiter zu entwickeln, muß man sich deutlich machen, daß *die Verwirklichung einer kommunistischen Utopie* den Menschen in eine unerträgliche Sklaverei hineinführen würde. Das „homo homini res sacra", der

---

[10] Sehr gut *Ernst Forsthoff*, Christ und Welt II (1949). Nr. 52, S. 6.

Grundsatz, daß der Mensch nicht als Sache zu behandeln ist, nicht als Mittel zur Erreichung von Zwecken, wird dann preisgegeben, ut exempla docent.

Wohl kann durch die Ausschaltung des freien Wettbewerbs die Sekurität des Einzelnen gefördert werden, aber um welchen Preis? Um den Preis, daß die Freiheit verloren geht, die freie Berufswahl, die Freizügigkeit, der Unternehmungsgeist usw. Mit der Freiheit wird aber das Verantwortungsgefühl ertötet; der Einzelne verläßt sich mehr und mehr darauf, daß der Staat für ihn sorgen muß. Der Kommunismus läßt sich aber faktisch nur durch das Mittel des Terrors durchführen. Und wo man nur auf dem Wege dahin ist, lastet schon eine Art von Terror auf den Menschen, nämlich die Macht der Bürokratie, deren eine immer mehr gesteigerte Organisation des Gemeinschaftslebens unweigerlich bedarf. Daß auch die Rechtsordnung in einem rational durchorganisierten System, im totalitären Staat, in die Brüche geht, hat das nationalsozialistische Regime hinreichend erwiesen, und das kommunistische Regime im Osten erweist es nicht minder.

Wie der Wirtschaft gegenüber, so ist auch der *geistigen Kultur* gegenüber die Stellung des Staates mehr und mehr problematisch geworden. Auf der einen Seite ist klar, daß heute kulturelle Institutionen und Unternehmungen wie Schulen, Universitäten, Theater und Konzerte weithin nicht ohne die finanzielle Hilfe des Staates oder auch – was grundsätzlich auf das Gleiche hinauskommt – der Städte existieren können. Begreiflich, ja notwendig, daß der Staat (oder die Stadt) ein Aufsichtsrecht über solche Institutionen und Unternehmungen beansprucht. Aber wie weit darf es gehen? Die Gefahr liegt am Tage, daß schon in einem demokratischen Staat das kulturelle Leben die ihm notwendige Freiheit verliert, indem Schulplan, Stellenbesetzung usw. von den politischen Parteien bzw. ihrem Handel abhängig werden, daß ständig politische Gesichtspunkte auf Gebieten Platz greifen, die ihrer Natur nach unpolitisch sind. Erst recht ist das natürlich im totalitären Staat der Fall, in dem grundsätzlich alles kulturelle Leben den politischen Gesichtspunkten unterstellt wird, auch die Wissenschaft und die Kunst.

Vor allem ist aber zu bedenken, wie *die durchgeführte Organisation, die die Wohlfahrt des Einzelnen bewirken kann, tatsächlich das Leben des Einzelnen wie der Gemeinschaft arm macht* [11]. Je mehr

---

[11] Erschreckend deutlich hat das *Dostojewski* gezeigt in „Die Stimme aus dem

die Beseitigung von Mangel und Not zur Sache des Staates gemacht wird, desto mehr wird die menschliche Liebe und Barmherzigkeit zum Absterben gebracht. Wo der Grundsatz gilt: „Ich will nichts geschenkt, sondern nur ‚zugeteilt' erhalten", wo alles Notwendige rechtmäßig vom Einzelnen beansprucht werden kann, da verlieren die Freude des Schenkens und die Tugend der Dankbarkeit ihren Boden. Wo das gegenseitige Verhältnis durch Organisation geordnet ist, da hört das Vertrauen auf, das Band zwischen Mensch und Mensch zu sein [12]. Wo der Anblick des Leidens dadurch fortgenommen wird, daß aus den Familien und aus der Öffentlichkeit Leidende, Arme und Kranke entfernt werden, da wird das Gefühl einer Lebenssicherheit vorgetäuscht und die Besinnung auf die faktische Unsicherheit und Bedrohtheit des Lebens verschleiert.

Wie die Dankbarkeit des Einzelnen gegenüber dem Einzelnen schwindet, so schwindet auch *die Dankbarkeit für die Güter des Lebens* überhaupt, wenn ich sie unter dem Gesichtspunkt betrachte, daß ich Anspruch auf sie habe, und daß der Staat verpflichtet ist, sie mir zu beschaffen. Dabei wird der Staat immer mehr zu einer anonym-sachlichen Größe, und es wird nicht mehr bedacht, daß, wer vom Staate lebt, faktisch von den Andern lebt, nämlich von den Steuerzahlern. Je weiter die Organisation ausgebildet wird, desto mehr wird auch das Verhältnis zum Andern versachlicht, d. h. entmenschlicht.

Wie die Dankbarkeit, so entschwindet *die Ergebung in das Leiden*, die Kraft des Tragens. Der moderne Mensch mit seinem vermeintlichen Rechtsanspruch auf die Güter des Lebens empfindet Not und Leid als eine Ungerechtigkeit und empört sich, statt sich zu beugen. Die segnende Kraft des Leidens, den Menschen zu sich selbst zu führen, – diese Kraft, die Stoa und Christentum gekannt haben – wird nicht mehr erfahren.

Durch Organisation wird nur das Notwendige (bzw. das als notwendig Erscheinende) beschafft. Zur Freiheit des Lebens gehört aber

---

Untergrund" (deutsche Übers. im Verlag der Weiße Reiter, Berlin 1923), S. 30 ff., in der Vision des kristallenen Palastes, in der Ausmalung einer totalitären Organisation, in der die Menschen dann nur noch Klaviertasten sind, und in der die Wohlfahrtseinrichtungen schließlich den Eindruck erwecken, als ob man nur dazu auf der Welt wäre, um nicht naß zu werden (wenn es einmal regnet).

[12] Das ließe sich z. B. in der Sphäre des Handwerks am Verhältnis von Meister und Gesell (oder Lehrling) zeigen.

auch *das Unnötige*. Es gehört dazu, daß sich der Mensch in einer
Sphäre bewegt, in der er Möglichkeiten der Wahl für Beliebiges hat,
was ihm Freude macht und was sein Leben schmückt. Die individuelle
Freiheit muß walten in der Gestaltung des Lebensraumes, – auch
wenn Typenhäuser und Typengeräte um der Billigkeit willen unver-
meidlich werden. Der Mensch muß die Freiheit des *Spieles* haben
und muß *Feste* feiern können. Organisierte Spiele und Feste haben
ihren Sinn verloren, wie unter der Nazi-Herrschaft genugsam erfahren wurde. Jedoch ist auch sonst zu beobachten, daß Spiele und Feste.
der Organisation unterworfen werden, – eine vollendete Perversität!
    Zur Freiheit des Menschen gehört es endlich, daß er auch seine
Ruhe hat. Nicht nur in der Nazi-Zeit wurden den Menschen systematisch die Stunden der Ruhe und Besinnung geraubt. Die Gefahr, daß
das geschieht, ist überall mit der Technisierung des Lebens verbunden. Durch Kino, Radio und Television werden die Stunden ausge-
füllt, die dem in die Organisation des Lebens eingespannten Menschen als „leer" erscheinen würden: in Wahrheit werden sie gerade
entleert. Der ruhelose Mensch kommt nicht mehr zu sich selbst, und
was ist die Folge? Pascal sagte in den Pensées einmal: „. . . j'ai décou-
vert que tout le malheur des hommes vient d'une seule chose, qui est
de ne savoir pas demeurer en repos, dans une chambre" (139).
    In der modernen Welt ist es zu einer der antiken wie der christ-
lichen Tradition fremden *Überschätzung der Arbeit* gekommen, als
ob in ihr das menschliche Leben seinen eigentlichen Sinn finde. Daher
stammt auch die Überschätzung der realen Bildung gegenüber der
humanistischen Schule; der Gesichtspunkt der Bildung des Menschen
wird durch den der Berufsausbildung, des Nutzens verdrängt. An die
Stelle des gebildeten Menschen, der eine Atmosphäre der Freiheit
und der Freude um sich verbreitet, tritt der Fachmann. Aristoteles
hatte gesagt: „Die Glückseligkeit dürfte in der Muße liegen; denn wir
verzichten auf Muße, um Muße zu gewinnen" [13]. Die dem Spiel und
der Muße gewidmete Zeit mag unter dem Gesichtspunkt des Nutzens
als vergeudete Zeit erscheinen; aber „ es gibt nicht nur den Nutzen,
es gibt auch den Segen" [14].

---

[13] Eth. nicom. X, 7. p. 1177 b, 4 f.: δοκεῖ τε ἡ εὐδαιμονία ἐν τῇ σχολῇ εἶναι.
ἀσχολούμεθα γὰρ ἵνα σχολάζωμεν.
[14] *Josef Piper*, Muße und Kult, Hegner Bücherei, München, Kösel 1948, S. 45. —
Vgl. ferner das Anm. 1 genannte Buch von *G. Bally*, das den Untertitel trägt:
„Eine Deutung des Spiels bei Tier und Mensch".

Mag die Muße dem Spiel, mag sie der Besinnung dienen; mag die Besinnung eine innere Prüfung und Rechenschaftsablage sein oder dankbare Vertiefung in beglückende und bereichernde Erlebnisse oder auch fragende Versenkung in den Sinn schweren Erlebens; mag sie profanen Charakter haben oder religiöse Andacht sein, – ein Leben, dem die Muße solcher Besinnung fehlt, wird mehr und mehr seines menschlichen Sinnes beraubt werden.

Nur eine Art der Besinnung sei neben der Selbstbesinnung noch ausdrücklich hervorgehoben, *Die Besinnung auf die Geschichte*, die den Zusammenhang mit der Tradition festhält.

> „Wer nicht von dreitausend Jahren
> Sich weiß Rechenschaft zu geben,
> Bleib' im Dunkeln unerfahren,
> Mag von Tag zu Tage leben!"   (Goethe).

Es ist die Besinnung auf die Geschichte, die uns eine eigentümliche Freiheit gibt. indem sie uns Distanz zu unserer Gegenwart gibt, – sei diese drückend und düster oder betörend und verheißend. Den rechten Blick für die Gegenwart gewinnen wir aus der Distanz, in die uns die Besinnung auf die Geschichte bringt. Ich meine nicht eine Betrachtung im Sinne des Historismus, der die Gegenwart als das notwendige Resultat der bisherigen Entwicklung versteht [15], und der die Phänomene der Vergangenheit ebenso nur in ihrer Relativität als zeitgeschichtliche Phänomene sieht. Ich meine aber auch nicht eine Geschichtsphilosophie, deren Aufgabe es wäre, den verborgenen Sinn der Geschichte zu enträtseln, – eine Aufgabe, die notwendig scheitern muß [16]. Ich meine vielmehr eine Geschichtsbetrachtung wie die *Jacob Burckhardts.* Er sagt: „*Unser* Ausgangspunkt (nämlich im Gegensatz zu dem einer Geschichtsphilosophie) ist der vom einzigen bleibenden und für uns möglichen Zentrum, vom duldenden, strebenden und handelnden Menschen, wie er immer ist und immer war und sein wird ... Die Geschichtsphilosophen betrachten das Vergangene als Gegensatz und Vorstufe zu uns als Entwickelten; – wir betrachten das sich Wiederholende, Konstante, Typische als ein in uns Anklingendes, Verständliches" [17]. Nennt Burckhardt solche Betrachtung

---

[15] Selbstverständlich kann auch solche Betrachtung ihren guten Sinn haben, indem sie die Ursachen gegenwärtiger Nöte aufdeckt und Wege zu ihrer Überwindung zu finden hilft.
[16] Vgl. z. B. *Karl Löwith*, Meaning in History, The University of Chicago Press 1949   [17] Weltgeschichtliche Betrachtungen, Kröner-Ausgabe S. 5 f.

„gewissermaßen pathologisch", so könnte man sie in heutiger Terminologie als existential bezeichnen, sofern ihr Sinn darin besteht, den Reichtum der Möglichkeiten menschlichen Existierens und Existenzverständnisses aufzudecken und so dem Betrachter die Möglichkeiten seiner eigenen Existenz zu zeigen. Solche Betrachtung der Geschichte stellt das rechte Verhältnis zur Tradition her und ist damit Befreiung von ihrer Last, als welche sie gerade dann wirkt, wenn ihre Wirkung naiv abgeleugnet wird. Freiheit von der Vergangenheit gibt nicht ihre Verleugnung, sondern ihre positive Aneignung [18].

Solche Freiheit sollten wir als das unverlierbare Erbe der abendländischen Geschichte bewahren, und dieses Erbe sollten wir gegenüber den entmenschlichenden Tendenzen einer Gegenwart der Technik und Organisation zu neuer Wirksamkeit bringen. Wie ist das möglich? Es ist grundsätzlich unmöglich, hier ein Programm zu entwerfen und anzugeben, durch welche praktischen Mittel die Menschen unserer Zeit wieder *zu einem echten Verständnis* der Freiheit geführt werden könnten, wie die Mißverständnisse und Vorurteile zu überwinden wären, die in der Folge der Aufklärung das Verständnis von Mensch und menschlicher Gemeinschaft verdeckt haben. Der Weg zur Freiheit kann nicht durch Organisation geschaffen werden; er muß von jedem für sich selbst gefunden werden. Aber dazu kann man wenigstens aufrufen und anleiten.

Das Erste ist jedenfalls einfach dieses, daß man sich die Situation klar macht, daß man erkennt: es ist die vermeintliche Selbstmächtigkeit des Menschen, die in die Katastrophe geführt hat, der Wahn, nur das für wirklich zu halten, was dem rationalen, mit den Methoden der mathematisch-physikalischen Wissenschaft arbeitenden Erkennen verfügbar ist; daß man erkennt: „diese Welt ist nicht die Welt allein" (Franz Werfel), daß man nicht nach selbstgeschaffenen Autoritäten der Organisation fragt, sondern nach der Autorität, die in den Ordnungen waltet, denen das Menschenleben faktisch unterworfen ist. „Nicht das macht frei, daß wir nichts über uns anerkennen wollen, sondern eben, daß wir etwas verehren, das über uns ist" (Goethe).

---

[18] Vgl. *Wilh. Kamlah*, Der Mensch in der Profanität 1949, z. B. S. 41. — Vgl. auch *Otto Georg von Simson* im „Hochland" bzw. in der „Neuen Zeitung" vom 4. Febr. 1950, Nr. 30, S. 11 (in Bezug auf das Verhältnis von USA und Europa) „Wir können beide von einander lernen; wir können nicht ohne einander bestehen; *wir können nicht einmal ganz wir selbst sein*, ohne das Wesen und Anliegen des andern in unser Bewußtsein aufgenommen zu haben".

Oder anders ausgedrückt: die primäre Erkenntnis ist die, einzusehen, *daß es echte Freiheit nur in der Bindung gibt.* Es gilt den Versuch, diejenigen Bindungen wieder zu finden, die wir als die uns befreienden erfassen und bejahen. Eben dazu soll die Besinnung auf die Tradition helfen; sie soll uns die Augen öffnen für die Möglichkeiten menschlicher Existenz und damit für die Möglichkeit echter Autorität.

Für solche Besinnung gewinnt aber die Gegenwart als das Ergebnis der in die Katastrophe führenden Entwicklung positive Bedeutung und damit *der Nihilismus* als das theoretische Ergebnis. Es wird an ihm nämlich klar, daß die Anerkennung einer echten Autorität die Demut des Menschen voraussetzt, die radikale Offenheit für die von jenseits seiner zu ihm sprechenden Macht, – ja, daß in solcher Demut und Offenheit – und das heißt zugleich in dem radikalen Verzicht auf eigenen Anspruch und eigenes Vermögen – der Sinn des Jenseitigen überhaupt erst verstanden wird.

Waren einst für die griechische Antike Demut und Offenheit sozusagen selbstverständlich, weil die Göttlichkeit des Kosmos und der in ihm waltenden Ordnung selbstverständlich war und die Vernunft ein schauendes Vernehmen und nicht ein schöpferisches Konstruieren bedeutete, – verkündete die christliche Botschaft die Demut und Offenheit gegenüber der schenkenden Gnade Gottes im Gegensatz zu einer Haltung, die sich der Gnade durch eigenes angestrengtes Werk versichern will, – so geht heute der Weg zur Demut und Offenheit *durch die Verzweiflung.* „La vie humaine commence de l'autre côté du désespoir" (Sartre).

Es scheint mir die Frage zu sein, ob der Satz des Existentialismus, daß in der Verzweiflung (Sartre), im Blick auf das drohend bevorstehende Nichts (Heidegger), in der Grenzsituation des Scheiterns (Jaspers) der Mensch zu sich selbst kommt, indem er jetzt sein Sein selbständig auf sich nimmt, als Gipfel der menschlichen Hybris oder als der Ausdruck der Demut und radikalen Offenheit verstanden werden muß. Ich meine: er ist zweideutig und muß das der Natur der Sache nach sein. Denn hier ist *der Punkt der Entscheidung,* in dem der Mensch dessen inne wird, daß die Frage nach seinem Sein nicht durch eine Anthropologie als einer allgemeinen Bestimmung dessen, was ein Mensch ist, und auch nicht durch eine Ethik, die ihm jeweils die Verantwortung des Urteils über Gut und Böse abnimmt, beantwortet werden kann; daß ihm vielmehr jede Sicherung zerschlagen ist, und daß er jene Frage in radikaler Einsamkeit selbst zu beantworten hat, daß er unvertretbar er selbst zu sein hat, daß die Wahrheit, nach der wir für unsere Existenz fragen, diè Wahrheit unserer Existenz selbst ist, die wir nicht vor dem Existieren als eine allgemeine Wahrheit wissen können, sondern sie im Existieren erst als unsere Wahrheit konstituieren [19].

Diese Erkenntnis kann Hybris sein und erscheint als solche bei Nietzsche. Sie kann aber auch die Offenheit für das uns übermächtig begegnende Jenseitige sein, das für seine Anerkennung eben jene Verzweiflung voraussetzt. Die Verzweiflung hebt an den Ort, der das δός μοι ποῦ στῶ ist jenseits alles Relativen, so daß das Ohr den Ruf der absoluten Autorität in der konkreten Situation des Tages vernehmen kann. Es ist die Frage, ob der Mensch diesen Ruf vernimmt, oder ob er in krampfhaftem Heroismus aus sich selbst er selbst sein will.

In der Sprache der Religion ist das Innewerden einer jenseitigen Autorität, einer im Jenseitigen begründeten Ordnung, *der Glaube an Gott den Schöpfer*. Zu solchem Glauben aber kann nach Luther nur kommen, wer „allen Dingen gestorben ist, dem Guten und Bösen, dem Tod und Leben, der Höll und dem Himmel", und wer „von Herzen bekennt, daß er aus eigenen Kräften nichts vermag" [20]. Gottes Natur ist es, erst zu zerstören und zunichte zu machen, was in uns ist, bevor er uns seine Gabe schenkt [21]. Luther kannte und schildert oft die Einsamkeit der Verzweiflung; er sieht ihre Nähe zu Gott wie auch das Versucherische dieser Situation und vielleicht darf man auf den Atheismus des Existentialisten Luthers Wort anwenden: „Ich will verwegen und frei eins sagen: Niemand ist Gott in diesem Leben näher, als die so Gott hassen und lästern, und es gibt für ihn weder angenehmere noch liebere Kinder" [22].

In anderer Weise kommt diese Erkenntnis bei *T. S. Eliot* zum Ausdruck, nämlich in dem Preis der „inneren Freiheit", die gewonnen wird „auf dem stäten Punkt der kreisenden Welt", wo Vergangenheit

---

[19] Das ist es doch offenbar, was *Sartre* in „Les Mouches" sagen will.

[20] Zitiert nach *Fr. Gogarten*, Die Verkündigung Jesu Christi 1948, S. 306 f.

[21] Ebenda S. 331; vgl. auch S. 336.

[22] Ebenda S. 333.

und Zukunft versammelt sind" [23]. Dieser Punkt ist für den, der es zu sehen vermag, stets Gegenwart:

> „Vergangene Zeit und kommende Zeit,
> Was gewesen sein könnte und was gewesen ist,
> Zielt auf *ein* Ende hin, das stets Gegenwart ist" [24].

Der Weg zur Freiheit führt über die Erkenntnis der Relativität und Nichtigkeit alles menschlichen Treibens, aller menschlichen Weisheit [25]. Was der Mensch ist, wird nicht an dem offenbar, was menschliche Weisheit gedacht hat, sondern an der Angst, die den Menschen umtreibt [26].

> „Die einzige Weisheit, die zu erwerben wir hoffen können,
> Ist die Weisheit der Demut. Demut ist endlos" [27].

> „Ich sprach zu meiner Seele: sei still und laß das Dunkel über dich kommen,
> Es wird die Dunkelheit Gottes sein ...
> Ich sprach zu meiner Seele: sei still und warte ohne Hoffnung;
> Denn Hoffnung wäre Hoffnung aufs Falsche ...
> Warte ohne Gedanken, denn du bist nicht bereit für Gedanken:
> Dann wird die Dunkelheit Licht sein und die Stille der Tanz" [28].

Hier in der sichtbaren Realität ist der Mensch nicht in seiner Eigentlichkeit:

> „Um dahin zu gelangen,
> Dahin, wo du bist, und von dort loszukommen, wo du nicht bist,
> Muß du gehn auf einem Wege, wo keine Leidenschaft ist.
> Um zu dem zu gelangen, was du nicht weißt,
> Mußt du gehn auf einem Wege, der der Weg des Nichtwissens ist.
> Um zu besitzen, was du nicht besitzest,
> Mußt du gehn auf dem Weg der Besitzlosigkeit.
> Um zu dem zu gelangen, was du nicht bist,
> Mußt du gehn über den Weg, auf dem du nicht bist.

---

[23] *T. S. Eliot*, Four Quartets. Die deutsche Übersetzung (als „Nachdichtung" bezeichnet) von *Nora Wydenbruck* (Amandus-Edition 1948) ist reichlich frei. Sehr genau die Übersetzung des zweiten Stückes (East Coker) von *Dolf Sternberger* in der „Wandlung" I (1945/46), S. 34—45, an die ich mich weithin anschließe. — Das erste Zitat im Text aus I, 2: „the inner freedom", „at the still point of the turning world", „where past and future are gathered", wo man fast übersetzen möchte: „wo Vergangenheit und Zukunft eine Einheit bilden".

[24] Aus I, 1; vgl. aus III, 3: „and the time of death is every moment".

[25] In II, 1 und 2 im Anklang an Qohelet beschrieben.

[26] Vgl. II, 2; vgl. auch aus IV, 1: die Toten als Lehrer.

[27] Aus II, 2.

[28] Aus II, 3.

Und was du nicht weißt, ist das Einzige, das du weißt.
Und was du zu eigen hast, ist, was du nicht zu eigen hast.
Und wo du bist, ist, wo du nicht bist" [29].

Und so kann es schließlich heißen:

„In meinem Ende ist mein Beginn" [30].

Noch einmal zum Schluß: es gibt kein Rezept, die verlorene Freiheit zu beschaffen. Es gibt nur den Aufruf an den Einzelnen, sich auf seine Freiheit, auf sein Selbst zu besinnen. Dem dient die Besinnung auf die Tradition, dem dient die klare Auseinandersetzung mit der Gegenwart. Solche Besinnung soll dazu führen, das Wesen der Freiheit zu erkennen und damit ihren Adel zum Bewußtsein zu bringen und zugleich die Größe ihres Wagnisses, das den Menschen erst zum Menschen macht. Der Weg führt heute über die Einsamkeit, in der die Stimme hörbar werden kann, die die Freiheit, die uns unser Selbst schenkt. Wagen muß es jeder Einzelne; es gibt keine Garantie. Aber nur aus dem, was die Einzelnen wagen, kann die Zukunft erblühen.

---

[29] Aus II, 3. Mit „Leidenschaft" ist „ecstasy" übersetzt (Sternberger); N. Wydenbrucks Übersetzung: „wo es kein Glück gibt" scheint mir den Sinn nicht zu treffen.
[30] Der Schluß von II, 5: „In my end is my beginning".

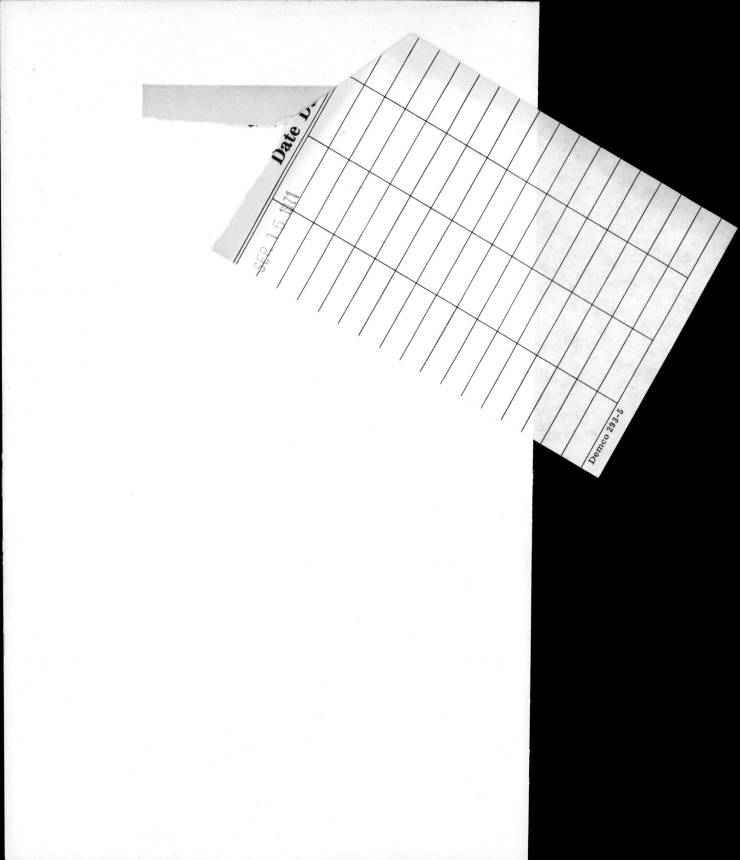

Date Due

SEP 15 1971

Demco 293-5